五十嵐日記

古書店の原風景

——古書店員の昭和へ

五十嵐日記刊行会【編】

五十嵐智
河内聡子
中野綾子
和田敦彦
渡辺匡一

笠間書院

五十嵐日記　古書店の原風景——古書店員の昭和へ

目次

現在の五十嵐書店

はじめに

五十嵐書店と五十嵐日記

●五十嵐日記刊行会

五十嵐書店は、新宿区西早稲田で五〇年近い歴史を持つ古書店であり、日本文学や日本史の領域に特に強い。創業した五十嵐智氏が早稲田通りに店を構えたのは昭和四三（一九六八）年の事である。彼はその四年前、それまで働いていた神田の古書店南海堂から独立して古書業をはじめた。彼が郷里の松嶺町（現在の山形県酒田市）から上京したのは昭和二八（一九五三）年、一九歳の時であり、南海堂では十年の間、古書店員として働いていた事となる。

現在の五十嵐書店

本書は、五十嵐智氏が、南海堂の一店員として働きはじめた昭和二八（一九五三）年から、独立する少し前の昭和三七（一九六二）年までの日記である。五十嵐書店には、この一〇冊に及ぶ日記が残されており、昭和二九（一九五四）年の一冊を欠くものの、ほぼ毎日のようにその日記は記されている。

五十嵐書店の歴史を調査し、記録していくためのグループがその活動をはじめたのは二〇〇九年五月の事である。古書店は近代の出版、読書環境をとらえていくうえで、貴重な場ではあるが、それらを対象として研究する明確な領域があるわけではない。調査グループでは、古書店の記録の遺し方、調べ方を含めて検討しながら調査を進めていった。▼注1

四〇万字に及ぶ五十嵐日記だが、調査グループでそれらを一度忠実にすべて翻刻していった。分量的に、そのすべてを刊行する事は難しかったが、主だった日を採録し、注をつけ、できるかぎりもとの文体を生かしたまま用語や用字を読みやすく改めたのが本書である。

この日記の最後の年は昭和三七（一九六二）年で、その二年後の三九年、五十嵐氏は南海堂から独立する。南海堂は、十年勤続した店員が新たに独立できるように、同じく神田に一時的な在庫と店舗を準備していた。そこから本格的に独立し、早稲田へと移るのが昭和四三（一九六八）年の事である。こうした経緯については、この日記の欠けている期間とともに後の「日記補遺」にまとめている。

また、日記の内容を助ける資料として、日記に登場する人名を索引形式で人名一覧にまとめているほか、巻末に関連資料として五十嵐家の家系図、五十嵐書店についての簡易な年表を付した。また、五十嵐氏が神田で独立した頃、その後、早稲田に古書店を開業した頃の、それぞれの時期の近辺の古書店地図も掲げる事とした。南海堂から独立した古書店や関係の深い古書店は数多い。それについては南海堂関係古書店の関係図を作成し、やはり最後にまとめた。

五十嵐智氏の日記

古書店についての、あるいは古書店主が書いた日記や書物は少なくない。古書店の歴史としても、神田の南海堂や、早稲田の五十嵐書店を含めた、東京古書籍商組合の歴史もまとめられているし、早稲田の古書店街の歴史をまとめた書物もこれまでに刊行されている▼注2。ただ、戦後の古書店で働く一人の店員のまなざしで、市場での仕入れから住み込みでの店員生活まで、その毎日を細かに記している点で、この日記は希有なものだと言えるだろう。

ただ、この日記のそうした希少さや、歴史的な意味合いもさる事ながら、この日記が刊行されるにいたったのは、やはりその内容の魅力によるところが大きい。この日記には、別に書店員のめざましい活躍や珍しい取引が描かれているわけではないし、また、うがった批評や難解な思想が描かれているわけではない。

しかしながら、地方から一人上京し、ひたむきに古書店で働く五十嵐青年の日々の記録には、故郷の家族とのやりとりや、つどって来る同郷者達の姿も含め、読んでいて不思議に引きつけられてしまう。また、今読めば信じがたいような光景や、笑いを誘うような出来事も少なくない。

翻刻した日記を読み合わせ、不明な点や当時の事情を知るために、毎月のように調査グループでは五十嵐智氏から聞き取りを行っていた。日記を読み、その話を聞きながら過ごした時間は、参加した誰しもにとって楽しく、また驚きに満ちた時間でもあった。その思いを、この日記の刊行を通して多くの人々に届けられれば、と思う。

注

▼1　中野綾子「目録メディアと古書店空間」、渡辺匡一「早稲田古書店調査メモ」（『リテラシー史研究』第三号、二〇一〇・一）。

▼2　小林静生編『東京古書組合五十年史』（東京都古書籍商業協同組合、一九七四・十二）、向井透史『早稲田古本屋街』（未来社、二〇〇六・一〇）。

五十嵐日記

［五十嵐智］

五十嵐氏が上京した頃の南海堂

五十嵐日記［五十嵐智］

▶昭和 28［1953］年 6 月〜昭和 29［1954］年 4 月

18 〜 19 歳

昭和 28 年 5 月、上京し職を探していた五十嵐青年は神田の町で住み込み店員の募集広告を目にする。これが古書店南海堂で働きはじめるきっかけとなった。高校を出たばかりの五十嵐青年は、東京での生活、古書店での仕事が始まる。翌年 20 歳を迎えた彼には、大学に通いたいという思いがまだあった。

米ソ間では核実験が活発化、昭和 29 年には米国の水爆実験で日本の漁船が被爆する。公共、民間のテレビ放送が日本で始まった時期でもある。

▼昭和28［1953］年

6月10日●　朝七時。物騒の音にて起床。少し寝すぎた。八時十三分出店。今日、郷里[注1]より便りもらう。田舎では何時田植えやら都会にいては気づかず、便りにて初めて田舎の田植えも完了との事知る。八時閉店。夜、散歩。この日記帳、栄書房より求む。金額三十円也。郷里に便り出す。時の記念日なれど時計はなし。朝は寝坊するし、私は時を無駄にするか、さっぱり時の観念なし。十時就寝。今日も無事何事もなく過ごしました。明日もまた。

6月11日●　朝いつものように七時少し前起床。朝の仕事も変わりなく済み、今日は前々からの計画通り南友会[注2]の旅行（十八・九日・日光に行く）費を集めた。私のは主人が出してくれました。一千三百円。八時閉店。風呂へ行く。十五円。一のつく日は裏の店で一割引きの売出しを行うそうで、私も行って石けん二ヶ二十六円、是非逃がさないように…今日も一日何事なく無事過ごしました事、幸福に思っております。十時半寝床（二十八年六月十一日も永遠にさらば）。朝、酒田の高校時代の知人を店で見かけたので追って行ってしばらくぶりに会った。その人物は斉藤昭三。友達の高橋宏の住所知る。

6月12日●　朝仕事の後、九段に台所の冷蔵庫を取りに行った。後輩でそれにまだ新人なるゆえ、自分の自由がきかないのを辛く感じている次第。前々から感じてはおりましたが、今日は殊に例外のようでした。先輩といって自分達は腰掛を利用しているが、私が少し疲れたから腰掛に腰を下ろすと何か文句を言って来る。どんなに後輩といっても一日八時半から夜七時半まで十一時間立ち通しでは疲れてしまう。また、客が来ないから少し本を開けて見たら注意を受ける。自分達は勝手に便所へ行ったり水飲みに行ったり自由だけれど、私はできない。こんな風に仕事は楽であるけれど、精神的に疲れが出る…世の人達皆、新米の時はこんなものかなあ…だが私は少し図々しくしております。疲れたら椅子に腰掛ける事にしている。ただ、毎日元気で働ける事だけを幸福に思っている。

6月13日●　小南友会[注3]の旅行[注4]もいよいよ押し迫った。この頃、店においても旅行の話が盛り上がって参りましたが、私は金の方が不安で、話が出るたびに嫌な感じがします。上京する時は何も支度して来なかったゆえ、旅行に行くとなると一人前の身だしなみをしなければと思い、今日一番安い二百八十円のバンドを買って来ました。東京にいると何も使わないようで金がなくなるもので、何しろ風呂敷十五円は痛いです。田舎では十円、サービスもあまり変わらないのに…今日は土曜。店の方には何時もより客が多かった。伝票が八十枚も売れた。明日は日曜日、明日もきっと天気が良かったら売れるでしょう。田舎も田植えがすんだでしょう。田園風景を思い出すたびに家族の事などを思って寂しくなります。

6月14日● 今日は天気も良いし、おまけに日曜日とて皆白一色の洋装をし遊び回っている姿を見ると、私もまだ休んだ事が無いので休みたい気持ちです。店の方にはだいぶ多くの人が出入りして、私が来てから最高の売上げ高でしょう。伝票が百枚近く、考えて見ると良くも毎日、本を買う人があるものだと不思議に思う。それに神田だけでも本屋が百五十軒くらいあるそうですがどの店も満員の盛況のようでした。今日は大変暑かった。二十八度くらいあったろう。友達といっても一年前まで、大田区の加藤君より便り頂いたが、彼はどうして私が神田にいる事を知ったのだろう。不思議。小南友会の会合。十一時就床。この頃いつも十一時過ぎ就床。明日もまた元気で働けるように祈ります。

6月15日● 私も明日でここへ来てから満一ヶ月になるが、楽しく過ごした日は一日もありません。皆陰で悪口言う人達ばかり。だが正ちゃんという人は私よりも三年年輩だが、年の差が三・四年なせいか大変親切にしてくれるし親しみやすい人だ。正ちゃんという人は。手先も細いしきれい好きで申し分のない人だが、ちょっと少し目つきを変にする時は恐ろしい。他の人はあまりに親しみやすくない。だが親切にしてくれて幸せである。主人も良い人。他の人達は似たり寄ったり。満一ヶ月経っての感想。だが自分はというと、自分は一度覚えても忘れる。店の本全部覚えるには一年は必要のようです。少し覚えると売れて他の本が入っているので覚えにくい。[以上一ヶ月の感想]

6月16日● いよいよ明日日光へ旅行に行く事になりました。主人より五百円頂く。だが一人前として行かなければならぬので菓子を買う。この旅行などで家の弟や妹達に何か買ってやりたいのだが、団体行動のゆえ、己だけ欠く事は不可能と思い、あきらめるより仕方がありません。今日郷里より便り受く。郷里では最低の生活をしているのに、

▼1 山形県飽海郡松嶺町（現・酒田市）。
▼2 南海堂書店の従業員及びOBによる組織。
▼3 南友会の中でも、特に若手で構成されたものを指す。
▼4 南友会メンバーの旅行。毎年六月に、二日の日程で行われた。

明日遊びに行くという事は、私には辛くて楽しいと思いません。母さんは世界中で一番働き一番尊いものだと私は思う。東京の人達は、夢にも思わないような仕事をして暮らしている事を思うと、私達兄弟の意気地無い事をつくづく感じさせられます。郷里の家族、何よりも体に気をつけて。私も元気でいる事だけを幸せに思っております。

6月17日～18日●　昭和二十八年六月十七日、神田神保町小南友会会員十名中一名欠にて日光に旅行に行く。十七日朝六時半、南海堂本店に集合。御茶ノ水駅発の電車にて上野に向かう。上野着、七時十二、三分前、すぐ日光行快速日光号に乗り七時三十分上野出発。今まで一度は行って見たいと思っていた日光にいよいよ汽車は煙を立てて進み行く。これから二時間三十分の汽車の旅。途中、小駅は止らず、赤羽～大宮～宇都宮～今市の四駅しか停らず、宇都宮にて方向転換、日光に行く。赤羽～大宮の線は私が上京する時に通った線路だ。汽車の窓から都内では見られぬ田植え姿や、麦刈り、畠の野菜などを見ると郷里にでも帰るような気がする。今まで夢想に描いた日光も、平野の青々とした所を見た時、何となく田舎の両親や兄妹達の事を思い浮かべ、自分だけが面白い事をするのが何となく悪い気がしてあまり話も出なかった。日光駅着、十時六分。駅前に停まってあった、都会では想像もつかない汚いガタガタの電車に乗りつつ、ゆるやかな道路を左右、山又山を眺めながら進んだが、何ともきれいな所はなかった。ここで少しがっかりした。その時向こうからきれいな電車が来た。皆は相当の不平ぶり。車掌も言葉は分からず胸にサービス係とつけてあるけど、ちっともサービスのような愛想もせず、ただ平凡な言葉に平凡な顔に過ぎなかった。終点馬返にて下車。ここから生まれて初めてのケーブルカーに乗る。ケーブルカーはきれいで、乗って回りの景色を見ると何とも言えない気がした。ここへ来て初めて日光の良さが分かったようだ。ぼんやり見とれているうちに六分の時間は過ぎ明智平にて下車。ここですぐバスに乗ろうとしたが満員で乗れず、次を待つ事にした。その待つ時間を利用して空中ケーブルに乗る。空中ケーブルに乗り、展望台に上り、華厳の滝などの景色を見て帰る。丁度バスも待っておった。バスで中禅寺までおもむく。中禅寺にて下車右に二百メートルほど行くと華厳の滝の上に出る。エレベーターで華厳の滝を見ようとしたら工事中にて休業。ガッカリ。明治天皇が見たという所で見物。又バックして左へ三百メートルほど行くと中禅寺湖。そこで昼食。ボートにも乗り、定期船で菖蒲ヶ浜に向かう。そこより二里あまりテクシー▼注1、一番先に湯元に着いたのが僕。途中の景色は何とも言いようがなかった。釜屋旅館に宿る。やはり海抜一千メートル以上ゆえ、夜、朝は肌寒く感ぜられた。朝の空気の良い事は東京では味わえない良いものでした。十八日朝九時、湯元バスで出発。中禅寺湖で自由時間。十一時前、出発。日光の東照宮に着。十一時半より東照宮見物。東照宮内全部の消費時間二時間半くらい。昔の姿を目のあたりに見る。本殿の坪当たりが一千七百万円というから正に東洋一、世界一でしょう。柱などは全部金でできており昔の人が良くもこんな遺物を作ったものだとただ感心するばかり。三時前昼食。それから三十分ばかり歩いて日光駅着三時半、四時四十分の日光号に乗り帰京。上野着七時十六分。降りたとたん雨はどしゃ降り。上野駅よりタクシーで家に帰る。二日間、幸い天候も恵まれました事は、皆の心掛けが良かったものと思う。

6月19日● 朝眠くて起きようにも起きられなかった。しかし普通の時間の七時起床。他の人は誰も起きていなかった。一人で店の掃除。一日中疲れが取れなく、元気がなかった。夜、郷里の良子に本を送るために荷作りをやった（別に変わった事なし）。友達の猛が来るとの手紙を受けたが夜何時までも待っても来なかった。多分道が分からないのだろう。

6月20日● 郷里からは心温まる品、母さんの心遣いで菓子などを送ってもらった時には本当に泣けて困った。今年二年の良子の習字も入っており、どんなにして恩を返したら良いかと迷っており、良子には少しばかりですけど本を送った。盆には多分姉さんと一緒に母さん等に何か送りたいと思っております。遠く離れると初めて両親・兄弟・姉妹の事を有難く思います。私は今まで一度も両親の側を離れた事がないものですから、母もいちいち心配してくれて私を心配してくれている事を思うと、遠い両親などの身体など心配して夜、夢にまでも見ます。郷里の両親一同皆丈夫で――。

6月21日● もう入梅は半ばとなり、毎日、雨が降ったり、からりと晴れたり一定した天候でなく、不規則で天気予報など当てにならない。そのうちにもう夏至です。一年で一番昼が長い日です。これからはだんだん暑くなり、そして寒くなる事でしょう。夏至が来るとこれから来るものは冬ですので寒さを思う。日も短くなり、私のような東北人向きの天候が迫ります。だがまだ私の嫌な真夏は過ぎない。これからは、気候になれるまで嫌な思いもするでしょう。東京というものは住みにくいもの。交通などは郷里より遥

▼1 徒歩で行くこと。歩くさまをあらわす擬音語「てくてく」とタクシーをかけた言葉。

かに発達してはおりますが、気分的にも精神的にも忙しく疲れが出る所です。その点東北はのんびりしてよい所です。今日まで上京してから一ヶ月近くなりますが、一日も母さんなどを忘れた事がないので郷里を恋しく思います。何時になったら土地になれる事でしょう。

6月22日●　古書の市で朝いつもの日課として市場に行くこの頃、雨続きで嫌な日が毎日続いております。雨が降れば仕事の方も自然楽になるので店の方の仕事が楽なのに、又楽になるとどうも精神面その他に疲れが出るので仕事に面白みがなくなります。僕は、外交その他少し忙しい仕事の方が面白いので、どうも毎日ぼさっと立っているほど辛く思う事はない。もっと忙しい日が来ないかなあと思っている次第。朝十一時半頃ひょっこり友達の猛が訪ねて来た。夢かと思った。一年半前別れてからの再会に、猛君は大変大人になり顔負けしたよ。

6月24日●　この頃、店の方にもだいぶなれて来て、面白味が出て来た。客の訪ねる本に返事ができるほどうれしいものはありません。又外人の毎日のように一人二人と来訪するのに、少し下手であるが相手の話も分かり少し答えられるのは何といっても楽しい。話して相手に通じた時は楽しくてその日は心から面白味を味わえて楽しい。今日は市で店の方は人が少なく、少し精神的にも忙しい気がした。忙しい日は夜になって楽しかった事を忘れる。今改めて考えます。今日は大変良日吉日であった。

6月25日●　今年で一番暑かった。店の中にいても汗が出て来て、私は人一倍汗が出る方なので端から見ると嫌な気がするかもしれない。まだ真夏でもないのにこれから先の事を思うと、夏の嫌な気を一層深めてしまう。夏も来た。私には水泳もできない。何故？といえば二年前を思い出す。二年前高校二年の時、四月十八日だ。一九五一年四月十八日入院しなければならなかった。それから一週間目二十六日、三度目の手術で命だけは助かって良かったと思う。水泳ができなくとも一人前の人間になったのだから幸いだ。これから暑さは東京ではどんなだろう。初めての夏だ。鍛えよう体を。三年前北鮮軍の迫撃。今年で満三年。東京では北鮮系の六・二五事件[▼注1]の集会が行われた。

6月26日●　だんだん暑くなるが東京にいては夜、涼みに出る事もできない。又出ようとしても田舎のように涼む所がない。こうなると田舎の夏を思い起こす。梅雨も一週間くらいで晴れようとしております。私も大都市生活になれて来ましたが都市というものは私には合わないようだ。空気も悪いし、又人柄も悪い。一般に東北人に比べものにならない。不親切で…だが仕事などの速いのには驚いた。道路も交通も材料も豊富だろうからと思うが、夜一晩眠っている中に鉄燈が立っており、町が変わっているのには驚いた。これでは、田舎は文化に残されるばかり。田舎者も発奮しなければ。私も都会の人達に負けないよう努力し征服しようと思う。又、必ず征服するであろう。

6月27日●　毎週土曜は店の方も忙しい。売高も週で最高と思う。今日もそれを証拠付けるかのように二、四万の売上げ高と思う。東京の人は社会性がない人達ばかりです。人騒がせを徳と思っている人が大部分のようです。午前二時頃サイレンの音で目が覚めた。前の道路に、ポンプが二十台近く並んでいる。誰かの仕業らしい。実際不親切である。都会の人は国際性があり、田舎の人は井の中の蛙と都会の人は自負しておりますが、それは環境が良いからだけのようで、都会の人は社会性には乏しい。だから過去を見ても東京のような者ばかり。それに反し、田舎者は出世する人が多い。過去を見ても明らかである。

6月28日●　日曜日となると東京の人は遊楽日と思っている。大部分の人は家族連れのアベックで旅行に出る風景を見ると、世の中はこんなにも差別があるものか、同じ人間でどうしてこんな優劣、そして社会を構成しているものか、と不安に感ずる。店に立っていると何時も同じ場所を見る。丁度その場所には屑捨て場が目に映る。その屑捨て場には種々な動物が寄る。中にはハエ・犬など様々である。しかし驚く事には人間も寄る。屑屋ではない。食うにも困り街をさまよって歩いている人達だ。屑場の中から取り出す物は、腐りかけた食物ばかり。私はその風景を見るたびに自分の立場、ブルジョワ達、サラリーマン達の立場を比較するのが常です。私は今日その風景を見た。人間にも差別のない、又全世界幸福に暮らす日はないものだろうか。

6月29日●　私は東京に来てから新聞を満足に読んだ事はない。ラジオも満足に聞いた事はない。文化都市におっても田舎におった時よりも後れて行くようだ。夜は疲れて早く就床するので何もできない。なんて寂しい事でしょう。だが今日は新聞を見た。偶然にも一方は災害の記事。一方には歓びの記事が載せてあった。北九州浸水全滅[注2]、モンテ

▼1　一九五〇年六月二五日、北朝鮮軍が北緯38度線にて砲撃を開始、朝鮮戦争のきっかけとなった出来事を指す。当時はいまだ戦争中であった。

▼2　一九五三年六月二五日から六月二九日にかけて九州地方北部を中心に発生した、集中豪雨による水害の事を指す。死者・行方不明者一、〇〇一名、浸水家屋四五万棟、被災者数約一〇〇万人という大災害となった。

ルパ刑務所[注1]の減刑、それがその二つの記事である。私は去る二月、NHKを通じてモンテルパに慰問の手紙を出した。あまりにも淋しく暮らしている受刑者を慰めようとの私の一心がついモンテルパの空に飛んで行った。返事ももらった。がその人達は今釈放、並びに減刑されようとしている事は私にとっても全国民にとってもこの上もない喜びであります。

7月1日◉ もう七月になった。私が上京してから満二ヶ月になります。種々の経験もした。又苦痛の事もあったが今はだいぶ、都会の生活になれつつある時分です。田舎の方は森林が繁茂し、山の中でカッコー鳥が鳴いているでしょう。二年前の今日七月一日から私は学校に行った事を覚えている。忘れられない。永く学校を休み中途から出校なので、先生の講義は何が何やら。大変苦しかった。机の一番前にいて、ただぼんやりしているしかなかった。けれど試験は一応パスした。前の事を考えると限りがない。もう辞めようと思うが月日が変わるごとに過去を振り返ってみるのが私の習慣になってしまってしょうがない。今日はこれで止めよう。今月も無事元気で何事もなく家族も元気で働ける事を祈る。

7月2日◉ 今日から本格的な暑さになり、夏の嫌な思いを一層深めた。夏の暑さには負ける性分なので、今日の暑さにも汗びっしょり。これから二ヶ月間の夏を思うとまったく続けられそうもない。今日はこの暑さに、特に外の方の仕事をやったゆえ一層汗がでてしまった。他の人は今日少しも暑くない、汗は出ないなどと話合っているが、私一人だけ外仕事に従事させて一時は不快に思った。川島という男は、自分の近くに物があっても遠くの方から呼んで私を使うなど、少しも親切味がないのです。又、長尾という人は少し神経質気味のような口調で、私にわざと不快な感じを与えるのには耐えられない。他の堀という人は、あんな良い人はいない。皆あの人のように親切にしてくれると良いのだが。人は他人が見て初めて良悪が分かるもので…

7月3日◉ 上京してから初めての自由な日[注2]であった。二ヶ月振りで自由な身になり、自分の好きな所に行けると思うと一層どこへ行ったら良いかと迷ってしまった。横浜[注3]にも行きたいし、叔母さんの所にも行きたい。友達の所にも行きたいとは思っただけ、金の方も自由はきかないのでつい主人には横浜に行くと言って出たが、友達のいる大田区におもむく。多摩川の遊園地や川でボートに乗ったり、一日を楽しく過ごした。が夜になって明日からの仕事の事を考えると少し淋しい感じがした。一週間が続けて自由な身になってみたいなあと思っただけ、現実には実現できない。明日からの仕事も無事で――。

7月4日● 昨日の休みの疲れが出て、一日仕事を一生懸命できなかった。又精神的にも堕落してしまい、休みの後は何時もながら私には嫌な感を与えるものですが、市場の日は私には少しばかり仕事ができるのでうれしい。仕事が少なく店にぼんやりしているほど辛いものはありません。

7月5日● 今日朝早くから外人が夫婦連れで店に入って来た。婦人が私に Can you speak English? と訪ねるので、私は少し話せるが、少し話せると言えば一層難しい事を聞かれるのが恐ろしくて、自然 I can not speak English. と答えたら、話せませんと答えておりながら英語で話せないと言うなんて――と夫に話しているのを私は聞いた。先方も笑っており、次に話せるなと思ったのか再び尋ねた。Have you English Books? と言うのでやむなく英書を売っている進省堂[▼注4]を教えたら、Thank you very much. といわれた時は大変うれしかった。店にいてもこんなうれしい事はない。外人が来るのを待っている次第。

7月6日● 大学生を主な相手として本の売買をやっているのに、大学はぼつぼつ休暇に入り神田の本屋もこれから二、三ヶ月売れ行きが悪くなるだろうとの話ですが、その通り今日辺りから人数が少なくなって来て私達の仕事もなくなって来た。私は仕事のないほど嫌なものはない。これから二、三ヶ月毎日ロボットのように立っておらなければならない事を思うと何とも言えず不快です。

7月7日● 今日は七月七日七夕祭り。いつもの事ながら、七夕祭りの頃になると小さい小学校時代を思う。七夕は子供の時にしか味わえないものだ。たんざくを作る時の思いは懐かしい。七夕祭りのようなものは都会よりも田舎におって初めて味わえるもので、都会にいては星を見る事も月を見る事もできないのでは、田舎の七夕祭りとは感じが違う。その点、都会の小供達は可哀そうです。正午からは稀に見る雨で、店の方には客も少なく七時に閉店してし

▼1 フィリピン・マニラ郊外のモンテンルパの丘にあったニュービリビット刑務所の事。日本の戦犯が多く収容されていた。前年、同刑務所を歌った渡辺はま子「ああモンテンルパの夜は更けて」が大流行していた。

▼2 当時、定休日は月に一度、不定期に訪れた。一九五七年、神田の古書店の定休日は第三日曜日と定められた。

▼3 姉・栄子が住んでいた。休日や閉店後など、姉を訪ねて頻繁に横浜に赴いている。

▼4 神保町二丁目の南海堂と同じ並びにあった洋書・洋学古典籍専門の古書店。二〇〇〇年、神奈川県逗子市に移転。

まった。夜皆で映画に行く予定だったのですが、私は仕事もあるし、又小遣い銭の方も淋しくなったので行くのは止めた。元来私は映画を見たいと思った事が無いので、これからは映画代など貯めて何かまとまったものを買いたいと思う。

7月8日●　今の所私には何も楽しみがない。上京以来今まで二ヶ月あまり、一度もラジオを聴いた事がない。又新聞も時々しか読めない。時はあまるけど見たり聞いたり自由にならないのが原因。これでは四、五年もいたら人間の価値がなくなってしまうような気がして、恐怖の感が心の中を左右に迷わせている。しかし、仕事の方も楽だし、将来見込みのある仕事ゆえ、現在勤めている次第。他人の家に来ると自由を失うのだけが恐ろしい。他人はそれは修行と申しておりますが…。

7月9日●　毎日勉強しようと思うけれど自分だけ早く部屋に入って勉強はできない。団体生活しているゆえ、遅く寝る事に。本を開けて見ていると、一日の疲れが出て来てつい眠ってしまう。田舎にいた時は夜遅くまで起きていてもあまり疲れなかったのが、上京してからは疲れが出て、寝ついてしまったら朝七時まで起きた事がない。それほど疲れているので勉強どころではなく、体を休めるのに時間が精一杯なのです。現在の状態では勉強は不可能に陥ってしまった。自分の体の事を考えるとそれでもよいのかも知れません。母さんも私はあまり丈夫な体でないので、何時も私の夢を見るとの便りには、私も世界一の母さんを心配させないように努めている次第。

7月11日●　大学は今から夏休みに入ったので店の売行きを心配しておったが、今日は裏切ったかのように人出が多く、それに土曜とて学校（中高）など会社（一部を除く）は、半日なゆえか売行きも近頃になく盛んであったが、明日頃からは下り坂になるであろう。もし私も学校に入っておったら今日から夏休みに入ったのになあと、つくづく高校時代の事を顧みるのである。一生のうち一番のんびり過ごせるのは何といっても学生時代。一度社会に飛び込んだら気がのんびりできない。やはり学生時代に思うぞんぶん遊ぶのが常でしようが、やはり団体生活の中での事ゆえ、他人を考え自分ばかりという事も廃止せざるを得なかった私は、過去においては全く有意義には過ごして来なかった。今となって思い出の第一頁を暗黒にしてしまった。

7月12日●　今日も昨日と同じに店の方は多忙な一日に。毎日このようであったら、私は楽しく仕事できるのに…今まで私が接して来た東京人は、皆が皆不親切でした。しかし、今日風呂に行った時には感心するほど親切な人がおった事は、私達田舎者たる外来者に与える感じは、なるほど文化都市だなと好感を与えるものです。東京人よ皆あのような人であれと大声で叫んでみたい。

7月13日● いよいよ梅雨も止み、本格的な夏期に入り日中は汗ばむほどです。今日から一週間靖国神社のみたままつり。▼注2 夜、涼みながら今はなき古人の魂が祭られている靖国にお参りに行った。初めて靖国を見た。あの壮大な鳥居、鳥居を入ると両側に芸能人の書いたチョーチンが下がってあった。やはり芸能人だけあって個々の腕のすぐれた特徴を表しているのであった。靖国に入ったら本当に祭り気分がした。田舎の祭りはもっと賑やかであるが…田舎の祭りを思い出す。田舎の祭りも昨日と八月十八、二十日夜涼みながら外出するあの何とも言えない気持ちを思うと、帰ってみたい気持ちもするが…勤めている身に自由はできない。

7月16日● 予定実行。朝八時半出発、横浜着十時前。昼食後、鎌倉に行く。鎌倉といっても海岸と大仏を見るだけしか私には芸がなかった。その後江ノ島へ向かい、江ノ島に着いたら日光に行った時のように何とも言えない気持ちがした。今まで私は日本でも指折数える好景の所には三回(松島、日光、そして今日の江ノ島)。以上三回とも良否のつけ難い美しさでした。何も芸術などに関心のない私にはただきれいだなあ、うつくしいなあと思うだけでその後に残るものは何もないといった平凡なので、どんなにきれいでも深くは印象に残らない。少し予定の時間より遅れて十時家へ帰る…奥さんよりワイシャツをもらう。

7月18日● 夕方閉店後、生まれて初めて両国の全国花火大会を見に行った。先ず驚いたのは人出の多い事。田舎におってはあのような人出は見る事ができない。次に警察官の多い事。次に花火大会の壮大な事。ただため息つくばかり。あのような所には必ずヤジ馬がつきもの。面白いものです。

7月19日● この間北九州を荒れ回った雨は北上して来て、和歌山県が荒らされたとの報にはまったく可哀そうでなりません。東京も朝から一日中降り続き、何時止むとも知れず。空は真暗、これでは心細くなって来る。しかし、夜寝る時は涼しくて気持ちがよい。一日の疲れをぐっすり直してくれるようです。雨のため売上げは今までの最低の

▼1 休日や閉店後、映画鑑賞をする事がたまの娯楽であった。当時、神田周辺には日活館など映画館が点在した。

▼2 一九四七年より始まった靖国神社の盆行事。三万個ともいわれる提灯が境内を照らす様が有名。

記録だそうです。日曜というのにこんな売上げではこれから二ヶ月間が思いやられる。東京には蚊のいないのが何より。その反面南京虫▼注1の多い事には閉口します。

7月21日● 昨夕の寝方が悪いのか、朝から風邪気味で店にいる時は立っているのも辛かった。しかし自由に腰掛ける事ができない身分ゆえ、我慢した。夕方頃から一層ひどくなり、とうとう自由にして腰を下ろす事ができた。本当に気持ちが良かった。閉店の頃の辛い事。こうして遠く両親の元を離れていて体を悪くするほど、自分自身も又両親も不安になるものです。今までは体には大変気をつけておったのですがどうしたわけか…今日はこれで休む。明日の仕事にも差しつかえて又一層ひどくならないように、治す事に注意する。

7月22日● 上京以来満三ヶ月にもなろうとしているのに満足に二時間も勉強した事がない。今日、文明社▼注2の楠間さんに、「若いうちに勉強しなければ老いてから困る」と話された時は、よくよく後悔しました。読みたければ本は多くあるし読めるようなものですが、自分のものでもないし、又暇がないものですから、すっかり勉強の方には御無沙汰致しておりました。早速今晩から暇を作って勉強に取りかかった所。しかし英語なんかは休んでしまうと、全然忘れてしまって最初からやり直しです。今からこんなものでは先が思いやられる。しっかり努力努力。

7月23日● 朝から一日中体の具合が悪く、夕方閉店後すぐ部屋に入った。三十分も経った後でしょうか、八郎さんの音に目覚めた。疲れと頭痛が重なって、急に眠くなってしまったのだろう。頭がまだぼんやりとしております。それゆえ日記としては体の調子が回復する事だけを望んで、途方も無い文を綴りました。何より体を大切に…。

7月24日● 今日は本格的な暑さに入り、汗がひとりでに出て来るほどです。私のような寒い雪国で育った者ほど暑さを感じやすく。おまけに今日は市場で普通の二倍の本があり、往復二回運んだのにはへとへとになってしまった。夜は夜で一仕事、シャツは真っ黒、洗濯が大変です。疲れているからこの辺で…。

7月25日● 昨日に続き猛烈な暑さ。この暑さが八月一杯一ヶ月あまりも続くのかと思うと先が思いやられる。梅雨は終わった。朝着たシャツが真っ黒。他の人よりも余計に汗が出るので、日中は我慢できません。明日からは日一日と暑くなる事でしょう。田舎も晴上がった事でしょう。母さんは生活のためにこんな暑い日にも汗を流して働いている事でしょう。普通の人の三人分は働く。私も生活を助けるために上京したのですが…私の方は失敗したが、心配させない事だけを考えて働いております…。

7月26日●　主人が、昨晩不忍池に涼みに行って、夜の静けさときれいなのに感動してきた。私達にも見せようと思って、夜自動車賃をくれるから行って来いとの事でしたので、八時半頃からタクシーに乗って行って来た。あの東京の夜のきれいなのには私は感動してしまった。夜のネオンも進歩して、どんな広告でもするという文明の発達した都会の夜に、不忍の池で涼んだ事は一生忘れ難い。こんな小さな人間があの何百倍何千倍とも知れないビルディングなどを作ったものだと不思議でなりません。人間はどんなに一人一人が偉大であるか初めて知った。私もその一人と思うと仕事にも意気込みがある。

7月28日●　この所、毎朝寝過ぎて体の調子の方は上々だが、朝少し遅くなると気分が悪くなり一日ダラリとする。仕事になれて来たせいか面白味が出て来たが、しかし店の本は三分の一も分かっていない。覚えようとしてもすぐ忘れてしまう。何事も少しずつ毎日続ければいつかは頂上に辿りつく事ができるものと思って辛抱して働いている。頂上に上がった暁には人間の成功の第一歩と考えてよいと思う。夜一日の疲れを直しながら、涼み涼み靖国の角力大会を見に行った。力士↓幕内の東海、大岩山その他。

7月29日●　夜になると、何か遠い又途方も無い事を種々空想したり、過去の事を思い浮かべたりする。高校時代の事を考えると自然アルバムを開きたくなる。今晩もカビ臭くなっている棚の上から引き出して開いて見たが、写真ほど何度見ても飽きないものはない。写真を見つめていると、旧友の名を忘れかけたのを思い出そうと努力する。旧友のうち、大部分は上級学校（大学）に入っていると思うと自分を貧しく又格下げて思う。何故入れなかったのか？それは経済が許さなかった。もうこんな事は思うまい――と決心するけれど、夜の暇な時、自然考えてしまう。

7月30日●　東京というものは本当に嫌な所だ。酒場は多くあるし、パチンコ屋も又。東京は娯楽ものと事務所と学校でできている所だ。そのためか人の質も悪く、親切な人

▼1　南京虫は、明治以降に被害が確認され、特に戦後、全国的に大発生したとされ、GHQが実施したDDTによる駆除の対象害虫とされた。一九六五年頃より使用されだした有機リン系の殺虫剤の登場により、一九七五年頃にはかなり減少したとされる。南海堂宿舎の柱の隙間などにもびっしりと棲息していたという。

▼2　本郷に在所した出版社で、主に理系図書を刊行。南海堂の店主が資金提供しており、そのかわり店で書籍を扱った。

は一人もいない。環境がそうさせたのだ。世の中はこうも毎日遊ぶ人がいるものと不思議でなりません。田舎におって東京をあこがれている人は数多い（私もその一人であった）事でしょうが、その人達は私のように一度東京という、嫌な所を見ると後悔の至りであろう。私もそうである。東京に来て三ヶ月目の感想。

7月31日● 七月も今日で終わり、上京以来三ヶ月になります。今まで三ヶ月間全く夜空を見た事がない。いつか一度仰いだ事がある。しかし夏空を見ようとする心も出ない。理由は種々ある。一つは家が大きい。今一つは一日中の疲れが出てすぐ休んでしまう。こんな理由で夏空の美しさを味わった事がないと思うと淋しくなる。ふと気がついて今夜空を見ようと顔を上げた。しかし回りが騒がしく田舎のような気持ちは起こらない。全く田舎を思い出す。今日は小遣い銭[注1]をもらった。一ヶ月の風呂賃くらいしかなく、これから先心配です。まだ新米なせいか普通の人の四分ノ一ももらえないと思うと残念です。

8月1日● 今日からもう八月、真夏である。朝着たシャツが夕方には真っ黒になるほど汗が出る。それに都会はホコリが多いゆえ一層黒くする。夜風呂帰りに初めてテレビを見た。文化の発達、科学の発達には驚いた。現場を目のあたりに見、あの明るさは映画をしのぐものであった。これほど科学、文化の発達している時に自分を考えてみると、毎日毎日の日課が平凡なので、これでは近世の人々、機械に残されて行くものと思うと残念です。やろうと思う事が実行できない現在の状態、身分ではあきらめる以外ない。ああつまらない。

8月3日● 毎日夜遅くなるので本を読む時間がなく、日記をつけるのが精一杯。夜は遅ければどんなに遅くとも良いが、翌日の仕事に差しつかえないよう夜は早く休むようにしているので、閉店後寝床までの時間が少ないのが一番苦しい。少し夜遅くなると翌日の朝元気がない。それゆえに時間が少なくなっている。世界は進んでいる。私は停滞している。これでは残されてしまう。

8月4日● 夏というのに今年の天候はどうしたのだろう。はっきりしない天気で毎日のように雨。今日は秋のような涼しさです。六日を予定していた海水浴もだめだろう。日本全国今年は水害に出会った。南は九州から最後に北海道までも。稲は多分全滅だろう。今年よりも来年の財政の苦しさは今からだんだん分かりつつある。中でも田舎は苦しい生活をしているでしょう。どうにかして私も一人前になり家計を助けたいと思ってはいるが、現在の身分では願いもかないそうもない。

8月5日●　明日は南友会の海水浴というのにこの様子では泳げそうもない。ただ遊びに行くだけ…何もかも団体生活の時は自分だけが勝手に行動をとるという事が不可能ゆえに、私も一人前として金がない中から四百円もする海水パンツを買った。金を出す時は本当に惜しい気がした。何日分かの働きが一度に飛んで出た事を寂しく思った。

8月6日●　朝出発する時は雨が降って来て、皆の気持を少しつまらない方向に向けたと思うが葉山の海水浴場へ行ったら雨も止み、午後からは晴天になるほどでした。これも皆の心持ちが良かった事なのです。私は泳がないつもりでおったのですが、パンツも買ったし折角行ったのだからと思って奮発して一番最初に入った。二年も泳がなかったせいか泳ぐにも足がだるく仕方がなかった。色も黒くなったし、本当に男らしく健康そうになった事をうれしく思う。

8月7日●　昨日の海水浴で疲れたので、朝七時までぐっすり寝こんでしまった。十時間も休んだが今日一日まだ疲れは治らず、仕事中もぼんやりする事があった。しかし体も少しまた黒くなり、私としてはいくらか海風にて丈夫になった感が致します。若いうち磨いた体は老いてからも得をするし、丈夫そうな体は外見も美しく見えるものである。店の中にいて大学生など色黒い顔を見ると羨ましくなる事度々でした。私も少しは体のためになった事と自負している。

8月8日●　まだ仕事の方が勝手もその他の事も分からず、毎日の仕事が辛く感ずる。日中、七時間も立っているので疲れは治らない。何の仕事も皆こう辛い事だろうと考えると、少々疲れも和らぐのですが、又元通り戻ってしまう。毎日同じ事を何の知識も得ずに、ぼんやり過ごすという事があり、私としては精神的疲労が重なるので、この精神的な面を開拓しようとするのが私の使命と存じております。将来の事など空想すると、毎晩のように自分を見下げ寂しく感じている。どこからかレコードやラジオによって流れるメロディーだけが、私の寂しいという境地から救ってくれる。

8月11日●　明日は今日、今日は昨日と日一日、暑い夏の日々も涼しい秋も寒い冬も暖かい春も、過去のものとなってしまう事は私には寂しい。今日も明日になれば昨日に変わる。時日の変わるのは又早いもの。こうして上京以来四ヶ月近くもなるというのに、まだ何の収穫もなくただぼんや

▼1　月に一度手渡される実質的な給金。小遣いの額は他の古書店と比べて多くはなかったというが、それも十年の勤続で独立出店を支援する制度をとる南海堂ゆえであった。

りと生きているに過ぎない。人間こそ一層日時の過ぎ去るのを悔やむもので、私もその一人。過ぎ去った事を悔やんでも二度と帰って来ないのだから…。

8月12日● 今は八月十二日。田舎の夏は今真っ盛りであろうと思うと、二、三年前の事を思い出す。夜、浴衣姿で暗い道を毎日のごとく、少々小高い砂山という公園に登った事を思い出す。いつも今頃になると田舎特有の盆踊りを見る事を、子供心に狂喜していた。それが今はあこがれの東京に住み着いて、昔のような賑やかな祭り騒ぎも、又涼みもできなくなり、毎日ただ本に目を通すだけの楽しみしかなくなり、四ヶ月もの月日の中に田舎に帰りたいと思う心地も薄らいで来た。だが、明日は田舎の盆で賑わっている事だろうと思うと、盆に食べるボタモチが恋しい。

8月19日● 今日は交代の休み[注1]なので、一人で何も分からないが浅草へ行って映画を見た。今まで浅草ってどんなものかなあと思っていたが、実際行って見ると何も同じ世なので別に変わっている所でなく、やはり同じ地球上であるだけ。ただ賑やか。映画館街があるだけ。あのような所に行くにはまず用意しなければならぬのは金とつくづく思った。私は映画を見るだけの金しか持っていかなかったのであまり面白いとは感じなかった。二ヶ月ぶりで映画も見た。又、後に上野銀座までも行って見物だけして来た。これでだいぶなれたような自信もついた。これからはこの土地を征服するばかり。

8月22日● 日中は暑かったが、夜八時頃から今年初めて、又、上京後初めて雷の音を聞いた。しかし雷雨に遭って日中の暑さも涼しく、本当に秋を思わせる。急に涼しくなると自然途方も無い事を考え、田舎の家族の事など、学校時代の事など、床に入ってからも想い出す。友達はどうしているだろうかなどと…毎日のようにアルバムを出しては、過去の事などを想い出すのが今の私にとって唯一の楽しみ。勉強する暇もなくなり、ただ小説を読むだけで時間は過ぎて行くけれど、何時か幸せな時が来る事も望みながら毎日を過ごしている。

8月25日● 雨の日、私は常に郷里の雨を思い出す。秋の風の日も、郷里の風の冷たさにおもいを馳せるのである。今は都会に住みなれ、日に日に大人になって行くのを考えると、郷里の雨風など一層身にしみて来るのを覚える。三ヶ月前、何の目的もなく上京して恥がなく四方八方奔走した事など、辛く又苦しく感じた事など、秋の涼しい時分に回想して来る。しかし、今は仕事もなれ、大東京、全国を支配するような本屋、あるいは実業家になる事を望みつつ、毎日の仕事に精を出している。

8月27日● この所本当に秋が来た感じ。毎日雨で涼しさもぐんと増し、仕事の能率も読書にも好適な時期になったが、学校卒業後知識は一向に増えず、ただただ毎日毎日棒のように過ごして来た事、その時間の浪費を今になって痛切に感じている。このままでは頭脳がさびれるばかりか、世界の人々に残されてしまう。世界を征服しなければ――常に思っているが、空想だけで実行力のない私を、私自身可哀そうだと思っている。

8月29日● 秋はもはや東京の空に来ています。日中も半袖ではいられないような寒さに変わってしまった。なんの準備もなく上京したゆえ、寒さ増すごとに考えも深くなり途方に暮れてしまう事が度々です。まだ若いのですから自分の身を整えるには大丈夫ですが、限られた時間、限られた金で奉公している身分なので、全く自由にできないのが私の現状です。

8月31日● 月末ゆえ小遣い銭もらう。何か変に月末になると嫌な気持ちがする。仕事が足りないせいか、まだなれないせいか。種々なる事で心が落ち着かない。でも今月は東京で初めて夏を過ごしたわけですが、上京以来振り返ってみると、何の進歩もなく目的もなく過ごしている事を考えると、全くつまらなくなってしまう。

9月1日● 今日から秋、九月。学生時代だったなら少し張り合いがあったのですが、九月になっても何も変化のない店の方にいては秋だな、九月だなとは別に考えもしない。ただ、毎日の仕事を平凡に成しているだけなのだから――。夜、上京以来二度目の映画を見ました。金の方も余裕はないのですけれど、男は思い切った事をしなければ、何も成功する事はない。それだけの経費を見込んで一ヶ月の小遣い銭を有効に使おうと思っている。

9月3日● 今日は私の誕生日、忘れもしない。昭和九年九月三日、私はこの日初めてこの複雑な世界に呱々の声を上げた。私にとっては、この日こそお目出度い日なのだが、世界の人々は私のような何のためにもならない者が、この世に出てきたという事は、大きな損失だと思う。この時、ふと私の頭の中に浮かんで来たのは、「待て」という二文字。私はまだ若い。これからが役に立つ人物なのだ。今が一番人生において活躍すべき時期だ。満十九歳、こんなちっぽけな体に、何の役にも立たないのが、この世に満十九年。これからだ。しかし他人に年齢を聞かれるのは嫌だ。

▼1 月に一度ほど交替制でおとずれる休日。

9月6日● 久し振りの天気で、又、急に風邪気味になったような気がする。まだ完全に治っていないのだ。急に真夏のような暑さになったよう。けれど、夜は上京以来星も月も、今まで一度しか見た事がない。田舎にいれば曇った日でもぼんやり月を仰ぐ事ができたが…今日から一つの決心をした。それは毎日何か詩か俳句でも作る事に！

秋風や窓を揺すぶる涼しさよ

9月8日● 今日店の中でぼんやり途方もない事を次から次からと連想していた時、突然「よう」と声をかけられた。ふと眼を声のする方へ向けると、学校時代の友達であった。高橋宏だ。今は法政大学に入って夏休みを終えて、昨日上京したばかりとの事。今日店が忙しかったのと、店の人に悪いのとの二つの理由で話もできず。二、三日中に会うといって帰した。その時の私の気持ちは本当に嫌な気がした。今日は晴――。

今日は昨日、明日は今日と変わりけり

9月9日● 今頃の田舎の景色はどうだろう。都会では想像もつかない。まさに別の国にでも行ったような感じがする夜…こうして考えると無限だ。初秋の清々しい満月の光を受け、その下で青い光を発する街の灯りなど。九條武子の詠にもある――「何事も人間の子の迷いかや月は久遠の冷たきや」。本当に、私の田舎はこの詠の景色を代表しているかのようです。都会でこんな風流なものは、見る事も聞く事もできない。私はただこれだけが淋しく、心細い気持ちがする。どこかで虫の、もうすぐ来る冬を前に自分の大国で十分楽しもうとする声が続けざまに聞こえて来る。

9月12日● 今日も三階より空を仰いだ。しかし何も見えない。ただ眼を水平にすると街路のネオンだけが見える。遠くを見ようと眼を水平にしても、建物でそれも不可能。これが東京である。遠くはパチンコの音、近くでは酒楽の声。日本の遊園地・娯楽都市――これが東京。私はこの環境の中に住んでいる。地方の人達から見れば恐ろしいと思うだろう。しかし私は東京を征服しようと思って上京したのだ。

空見れば星はいづこや雲ばかり

9月15日● 朝六時半に目を覚ました。外はいつもより明るかった。窓を開けると秋風が涼しくなって入って来た。今までにない気持ちの良さでした。何でも始めが良ければ後も良いといわれるが、朝の清々しく晴々した気持ちが一日中続いた。しかし、夜休む時に昨夜の雨を思い出したように、トタン屋根を強く打ち出すほどの音を立てながら、この一日中の気持ちを解いてしまった。中学校まで友達だった村上君が訪ねて来た。

雨よ降れ君の自由に飽きるまで

9月19日● ぐんと涼しくなった。今は半袖のシャツでは間に合わなくなった。シャツから出ている腕を見た。何か毛穴から白いものがブツブツ出ていた。寒くなった事を証明している。朝なんか、はく息が白く見えるこの時期になると、牧場の朝など連想する。十二月になって朝早く山へ行って草刈りした事などを思うと、つくづく田舎を想い出してならない。私はこんなに成長したと自覚しているものの、他人からはどう見えるか。自覚はしているものの初めて都会で過ごす秋を思って、両親の側にいる事など種々思い出しては、一人寂しく沈んでいる事が多い。秋になる事を、楽しくも思い、淋しくも思う私。

秋の朝はく息白く冬近し

9月20日● 久し振りの好天に、彼岸入りと日曜という二者揃っての好条件に恵まれたせいか、店も大変忙しく活気づいて来た。夕刊を見た。第一面に私の育地郷里ともなる庄内平野の刈取りなど一面にわたって出ていた。水害、冷害のため庄内でも減収という報に、何となく寂しさを加える。米の庄内百万石の米どころ穀倉は嘆くと大きな見出しを見た時は、一層郷里への愁いを感ずる。どうしているだろうか？など限りなく頭の中を濁しているのを覚える。写真で見て初めて今稲刈りしている事を知った。田舎の苦労を味わえぬ都会において穂鳰の並んでいるのを見ると何とも言えない。

庄内の穂鳰も今は並びけり

9月21日● 今日は店を閉めて、久し振りに皆一緒に休んだ。午前中は病気見舞いに行って時間はなくなり、その足で浅草へ地下鉄[▼注1]で行った。初めて地下鉄なるものに乗ったがただ感心するばかり。それは、地中を掘ってあれだけの工事したとともに…こんなちっぽけな人間があれだけの大胆な事をしたとは思えない…と。こんな事を考えている。私は、それだけ皆より何事も遅れているものと思うと一層たまらなくなり、私達の年齢と同じくらいの人達もこれからあれ以上の仕事をやる人間が出て来るものかと思うと、又々情けなくなる事しばしばです。前々からいつかは見たいと思っていた映画を二本とも見た。それは「雨月物語」「雁」――浅草の松竹電気館[▼注2]にて。

▼1　当時の東京地下鉄は銀座線のみであった。なお、戦後初の新線・丸ノ内線開通は翌年一九五四年の事である。

▼2　浅草電気館の事。一九〇三年（明治三六）に日本初の映画館として開業、大正初めより松竹が経営権を有していたが、一九五〇年代以降は大映の封切館となっていた。昭和期のシネマブームの象徴的施設であった。

夕ぐれの都会を飾るネオンかな

9月23日● 秋分の日（お彼岸の日）。夜と昼が同じ長さになる日、又、先祖を祭る日でもある。今日を境に、これからはだんだん日中は短くなり夜長となるが、夜の長いのは何となく気分を晴れやかにしない。又、これからは寒くもなる。考えれば考えるほど、心が狭くなるのを覚える。今日はお彼岸に久し振りにおはぎを食べた。食べると自然に田舎のお彼岸を連想する。雨のためか急に涼しくなった。毛穴が立つほど寒かった。夏中箱の中に入っていた毛セーターを出して着たら、一夏のカビ臭いにおいがした。それゆえ何となく今年の夏の別れるのを淋しく思った。秋分の日、一日中雨だった。

お彼岸に雨の降る中墓参り

9月28日● 晴。今日は朝から不愉快でしゃくにさわる事ばかり。第一毎日の事ですが、川島という男は、私はまだ新米だし、何も用が足さないからといって、細かい事まで私の欠点を探し自分をば顧みず私を怒る。こんな不愉快な所には長くはいないだろう。今にも出て行きたいと常に思うが、旦那を見ると自然心も静まり仕事にも面白味が出て来る。川島という男のために、毎日毎日の仕事がしゃくにさわってだめだ！

9月30日● 今日は月末（晦日）。一日中雨で憂うつでした。おまけに店の売行きも悪く、今月の最低のようでした。今日で上京以来五ヶ月。思い出せば種々な事もあった。初めて上京して就職に困った事など、今になって考えると時々一人で思い出しては笑う種、過去のものになってしまった。世の中は何もかも辛い。それを突破するのがその人の任務です。

10月3日● しんしんと秋の愁いが深まり、寒さも一層増して来たので、初めて迎える秋も深まる次第。私にとっては寂しく感ずる。今日初めて上京以来ラジオというものを満足に聞いた。三階の私の部屋にスピーカーを置いたら――！　やはり文化人になるにはラジオ、新聞が必要である事を感じた。眠りながらラジオを聞くのが私にとっては何よりも楽しみの一つになった。

ラジオきき私の気持ちも浮き出づる

10月6日● 風呂帰りいつも目にする光景は酒場の人だかり。私はそんな所は見たくない気持ちなのだが、酒場の前を通るのが帰るには近道なのだ。それゆえ自然と前を通る。その中には様々の人々がいるのだが、半数以上が大学生なのには私の心も淋しくなった。私の目には最近の大学生の態度を見ると不快な感じを与える。

10月9日● 一日中の雨で店の売行きが悪いゆえ早く店を閉めて映画に行った。初めての映画館角座。▼注1 五十円均一、題名「殺人屋敷ニュース西部劇」。

10月16日● 日中も随分寒くなった。日が照っていても体に風の冷たさを感ずる頃になった。田舎の事も深く考えるようになった。子供達に何かと思って安い本を買って送った。喜ぶだろう。夜は冷たき光を秋空に放っている。半月を見ると都会という観念も失われて来る。毎夜見たいこの月を…。

秋空に黄色な月も浮びけり

10月17日● 今日から靖国例大祭。それに今日は後楽園でNYジャイアンツと読売ジャイアンツの野球試合。土曜日とて人出はどっと神田中心に押しかけた。なんと自動車の数の多い事。驚くに及ばず。夜は月が煌々と輝いている。秋空ってどうしてこんなに人心を静ませるのでしょう。私は殊に他人より情が深いのか…秋空に輝く月を見ては過ぎし日と学生時代の事など走馬燈のごとく、浮かんで来る。

10月19日● この頃、秋日和続きで客足多し。夜もきれいな月星が輝いていて外音も聞こえず静かになったような気がする。靖国神社の祭りも最高潮に達し、人出も二、三十万の予想だそうです。池袋に本を持って行く。

遠く見る夜の空にアドバルーン

10月20日● 昨日と同様晴れ続き。この頃、私としては仕事も少しなれたゆえか、仕事の方も楽しみができた。客にも応対のできる私になりました。今日は二宮尊徳翁の死んだ日。尊徳翁にみならい、昔人後生までも名を残す、私も後生に名を残す人間になりたい。

10月23日● 今日から店の方は交代の休日。やはり一人でも欠けると忙しくなる事が明らかである。普通皆揃っている場合は、退屈のようであるが、これだけ人数の一人一人が必要となる事を、今日証明できた訳だ――月末になった。ふところも淋しくなった。

朝早く遠く耳するあさり売り

10月25日● 交代の休みに、私が今日日曜日。久し振りの休みだった。朝は友達が来る予定なので九時頃までぶらぶらしても来ないので、後楽園に野球見物に行く。十時頃入り、一時の試合開始まで四時間も待っていた。四時終わる。十対三で米選抜が快勝。終わってから六時頃横浜に遊びに行く。十時半帰宅。

10月26日● 今日は明治大学優勝祝いで提灯行列があっ

▼1 神田神保町にあった映画館の一つ。

た。私は考えた。行列は一時間半も続いた。こんなに多くの学生が一年に何百もの学校から卒業するのだから、就職難に困るのは当然の事だ。あのような何十万、何百万の学生のうち、何人この世のために尽くす人物が出るものか。そのうち何人かは堕落するものもいるだろう。世の中は大変だ。

10月27日● 川島君が田舎へ帰る。やはり一人でも欠けると、忙しさがぐっと増す事に気づく。考えてみれば暇な時は一人一人の存在は意識しないが、一人でも欠けて忙しくなると一人一人の重要さが分かる——この事に気づいた私は少々気強くなった。

10月29日● 朝は早起き、私一人で両方の掃除、堀、長尾君は買物に行った。朝は何かしらがたがたして忙しかったが、日中は反対に非常に退屈でした。しかし、夕方に再び忙しかった。おまけに須田街に大火事[▼注1]があり、市場で買った本の整理も多くある。九時まで。九時に夕食、寝るのは十二時。明日の仕事は多いから日記はこれで。

　雨が降る自動車の数多くなる

10月30日● 晦日になると世はざわめく、あるいは静まるこれが現在の世の有様なのだ。明日は晦日、財政の困難を思わせてか売行き悪いのは定評。財政の困難・経済恐慌の前兆ともいう。街を歩くにチンドンヤ、サンドウィッチマン、大売出し。いずれも来年の財経恐慌を思わせる。街歩くチンドン屋の姿も今は我々の胸を打つ。

10月31日● 今日は月末。これで一九五三年十月も過去のものとなってしまった。過去になったものを取り返す事はできないが、私の今まで浪費して来た時間が惜しくて、月末になると想うのだが、浪費して悔やむ。私も秋の深まる今頃になると田舎にいる両親、兄弟の事など次々と連想する。朝など顔に当たる風は冷たく十月も今日で終わり、十一月だ。

11月1日● 一層秋も深くなった。いよいよ今日より十一月、だんだん寒くなるだろう。今日は今までにない失望を感じました。何故なら十一月十日に行われる進適[▼注2]を受けようと心強く毎日を過ごして来たが、母校に問い合わせた所、期限が切れたとの事。これまで望んでいた事がこれで道が切れたと思うと、悔やんでも悔やんでも悔やみきれなかった事。これからの前途を考えると気持ちが暗くなるような気がする。それで又一年遅れた事を考えると一層惜しい。人生は長いと申しますが、一年のブランクを埋めるのは苦労する。失望した。

11月2日● 一日の疲れを休めるのには何といっても友達

や田舎からの便り。次に歌を聴く事。これらが私を慰める一番の好物となって良い。その他は何もない。ラジオでは悲しい歌・淋しい歌が流れて来る。私には何とも言えない。心を静ませる何ものかが聴き出せた。私にはこの頃、都電の音も静かになったように感ずる。都会の生活にもなれたせいだろうか。今日は忙しかった。明日は文化の日。日本が独立して以来の文化の日は、毎年毎年盛大になって来たように思うが、私達にはまだ文化の日といって祝う余裕もなく、どんな意味で祝うのか私にはまだはっきり解せない。

11月4日◉　街を通る自動車の音、電車の音も、夜になると音もなく静かに夜も更けて行く。奥深く進んで行く間にあって、毎日の仕事をただぼんやり目的もなく過ごしている事に気づくと、「つまらない」と思っているのだが、その「つまらない」という言葉をなくするよう努めているのだが、それも実行できず、ただ時間を無駄にし、無駄に年を取っている自分自身の惨めな姿を見る時、残念でなりません。ただ生きているだけに過ぎない私。あらゆる動植物よりも惨めな私。しかし、薄らかな希望が心の底にある事に気づいた。望みあり大志を抱き、この世を征服する事も不可能ではない。

11月5日◉　朝歯ブラシを買った。その時のつり銭に汚れた五十円札がまじっていた。私は思った。尊い金がこんなにまでボロボロにされた。ボロボロにした人達の気持ちも考えた。たぶんその人達の心持ちは悪魔に近い人達であろうという事。そのために私には金の有難さという観念が失ったゆえか、夜ついうっかりパチンコに行った。最初から五十円買ったら玉が二十五個来た。初めてやったのでなかなか入らなかった。最後に近づいた時は俄然入るようになった。一度入れば十五個（三十円）が出て来る。続けざまに五、六回も入り、三十分間の中に二百個もたまった。さっそく景品と取換えた。金にするとのべ四百円にもなる。又私は考えた。世にパチンコ狂なるものが現れているのもなるほどと感心したが、これからは絶対やらない。

11月6日◉　朝から失敗続きでした。数えてみると、四、五回。仕事についてから半年過ぎたが、客に満足を与えるほどの知識はついていなかった事を証明させられた。何故こうぼんやり途方もない事を考えるようになったのか自分

▼1　神田の小川町交差点都電通りに面したパチンコ店から出火、一〇棟を焼く大火となった。神田の目抜きの場所で起こった事から、数千の人が集まったという。

▼2　進学適正検査。上級学校に進学する資質・能力の測定を目標とする検査で、一九四七年～一九五四年度、文部省の管理下で大学進学希望者に対して全国一斉に実施された。

にも分からないくらい。その一つの原因としては環境が悪い。回りには多くの学校があるゆえ、友達が訪ねて来る。それが私には大きなショックなるものを与える原因。その次に私はまだ新米ゆえ、失敗した事など欠点を探される立場にある事。上の人達は自分の欠点も見ず。長くは続かないであろう。このようなら――。

11月10日● 今日は来年度進学する人は運命という日です。何故なら進学適性検査なのだ。私も受けたいと思うが、他人の家に奉公している身に自由にならず、それが私の今に一番辛いというか、苦しい立場です。それに友達が訪ねて来る事。友達といえば皆、大学に入っているゆえ。嫌だなあと思う日もしばしばあるが、仕事中はそうは思わない。

11月11日● 朝から寒さが厳しく、冬ももう来てしまった、という感じがする。田舎の寒さより東京の寒さは一層厳しく、風もあり一日中震えながら店に立っているのは少々辛い感じがする。夜は夜で、一日の疲れと寒さには閉口します。夜は寝るという事だけが楽しみ、しかし休む時間は十一時。一人勝手な事はできない。寒さを防く準備もして来なかった俺にはこの一年辛い事も続くであろう。

寒さ増す秋の風も冬近し

11月12日● 夕べは寒かった。寝るにも寒くて震えた。寝つくまで寒かった寒かった。夜中目が覚めた。あまりの寒さに寝られなかったのだ。今日の朝起きる時は、床の中が暖かかったのと昨日寒くて眠れなかったのとで起きる事も嫌な気がした。郷里の母より便りを受く。母の苦労も並大抵ではない。私のような者もいるゆえか。母の思いやりも五百キロも離れた遠い所に暮らしている私の事を――感謝します。夜風呂へ行く。風呂に入った時の気持ちの良さは、今日初めて感じた。小遣いの加減で毎日風呂に行く事もできない。人間は苦労だ。

11月17日● 昨日の寒さでとうとう風邪を引いてしまった。今日も昨日のように寒くこれが本当の冬なのかと思うほどでした。昼過ぎ田舎から小包が来た。母さんの思いやりの小包。夜一人自分の部屋に閉じ込もり開いてみたら――これから寒くなるのでシャツやズボン下など、お母さんの思いやりを想うと涙が出て来た。私は、まだこんなに母さんに心配かけていると想うと自分の幼さに恥じる。食物なども心配して、金まで入れてくれたのには何とも言えなかった。

母の恩いつになったら返すやら

11月21日● 土曜日でおまけに昨日、明後日と続く休日に、世のサラリーマン達は娯楽の絶好の機会、日和。しかし私のような人達は休日はない。休日がないといっても、私はサラリーマンをうらやむほどでもないが、世に湧き起こっているサラリーマンの給料値上げ運動などには反対である。一日八時間労働で土曜は半日、このように会社で働いている時間の少なさには何をしていますかと思うほどです。世の人達に訴えたいのは、人は平等である、自分だけの利益を考えないように…こう切々言いたいのですが…。まだ私の身分権力がないので仕方がない。

11月22日● 横浜にいる姉が田舎に帰るので、田舎に私も何か便りしたいと思っていたので姉さんにわざわざ来てもらって頼みものをした。それに弟や妹に約束の本を買ってやったし、私の思っていた事は実行した。自分ながら楽しいものです。私は立派な暮らしのできる、皆に心配を掛けない人間になるまでは帰らない。

11月25日● 今日は交代の休日。昨日電話で約束した通り友達の加藤君を訪ねる。加藤君と一緒に北千束にいる同じ郷里から上京した佐藤幸吉君を訪ねたが留守だった。無駄な時間と、無駄な労費した。しかし、二人種々のこれからの事など話して三時頃まで蒲田にて遊ぶ。帰り有楽町で下車。日本橋などで遊ぶ。夕方帰って来たが食事の用意はしてくれなかったので、そばを食べる。今までの休日に昼と夜は食事した事がない。ただ一度奥さんのいる時だけ食べた事があるが。こんな所に差別待遇があるのだなという事に気づいた。休日は疲れるし、腹も減る。外食してから安い角座の五十円映画を見る。題は「アリバイなき男」。十時に帰り風呂に入ってすぐ寝る。

11月27日● 晦日になったせいもあろうか、今日あたりから漸次不景気が表面化して来たようだ。学生はボツボツ正月休暇になり、田舎に帰る学生が多いゆえ、売行きも半減したようだ。この頃久し振りの雨で又、急に寒さが増した。田舎では十一月も末にもなる頃、麦蒔きも全部済まし冬の到来を待っているでしょう。麦蒔きなどの風景を見るのが私には楽しみだったが、今は風景を見る機会もないので田舎の風景なども忘れたようになった。

11月29日● 日曜は例のごとく朝は静かで、おまけに冷々とした朝なので、時間は分かっているけれど起きるのが嫌なほどでした。街を走る自動車も日曜となると高級車の通るのだけなので、音も少なく、学校・会社・官庁などは休日ゆえ、街は本当に静かであった。明日は晦日。この頃の世の不景気に、新聞紙上は暮らす事ができない人々の事件でにぎわっているだけ。本当に心から可哀そうに思う事。私の現在の暮らしだけは天下一と思っているのだが、やはり今日のように私が一番下なので旦那のいない時だけ奴隷にも同じように使う。これが世の苦しさ、成功の始めと思って我慢するのが私の立場。

11月30日● 今日は晦日。十一月も今月で終止符を打つ事になりました。いつ考えても月日の経つのは早いもの。何も分からなかった私が上京以来七ヶ月にもなるが、一向何の進歩もしていない事を考えると、つまらなくなる。又今日は、腹の立つ日だった。女中のお花という人も、人に差別待遇するには一番辛い食べ物など。それから今晩旦那に文句を言われた。常日の仕事には縁の下の力持ちとなって働いていた私には、何かかにか文句を言うが、旦那のいる前では仕事をしている風にしているが、いなくなるといばって私などに仕事をしている風にしている上の人達をば文句も言いようがないばかりか、親類関係なので言いにくいのでしょう。何も言わず…辛い辛い。長く続かないという事をだんだん証明して来たようだ。しかし明日からは張り切ろう――。

12月1日● 十二月。いよいよ冬も来た。しかしこの二、三日は東京は好天候続きで、寒さは厳しいが冬の感じはしない。大学もぼつぼつ正月休みになり帰省する学生もあるが、私の田舎の同級生も帰るだろう。高校時代に学年は同級だったが組が違うので顔だけは知っていても話しはした事がなかったのだが、こうして他郷で顔見知りの人と会うと自然話をする機会になるものだ。今日も私はその機会に直面したのだ。その人の名は、佐藤俊治、がんどうの二名。今までこうして会った人達は全部大学に入っているので、私自身現在の自分の立場を考えると、惨めだなあと思う事度々。今日も一日、自分の立場を考えては一人沈んで仕事の方は進まなかった。

12月2日● 昨夜、一昨日も同様霧が一面に立ちこもっている。今夕からもひどい霧だ。十メートル先が見えないくらいだ。学生は郷里に帰るゆえか、店の方は大変な不景気だ。不景気の時は店も暇だし、私は暇だと、する事もやる気がなくなる。しかし夜店を閉めてからは、夜十時半頃までは、二、三日前から店の整理なので忙しい。それゆえ、寝る時間が遅くなるし、自分の自由時間がない。だんだん社会見識がなくなる事が恐ろしくなる。

12月8日● 朝は大変冷える。今日も寒かった、冷たかった。朝から冬の季節も近づいて来た。昨日から店の棚の掃除。早く寝るために床についたが冷さがひどく、靴下をはいて寝た。

12月12日● 今日で店の掃除もできた。例年なら一週間もかかるそうですが、好天なのと、又例年より早く起きたので四日間でできた。初めてなので疲れが急に出た。早く休む。

12月15日● 朝、目白より越えて武蔵まで配達。初めて遠い所までの配達。道順も覚えるので配達は疲れるけれど面白い。帰って来たら、ハガキが来ていた。来年の成人式の招待状だった。「二十の声」[注1]という懸賞募集の応募をしようと思う。明日からでも原稿を書こうと思っている。

12月16日● 交代の休日ゆえ、朝は洗濯で十一時過ぎた。それから銀座に出てデパート回りをして来た。夕方から、横浜の姉さんの所に遊びに行った。ジャンパーを買ってもらった。姉さんには済まないと思う。夜九時半帰宅。疲れをとるゆえ早く寝る。

12月17日● 南風で外気は大変暖かかった。人出も多く、おまけに一人が欠けているゆえ、少しガタガタ忙しかった。この頃、勉強する時間が少なく、時間が惜しく思う。いつになったら余裕のある時間が与えられるだろう。現在の私にはこれが一番望む所です。

12月21日● 年の暮れもあまり十日になるが、雪の降らない東京にいては何かしら暮れの気分がしない。雪の多い地方に住んで来た私には、雪が降らないと冬との感じがしない。暮れの社会情勢は深刻で、毎日の新聞をにぎわしている。

12月22日● 二、三日前の暖かさも、今日朝からの雨で寒さが戻って来たようだ。刻々と迫る年末余すところ十日足らずですが、人々の胸は淋しさを増すばかり。新聞紙上は四年前の松川事件[注2]の公判でいっぱい。世にも不思議な物語という言葉も出るほどの事件ゆえ、私としても非常に関心があった。

12月23日● 夜寝るまでの時間がないのが私としての一番苦しい立場です。学校に進むつもりですがこの頃全然勉強する暇がない。疲れているのと時間がないのとで…今日も十時まで仕事。明日という仕事が控えているゆえ、早く休まなければならない。仕事にも面白味が出て来たが、時間の不足は相変わらず。

12月27日● 今年も余すところ四日となったが、今年振り返ってみると様々な事があった。その事は大晦日の時に回顧録なるものを書いてみたいと思います。暮らして行くのに金がないほど、淋しく思う事はない。暮れになったら小遣い銭も少なくなった。街の広告なども年末の事などだけ

▼1　読売新聞社が成人式を迎える男女を対象に作文を公募した「はたちの願い」という企画の事。

▼2　一九四九年に福島県の日本国有鉄道・東北本線で起きた列車往来妨害事件で、容疑者二〇人が逮捕された。この日に仙台高裁で二審判決が下され、一七人に有罪が言い渡された。その後の裁判で全員が無罪となり、未解決事件となった。

だが、何故年始と年末は騒ぐのだろうかと疑問に思うほどです。軒並みに歩く乞食、獅子舞等、世は様々なものだ。可哀そうに思う。

12月29日◉　今年最後の市場とて、夜遅くまで仕事があった。夜洗濯に十時まで。今月の小遣い銭頂く。正月というのにお年玉ももらえない始末。私だけ。上の人々は相当もらったそうだ。都会というのに、いかに私達の能力を低くみているかと思うとますます嫌になって来る。しかし、まだ成功していない、人に仕えているという身を考えると、それも無理もないと思っている。

12月30日◉　日記帳も余すところ一頁となった。言いかえると、一九五三年という年も後一日となったのです。今年は様々な事があった。初めに私の転換期となる年である。又地球上にも大変化のあった年だった。想えば想うほど変な世の中だと思う。今日は夜十時まで仕事。その後、洗濯して終わったのが十一時半。新聞も読む時間もなきほどの時間の切迫には、自分自身何かしら物足りない気持ちで今年も終ろうとしている。明日一日、最後の一日を有意義に過ごす事ができるよう、今晩は休みます。

12月31日◉　この一頁が一九五三年の最終の日記と思うと、この一年間私にとっては何か物足りない気持ちがします。離郷、初めての年越し、何かしら騒々しい、街の雰囲気に又、郷里と違って雪のない正月なので、気分が正月になったとは思えない。一九五三年の回顧録というものは終わりにまとめる事にします。母よりの小包受く。感涙した。夜十時まで仕事、風呂、洗濯などしたら床についたのは十一時半。除夜の鐘を聞き一九五三年を越し、共に新たな一九五四年を迎えた。来年はきっと良い年である事を、祈りながら――。

[回顧録]　自分はいつも､自分の名を不思議に思う。反面、有難いと願っている。何故かといえば世界には同じ人が他にいない事。又姓名は同じでも顔型が違う事など、自分はどんなに貧しくても、自分のようなものは他にいないという事を誇りとしている。ある時自分の名を辞書で確かめた所、意外にも智という字は知識に富んだ、又は賢いの意である事に一層自分を自分で有難く、かつ、尊く思った。これからこのように名に恥じない生活を送って行きたい。学校は卒業したものの学問に対する熱意は今でも失ってはいないが、一度社会に出て商売など仕事に精を出すと、落ち着いた勉強もできないし､上京して一人で独立できるよう､最低の生活を続けているが､私はこれで幸福と思っている。

▼昭和29［1954］年

1月1日● 一九五三年は過ぎ去り、一九五四年が明けた。寒い、冷たい、空は雲一つない。朝六時起きる。薄々明けて来た夜空には昨年からの変わらない姿で今年もこの世を守ってくれる星月が輝いていた。六時半、タクシーで明治神宮へ。丁度、四ッ谷駅まで行った時、西の方から大きな真っ赤な一九五四年の太陽が顔を出した時は何も言えなかった。今まで元日に太陽を見た事はない。七時頃明治神宮に着く。表門よりおごそかな神道を玉砂利をふみながら参拝。その足でバスで宮城前を通り靖国神社に参る。日中は友達が来る予定が、来ないので横浜に年始の挨拶に行く。夜十時床につく。

1月3日● 早くも新しい年も三日過ぎた。私は、今年は何の計画も立てず一年を過ごしてみようと思っている。それゆえか、毎日まちまちの生活をしているようである。しかしただ一つ、学校に進みたいという希望だけは、まだ消えていない。その事で毎日考えこんでは失敗事ばかりである。夕方横浜から姉さんがわざわざ年始に来た。私は主人から許しを受けて姉さんと二人で王子の叔母さんの所に行く。夜十時帰宅。すぐ就寝。

1月5日● 夕六時よりスズラン通り[▼注1]のロザン中華料理店で南友会の新年会。初めてあのような豪華な料理に会い、食べかたも分からない自分は、美味そうな食品も食う事ができなかった。夜十一時まで騒ぐ。

1月8日● 「二十の声」に応募した原稿が戻って来た。折角書いたので再び送付した。父より便り頂く。父は昨年家族一同ごたごたしたので今年はと、私に激励の手紙が来た。私も頑張るよう努めます。

1月9日● 冬というのに、暖かさは春に勝るほどでした。市場の土曜、店は大変忙しかった。だんだん受験も近づいて来たが、今の所受験する見込みが薄く、消えるようになった。第一、学費を自分で出すと思うと困難です。

1月11日● 夜六時半閉店。八郎さんと後楽園にスケートに行く。前に雪国に育ったのだから上手だろう、と言われた時イエースと答えた。実はあまり上手ではなかったのだが、それでは滑りに行こうとの事で、上手だと言った以上は滑る事ができないというのは卑怯と思ったので夜行く。

▼1 神田の中心にある商店街。

氷の上で滑るのは初めて。度胸を出して滑った。最初は少しは乗った事があるので滑れたが、なれないせいか三十分くらいしたら疲れが出、いくどもころび、手は怪我をし、大変な事になった。帰ってから風呂へ行って、寝たのが十二時。

1月13日● 寒かった。平年より五度も低いようです。今年初めての寒さ。夜は初雪が降るそうです。雨と寒さのため客は少なかった。母より小包頂く。度々の小包。苦しい家庭の生活から遠く離れている私や兄弟に少しでも暖かくさせて、又食べさせようとの母の心遣いを思うと、自然に涙が出て来ます。田舎の餅を食べさせようと、側にキナコまでそえてよこしたのには何とも言えなかった。餅は一人で焼くという事ができないので南海堂に出す。いつになったら家族を助ける身分になるだろう。毎日毎日思うのだが――。

1月14日● 朝起きるのが嫌なほど疲れが出ている。今朝、今年の最初のニコライ堂の鐘の音[注1]を聞いた。静けさを破って聞こえて来る鐘の音を耳にした時、都会の真ん中に住んでいる気もなく、静かな田舎の野原にでもいるような気がした。学校時代の友達と会う。昨日も今日も別々の友達と会った。付近に学校が多くあるせいか。友は皆大学に入っている。私は職場だ。ここに何となく人生の歩みのへだたりが生じて来るように思う。別に友達を羨まないが、勉強したい気持ちは多分にある。

1月15日● 今日は成人の日。私も今年満二十歳になるわけだが、現在は十九歳なんだけど、区役所より共立講堂での成人の集いの招待状もらったが、人に仕えている身分なので自由になれず。成人を祝う日といっても現在の私には、祝いの喜びはなく二十になった観念すらない。同年輩の人々は全国に百七十万いるそうだ。そのいずれの人が、この世で成功し、いずれの人が、この世の徘徊者になるかは、まだ目先はつかないが、私も二十になったのでこれから成功への足どりを整え、一歩一歩頂上に辿りつくよう努力しよう。固い決意を持つべし。

1月19日● 明日は休みの予定。昨日の続きの帳簿付けをやった。全部できた。二月も近くなったのにまだ就職先きまらず。私としては南海堂に長く宿っていたいのだが、一方学校にも進まなければならないという欲と、勉強に対する熱により、何時かは辞めなければならない日が来ると思う。

1月20日● 今日は今年初めての休日。好天に恵まれた。朝は平常に起床。掃除後、洗濯。終わって十一時、御茶ノ水駅に向かう。御茶ノ水から地下鉄に乗る。今日は御茶ノ水→池袋までの地下鉄開通式なので、店のものでは私が一番早く乗ったわけ。それからその足で浅草まで行く。映画を見る。浅草は面白い。面白さが格別だ。午後七時洲崎に行く。洲崎には山下さんがいなかった。

1月21日● 私の休みの日だけが好天に恵まれた。他の人には悪いと思っている。しかし、今日上の人達から言われた事を思うと悲しくなるよう。何故なら、昨日私の休みの日は客が多かった。しかし、私がいると客が少ない、売上げも少ないという事でした。私には福がないのだ。店には少しさわりがあるという事だ。私は考えた「よーし」それなら近いうちに辞めようと決心がついた。上級学校の試験も目前に迫っている今日、私には絶対のチャンスと思った。人間は休む時は休み、やろうと思った時に思う存分やるべきだ。遠い遠い所にある幸せを求めつかみ成功するまで。

1月24日● 朝七時起床。窓は明るい。街は静か、晴――自動車の音、積雪は二十五センチくらい。都内の交通網は混乱。私にとっては田舎に帰ったような気がした。寒さはひどくない。九時半に店を開ける。客は全然ない。昼中ひどい雪、冷たさ増す。あまりの寒さと吹雪と客の少なさゆえ、五時に閉店。六時半に風呂に行く。私には、今までの長時間仕事していたゆえか、早いような気がした。普通のサラリーマンならこの時間が普通かと思うと、世にも種々の仕事のある事に気づく。これくらいの仕事ならどんなに勉強の余裕ができる事かと思う。

1月26日● 朝は冷たかった。今年最低の温度、氷点下六度だそうです。しかし私にはあまりこたえなかった。荷を出しに行く。帰って来たら友達が来ているというので会ってみたら、永らく御無沙汰していた上林君でした。彼は、我々より二ヶ月も早く上京して消防署に勤めているのだが、今は月給一万円ももらう身分まで昇級しているには驚く。私の五倍だ。しかしそれだけ仕事も辛かろうが、時間の余裕のあるのは羨ましい。一日の勤務、次の日は休みで一日交替だそうだ。私の友達は全部上京している。山形人としての意気を吐くのはこれからだ。

1月28日● 朝は昨日、一昨日より一層寒かった。しかし、日中は割合暖かくなった。街路の雪も泥水となって、どこかへ去って行く。又降るであろうこの雪も、一応はさらば

▼1　ニコライ堂は東京都千代田区神田駿河台にある日本正教会の大聖堂。正式名称は「東京復活大聖堂」。鐘楼の六つの鐘は毎週日曜日と大きな宗教行事の時に鳴らされ、その音色は街一帯に響き渡る。

となる。四時頃山下先生より電話頂く。休日なので遊びに来るとの事。八時頃遊びに来た。パン屋に入って種々話をした。私の将来を決するというこの年の進学という計画の、助力のために来てくれた。九時まで話を聞く。

1月29日◉　日中の寒さはいくらか和らいだようだが夜床につくまでの寒さは言い表せないほど。八時閉店後、十時まで文明社[注1]の帳簿をつける。晦日も迫った。急に自動車の数も増したようだ。今日、眼前で自動車と電車の衝突を目のあたりに見た。東京は地獄のようだ…気をつけなければならない。勉強する時間とてない。体を休めるだけが現状です。啄木は言った。「働けど働けど我が暮らし楽にならず」。田舎の現状の家計も、啄木の言にピッタリ合うような気がする。私は頑張ろう。

1月30日◉　朝六時の気温は今年最低の気温だそうです。昨夜は寒くて眠る事ができなかった。一時頃まで眠れなかった。多分寝言のようなものを言ったのだろう。八郎さんという人は自分の蒲団を減らして私にかけてくれた。何とお礼を言ったら良いかと…きっと、そのような事を奥さんに話したのだろう。今日、蒲団を貸してくれた。

1月31日◉　今年初めての晦日。小遣い銭もなくなった私には少しうれしいような気のする。しかし振り返ってみると、何の進歩もない自分を恥ずかしく思う事度々。受験も迫った今日、いつ辞めるともつかない。だらだらした生活は嫌だ。必ず受験してみる。（小遣い銭もらう）

2月1日◉　日中は風が出、大変寒かった。午後お手紙頂く。秋田にいる勲兄より。中には私を心配してか、何か食うものが足りなかったら買って食べろといって千円も入れてあった。どうして恩を返したら良いか。いつかは返すであろうが、現在はどうしようもない。

2月3日◉　旧暦の春に当たる今日は節分まめまき。寒風も今日限り。明日からは立春。心も晴々する。受験も迫りこれといった目的もだんだん迫るにつれて薄らいで来る。現在の職を辞めるという事は私にとっては辛い。書籍の注文で大学院に行く。日大の大学院に届けに行く。校門をくぐると先ず目についたのが看板であった。それは「入学願書受付」の看板でした。それを見ると一層入試の迫ったのに心が焦った…入学するかしないか後十五日で決まる。

2月4日◉　早くも二月も四日となった。立春いよいよ春になるわけだが、朝晩の冷たさはひとしお厳しく、水に手を入れると凍りつくような寒さです。夕四時頃山下先生より電話頂く。私の将来などの意志をただすために話したいから、夜でも遊びに来いとの事。しかし今晩は夜遅かったゆえ、行く事ができなかった。夜電話する。

2月6日◉ 土曜なので大勢の人出を予想して張り切っていたのに、客は平日よりやや良いほどで割合少なかった。社会の困難を予知しているかのようである。昨夜から本格的な勉強をしようと思って本に向かってみたが、一年間のブランクは、免れない。全部忘れている。記憶力のにぶい私なので一層それが身にしみてならない。合格は望み薄いが、できる限り頑張ろう――。

2月8日◉ 休みなので、新聞広告を見て職を変えようと思って日比谷まで行く。十時までの期限だったので十時頃行ったが肝心の場所が分からなかった。ゆえにそれを断念してぶらぶら銀座を歩く。銀座には久し振り。賑やかだった。日劇▼注2に入る。午後一応帰って来て食事を済まし横浜に向かう。五時までの約束だったのが五時三十分になった。姉は待っていた。種々御馳走をしてもらった。話もした。結果は、一応現在の場所を辞めて、世田谷に帰り受験日まで少しなりと勉強する事に決めた。十時に帰る。早速、深川の山下さんに連絡して願書の手続きの用意をする。十時半風呂へ行き、十一時に寝る。

2月10日◉ 平日通り開店。午後、日大の学監室と大学院に本の集金に行く。事務の関係上もらえなかった。帰りに大学入学の案内書もらう。夜、吟味して読んだが、今までの自信が不安になった。しかし、夜は引き続き勉強する。

2月11日◉ 山下さんが九時半から法政の願書持って来てくれた。何しろ秘密なのであまり話す事はできなかった。しかしやっと受験できるという事の見通しがついた。頑張ろう――。

2月13日◉ 日本大学に集金に行く。構内で同郷里の人と会う。彼らは学校に入っている。東北人は東京に多くいる事。大部分が東北人なのは心強い。

2月14日◉ 朝から降りだした雪は、夕方やっと止んだ。かねてからの計画に今年は是非受験してみようと思って、下宿先の世田谷に行く。丁度、親類の人達も多勢集まっていたので相談して来たが、現在の状態で学校に入ろうとするのは困難である。一応受験してみようと思う。及落は第二の問題。試みにやろうと思うだけ。十時半に帰る。

2月19日◉ 朝ははっきりしない天候だった。大田区にいる友達の加藤猛君が来る。彼は今年受験するそうだ。その

▼1 既出（一九五三年七月二十二日）。
▼2 日本劇場。一九三三年から一九八一年まで東京都千代田区有楽町にあった劇場。半世紀近くにわたって日本興行界を代表する象徴のひとつとして存在した。

ために日大と中大に願書を提出に来たのだった。私も入学を希望しながら受験できないのだ。悲しく思う。たとえ夜学でもと願うものですが。一度でよいから受けてみたい…。

2月23日◉　平日通り起きる。朝午前中は仕事をやる。昼食事後、入学手続きをするために保健所に行く。しかし保健所は時日が違うというので駄目であった。正午からは、浅草まで映画見に行く。映画館街の賑やかさは、驚くばかり。姉より電話があったそうだ…たぶん姉も手続きの事で心配しているのでしょう。

2月25日◉　日中は嫌な時間が続いた。何故なら…今日ほど、私達を差別待遇したのは、まだかつてないだろう…私は嫌気が増して、今にもすぐにでも辞めようと心に思った事か。三月中には必ず止めようと思っている。ラジオ聞くにも新聞を見るにも時間の余裕がない…。

2月26日◉　今年から始めた教科書販売の日なので、店のもの二人共出張、それに店には二人。両方ともてんてこ舞いの忙しさだった。余すところ二日で二月も終ろうとしているが、まだ入学の手続きを済ませず望み薄の感がある。できるだけは頑張ろう。

2月28日◉　今月は二十八日までなので損をしたような気がする。勉強する日も二、三日少なくなった——人生というのも二、三日損したように感ずる。ぼやぼやしているうちに三月になった。日中は、南風が吹き、七月の上旬頃の暑さ。都会のゴミゴミした空気の中にあって南風と共に首の回りに汗と埃がついてベトベトになる。嫌な湿気の日が続く。この頃私としては受験というのが眼前に控えているゆえ、春が来た感じもどこへやら。仕事も落ち着いてできない。

3月1日◉　昼頃高校時代の友達である藤井藤男君に会う。私が銀行へ行っている時訪ねて来たのだ。久し振りの対面だった。彼は加藤君から私の住所を聞いて来たのだそうだ。彼は法政大学に入っている。種々話を聞くと苦しい事があるそうだ。昼、上の人とけんかをする。夜、説教される。明日にでも親父に広言する。退くという事だ。店を辞めるというのも一苦労だ。後一週間後に必ず辞める——しゃくにさわった。

3月9日◉　麹町の学校の教科書配給と、市場が重なったため多少忙しかった。夜、食事後八時頃、山下先生が来る。私の入試を心配して、わざわざ訪ねて来てくれた。しかし、現在ではどうしようもなく、困っている次第。それ以後二十日の試験には間に合わず、あきらめるより仕方がなかった。

3月10日● 新年早々より進学を思い立ったものの、身寄りもない異郷において現在の職を変えて出て転職する事の難しさは並大抵ではない。余す所十日になった。

南海堂寮の五十嵐氏、昭和 32 年

五十嵐日記［五十嵐智］

▶昭和 30［1955］年 1 月～ 12 月

21 歳

念願であった大学への通学をあきらめ、古書店の仕事に打ち込むことを心に決めた五十嵐青年。店主から見込まれ、市場へ出入りし仕入れ業務にも携わるようになる一方で、勉学への熱意は衰えることなく、学生生活を謳歌する友人達を目の当たりにしては、現状への不安と疑問を抱える日々を送っていた。そんな中で、地元の友人である池野時子さんとの東京でのつかの間の交流から、切ない想いを募らせていく。

世は安保闘争や全共闘運動の契機となる砂川事件が勃発、政治では自由民主党が誕生、その後長く続くこととなる 55 年体制へと入り、大きな転換期を迎えていた。

▼昭和30［1955］年

1月20日● 今年最初の休日。今年は計画として、元日より丹念に日記をつけるつもりだ。だが、多忙と日記帳を手に入れるという事ができなかった事などで実行に移せなかった。今日の休日を利用してこの帳を求む。以後几帳面にメモして行きたい。林芙美子作「浮雲」映画を見る。内容的にも素晴らしいできだった。高峰秀子、森雅之の演技力も可。夜、床中で前日より続きの「八木重吉詩集」創元社発行、読む。

1月21日● 金曜の朝は楽しみが一つある。去年の9月頃より週刊英字新聞を購買し愛読している。Student Times▼注1。今日はその日だった。内容的にかなり分からない所多し。夜の時間の経過の早い事、寸時を惜しむ私。しかし、昼の労働にて疲れが出る。読書の時間がなくなる。眠る。このような生活の連続では楽しみがない。全くない。現在は修業の身にて、当然の事としているに過ぎない。せめてこの日記を開くだけでも楽しみは続けたい。

1月22日● 久し振りに店の方は忙しかった。卒業試験、期末試験、入試等が迫った事を表現している。過去には、私もこのような時代があったのだ。この時期は一番、発奮、努力する時期なのだ。油ののりようもひとしお。もう一度学生時代を送ってみたい。そして、できるだけの努力、できるだけの勉強をしてみたい。否、学生でなくとも、勉強する時間が欲しい。せめて就寝前のひとときでも。

1月24日● 一月というのに日中は春のような暖かさ。田舎はどうだろう。特に東北の雪の多い山形にては。この二年上京以来、雪らしき雪には接しない。多少降ったが田舎ほどの感じはなく雪の中で進んだ子供の頃、又雪の中で育った私なぞは、やはり雪になれば寒くとも雪が恋しくなる。しかし、都会の冬の空というのは実に澄んでいる。日中は交通のためかそうでもないが、夜の静まり返った十一時頃、窓を開けてごらん。

1月28日● 昨夜は図書新報発行のために、刊行の言葉なるものの原稿書きで一時まで起き。久し振りで机に向かって、一時頃まで考え事をした。実に勉学の必要性を感じる。たまに頭を使いに使って、学生時代を思い出すのも私の楽しみの一つである。暇（時間）があったらなあ——究極まで読み書きをしてみたい。希望だけで実行に移さないのでは無である。自分で時間を作るよう努力せねばならぬ。

1月29日● 朝は晴だったが、昼頃から雨になりだした。商売としては土曜日は最高の売上げなのだが、雨では客の足はにぶい。売上げも平日並。佐藤君より電話受く。種々話したかったが就業中とてできなかった。夕方、じっと立っている。客は来ない。話する事もない。じっと――皆、無言だ。夕方閉店前の七時である。この時に一人じっと空想に耽るのだ。ぼんやりと。私は嫌になる。それが昂じると、閉店までの時間は長い。ある時間ぼんやりする。時間が無駄になる――。

1月30日● 気持ちのよい日曜の朝だった。日曜のゆえか交通も少なく、空はすっきりと晴上がり少し寝坊す。午前中渋谷の先生（著者）の所へ行く。明治神宮外苑を通って行く時、日曜ゆえアベック達多くあり。渋谷駅前の東横百貨店[注2]には人の波。夕方姉が訪ねて来て、話す時間なし。姉はすぐ帰る。種々話したかったが就業中とて不可能。

1月31日● 日中は非常に暖かかった。冬とは思えないほど。このまま春になれば良いが、寒さはまだ来るであろう。〝晦日〟のゆえ小遣い銭頂く。過日の早い事、一九五五年の一月も終わってしまった。過日を悔やんでもどうしようもない。悔いのない生活をすれば良いのだ。といっても若い人生の早く去るという事の現実は、私にとっては非常に気持ちの病む感。夜長谷部君が訪ねて来た。コーヒーを共に旧友（同級会）の現状、田舎のニュースを聞く。

2月1日● 一月二十六日から読み始めた「伝記集成」の石川啄木編は今日で読み終える。この著にて啄木の全貌が分かった。わずか九十頁足らずの本を、就床の前の少ない時間とはいえ、六日も費やした事は、いかに奉公の身が不自由かが知れる。努力の不足ではないのだ。しかし啄木の生涯を考えるに、自分の現在は生活面では呑気なものである。が、束縛された毎日の生活から自由な身になり、呑気ではなくて啄木のように思う存分の活動して情熱を持ち続けたいものです。

2月3日● 郊外に配達。田舎の交通の便の悪さ、都会の真ん中で暮らしているゆえか。午前九時より午後二時まで。三日（節分）寒が明けた。明日は立春。だんだん暖かくなって来る。この頃は暖かい日続き、春のようだがまだ朝晩は冷たい。今年は雪降の日はただ一日、みぞれまじりの雨が

▼1　ジャパンタイムズ社によって一九五一年に発行が始まった英語学習用の雑誌で、英語のニュースの他、映画や外国生活に関する記事が載る。現在、『週刊ST』と改題して続刊。

▼2　一九三四年にできた渋谷駅前の百貨店。後に東急百貨店となる。

降ったきり。このまま春になるのだろうか。早く梅桜咲く時期になればいい。日中の配達で疲れた。床についたとたん気が安くなり、夢の世界へと行こうとするとラジオの声で目覚める。この日記をつける。

2月6日● 朝七時半起床。世田谷の経堂まで配達。風多く風冷たく自転車進まず。日曜とて自動車を飛ばし行くブルジョア級の高級車が、我ペダルふむ自転車を追い越す。寒さ冷たさいよいよ増す。ある程度行った後、汗ビッショリ。再び寒くなる。十一時帰宅。客足多し。夜疲れたゆえ、早く床につく。早く就寝したが本読み、日記すると寝つく時間は十二時になる。

2月7日● 朝、平日同様。昼、長谷部君が訪ねて来る。運悪く不在。八・七会[▼注1]なる名簿と同級会の写真を置いて行った。長谷部君のお陰で久し振りに同級生の顔と接する事ができた。名簿で現在の所在地を知る。卒業後二年も経つと変わるもの。皆変わっている。俺だけが何時までも子供のようにぼんやり暮らしているのは——彼らは皆学校だ。知識面では相当肥ったろう。羨ましい。努力努力。

2月10日● いつもの通り七時前起床。この頃めっきり暖かくなって来た。朝などは掃除していると汗が出る。まだ本格的な春になったのでもないのだが。一年中ではやはり春がいいな。晴々とした気持ちになって、夜の時間の短いのには毎日毎日驚くばかり。閉店、残業後自由時間になるのは九時前後、それより洗濯、風呂など済ますと十一時になってしまう。十一時からは新聞読んだり日記もつけ十二時になる。本を読む暇もなくたまに本でも読めば二、三頁だけ。もう少しでよいからゆとりのある勉強のできる時間が欲しい。十二時に寝る。

2月13日● 日曜とて静かな朝だった。明るくなったのも薄々気づきながら寝についた。ふと気がついて起きた時は八時。寝坊した。友人の山中君に便り出す。日曜なので夜は残業なし。今日こそは思う存分時間を使うと思いながらも、様々なやりたい事ばかりで何から手をつけてよいやら、結局まとまった事はできなかった。何か一つ想う事を文章に作ってみたい。四月頃まで郷里を舞台とした「一本松」→"a piece of a pine"なるものを完成させたいと思う。

2月14日● 暖春となったのだろう。吹く風も一月頃とは変わった暖かさだ。学生も試験は終わったのだろう。皆疲れた様子。ゆっくりしたような面持だ。随分幸福そうに見える。たとえ、結果は悪くても彼らは幸福だ。私も一度、過去の学生生活に戻って猛烈に勉強してみたい。そうしたら分からない事などは皆無であろう。夜は又残業。店中に気の合わないのがいる。やる事成す事、すべて気になってしょうがない。しかし、団体生活を営む上には、それらにも歩調を合わせなければならないだろう。

2月15日● 毎夜遅くなるのが気になってしょうがない。何故なら自分の自由な時間の少ないのが更に少なくなるからだ。これも修業のためと思えば仕方ない。否、修業はこれなのだと思う事があるが、反面、若いうちに時間を有効に猛烈に勉強し、快楽を適当に。このような生活をするには、やはり〝時間と金〟。金がないので時間だけでも有効にと思っている。が、現在の状態では困難だ。夜遅くまで時間を使用すれば、疲れのために翌日の仕事に障りが出る。世の中は適当にでき上がっているものだ。

2月17日● 朝食事時、ラジオは横浜の養老院焼くとのニュース▼注2を知らせてくれた。その時ははっきり聞き取れなかったせいかあまり関心なかったが、一日の仕事を終わって夕刊を手にした瞬間、私の目を奪ったのは朝のニュースの件だった。写真を見て、字を読んでゆく中に、現場の惨事が私の脳裏に刻々と映しだされて、焼死した人達の哀れな悲劇に対して黙祷せざるを得なかった。この町の惨事状況。死者、九八名。老婆とはいえこの世で様々な体験をして来た人々なのに。人生の終幕は身寄りもなく養老院で過ごさなければならなかったのが、最後の終結がこんな惨事だった事はこの上もなく哀れさを感じます。作家坂口安吾氏（四八）逝去す。代表作「白痴」「堕落論」「吹雪物語」。

2月18日● 出版の方の仕事で、渋谷の著者築田先生の所へ行く。午後から芝の学校図書へ配達。肩痛するほど疲れてしまった。今日から新しく店員として入って来た荒井守（通称守ちゃん）。主人が叔父さんになっているそうだ。寝る時は三階に一緒なので、話し相手もでき、多少楽しみができた。風呂に入ってゆっくり休む。

2月20日● いつものように朝掃除も済まし、開店してまもなく大雨となり、それが風も交えて吹きつけるので本が雨に濡れてはと戸を閉める。二、三日中に休日する予定だったが、幸というか大雨に見舞われたので休日となる。その時は昼近くなっていた。映画を見る。後、横浜の姉のところに行く。八時半頃帰宅。風呂へ行く途中、桜通りで石浜朗主演のロケーションを見る。どうしてあれだけ人気があるのだろう。一人だけ。しかし、人気というものは周囲の

▼1 酒田東高校一九五〇年度一年次に八組、七組だった卒業生のクラス会。「はな」の会。

▼2 横浜市戸塚区の聖母の園養老院で起きた火災。入所者、職員あわせて九九名もの死者を出す大惨事となった。

人が作り上げるもの。我々のようなヤジ馬が多くいればこそ、多少見上げるようなものになるだが、ヤジ馬が多く集まるほど生まれつきというが、運が、努力があったのだ。

2月24日● 母より便り頂く。田舎では皆相変わらずとの事、何より。母親というものは有難いもの。いつも子供の事を思わない日がないそうだが、自分は忙しい時はたまに忘れる事がある。忘れるという事なのか、どうなのか何か事がある時とか、淋しい事がある時以外は――夕方、佐藤君が訪ねて来た。話している中に、偶然に藤井君も訪ねて来た。学生の中心地である神田ゆえか、友人の多く散在している都会。

2月25日● 総選挙も余す所二日に迫った。私も多少政治に関する事に関心を持つようになった事は、当然選挙権が与えられた証拠だろう。然り、満二十歳になった。早いものだなあ。子供のつもりで過ごして来たら、もう青年という称号をもらうようになり、又、大人の仲間入りもできるようになったのだ。少し大人の世界の勉強、知識でも肥やさなくては！私の希望というか支持するものは、中途半端な、又実行力のない党は零。それゆえに民主党・共産党その他もろもろは失格。候補としては社会党、自由党、党としては上記の二党。

2月27日● 曇。今日は総選挙。初めての投票なので責任重大な気がして、棄権はできなかった。同じ店のものでも四人いるうち、誰も投票に行くものがなく三人とも棄権した。私には棄権するという心境が分からない。大事な一票。明日の生活に響いてくるのに。私の最終決定は党ではなく人物である。結局、自由党の野村専太郎氏を推薦した。鳩山とか浅沼とか幹部になっているものには入れたくない。やはりコツコツやっている人。目録送付の仕事で十二時まで。

3月1日● 昨日は遅くまでの仕事で、又、晦日なゆえ、疲れがひどかった。総選挙の結果も判明した。人気のある鳩山派の民主党が第一党を占めてしまった。自由党の惨敗は惨めだった。私も党はあまり支持しないのだが、人物本位で選んだゆえ、自由党に投票した。支持しないと思っても投票した以上は責任もあり当落には関心があった。が、世間の見る目は各々異なるもの。結局野村専太郎氏は落選してしまった。東京一区の当選者は鳩山一郎、安藤正純、原彪、浅沼稲次郎四氏。四氏は共に現在の顔役である。

3月5日● 急に冷え込んでしまった。暗くなった空からは雪がちらつき昼頃は本降りとなる。土曜とて本屋の稼ぎ時を目前にして春に入るのだろう。今頃は受験の最中。後輩が続々上京する。今日は一年後輩が三人集まって訪ねて来た。懐かしいもの。私もある程度の条件が揃っていたら、今頃は二年も終わって専門の勉強もできていたのに。早く床に入り込む。

3月6日● 後輩も割合純粋な所がある。今日六日は明治大学の試験だそうだが、朝試験に行く前に顔出しに寄ってくれ、「頑張ってくる」と意気込んで試験に行ったあたり、先輩として面倒みてやらなければ。成功すればよいが——私立学校合格する事は必至なのだが、万一の事があっては——三月最初の日曜、随分田舎から上京してきた人の群れだらけ。田舎から上京してきた人の型（type）は一見に如かずだ。だが上京組は大きな夢を抱いている事でしょう。

3月7日● 朝七時起床。渋谷まで配達、十時に帰宅。帰宅するとすぐ都立工芸学校まで再び配達。この頃二三日引き続き、大きな売上げあり店の方は多少忙しい。皆年度末の予算での購買なのだろう。夜は久し振りにアルバムを開く。過去の高校時代を振り返って楽しかった事などを再び思い浮かべていた。懐かしいもの。もう一度過去に還らないものだろうか。

3月8日● 朝六時起床。まだ薄暗かった。人通りも全然なし。掃除済まし七時半頃から九時まで、守君と二人でキャッチボールした。二、三年ぶりにグラブを持ったので体が自由でなかった。運動はすべての部分を使うので、済んだ後は気持ちの良いもの。そのためか一日中体の調子は良かった。日中、芝の学校図書に配達に行く。夕方からまた降りだした。

3月10日● 今朝は寝坊してしまった。起床八時、何時もより三十分くらい遅かった。そのためか店を開くにも三十分遅くなったのか、主人の方は機嫌が悪かった。だが売上げは上々。この頃は夜の時間を無駄に使っているように思えて、何かしようとしても十二時になってしまう。空費しているのかな？有効に使わなくては。夜散歩する。

3月11日● 銀座の大日本図書[注1]へ配達。八重洲口前から有楽町までの間、自動車の多い事。帰りの日比谷交差点付近は、自転車で通れないくらいの自動車。あれほどの自動車が右往左往しているのだから、交通事故の出るのも無理は無い。中心部を自転車で通ろうとするには命が縮む思い。夜はピンポンをやりに行く。二年ぶりでラケットを持ったので、最初は全然できなかったが、一、二度交代している

▼1　大日本図書は、学校教科書を主体に、教育関連の書籍などを出版する企業で、当時は銀座に本社ビルを構えていた。

うちに、昔遊んだ腕前が多少発揮できる。十一時まで。

3月12日● いつもの時間で起床。掃除後、大塚まで配達。この所二、三日心の動揺を覚える。何故か？友人の現状を見ると、一層気が焦るのだ。各々成長している。社会を見る目も肥えている。社交的である。あらゆる面で私の現在よりは、友達の誰もが一歩も二歩も進んでいる。進歩している――心の動揺――やむを得ん。天命を待とう。否、天命を待つより努力だ。頑張ろう。

3月14日● だんだん春めいて来た。人々の心も春の陽気に浮かれ気味。街路には早くも造花の桜花が咲き始めた。それに順応してか、過去の一ヶ月間の東京の新聞は毎日五、六件くらいの犯罪が起きている事を報道しているが、交通事故、殺人、自殺など人道上最悪の事件を起こしている。これらは皆、生活苦が直接間接の原因になっているようだ。現在の社会は明るさがない。全く暗黒だ。資本主義の欠点が表面化しているのだ。現在の世の中はカネがすべてを支配してる。私は断固として資本主義の欠点を無にしたいもの。

3月19日● 昨日の悪天候も今日はすっかり晴上がる。本当に春らしい好天となる。日中は築地の日本生物科学研究所に配達。往復は銀座通りを通る。陽気な天候ゆえか、人出の多さ。平日もあのような人盛りなのだろうか。都会には真物の花は街路に咲かないゆえ、どの街路も造花で春を賑わしている。実に都会においても造花で飾った街路などを見ると、春になったのだなと感じさせる。市場の整理で十時半まで残業。寝床は零時。

3月20日● 平日の通り起床したにもかかわらず、多少は仕事したせいか開店するのが三十分くらい遅れた。ところが、主人の方では反対にこのような時に限って早く起きたのだろう。あまり芳しくない顔つきで、今日は朝のスタートが悪かった。そのためであろうか天候も悪くなる。一日中雨振り憂鬱な日曜だった。

3月22日● 教科書販売。麹町学園まで。忙しかった。今日も朝から薄暗い空。曇った空からは雨が降り出した。降りだした雨は夕刻まで止まない。この頃は実に憂鬱な日続き。春雨の細かい雨が街路樹やトタン屋根などを濡らすと、もう外は暗くなっている。このように毎日毎日同じ暗い日の繰り返し。今晩は思う存分降ってくれ。そして明日はカラリと晴れてくれ。

3月26日● 一週間振りに晴れた。澄み切った青い空、まばゆいほどの光を放つ日曜だった。日曜ゆえか、交通も少なく静かだった。市場の整理のため十一時まで。後風呂へ行く。帰って就床は一時。時間の少ないのにはいつも悔やむ。桜の蕾もだいぶ大きくなった。都内でも九段坂に行ったら、桜は思う存分、春の花の香りなどに浸る事ができるだろう。

3月29日● 朝は普通の時間に起床。掃除している時、横浜の姉より電話頂く。内容は田舎の父からの便りの事だった。父の便りというのは私の件なのだった。学校の事だが、昨年のうちに一応手続き▼注1は済ましたのに——再び法政の方に返事、その他知らせを速達にて提出す。世の中というのは、とにかく複雑（complex）なもの。生というものの〝難しさ〟、difficult。ああ、今日も一日終えた。深夜、チャルメロそばの笛の音もはっきり聞こえる。時計の針は零時を過ぎた。

3月30日● 九段の桜は二、三分咲きになった。渋谷まで使いに行く往復とも、千鳥ヶ淵公園を通る。東京の真ん中にも、こんなきれいな美しい所があるのだ。汚い空気、騒がしい都心に明け暮れている身が、一度このようなbeautifleな景色に接すると田舎に帰ったような気がする。実に天気も良かった。夜は閉店後、皆で映画に行く。題「痴人の愛」「次男坊判官」。十一時帰宅。又雨が降って来た。静かな夜にトタン屋根を打つ雨音は一層はっきり聞こえる。

3月31日● 三月も〝あっ〟という間に過去のものになってしまった。今更過ぎた日を悔やむものでないが、日時の早いのを改めて痛感する。三十一日、晦日。明日からは四月。本格的な春日和になるだろう。田舎からは全然便りなし。自分は何故か便りしなかった。筆不精なのだろう。四日前から友達の池野さんに便りを書く計画はしたものの、まとまりのつかない文章なのでまだ完成せず。明晩でも完成したいと思う。

4月3日● 昨夜は二時まで書きものをして過ごしてしまった。久し振りに友達の池野さんに便りを出す。今日は夜桜花見に行く予定だったが、朝からの雨で不意に終わった。平日よりは早く閉店。「風雪講道館」の映画を見る。

4月5日● 久し振りに、久し振りといえば一ヶ月振りの好天だ。日中は気温も高く、都内の大抵の桜は八分満開でしょう。夜は南海堂皆で千鳥ヶ淵公園に夜桜見に行く。弁当を持って。人出は多かった。酒のために酔い、生まれて初めて大人の世界である酒の体験をした。今後はつき合い程度以外は、絶対酒というものとはほど遠くなる。

4月6日● 昨夜は随分愉快、楽しんだ。今後は絶対やら

▼1　大学の退学手続き。本書「日記補遺」を参照。

ない。〝気遣いの季節〟もこれでようやく終止符を打ったのだろう。昨日に引き続き晴々した天候だった。天気は人の心と密接な関係にあるのだろう。晴の日は、心も晴々する。何をやっても愉快だ。

4月8日◉　本格的な春になった。気温も十五度くらい。もうそろそろ冬の着物とも別れなければならない。四月も十日前後になると、どこの学校も始業するので学生がボツボツ上京。街にも学生の姿が日に増して来る。我々の仕事は学生が対象なので、これからが多忙になる事だろう。それにつれて友達も数多く訪ねて来る。姉より便り受く。昨年の学校の件についての種々不安な便りだったが、私としては最後の手段をとっただけ。だがこれから先、勉強の志だけはますます豊富になり、必ず望みは達するつもり。

4月9日◉　天候は良好。教科書販売と市場。おまけに土曜と相重なったせいか、今までにない忙しさ。もうそろそろ学校も始まり、学生が多く出てまた来週からは忙しくなる。この所毎日十一時までの残業には疲れが出る。自分の時間は寝るだけ。手紙を書く暇もない薄曇りの夜。

4月10日◉　天気良好。花見シーズンの最後を飾って、今日の日曜は桜の散り際。午前のうち、千住まで大百科二組配達。行きも帰りも上野を通ったが、あのような人出は初めて見た。よくもあれだけの人が繰り出したものだと…夜は念願というか望みを叶える事ができた。というのはイタリヤ映画「靴みがきの少年」という映画を見たのだ。高校二年の頃だったと思う。是非見たいと思っていたが、時間の都合が許さず、とうとう田舎で見る事はできなかった。だが、一度は見たいと思っていた所、遅れ映画で南明座[▼注1]に来ている事を知る。

4月12日◉　本格的な学期始めシーズンになった。三月末沈滞していた学生の街神田も、そろそろ息吹を返して来た。ここ、神保町本屋街は、特にこれからが多忙になる所。友達も上京してきた。今日は長谷部君と斉藤昭三君が上京したという知らせに訪ねて来た。私の立場を考えると彼らに会うのも就業中は嫌だ。だが、彼らが親友として戻って来てくれるのは有難い。

4月13日◉　一足飛びに初夏となったバカ陽気は、ついに今日十三日午後には東京では二十四、五度という天気。最高・例年より八度くらいも高く、六月中旬並みの暖かさ。今日も訪問者があった。三年振りに青葉礼次君と会う。藤井藤男君も訪ねて来る。田舎からの便りはほとんどない。毎日毎日郵便屋の来るのを待っているのだが…明日は来るだろう。

4月14日● 昨日、一昨日と、暖気の後の今日は、又正反対に寒波があった。店の中にいては身震いするほど。長谷部君、斉藤君他友達数名、探本[注2]かたがた訪ねて来た。久し振りに池野さんより便り受く。親友というものはどれほど悲しい、淋しい、孤独な時の慰めとして助けになるかという事を、今更のごとくに脳裡に強く刻み付けた。池野さんの便りには写真も同封してあった。高校当時の同級生の写真と、池野さんの写真一枚。夜は一時まで仕事。家族会社という酷使に使い労基を守らない仕事。いい加減な時間の浪費。

4月15日● この一週間毎日二、三人訪ねて来る。今日も奥泉健君が探本に来、久し振りに面会した。毎日毎日訪問する人々が多くて就業中なので、あまり主人の方ではよい顔をしない。それは当然かもしれないが、遊びに来るというのではなく、探本に来て少し話すだけなのに…今日は大掃除。昨夜は三時間しか眠っていない。今日も休むのは十二時。日中の疲れと並行して眠くなって来る。

4月17日● 湿っぽい（damp）空気に一日中汗の中での仕事。今春最高の売上げを示した今日の日曜。多忙だった。午前中十一時頃から市川市の近くまで買い物に行く。道程は約六里近くもあるだろう。午後一時半帰宅。疲れてしまった。南海堂の娘が、今日は晴れの結婚式。

4月18日● 今日は交代休みで志賀君が休むつもりだったが、朝十時頃突然横浜から電話があり、姉が盲腸で手術するからとの事なので、志賀君の代わりに休日をもらい横浜に行く。横浜に着いた頃はすでに手術も終わってぐっすり寝込んでいた。一週間くらいで退院との事。一日中の休みがふいになってしまった。夜八時、帰宅。田舎の弟の英雄より便り受く。離郷してから二年も過ぎた。二年も過ぎる中、皆は成長している。英雄なんかも手紙の文章から察するとだいぶ中学生らしくなった。

4月19日● 朝から雨続き、梅雨を思わせるぐずついた天気、日中気温は三月頃の肌寒さ。客足は少なく店は閑散。閉店後、招待券で銀映座[注3]に映画見に行く。十時半帰宅。十一時から文化放送の採訪「少年自衛隊」というtopicで少年自衛隊の現状を放送していた。我々のように兵隊（自衛隊）の意義という事はどんなものか分からないでいる今日、今夜のラジオを聞いていると起床ラッパの音が聞こえ

▼1 神田最古の映画館。封切り映画ではなく、過去作を上映する名画座であった。
▼2 本を探しに古書店をめぐる事。特定の本を探す場合にも、掘り出し物を探す場合にも用いる。
▼3 銀映座。神田神保町にあった映画館。

る。小さい時あこがれた事があった。だが考えると迷路に陥ってしまう。概して未成年の無邪気な少年の厳しい訓練を考えたら――自衛隊の意義というものがますます分からなくなってしまう。昨日アインシュタイン死去。新聞の一面を占めていた。

4月22日● 午前中、渋谷の簗田先生の所に使いに行く。帰りには三田の学校図書まで回って、用を済まして来る。好天に恵まれ自転車での用足しは絶好の日和だった。佐藤尚也君が本探しに来る。夜は四郎君が訪ねて来る。あまり多くの訪問者があるので、主人の方では仕事に差しつかえがあるのであまり芳しくない顔つきでいるのが私には辛い。この世はすべて順調に行き、楽しい事ばかりではないだろう事は知っているのだが。

4月23日● 晴天。今日は鳩山新内閣初の知事、都県会議員選挙。新内閣の煽り（fan）を受けてか、候補者数も三分の一くらい民主党が占めているのが特徴のよう。私は選挙の場合はあまり党は重要視しないのだが、この度は人物としては選択が困難なくらい、みな紙一重の差。都内では革新系は好む人がいない。当然保守系を選んだ。保守系でも都知事には安井誠一郎（自）、都議会議員には曽根光造（民）を選ぶ。明日の開票が待ち遠しい。今年最高の売上げ。最高の人生多忙だった。好天なせいか？今日は藤井君、昭三君、本間君、高橋君など訪ねて来る。十二時まで仕事。辛い――。

4月24日● 朝の好天も昼頃から曇り出して、夕方にはとうとう降りだした。この雨ですっきりした天気になるだろう。昨日の選挙の結果が判明した。私の支持したというか選んだ候補者は知事では安井氏。都議会では曽根氏いずれも当選。支持したものが当選したのだから、投票した人にもこれから議員の行動を見守らなければならない責任がある。良い政治、良い国にしてもらう事をこの際願う次第。遠藤君訪ねて来る。

4月25日● 足立区スタンダード高校[注1]まで配達。王子を通って行った帰りには叔母さんの所へ立ち寄り、久し振りに話をしてきた。出掛けている中、まさる君と阿蘇君が訪ねて来たそうだ。両君とも久し振りに訪ねて来てくれたのに――田舎の英雄、良子、父さんから便り受く。第二十二特別国会再開する。夜靖国神社春の大祭に参る。帰りにサーカスを見る。人間とも思えないほどの離れ業には、ただ驚嘆するばかり。

4月26日● 仕事の方も一段落ち着いたような感じ。先週のように忙しくはなかった。昼頃、加藤猛君が訪ねて来る。

一年振りくらいだ。だが、勤務中の身に決して就業中は話す事もできない。彼ら訪ねて来るものは皆話したい気で来るのだろう。俺が勤務中だという事も考慮していないのだろうか?久し振りに会う友達には俺もゆっくり話したい。双方万事よくゆくものではない。これが人間の修養というもの。長谷部君も来る。在京の同窓生集会の提案に来た。佐藤君と二十八日に帰郷するそうな。

4月28日◉　高校時代から同級で親しくして来た佐藤四郎君。私の上京と共に彼も同時に上京し、都会の中において お互いに親しくつき合って（take company with）来た。佐藤君が種々の事情で田舎に帰る事になった。突然の帰郷なので在京の思い出話などもできなかった。せめて見送りだけと思って、閉店後上野駅まで行き、名残り惜しかったが仕方がない。彼も都会を離れるという事は未練があるだろう。私も彼がいなくなると淋しくなる。在京の友人で勤め人というのは彼だけだったから。他は皆、勉学のために来ているのだ。私だけ一人残された。こう日記をつけているうちに、彼はだんだん田舎に近づいているのだ。

4月29日◉　待望のStudent Times。定期的に来る事になっているのだが、この二、三週間見る事ができなかった。午前中に池袋まで仕入れに行く。池袋駅前は一年半振りに見た。復興のはやい事に驚いた。一年前この目で見たのと今日見たのと比較すると、よくも人間の力であのような工事を仕上げたものと幼い頭で感心するばかり。昼頃、小華和君と会う。中学を終えて満五年、一度も会った事がない。五年振りであった。だが例のように就業中の事とて——概して今日は一番忙しく、彼が訪ねて来た時が最高潮だったので全く話せなかった。

5月1日◉　桜の四月も終わって今日は五月一日。日曜メーデーと重なった今日は、朝から強雨になり、労働者の祭りというのに、天は無情の雨をもたらした。朝は仕入れのため大森に行く予定だったが朝からの強雨で少し天候の状態を見て九時四十分頃出る。帰りは汗と雨で、本と共に体もびしょぬれになった。午後には晴れる。夜は久し振りに残業もなく寝るまでの時間を有効に使う。

5月7日◉　午前中、庄司君が久し振りに顔を見せる。彼は美男子だ。田舎にいる時よりも上京以来ますます好男子になったように私には感ずる。彼の専攻が英文科なので、訪ねて来るたびに英文学の話をして来る。聞く身の小生も、

▼1　スタンダード靴株式会社を母体とした高等学校。一九七九年に廃校。

多少関心があるので彼との話は尽きる事がない。だが就業しながらの話なので、彼も遠慮深く十分くらいで帰る。小生の休みには彼を訪ねる事にする。

5月11日● 昨夜は、小南友会[注1]再開の件で、十二時頃まで会員十一名で団欒の時を過ごした。それゆえ、朝は少し寝坊する。午前中、渋谷まで用足しに行く。日中の暑さは真夏くらいだった。顔や手、太陽の光線の当たる部分はすべて赤く焼けつく。号外で〝宇野～高松（宇高連絡船）沈没す〟[注2]の報に接す。昨年も青函連絡船の沈没。相次ぐ事故で連絡線の恐怖を感ず。遭難者の大部分は幼い小中学生の修学旅行生徒であった事も、一層人々の胸は悲しみと痛ましさに迫られたであろう。

5月15日● 〝未来がある〟という言葉をある書で読む。「若人は空のようにはかりしれない未来を含む。これが何にも替えがたく、尊く素晴らしい人だ。だがそれだからといって僕達が現に自分の立っている場を、またそれをめぐるもろもろの場をないがしろにしていいという事はない」。以上の言葉は小生の胸に沁々と浸み込み、何か大きな望みが大空に広がって行くような、そのような気がする。佐々木君、川谷君、高橋宏君とかわるがわる訪ねて来る。姉さんから電話受く。自分の現在やっている事がこれで良いのだろうか？

5月18日● 昨夜から小雨が降り続き、朝ちょっと晴れ間があったが再び降り続いた。交代休日で今日は休み。上京の友人達揃って記念写真を撮るつもりだったが、強雨のため折角長谷部君の下宿に集まったのにふいに終わってしまった。新宿で「破壊への進撃」という映画を見る。第二次世界大戦の真相を記録写真で解説し、戦争に現実のように眼前で接した事はこれからの若い我々には有意義だと思う。恐怖と憎悪の惨事が入り乱れ、何であのような事をしなければならないのか。この世の良悪が混迷する。だが万人すべては二度とあのような惨劇を繰り返さない事を誓うだろう。

5月19日● 昨日の休日は雨で不意に終わった。反面今日は打って変わった好天になった。平生の心情が悪かったのかもしれない。藤井君が来る。彼は学校が退けると、有楽町にある英語の塾に通っているそうな。相当、会話のほうにも上達の兆しを見せている。彼らのような時間、その他種々の余裕があったなら――誰にでも負けないであろうに。このように日記をつける時間も惜しいくらいの小時間ではどうしようもない。運命をあきらめるのは、俺の熱気が許さない。

5月20日● はっきりしない天候。曇った空からは降ったり止んだりの雨。一日中晴れ間はみせなかった。もう梅雨も近づいた。これからは毎日このような天気だと思うと嫌になる。日中は庄司君訪ねて来る。偶然、昭三君も来る。彼ら二人は交互に私を訪れるのだが彼ら二人同士は卒業以来初めて会ったそうだ。夜は十一時半まで。寝床についたとたん主人より起こされる。出版物の見積書の置き場所はどこかというのだったが、以前に主人に渡したきり受取っていないのだが。私が紛失したように思っていて機嫌が悪かった。明日再び探してみる。

5月21日● 昨夜、紛失したと思った書類は案の定主人が印刷屋に預けっぱなしだった。それで胸がすっとした。午前中、田舎の弟英雄より便り頂く。一通一通便りよこすごとに文の上達振りには驚く。皆一日一日賢く成長しているのだ。その反面自分自身の進歩の跡のみられないのが反省させられる。

5月26日● 長谷部君来る。久し振りだった。斉藤敬君も訪ねて来る。彼（斉藤君）は高校時代には学問の方では相当できる方だった。ゆえに彼は慶應大学に入っているそうだ。俺のように店員生活していると、次から次に訪ねて来る同窓年輩・後輩の成長、成功に自分の立場を比較するに引け目を感ずる。比較するのが悪いのかも知れない。いずれにせよ彼らは華やかである。学生という天分にいるからだ。東洋大学の北條君も来る。彼（北條君）も相当の読書家である。

5月28日● 高橋宏君来る。近頃友人との面会が多くなったが、別に自分の立場というものの引け目を感じた以前のような感覚もない。近頃は、話の仕方も我ながら大人めいた話をするようになったと自負している。〝大学と社会〟、これは必ずしも両立するものでない事は分かりきっているが、個々の関心と個性は多様であり、これを互いに分かち合って共通の利益のために貢献する気である。

5月30日● 暖かさも暑さに変わってしまった。今日までは初夏をしのぐ暑さ。天気も梅雨などとは思えないほど。都内では好天の今日、スポーツ国際試合が二つ行われた。日中はデ杯の日本対比、ダブルス、日本は完敗。夜は、ボクシング。白井（日本）（前チャンピオン）対ペレス（アルゼンチン）（チャンピオン）。これも、日本の白井は五回三分

▼1　既出（一九五五年六月十三日）。
▼2　いわゆる「紫雲丸事故」。宇高連絡船・紫雲丸が第三宇高丸と衝突して沈没。修学旅行中の小学校児童などを中心に死者一六八名を出し、国鉄戦後五大事故の一つに挙げられる大惨事となった。

五十八秒でKO負。五月も何もしないうちに終わってしまう。過去の時を悔やむでもないが、月末などになると何となく自分の過去の足跡を振り返りたくなる。こうぼんやりしているうちにも、三十日は零時をつげて過去のものとなってしまった。

5月31日● 青葉君、長谷部君、高橋宏君来る。日中は少し忙しかった。今日はみそか（晦日）。夜、小遣い銭もらう。今月は上京来、丁度満二ヶ年になる。想い出せばいくらでも辛苦があった。就職してからも二年。早いものだなあ。八分くらいの月が輝いている。二年前もあのような月が出ていたろうか？二年前もあのような月が出ていたとしても、決して今日見る月とは同じでなかったろうと思うが。自分も二年前とは種々な面で変わっている。ただ、不変なるものはぼんやりとしている事だ。同じ年輩の人々はどんな進歩をしているだろうか？

6月3日● 時は移動している。進歩している。この頃急に、外観の美、その他世の中の進歩に自分だけが残されて行く気がしてならない。新聞を見れば然り、ラジオを聴けば更に然り。勉強が不足？努力が足りないのかも知れぬ。外観に惑わされて控え目に感じているのかも知れぬ。もっとのんびり、そして勉強に励み世の中を大きな目でみて学んで行こう。長く便り待てど来ず。田舎のニュースを知りたい。

6月7日● 日に日に新たな文化の華が栄えゆく世界の広野の上に――口調の良い、又種々な意味の含むこの言葉。心の動揺する近頃の生活。希望だけを頼り自分の立場を考えると、希望も暗黒の中に消えうせるのだ。生まれて二十年も経つのに満足な仕事、自分のやるべき仕事に、まだ手をつけていない。私のやるべき仕事とは何ぞや…。

6月8日● 昨夜は二時間しか眠っていない。真夜中の二、三時頃。暑さと南京虫の侵入で眠れなかった。就床後一時間もたったであろうか、深寝中にも首筋手足と、裸体の部分はことごとく噛み付かれる。ふと噛み付かれた部分の痒いのに目が覚める。手探りに電気のスイッチを引き、電気を灯す。南京虫のやつらはどこにも見当たらない。痒い部分を見ても遅いのだ。毛布をはぎ回り一帯を見まわす。十分に我の血を吸った、赤く肥満した一匹を見つける。とうとうつかまえた。新聞紙の上からつぶす。その時に発する特殊な臭い。今日は万全を期して、百二十円也の自腹を切って薬を買う。今晩はゆっくり眠れるだろう。

6月11日● 朝早く池袋まで買い物に行く。[注1] 必ず買えるか否かは疑問だったが、一応自転車で行く。案の定売却済みの事。相手は恐縮していた。だが上がって商売の方は別として、種々話して来た。年齢としては三十代に入ったか入らないくらいの、若々しい話しやすい人だった。名前は深谷庄一といっていた。現在多数方面にわたって執筆しているそうだ。講談社の『群像』の記者をしたり、ラジオの脚本を下ろしたり新聞の批評をしたり、相当活躍しているそうな。

6月13日◉　朝七時半に家を出、成城大学に配達、神田から成城学園まで自転車で片道二時間、暑い日に照らされながら二時間も自転車を踏んでいるのは大儀だった。だいぶ日に焼ける。顔も色黒くなる。往復とも神宮外苑を通る。早慶戦の決勝戦とて、行きには長蛇の如く午前からの試合に早朝から学生群で球場の回りを埋めつくしていた。結果は早大二勝。慶応一勝。六大学順位　明大、早大、慶大、法大、立大、東大。

6月17日◉　昨日十六日は、小南友会計十二人で伊香保旅行する。出発から帰途までの記録は別紙に詳細を記す。今夕七時半帰宅。旅の疲れを風呂を浴びて早く就床。旅先より田舎の子供らに、又、池野さん佐藤珠子さん、松本君に便り出す。写真ができたらゆっくり楽しかった事などを便りするつもり。

6月18日◉　二日間の旅行の疲れが出てか、朝はぐっすり眠る。午前中渋谷の築田先生の所に行く。梅雨に入ったせいか降ったり止んだりの天気。幸い、二日間の旅行は好天に恵まれた。今夕からはまた降り出した。いつまで続くのだろう。久し振りに早く床につく。二日間の旅行の記録をまとめようと思うのだが頭の中が整理できず。明日にしよう。

6月19日◉　古書の始末書[注2]を持って玉川警察署まで行く。分店[注3]のラビット[注4]の後ろに乗って。午前中いっぱいかかる。行きは雨にたたられ、びしょ濡れになる。東海林さんからも、本間君からも電話頂く。夜風呂に行く。風呂から上がって久し振りに体重を計る。十五貫足らず。いかに自分が軽いか今更のように考えさせられる。店の他のものは皆十六、七貫はある。もっと背の丈も体重も大きくなりたいもの。旅行の疲れはまだ消えない。

▼1　取引先に出向いて買い取りに行く事。
▼2　仕入れた古書が盗品である事が発覚ますると始末書を書かせられた。当時は、盗品取引を取り締まるための古書専門の刑事がいた。
▼3　南海堂支店の事。本店と同じ並びにあった。
▼4　富士産業（現・富士重工業）が生産していたスクーター。古書の運搬などに使用した。

6月20日● 世紀に一度という皆既食が、午後一時頃から始まる。完全なる皆既食はセイロン島だそうだが、日本の観測人は不成功に終わったとのニュース。曇で大完敗との事。後、五十七年間も見る事はできないそうだ。原子力時代の今日、失敗して半世紀もの長い間待たねばならないという事は、どんなに後悔しても悔やみきれないだろう。世の中は絶えず進歩し続けている。だが、このような宇宙にはまだまだ勝つ事はできないし、又勝てないのだ。新聞はこのような失敗を悲報している。佐藤尚也、本間忠幸来る。何も話す事はない。夜映画を見る。「慕情」と「藤十郎の恋」。

6月23日● 昨夜は店の棚整理のために夜十二時まで仕事する。疲れは甚だし。今朝は八時まで寝る。日中は体がだるく、一日中調子が悪かった。長谷部君、本間君来る。彼らの訪ねて来る用件というのは月末なるがゆえ、借金に来たのだ。自分は、あまり親しい近辺の人々には断るというのが辛く、情がもろいのかyesの返事をしてしまう。だが、自分もこれから先世話にならないとも限らないから、自分の余裕のあるうちに他人に貸すというのは願望なのだ。

6月30日● 三十日は晦日。六月も今日で終わりだ。今月は一層日の過ぎるのが早かったように覚える。変化の少ない月だった。又、何の役にも自分の肥えるような事（勉学、修養の面で）もなく過ごしてしまった。それゆえか、この月には未練がある。午前中、世田谷の端、東京でも最端の成城学園まで行く。片道六里もある行程を自転車で集金に行く。随分日に焼けた。夜は窓から細雨まじりの風が涼しく吹いてくる。実に気持ちが良い。主人より小遣い銭もらう。明日からは新しい月だ。張り切ろう。

7月4日● 昨日は日中、中野まで本の仕入れに行き、高価な値で買ってきたゆえ、主人を始め皆あまり良い顔はしなかった。陰では何か小言を言ったそうな。夜はあまりしゃくだから、又良い気持ちもしなかったから早く寝る。姉が来る予定だったが時間になっても来ず、代わりに藤井君来る。コーヒー屋に入ってゆっくり話す。日記記せず。月曜とて静かな日だった。学生の姿はボツボツしか見受けられない。帰郷したのだろう。夜映画を見る。

7月7日● 交代休日の番に当たった。友人とゆっくり話合おうと思っていたのだが、皆、都合と帰郷で実現できず。我一人心ゆくまで飛び回る計画だったが、時間も計画通り成し遂ぐ。午前中は古本市場に行き、午後一時頃から日劇へ「夏のおどり」を見に行く。照明、企画など、現代の最高峰である日劇に一度行きたいものと思っていたのが実現できた。全く感嘆するばかり。四時頃から横浜の姉の所に行き、一緒に外人街で有名な横浜の伊勢崎町目抜き通りに行く。九時半帰宅。万事計画を実行せり。悔いなし。

7月8日● 相変わらず不景気を証明する暇な日だった。本間君より便り頂く。貸金を返してよこしたのだ。彼は約束の今日まで着くように速達でよこした。几帳面さには感心した。早速、領収かたがた便り書く。夜はフェザー級ボクシング放送聞く。サドラー（米）対金子（日）。KO負けで金子敗れる。惨めなものだ。

7月9日● 母より便り頂く。久々の便り、うれしかった。皆元気でいるとの事。仕事に追われている身にも、暇をみては便りをよこす母の気持ち。私の筆不精が又、怠けというのが今更のように反省せざるを得ず。種々考える事もある。母には心配かけたくないというのがせめてもの念願。

7月11日●[注1] 暑さ続きの毎日には全く閉口。午前中、渋谷まで赤本の著者築田先生の所に使いに行く。白い肌が真っ赤に焼け、夏型の肌になった。佐藤珠子さんより便り頂く。彼女は山形相互銀行に勤めているとの事。初めて知る。久し振りの便りだった。私、勤めて二年、初めてボーナスなるものをもらう。うれしかった。少ない金額ではあるが。夜、ラジオ放送で「緋牡丹記」を聞く。感動した。

7月13日● 昨夜は支店（弘文堂）が不正[注2]な商売で検挙された事から、深夜の二時まで起。今朝寝坊する。今日から靖国神社のみたままつり。十年前頃の祭りは当時の遺族にとっても、人々の心も又、ひとしおの感があったろうと思うが、この頃の祭りといえば、ただ面白い、楽しい祭りに変わってしまったようだ。明夜は参拝に行ってみよう。

7月17日● 夏で暇なこの頃に、今日は久し振りに忙しかった。地方の学校が二校も来た。午前中は休憩もないくらい。昨日に引き続きテレビを見る。男らしいスポーツ。人類最大の体格というカルネラ。日本チャンピオン力道山も子供のようだ。だが力道山二勝して勝利。

7月22日● 新聞は、子供誘拐事件[注3]（トニー谷の息子正美）

▼1 築田多吉著の家庭医学書で、正式名を『家庭における実際的看護の秘訣―実地方面の養生手当と民間療法、女の衛生と子供の育て方―』とする。一九二五年（大正一四）の初版刊行以来、一般家庭に広く普及し、現在まで版を重ねるベストセラー。著者の築田氏は南海堂の上得意であり、五十嵐氏も頻繁に取引をしている。（一九五五・十二・五、十二・三一等）

▼2 弘文堂はビニ本の販売形態を発案した事で知られる古書店。この時、故意に盗品を購入した事が問題となった。

▼3 一九五五年七月一五日、人気芸人トニー谷の長男・正美が下校途中に誘拐され、この事をマスコミは大スターの子息が身代金目的で誘拐されたとして大々的に報じた。七月二一日夜一〇時頃、犯人は逮捕され、長男は長野県の犯人宅で発見、無事救出された。

で三面記事は全部占める。子を持つ親をどれほどびっくりさせた事か。だが犯人の悪の動機も、結局は社会がさせたのだ、と私は見る。辛苦の現在の社会に、再び悪らつな犯罪の起こらぬ事を願いつつ。全日本水上選手権大会開く。世界記録、日本記録続出。スポーツ日本の誇り。夜、残業あり。

7月25日● 日中の暑さ、日に増し、山、海を恋うるようなこの頃、紙上は連日海、山の満員なのを報じている。一層恋うる。東海林さんより便り受く。本を送ってくれとの事。早速小包便にて送る。夕方、姉さんより電話受く。大事な話があるそうで、一度会って話したいという事。大略は感づいているが、はっきりしない。夜は原書房、山陽堂[注1]の店員来て、無駄話で十一時まで過ごす。

7月26日● 今夏最高の三十四、五度という暑さ。毎日記録破りの気温には閉口してしまう。母校酒田東高等学校[注2]より便り頂く。体育館建設の資金募集だそうな。まだ満足な生活のしていない自分には、一千円也の寄付は荷が重すぎるようだ。だが母校のためだ。責任は果たさなければならないだろう。藤井君が訪ねて見える。彼は教職課程の授業を受けているそうだが、教師になるつもりなのだろう。

8月1日● もう八月だ。七月は終わった。七月にはどんな良い事、悪い事をしたのだろう。考えてみるに、自分はどんな事もやらなかった。進歩がなかった証拠だろう。月は相変わらず煌々としている。笑っている。何を見て笑っているのだろう。多分、自分の毎日の生活に迫力がない事を、かも知れぬ。笑うのなら笑っても良い。笑えるだけ笑ってくれ。自分の現在は、自分でも認めている。だが、将来、自分の生活に迫力が出、ある一つのものを成し遂げる事ができた時、その時は静かに、笑っても成功した事を祝ってくれたまえ。

8月2日● 松本君、斉藤敬君より便り頂く。大したニュースでもないらしい。だが二人共成功の道にある彼らだ。松本君は鉄道に勤め二年、今は研究発表などに出席するようになった。斉藤君は慶應大学の三年に在学中だが、卒業すれば道は有利な方向に向いている。羨しいのは自分ばかり。幼稚なせいだろうか？羨しいという気が起こるのは——。

8月3日● 夕方雷雨に恵まれ、一時ではあるが肌寒いほどだった。八月の末になれば秋の肌寒さが身にしみるのだが、今日の涼しさに接した時、秋の感じがした。池野さんから便り受く。四日（明日）北海道を出発して松嶺[注3]に遊びに行くそうだが、自分は行けない。会いたいが運命なのだ。仕方がない。明日は江ノ島に海水浴に行く予定。朝早く起きなければならないから寝よう。

8月4日● 予定通り、片瀬江ノ島に海水浴に行く。朝六時起。新宿七時半小田急で発つ。家の中での仕事なので、体の肌白いのには恥ずかしくなる。だが、帰りには赤桃色ほどに焼けついた。帰りに保土ヶ谷で下車。姉さんと会う。八時半に帰宅。池野さんは今日室蘭を発つ日だ。

8月6日● 朝から曇った一日だった。八月六日といえば、十年前の今日、世界大戦の激戦中、広島に史上初の原子爆弾の投下された日だ。自分は十年前は幼い小学五年だった。過去の事は忘れてしまった。忘れたというよりは、他の人達よりはのんびり刺激がなかったのだ。あの時から十年、今はこのような社会を見る事ができるようになっている。幸いだ。何十万人かの命を奪った原爆、もう嫌だ。戦争は嫌だ。新聞を読んでいても涙の落ちる記事ばかり。過去の事は忘れようと思っても仕方がない。概して、肉親の身にもなってみたら――。

8月11日● 今年最後の暑さなのか。再び盛り返して来た。三十度を越える暑さにはもう耐えかねた。だがもう三、四日だろう。夜、藤井君が訪ねて来る。カメラの借用代として、フィルムを付けて来た所は、東北人らしい。最後まで責任と借りたという礼を忘れず全うした事は、どうしても地味な東北人の性格なのだろう。ラジオのニュースでは、日共の潜行幹部の野坂参三氏ら三人が姿を現した事を報じている。

8月13日● 八月十三日といえば田舎の盆だ。少年の頃が一番良かった。概して、田舎の盆となると、都会では味わえない特別なものだ。思い出せば限りのない少年の頃、大人ともつかず子供ともつかない現在でも、田舎の夏を想えばホームシックなるものが胸を狭くする。田舎の便りも盆を知らせてくれるだろう。佐藤四郎君、佐藤幸吉君からも便り頂く。日米水上大会・大阪大会の放送を聞く。百メートル平泳→世界新（木村）、四百メドレー（日本、米国）共に世界新二百バタフライ世界新（長沢）、バタフライ（マッキニー）。

8月14日● 前夜からの雨も一役かって、朝は涼しい。寒いくらいだった。ようやく秋が近づいたという感じがする。

▼1 原書房は、一九三二年の開業の神保町の古書店で、易・運命学書籍や浮世絵・版画を中心とした古書を扱う。山陽堂は、南海堂で修行した店主が一九五〇年に開業した、神保町の古書店。全集・辞書・事典など、学術専門書を中心に扱う。

▼2 酒田市亀ヶ崎に所在する普通科高等学校。酒田市内でも有数の進学校として知られる。

▼3 故郷である山形県松嶺町（現・酒田市）の事。

下旬には残暑が戻るという予報だが、街行く人には背広姿も見られる。秋はいいな。夜は神保町の盆踊りを見る。田舎を連想させる。明日は終戦から数えて満十年。私達は小さかった。が、戦争の痛手は知っている。過去の十年は長かった。苦難の日々が続いた。私は小さかった。しかし苦難の過去は知っている。

8月15日● 八月十五日——といえば丁度満十年前の事を思い浮かべる。だが、小さかった私には惨憺たる被害を思い浮かべるのは困難だ…しかし、現在二十歳前後のものは戦場の土こそ踏んではいないが、原爆にさらされ、空襲の町を逃げまどった人々である。戦後も十年というものは辛々苦々だった事など種々を、今になって過去は思い出となって、悲喜となって、脳裡を浮遊している。過去の事など筆にしてみたい。夜、閉店後、上野まで藤井君の帰省を見送りに行く。

8月17日● 全国高校野球は四日市高校初優勝。若さを誇りとする若人の夢、甲子園。私の中学時代も先輩の高校生の憧れをいくども聞いた。そのたびに、自分も大きな夢を描いたものだ。夢もスポーツではなく、別の大きな夢だった。若いうちの夢を実現できうる事が可能、必定ならばな あ——毎日毎日新聞の紙上は社会の暗黒街を載せている。特に最近は子供の自殺が目立つ。どんな情勢か——。

8月18日● 閉店後、以前から貯えていたので靴を買いに行く。計画を立てて値切るつもりだったが、その場になると、東北人独特の人情というか、相手を考えての動作なので、計画通りには値切る事ができなかった。要するに世間のいう〝人がよい〟という事なのだろう。〝人がよい〟という意味は数種あるらしいが、いずれも良い（善）の方の意には取っていないらしく、どこか間が抜けているという意なのだろう。だが、自分としてはそれで満足する。相手の弱音（不景気）をついて喜々とするのは、自分の良心を痛めるばかり。

8月21日● 三十五度四分——というのは東京の今日の気温だ。朝から異変的な気温。この炎天下に、今日は九段より赤本の運搬三往復もするうち、すっかり日に焼けてしまった。

8月22日● 小石川電報局に勤めている小田久四郎君を電話で呼び、夜八時過ぎ来訪。種々久し振りに会って語り合った。彼も、上京後二年も過ぎるので随分変わっている。話し方も引け目を感ずるほど彼にはかなわなかった。コーヒー屋で五十円で二時間も粘る。十一時帰宅。

8月27日● 二十七日、残り少なくなった八月、今日は池野さんが上野駅に着いたであろう。昨夜、松嶺を発つ予定だったのだが…会いたいのだが、仕事の都合で不可能。彼女から連絡あるまでは分からない。昨夜は夢にまで見た。昨夜来の豪雨も、朝には朝日の出る清々しい空気の晴上がった日だった。一週も見る事ができなかった月も、今夜は輝々としている。何か考えさせられるような瞬間だ。

8月29日◉　市場がある。午前中、古書会館[注1]で競本を見る。古今の書、まだ見た事も聞いた事もないのが大部分。今日は今までよりも荷が多かった。奇本・珍本の多い事。帰りには雨具なしでびしょ濡れになる。午後からは芝、三田の学校図書まで配達。今日も待てど池野さんより音信がない。必ず上京しているのだろうか。明日は――と思いながら、明日がある事を楽しみに休もう。

8月31日◉　池野さんより電話受く。電話を通して五年振りで声を聞く。だがまだ会っていない。明日、再び電話下さるはず。昨日、一昨日と連続で夢にまでも見た。それが正夢となったのだ。意外だ。明日になれば会える。何から話そうかな――晦日、雨は朝から降り続き、憂うつな一日だったが、私には一日楽しさで満ちた。

9月1日◉　雨はずーっと降り続けている。昨日も今日もそのためか涼しさも増した。それはそう、秋の九月に入ったのだ。長い夏休みだった。学校の生徒も、今日から登校。考える秋が来た――何かしら。池野さんより今日も電話受く。会うのは明日に延びた。だが待つ楽しさも一日増えたようだ。否、自分は早く会いたかった。だが、先方の都合で、明日東京駅八重洲口前で会う約束だ。夜は映画に行く。夏目漱石「三四郎」他、「旅路」を見る。

9月2日◉　朝十時頃、池野さんの姉さんより電話受く。昨日約束した八重洲口の待ち合わせ場所を、有楽町の中央口にしてくれとの電話だった。八時まで待つ時間の長い事。閉店したのが七時四十分、それから仕度して出発したのが八時を過ぎていた。約束の時間も出る前に過ぎた。タクシーで有楽町へ着いたのが八時十分。池野さんは待っていた。七年振りかで会った。薄々しか脳裡に記憶がないのだが、タクシーを降りたとたん、双方特別な挨拶をせずに七年振りというのに、日比谷公園の中で一時間くらい話したか――気が小さいのと、あまり感慨深かったんで打ち明けて全部話す事ができなかった事、後悔している。五日に帰るというのだが、それまでにもう一度会いたい。実現できればよいが。夜は眠れないようだ。

▼1　神田小川町に所在する東京古書籍商組合が設立した会館。当時の会館は一九四八年に完成した。二〇〇三年に新古書会館が落成した。

9月2日●別紙

Sorrow. 悲哀　満二十一年の誕生日を明日に控えて

恋——恋愛というものを味わったことのない自分が——今まで或る何かの方法で接しているかもしれない。が、二人寄り添って話したりしたことは今までなかった。七年前、中学時代から文通はしていたが会ったこともない。何通りかの便りだけで会えるかというと「否」とは思ひながらも心の片隅には、いつかは機会があるだろうという希望は薄々残っていた。

今日別れてから七年目。七という字は縁起がよい(Lucky Seven)というが、又、私が今年の元日に引いたおみくじには大吉とあって中には「待人来る」とあることなどから機会があるのかも知れないと思っていた。会うことが出来た。

二日前(三一日)から、二、三回電話を受く。其時に有楽町の中央口(毎日新聞社側)の前で二日の夜八時に会う約束をする。朝、池野さんの姉さんより必ず八時までに待っているからと——それから八時まで時間の長いこと。雑業など仕事の終わったのが七時四十分過ぎ。仕度をして家を出たのが丁度八時、約束の時間をOVERしてしまった。タクシーを拾って八時十分に約束の場所に着く。七年振りに会ったというのに別に改まった挨拶もせず、顔を見合わせただけ、双方言葉を交わすことなく——。

彼女は江戸っ子というのに長年離れていたせいか地理にはあまり詳しくなく。自分も有楽町の辺りはあまり知らないのだが、日活ビルの前を通り、日比谷公園に入る。都内の騒音を避けて木立の多い公園、芝生、池の端、ガス灯の灯る花壇園、接するものすべてが秋の美をPrideとして自分達を迎えてくれた。私達もゆっくり話し合うためには、腰を下ろして——と濡れている石の上に腰を下ろして話すこと十分くらい——自分には彼女の話す一語一句が楽しい小鳥の囀りの様に美しい音色となって脳裡に滲み通った——あの美しい音色の一語一句は忘れることは出来ない——決して。

再び歩き出す。芝生の上に散光するガス灯。ガス灯で描き出される二人の歩く影が芝生の上を往来する。淡い光の下ベンチに腰を掛けて再び語り合う。話の合間には沈黙も何度かあった。互いに手帳を交換し合って——住所を書いたり、地図を書いたり、その間何分くらい経ったのだろう。話したいことは数多くあったが、気が小さかったのか充分に打明けた話は自分としては出来なかった――後悔している。

ボツボツ雨が降って来た。時間も経ったから帰ろうと彼女は立った。帰り道で彼女は「自分は一生北海道に住みつくのかも知れない」ともらした。自分には悲しく思った。遠く離れていてはこれ以上会うことが出来ないのかと思うと――私は何も言うことはなかった。沈黙は続いた。私も本音か否か「私は反対に都会に住みつくのかな？」と――自分は彼女にどんな影響を与えたであろうかと不安に感じた。彼女も私も沈黙のまま歩いているうちに交差点を渡り、Coffee店に入る。一杯三〇〇円也のコーヒーで二十分くらい話は続いた。時間も経ったのでコーヒー店を出、（二人で）最初にあった中央口の改札口からホームに上る。彼女の乗る山手線は二番ホーム、自分も彼女を送るためにホームに上る。話は尽きないのだが京浜線の電車が入って来る。彼女は乗ろうとしたが自分は止めた。彼女は大崎で降りるのだから山手線に乗るべきなのだ。話しているうちに、山手線は入って来る。彼女は「失礼します」と一言、乗ってしまった。電車は自分にかまわずに容赦なく動き出した。

瞬間、彼女は真っすぐこっちをみておじぎをした。自分も電車の赤い尾灯が遠く新橋の方に消え失せるまで見送った。が、彼女はそれまでこっちをみていたろうか？自分は反対に山手線で神田で乗り換え、中央線で水道橋まで、楽しかった。一時間余りのことを何度も何度も思い出しては、沈んだ気持で彼女の笑った恥ずかしくて横を向いた顔、真面目に向き合って話した時の顔など面影を忍びつつ水道橋で降り、パラパラ小雨の降る中を濡れながら自分の部屋に帰る。帰った時には、言語に表現できない程、彼女に対しての思慕、未練が重って、胸をおさえる気持ちでこの帳に記す。遠く海を隔てた北海道に赴くのだ。これから先何年目に会えるか。又、一生会えないかも知れない。今日の貴重な時間は長く長く末まで忘れ得ぬ思い出となるだろう。彼女にも忘れない思い出となるだろう。

１９５５・９・２　智

9月3日●　九月三日――何の日だろう――もちろん目出度い日だろう――御明答。私の生まれたのが丁度二十一年前の今日。自分は知らないのだが戸籍上そうなっているのだ。そう言われれば、自分としてもなるほど、この複雑な世に生まれてから、早くも二十一年になるのかと不思議に思う。仕方がない。そうなっているのだから。満二十一年を記念として、何か一つ書き物をやろうと決める。又、今日は自分でも何か祝福でもしてみたい気も起きた。他人からは何もなし。池野さんだけは知っている。自分だけの祝いとしてと思って、昨日の記録を一時まで書く。これから先、長い長い旅路を、無事よく歩まれる事を願う。誕生日に当たって。

9月4日◉　九月に入って最初の日曜、横浜から姉さんが私の誕生日のために来てくれた。テレビを見ながら会食する。明日は交代休日。自分が休みでないのだが、特別に池野さんが北海道に帰るのでもう一度会いたく、又、見送りもしなければならないため、休ませてもらう事にした。

9月5日◉　交代休日、朝十時まで仕事をしてから休む。自分はあの日（九月二日）の夜、日比谷公園で初めて会ってから再び会える事は不可能だろうと思っていたが、運よく休日だった。池野さんは今日北海道に発つのだ。十一時頃、品川の家まで訪ねて行く。彼女は不在だったが、まもなく帰って来て、家の中で写真を撮る。彼女と一緒に撮るつもりだったが、話に夢中になって彼女だけ撮る。一度別れて再び上野駅まで見送りに行く。四時五分発、急行「北上」号で発った。手を握る事なく淋しさがこみ上げ、彼女は一人遠い遠い海を渡り、北海道に向かった。沈んだ顔にも、たまに笑いを浮かべるおとなしい彼女…車中無事である事を願う。

9月6日◉　何故か胸に迫る思いがする。昨夜は考え過ぎて眠る事すらできなかった。楽しさの後には淋しさ、悲しさのあるのは知っているが、今日ほど事実に接し、淋しかった日はなかった。無事着いたろうか？

9月7日◉　離別という事は自分は本当に嫌だ。彼女と別れた日から早や二日過ぎた。無事着いたであろうが、二日も過ぎた今日でも心に残る何ものかがある。これ以上考えるよりは自分のやる事を完全に完成してみよう。彼女のためにも――。

9月8日◉　あらゆるすべてのものを忘れて書物にかじりつこうと思うのだが、胸の痛手はまださめず。食事も満足にできない。体の方も自分でも感ずるくらい痩せた。だが、書きまとめるためにもと、又心を静めるためにもと、松浦一著「生命の直路」を読む。藤井君、長谷部君訪ねて来る。学校も始まったせいかボツボツ友人が集まって来る。

9月10日◉　二年前、高校を卒業と同時に別れ音信もなかった文学青年、佐藤一也君に突然会う。彼は高校時代には、新聞の編集などに関係しながら、文学関係の本をあさっていた事を覚えている。その後も彼は進路を変えていないようだ。今は明治大学の文学部三年。眼鏡の奥にはきつい目つきの努力のあとがうかがえる。斉藤昭三、中川、本間忠幸、阿蘇君の四人が訪ねて来る。彼らはいずれも試験が迫って本をあさりに来た。楽しそうである。

9月13日● 十三日——都下〝砂川町の運命の日〟[注1]とも言おうか。新聞紙上ラジオは大々的ニュースとして取り上げている。基地立川の拡張問題が本命なのだ。政治的な事は自分には全然分からないが、とにかく反対の地元民の声を聞けば同情せざるを得ない。祖先伝来の土地を接収されるのだから…政府が実力行使をもって、今日強制的に立退きを迫っている事は不快だ。私も自由労連に加勢したいくらいだ。もうすこし余裕のある話をして解決をみたら——。

9月16日● 楽しかった日。Student Times 拝聞する。これで一週間の楽しみの種ができた。というのも満足に解せないのが辛い。長い事待った池野さんと別れてから十日目、待ちに待った便りが来た。今日までの十日間というのは、悸々として、ほがらかな明るい陽の目を見る事ができず、沈んだ気持ちで過ごさなければならなかった事——これは彼女との離別以来、便りを受くまでの——。

9月17日● 長谷部君より電話受く。試験のための調べ物をしてくれとの頼みだった。物は日本史だった。自分は、日本史は全然やった事がないので不安だったが、本が多くあるゆえ、引き受けて夜調べてみる。だが十題もの調べ物なので閉口する。明晩で書き上げなくては！松本君より便り受く。田舎の風景写真を送ってくれた。思い出す。池野さんと松本君に返事を出すつもりだったが、調べ物でできなかった。一時寝る。

9月18日● 天気良好、いつもの通り日曜は静か…夕方、仕事の結果が悪いというのではなく、折角やった仕事が、どのような事か知らないが、主人より直接ではなく間接に注意を受ける。注意というよりは叱られる。だが別に気にも留めるような事でもなかった…姉より電話受く。水道橋まで来たのに、私の仕事の邪魔になるからといって立ち寄らない事を言って来たのだ。今日も続きの調べ物で一時まで。約束の答は意に留めるようなものができたかどうか——とにかく、悪くともできた。

9月19日● 市場に行く。約束の調べ物ができる。長谷部

▼1 砂川事件の事。一九五五年から一九五七年にかけて、東京都北多摩郡砂川町のアメリカ軍の立川基地拡張に対する反対運動をめぐる一連の事件の事。全学連も参加し、その後の安保闘争、全共闘運動の先駆けとなり、学生運動の原点となった。

君が来る。個条書きというのは意に合わなかったらしい。すべて論文調に書くべきだった。時間が少なかったので論文調に書く事のできなかったのは、彼に対して責任を果たさなかった点に大いに恐縮している。私の調べた範囲内において、うまくパスする事を願うだけだ。二、三日間の寝不足ゆえ、今晩は机に向かってラジオ「緋牡丹記」を聞いているうちに、自然に眠ってしまった。目が覚めた時は夜も深く、十二時を過ぎていた。

9月21日● 今月最後の休日、朝は雨が降っていたらしいが、遅くまで寝ていたので、起きた時はもう屋根の街路が濡れていただけ。九時半起き。空は雲の合間から青空が出ているほどの日和だった。九時半起き。何年振りかで、午前中床の中で本を読む時間が与えられた。気持ちがよい。午後から久し振りに浅草に行く。随分変わったと思った。俗に「たたき売り」と称するものもだいぶ減って、まだ現存するものは近代的になって来ている。映画四本見る。夜はゆっくり休むつもりだ。寝よう。「異教徒の旗印」「サンターフェの道」ほか、二本。

9月22日● 池野さんより便り受けてから一週間目、やっと便りを書く事ができた。しんみりした便りを書く。

9月23日● 本仕入れ（遠買）[注1]に行く。九時に家を出、一時間半もかかる新小岩まで自転車で！帰宅は一時、自転車一杯、五千円也。今までの買物の中で一番安く意に応じた。満足なできと我ながら楽しい一日だった。

9月29日● 九月も、もう三十日過ぎた。今月は楽しい日は数多くあった。が、その中にも淋しい哀しい事も引き続き、私を悩ませた。それは…何だったろう…言うまでもない。九月の上旬だった。今日はお月見、旧の名月。十五夜の月が大きく見えたのは六時。今はもう、その月も雲の奥深くかくれてしまって見る事ができない。十二時を過ぎた。雨を伴った風が、不気味にトタン屋根を打つ。

9月30日● 何故このように自分にはこの静冷な秋の九月というのは「吉」となっているのだろうか。「吉」と呼ぶのは自分自身で決めているだけの事だが。九月といえば自分の誕生日の月でもあり、今年の九月は満二十一年という自分、又「思う人」に会えたという事。想い出は数限りない。最後とは言いたくないのだが…一九五五年九月最後の日（三十日）。今日は十五夜、六時頃の月は大きかった。すべて最後が良かった。

10月3日● 佐藤幸吉君来る。彼は池野さんの事など聞きたく訪ねて来たのだそうだ。自分もはっきり分かってもらいたく、話をしようと思っていたのだが、忙しく時間もなく、明日再び会う事を約束する。加藤猛君も来る。柏倉英治も半年振りくらいに訪ねて来た。彼は相変わらず流行型である。装いはマンボ型[注2]…。

10月4日● 市場に行く。昼帰って来たら、約束だった佐藤幸吉君が待っていた。池野さんの写真なども見せて、意のゆくまま話す。上京している松嶺の同級の人の集まりをしたいという意があったので、自分の休日を利用して集まってみたいと思う。

10月6日● 原田君来る。彼は中大の法学部なのだが、本学よりも哲学方面に凝っているようだ。自分も多少なりとも哲学方面には興味があるせいか、話は互いに合致する。斉藤敬君も来る。彼は慶応の三年だ。羨しいな…勝子より便り受く。いつもながら、長々と用紙四枚を利用して田舎の事を詳しく知らせてくれた。明日は江古田まで買物（仕入れ）のために行く予定。朝早く起きなくては。

10月7日● 雲低く、足早に西の方へと急ぐ今朝の空。小雨まじりの冷たい空気に、自転車のハンドルを握った手が、しびれるくらい。六時半に家を出て、江古田まで一時間半。王子製紙の重役である鈴木耕二宅に上がる。都内、あれだけの屋敷を持っている所はないだろう（七十坪）。全部で一万円也。あまり掘り出し物はない。数があるので、帰りは運送屋の車（三輪車）で帰る。一日中忙しかった。夜は整理で十一時まで。疲れには勝てない。机に向かうと眠くなる。

10月8日● この前に青空を見たのは先月（九月）の二十五日頃だった。数えて二週間振りだ。青空に雲一つない今日の天気だが、日の光と共に冬の前ぶれである冷たい風が吹きまくった。木枯らしの吹くのも、もうじきだろう。妹の節子より便り受く。先日節子宛に出した手紙の返事だった。節子もすべての条件が揃っていたなら、当然友達と一緒に女学校に通っていたろうに。十六歳というのに大人にまじっての仕事…だが楽しく働いているそうだ。将来のためにも学校に通わせたいもの。

10月10日● 台風二十五号が接近した。朝から風雨に見舞われる。冷たい。寒い…佐藤四郎君から便り受く。相変わらずブラブラしているそうだ。斉藤昭三君来る。十三日に東洋大学史学科の秋のレクリエーションに箱根へ行くから一緒に行かないか?との事だった。幸い、十三日は休日。

▼1 遠くに出向いて古書の買い取りに行く事。

▼2 当時流行したマンボズボンの事。マンボは一九五〇年代に流行したラテン音楽の一種で、そうした音楽の影響から演奏するバンドマンの服装を真似たマンボスタイルのパンツが生まれた。腰から腿にかけてはゆったりしていて、裾にかけては細くなったデザインが特徴。

だがどちらにしようかと迷っている。休日に松嶺出身の集まりをしたい希望なので。丸山君、幸吉君、小華和君、小田久四郎君に便り出す。

10月11日◉　夜明けと共に台風二十五号の接近した兆候か、風雨を伴った雲が足早に黒く、右往左往している。そのたびに一〇〇ミリくらいの雨を降らして、都会のどこの店をも閉めさせた。当然、うちも閉める。九時半くらいになってから「休め」という命。自分は十三日の休日のつもりで友達に便りしたのだが不意になった。いくら文句を言っても主人の権力にはどうしようもない。皆に出した手紙の事、どんな風に処理したらいいだろうか。明日になってから…午後、日劇へ行く。「秋のおどり」を鑑賞する。七時半帰宅。一日中の休み。つまらなかった。田舎に愛用していた洋服（学生服）を送ってやる。

10月12日◉　台風過ぎる。雲一つない隅々まで澄みきった秋晴れ。何もかも、檻から出たライオンのように張り切っている。雨の連続だったこの数週間。ようやく秋の日和が、めぐり来たのだ。約束の通り幸吉君、小田君、丸山君、小華和君以上四名から電話を受く。だが自分は明日休日でない。どうにか集まりたいもの。幸吉君の他は夜八時頃でもよいそうだ。小華和君からは直接電話を受けとっていない。明日集まる事を楽しみに又、実現できるように祈る。

10月13日◉　川崎まで配達。朝七時出発。自転車で。帰宅十一時半だった。延べ何里あるだろう。疲れ果てた。郷里の同級生が集まる約束の日だ。皆から電話受く。八時過、御茶ノ水の西口（明大寄）に集まる約束だったが、幸吉君は来なかった。丸山君も出掛けたとは言っていたが、九時まで待っても来なかった。小華和君、小田君など、タクシーで上野まで行く。料理屋（大関）に入る。種々、田舎の話、最近の話、将来の話などして十一時まで過ごす。若い者同志なので話は活発にはずんだ。何年振りだろう。来月も集まる事を約束して別れる。帰宅十一時半。

10月14日◉　Student Times 拝聞す。昨夜はよく喋った。自分で彼女の事など、全部打明けて話したつもりだ。彼女は、実に皆に確かな「容姿、心」も美しい人だという感じを与えている。それゆえ、昨夜は自分を中心に話合った。あのような打ち解けた話のできる機会を、月に一度くらいずつできうるものなら…実行してみたいもの…。

10月15日◉　この二、三日忙しく、今日の土曜は特別だった。だが、忙しいうちは気持ちよい。何となく体を動かしている方が楽しい。斉藤敬君より電話受く。彼には申し訳ない事をしている。何故なら約束を守らなかったのだ。探本の依頼だったが、見つけ出す事ができなかった事だ。二、三日中に探し当てる事を約束する。秋はだんだん深まって行く。樹々で秋を判断しようとても、都会の真ん中では、街路樹のそれだけ…ゆえに田舎ほど四季の観念が薄い。田舎の秋はいいだろうな――。

10月18日● 昨日から靖国神社の秋の例大祭が始まった。例年ながら、この時期、靖国秋の祭りになると、雨が降る。今日は朝から降った。時には強雨となり、時には秋雨。哀愁を帯びた雨露が窓の隙間から吹きつけ、机の上を濡らしてしまう。この雨音が私は好きだ。秋晴れの澄んだ空には比べる事はできないが、どんより曇った日よりも、勇ましく降る雨日の方が…中川君来る。彼は東洋大学だが、すごく勉強家だ。国史大系本の「吾妻鏡」を買った。彼も国史大系本を読むようになったのかと…同窓だった友人の成長を陰ながら羨む。

10月19日● 今日も降りつづける雨。午前中は暇だったが、午後からは大きな配達するだけ。三軒もの売本だった。平日よりも売上げ好。夜は、雨が降っているので早じまいする。映画に行く。「続宮本武蔵」――これは以前に一度見た事がある。だが何度見てもよい。芸術祭参加作品である「忘れじの人」（船場の娘）より岸恵子主演。最近（今年）見た何本かの映画の中、この映画ほど感激した作はなかった。実に良かった。原作も、岸恵子の演技も…。

10月20日● 中野区浜田山まで配達。台風二十六号の影響か、風を伴った雨が夕刻から吹きつけた。何日振りだろう。閉店後すぐ、机に向かう事ができた。時間があれば、どんな事もできる。連続放送劇の哀愁のある放送を聞く。「由紀子」、「ただ一人の人」、この二つはこれから先続けて聞こうと思う。映画もできるそう。必ず見よう。人の歩む道は平らな道だけではない。茨の道から峠あり、そして辿り着く所が、楽園なのだ。災いのあるのは、人生の中、一番油ののった活動している時なのだ。

10月22日● 久し振りの好天と土曜と合い、多忙な一日だった。九時まで開店。支店が土地問題で裁判に負け、今日不意に立退きを迫られ、ゴタゴタが続いた。[注1] 明日は大泉学園まで配達がある。寝よう。プロ野球、日本選手権は今日後楽園で巨人勝つ。南海三勝、巨人二勝。巨人のファンゆえ――。

10月24日● 強制執行により立退きを午前中に仕上げる約

▼1　南海堂の支店として借りていた店舗を、土地所有者とのトラブルによって明け渡す事となった。その後まもなく買い取り、現在は荒井南海堂として営業。

束だったが、昨夜中に運搬その他は完了。午後二時に弁護士、その他、立合いのもとに明け渡した。支店の主人も涙を隠して、長く住みなれた家、土地と別れる時の瞬時、書類に印を押す時の気持ちはいかほどだったろう。

10月25日● ぐずついた天気。今日も夕刻から雨を降らした。トタン屋根を打つ音は強い。この雨の音を聞くのは、何か心を静めるような気がして、読書するにも考え込むにも…田舎より小包頂く。包装が悪いのか、取り扱いが悪かったのか、ひもが解けて中身がやっと届いた有様。中には秋の果物、柿、栗が入っていた。皆両親の心遣いから、すぐ食べられるようにと思って送ってよこした事など涙が出る思い。

10月26日● 四時頃までは気持ちが晴れない雨降りの一日だった。母よりの便り受く。兄の結婚式も十一月に迫って、家の改造をやっているそうな。式の日は必ず帰京して、皆顔を合わすのを楽しみに毎日を過ごしているとの事。財産のない中に家の改築には相当の費用がかかると思うのだが、父母は今日までどれほど苦労して働いて来た事か。私達兄弟の意気地の無い事が、父母を苦労させているのだ。どんな手を打ったらよいか分からない。せめて心配を掛けない一人前になる事だけを心掛けよう。

10月30日● 昼頃強風があったが、朝から秋日和の一日だった。七時頃から自転車で幡ヶ谷まで買物（古本仕入れ）に行く。「世界文学」（新潮）、「昭和文学」（角川）、「荷風全集」（中公）、「蕪村全集」（新潮）の全集を買う。価九千円也。夜、荒井君のお供をする。中野まで道順が分からず、又初めてというので一緒に行く。十時帰宅。今日も無事一日を過ごす事ができました。

10月31日● 十月も今日で終わりとなるのだが、今月ほど振り返ってみると何もまとまった事のできなかった月はない。ただ友達とのつき合いのために、今月は二回も友人の集まりに出掛ける。自分はあまりつき合いには、話だけならともかく、飲んだりするのは不賛成の方なのだが、友人というものは、自分の財産の一つに数えられるくらい大切な事は知っているゆえ、好き嫌いは別として一応は出席する事にしている。今日も柏倉、長谷部、佐藤君と四人で新宿の銀世界に上がって種々話したりした。十二時帰宅。

11月1日● 読書週間[▼注1]——十月二十七日〜九日まで二週間にわたっての行事。今日あたり最高潮に達しているようだ。好天に恵まれ人出は平日の倍くらい。この二、三日寝不足なゆえ、体の調子がはっきりしない。明日も買物（仕入れ）に行く。八時まで中野に出掛けなければならない。早く休もう。

11月2日● 七時起床。この頃、七時に起床するというのは珍しい。冷え込んだ今朝。だが早起きするというのは気持ちがよい。中野区旭ヶ丘に着いたのが八時二十分頃だった。仏教書、五千円也。仕入れて来る。主なもの、「禅宗辞典」、「真宗聖教会書」（五巻）也。斉藤昭三君より電話受く。彼は退屈だから電話したというが、暇な時、電話して無駄話のできるというのは私だけという――これだけの言葉で、彼は私を唯一の友としているという事が証明されて、自分ながら楽しいやら…明日は文化の日。意義のある一日を過ごしてみたい。

11月3日● 文化の日――「読売新聞」の朝刊に文化の乱用というのが載っていた。読んで見ると、あまり言い過ぎのようだ。確かに、あらゆるものに文化という接頭語なるものが数多く付きまとっているが、決して乱用というものではないと思う。反発の投書をしてみよう。全国各地で多大の催し物があり、今日の一日を十分な一日として過ごした事だろう。自分は相変わらずの仕事で…夜、こうして記すのが文化の日の楽しみの一時。

11月4日● 田舎に便り出す。兄の挙式の時日をはっきり知るため――だが帰郷して挙式に出席できるか否か。現在の所九〇％まで帰郷は不可能。自分としては帰りたいとは思わないのだが、兄弟が皆顔を合わすのは、この機会以外にないと思うから、母も私達兄弟の帰郷を望んでもいるし。できうるなら一日でも帰郷して皆と元気な顔で会いたいもの。実現できるなら…。

11月5日● 読書の秋だ。好い秋日和の今日土曜。客足多し。多忙とまでは言えないが平日よりは働きがいのある一日だった。本郷まで三回も往復する。疲れも甚だし。静岡にいる、兄の勲に便り出す。田舎に一緒に帰れる事を楽しみに…可能か否か…。

11月6日● 夕、姉より電話受く。東京駅まで来ているので、八時頃立ち寄るとの事。日曜ゆえ早く閉店す。予定の八時に姉が来る。約一時間ばかり話す。田舎に帰るかどうか。帰るなら帰る時の計画など話合う。

11月7日● 父より便り受く。兄の結婚式の日取がはっきりしたので、正式に招待状としての便りだった。昨日は姉さんと相談して一緒に帰郷するつもりだったが、晦日も

▼1 文化の日を中心とした二週間に行われる読書推進運動。現在も続く読書週間は、一九四七年に「読書の力によって、平和な文化国家を作ろう」との目的から企画され、出版社・取次会社・書店と公共図書館を中心に始められた。

迫った二十七日なので、九分通り帰れない。主人にはまだ相談していない。今月もはや、一週間を過ごしてしまった。夜空を仰ぐと、秋空も冷々と澄んでいる。だが、月と星は黄金の光を放っている。今までなら机に向かって窓越に眺めれば手に取るように眺められた月や星も、都会の次々にできるビルの林で、きれいな景も見られない。都会は一層、自然の美から遠ざけられる。

11月8日● 松本君より便り受く。今日は一日中自転車を乗り回した。午前中は本郷まで二回も往復す。午後は三田の学校図書まで。帰りに宮城の前を通ったが、宮城前は高級車で埋まっていた。天皇が各国大使を招待してのパーティーのためだそうだ。一ヶ月前同じ道を通ったのだが、日比谷の交差点など、他、随分変わっていたのには驚いた。留守中、佐藤幸吉君、他二、三人の訪問者があったそうだ。

11月9日● 市場に行く。留守中、田舎の山下先生からと、ヒルハーモニーの宇野さんより電話頂いたそうな。朝は冷え込む。東京には初霜が降りた。斉藤（敬）君、本間君、訪ねて来る。今夜は霧も深く、遠く日中には聞こえない飯田橋駅を出る汽笛の音が聞こえる。静かで何となく冬の押し迫った感じだ。夜も十二時を過ぎている。チャルメラそば屋の車の音、笛の音――あーあ、いつもこのような風流な都会であったら。

11月10日● 暇な一日だったが、閉店間際、大量の注文主の客で九時半まで。食後再び請求書（出版物）のまとめ仕事で十一時半まで。夜の冷え込むうちに、机に向かっている中はともかく、終わって寝にもぐりこむ時の冷たさ。少し感冒気味らしい。鼻水の連続。どうもこの頃自分の思うようにならない事ばかり。それゆえ考え沈む事。何時間も。

11月11日● 昨夜遅くまで仕事をやったせいか、今朝は寝坊す。朝寝ていて、喧しい外の騒音も疲れを癒やすほどの効果はない。ただ目覚させるものは規律と時間だけ。八時頃になれば、どんなに疲れていても目覚める。どうも最近は落ち着いた趣味の仕事（読書）のできないのを悔やむ。時間の使い方も不規則な事など…早く休んで二、三日分の休養を取ろう。

11月12日● 今夜こそは――と、帰郷の許可をえる機会を伺っていたのだが、種々考えてみれば、丁度二十七日頃というと、一番仕事の方の忙しい時期なので、もう一度考え直して口出しするのを、もう少し、見合わせようと思う。池野さんには随分御無沙汰している。心の落ち着きを利用して便りしてみよう。遠藤君見える。今宵も霧は深い。これからはだんだん霧の深い夜と変わるだろう。田舎に便り書く。

11月14日● 秋日和が続く毎日。朝は冷たい。佐藤一也君来る。横浜に越したとか。文学青年佐藤君、末長く、良き友であるように。夜は今まで楽しみにしていた、プロレスアジア選手権大会東京大会をテレビで見る。人間を離れた猛獣のようなレスラー、猛獣と猛獣の争いのような人間。実に見る自分らの興奮もひとしお。今日も主人に話す機会を逃がしてしまった。

11月15日● 暇な一日だった。集金の結果があまり良くなかった。夜、支店の店の人達と共に会食をす。後、主人より、支店のこの度の件について説明かたがた、今後の方策など、十一時まで聴く。途中九時頃、姉より電話受く。都合で田舎に帰るとの事。兄の挙式を目前に控えて田舎でもゴタゴタしている事だろうし。どうなのだろう。二、三日中に帰郷するそうだ。

11月16日● 長谷部君来る。今まで田舎に帰っていたのだそうだ。又長谷部君と入れ違いに、木口君と会う。木口君は田舎の警察に勤めているのだが、二、三日、東京に出張のため上京して、私の所に立ち寄ったのだそうだ。夜は強雨のため早じまい。映画に行く。望んでいた映画を見る事ができ、「柿の木のある家」。原作壺井栄。感動した映画の一つだった。原作から演技からすべてが流涙する作だった。内容としては全国どの地方にも相通ずる田舎の両親の苦と、多勢の子供の惨めさと、東京に住む富豪の家を背景に、男泣きにも隠れて涙を拭かせた作だった。十一時帰宅。

11月17日● 父より便り受く。二十七日には必ず出席するようにとの事。まだ主人には話していない。機会がないのだ。青葉君来る。斉藤昭三君も同伴。夕方には佐藤尚也来る。尚也君とは久し振りだ。仕事が忙しかったので久し振りの挨拶だけで話はしなかった。明日こそは必ず話してみよう。朝のうちに…風呂から帰って就床するのが一時。

11月18日● 時間の経つのは目に見えるように早く過ごす。一日などは、何の仕事をして暮らしているのだろうと、自分を自分ながら疑ってみるくらい。静岡にいる兄の勲より便り受く。半年振りだろう。内容としては、不遇な日々を過ごしているとの事。病気で——どういう経過なのかも知りたい。が、便りだけではっきりしない。帰郷の許可をえるために奥さんに話す。八分通り許しが下りたが、主人の決定的な許しがない限り分からない。斉藤敬君より便り（電話）受く。青葉君からの頼まれものの件だそう。

11月19日● 市場に行く。末の良子より便り受く。是非共二十七日の兄の挙式に出席してくれとの事。良子も随分大きくなったろうな。文章から判断しても子供らしい。大きくなった事など察する事ができる。今朝六時三十分起きる。支店の新店の片付け手伝いで九時まで。斉藤敬君に、約束通り青葉君の本を渡す。庄司君来る。彼は美男子だ。どんな女でも引きつけるような型の美男子の好男とも言うべき彼。

11月20日● 今日、友達、知人の訪で、あまり仕事の邪魔のようで嫌だった。佐々木君、斉藤君など。山下先生も見えた。山下先生とは一年半振りだ。だが話は詳しくできなかった。仕事の方は暇だ。この二、三日急に暇になったようだ。姉が夕方来る。帰郷の打合せをするため！

11月21日● 朝から強雨に見舞われ、午後二時頃閉店す。日教販に出版物の事で話合いに行く。課長じきじきに納得させるために出掛けたつもりだが、老練さに負けてしまった。種々話し、又初めてあのような外交をやり、話合った事は良い体験だった。夜、ようやく主人に話し、帰郷の許可をえた。帰郷を楽しみに。田舎と松本君に便り出す。

11月22日● 学校図書（三田）まで配達や集金に行く。今まで貯めていた財をはたいて、合オーバーを買う。少し大きめだったが、まだ体が決まっていないので、これから太く大きくなる事を考慮に入れて、不似合のを買う。明日は目黒区、大岡山まで買物（仕入れ）に行く。早く起きなければならない。早く休もう。十一時半。

11月23日● 六時半起床。外は薄暗い。自転車など支度して七時過ぎ家を出る。目黒まで片道約一時間半。途中、神宮外苑を過ぎ、渋谷を抜ける頃は、汗でびっしょり。順調に話は済んで帰宅十一時頃。今日は「勤労感謝の日」。すべての官庁、会社、学校は休みゆえ、神宮外苑などは人の波だった。店は暇だった。

11月24日● 市場に行く。あまり買えなかった。本間君来る。斉藤昭三君より電話受く。明日相談したい事があるから午前中に見えるとの事。夕方、斉藤敬君より採本の依頼を受ける。いよいよ、明日の夜行で帰郷する事ができる。三年振りなのでうれしさで！

11月25日● 十時五分上野発帰郷の途につく。

11月26日● 二年半振りに帰郷。父母兄弟皆元気なのには、来松したかいもあり。街も不変なのには、昔の子供の頃を思い出させる。期せず、松本君来てくれる。英明君と会う。

11月27日● 兄の結婚式。正午より夕方七時頃まで（帰京後詳しくまとめ上げる）。山中君、後藤ふみさんとも会う。

11月28日● 二日間の休暇も本当に夢のように経ってしまった。忙しい最中だったので、自分が言うべき最近の心境を、両親に打ち明ける事ができなかったのは残念。悔やみきれない。二日間はただ、両親、兄弟の元気な姿に接し共に食事をし、寝た事だけが今までの楽しみを十分に満たしてくれた。酒田駅四時発上野行に乗るために二時四十分のバスに乗る。別れる時はまだ気持ちが純だったので、泣けて来た。母親からも泣かれ、末の良子にも…離別の悲しさは身にしみる。車中にて新津を少し出た頃。

11月29日● 午前六時四十分上野駅着。家に着いたのが七時頃。着くと同時に仕事に取りかかる。昨夜の疲れも甚だし。夜は早く休むつもりだったが、支店の方の手伝いで十二時まで。十六時間も！仕事の最中、体がだるく、意識がなくなるような時があった。寝よう。就床一時半。佐藤幸吉君来てくれた。

12月1日● 暮れの月に入った。今月は何となく、せわしい月になりそう。急に寒くなった。冬の月にもなったのだ。風が強く、街路樹の木葉も散ってしまって、木枯らしの淋しい風の音だけを耳にする月でもある。帰京してから三日目。やっと心の落ち着きをみた今夜、田舎の父宛と工藤さんに便り出す。高橋宏君、長谷部君、斉藤昭三君来る。

12月3日● 平日の土曜より閑散とした一日だった。寒さ身に沁む。暇だった。田舎に行った時の写真、現像、焼付けでき上がる。失敗していたと思っていたのが案外よく撮れていた。写真というものは好いものだ。田舎に送ってやるために焼き増ししなくては——。

12月4日● 市場に行く。四時頃まで。夜は支店の手伝いで十時半まで。最近は時間の余裕がない。新聞を読むにも本を読むにも。ただ、体の休養のために就寝するのだけが精一杯。十一時二十分からのＮＨＫ放送の「随筆朗読」の時間は、自分を瞬時の楽しみにしてくれる。又、その後の、放送最後の国歌「君が代」も、何かしら心を静ませ、尊厳な面持ちにしてくれる。

12月5日● 著者の築田先生（渋谷）の所に行く。二ヶ月振りだ。渋谷辺りは最近よく通るのだが、東横の裏の方に行ったのは二ヶ月振り。デパートは歳暮、クリスマスの大売出しで賑わっていた。二ヶ月前の渋谷と、今日見た渋谷とは驚くほど変わっている。大きなビルの林立。道路の区角整理などで広くきれいだった。発展する都会。一秒でも気を許せない都会。魔の都会。加藤猛君来る。彼とも久し振りだ。田舎の勝子より便り受く。夜、映画に行く。「野菊の如く君なりき」。※映画「野菊の如く君なりき」原作伊藤左千夫、松竹、木下恵介監督、脚色。実に感動する。思う事もかなわず悩み、薄幸の乙女として死んでいく民子。

民子より二ツ年下でありながら親しく、幼なじみの政夫の哀れな！最近とみに良映画を見る。「次郎物語」「柿の木のある家」「あすなろ物語」など、日本映画でも感動する作ばかり。

12月6日● 朝、姉さんより電話がある。寝ている時（七時頃）なので、着替えをして出るのも面倒。代理に用件を聞いてもらう。先月私と一緒に帰った時から十日目に今日帰京して来たのだそうだ。荷が多いので寄らないとの事。夜、倉庫整理のため、十一時まで働く。明日は早く起きて西落合まで買物に出掛けなくては。早く寝よう。早くといっても十二時を過ぎている。佐藤幸吉君、高橋宏君来る。

12月7日● 冷え込んでいる朝霧の中、自転車で西落合まで。リヤカー一杯。十一時頃帰宅。珍本も多くあった。夜、昨日と引き続き倉庫の整理のため十一時まで。ようやくでき上がる。明日も出張だ。丸山町（文京区）まで。

12月8日● 昨夜は遅くまでの仕事だったので、今朝八時まで寝坊す。文京区まで買物（仕入れ）に行く。最近少し仕事中、ぼんやりする事がある。疲れのせいでもあろう。体がだるい。今月は暇がなく忙しいだろう。体に気をつけ休養をモットーにしよう。久し振りに、何日振りだろう。十時に寝床に入る。本を二、三頁読む余裕ができた。劇「ただ一人の人」を聞く。最後まで続けて聞きたい。田舎の同級だった阿部悦子さんに便りする。

12月9日● 平年以上の冷え込み。どんなに着込んでも冷える。一日中寒風にさらされ、日陰での仕事。動けば温まるのだが、仕事が仕事で。藤井君来る。昭三君も訪ねて来た。もうそろそろ学校も休校になるそうだが。皆、田舎に帰って正月を迎えるのだろう。雪の田舎、真白く包まれた山々で…。

12月10日● 久し振りに土曜日の忙しい日だった。今日から棚掃除[▼注1]。朝六時半起床。薄暗い。まだ外灯の光も夜明前の最後の光のように輝々として、冷たい朝を一層冷たい感じにさせる。四日間は今日のように早起きだ。夜、先輩である長尾（広島人）に説教を受ける。説教といっても、私の短所だけを——早くいえば文句だけ。気性の相異を少し大目にみてもらいたいもの。長尾という人ははっきりしない。陰でブツブツ——このような人はあまり好まない。広島の人というのは頭の高い人だけ。写真の焼き増しできる。

12月11日● 棚掃除も二日目。昨日より遅く起きる。が、段取りが良かったせいか仕事がスムースに行った。五日もかかるような仕事も明日で終わりそうだ。土門務君来る。三年振りの会見。霧が深い。明日も天気が好い事を約束しているのだ。霧の中に青い、赤いネオンの灯が、ぼんやり浮いているのも、冬の都会だけに起きる風景だ。明日も早く起きなければならない。寝よう。

12月12日● 今日で棚掃除も済んだ。最初は張り切って早起きしていたのが、疲れも、三日目ともなればひどく、今日、七時に起きる。だが完了した。明日はゆっくり眠れるという気持ちでいるせいか、遅くまで、今まで溜まっていた私用の仕事をする。手紙も書かなければならない。今日は少しガタガタするほど忙しかった。

12月14日● 市場に行く。四時まで。青葉君が約束の本、斉藤敬君の品を取りに来てくれる。阿部悦子さんから電話があったそうな。明日暇があれば電話してみよう。田舎に写真を送るために整理をする。勝子、勲、角助、三通。後藤ふみさんにも出す。

12月15日● 長谷部君来る。明日休日。新宿で会う約束す。阿部悦子さんに電話をする。無口なのかどうかあまり話はしなかった。阿部さんとも明日会う約束す。〝さくら通り〟、〝スズラン通り〟と、歳末とクリスマスの飾り付けで賑やかだ。明日休日のため、遅くまで机に向かう時間ができた。とっても気楽でもある。楽しみだ。安らかに。

12月18日● 昨日に引き続き、多忙。売上げも最高。長谷部君帰郷するというので、上野まで見送りに出る。だが汽車が入るまで来なかった。柏倉君他、遠藤君等田舎の高校時代の人（同級）多数に会う。今日も長谷部君と会う事ができないまま帰宅。

12月20日● 後藤ふみさんより便り受く。写真送付の礼状だった。ボーナス景気というか、この数日、売上げが多かったようだ。忙しい。幸吉君来る。田舎の人皆集まりたいとの事。彼帰った後、直後、小華和君来る。彼とは久し振りだ。今夜の夜行で帰るそうな。汽車賃がないので貸してくれとの事。一千円也。貸す。長谷部君より電話受く。彼も今日帰るそうだ。こうなると、正月も間近に迫ったという感じだ。現に間近なのだ。

12月21日● クリスマスカードを送るために、一時まで書く。池野さんと弟、妹、Hang Kong の Jeanette Won さんにも出す。便りを書く身というものは良いものだ。又受け取る人の身もうれしいもの——幸あるようにと…。

12月22日● 奎治より速達受け取る。奎治も感心な事だ。頼もしい。本間君、丸山君帰郷するというので上野まで行

▼1 年末に向けた店舗大掃除の一環として、棚の整理、清掃を数日間にわたり行った。

く。本間君に荷を頼む。今まで会った事もない、何年振りかで会った人も数多くいた。まるで田舎に帰っても、これほど知った人とは会えない。良い日だった。富樫光弥（先輩）、本間（後輩）、丸山（同輩）、村上（同輩）、伊藤さん（後輩）、長谷部さん（後輩）、池田君（同）。何人会ったか数えきれない。

12月23日● 池野さん、良子、英雄にクリスマスカードを送る。今日は長尾（八郎）さんの結婚式。昨日まで独身だった八郎さんも、又、我々と一緒に寝起きしていたのが、今日を限りとして、独身生活とも別れ、これから夫となり主人となり父となって、この複雑な世の中を見聞して行くに違いない。長かっただろう。否、考え方によっては短かったのかも知れない。三十年間――今日は八郎さん、これから先幸ある事を祈る。高等学校から便り受く。体育館建設募金の通知だった。私には一千円の金、少々こたえる。

12月24日● 夕、佐藤幸吉君来る。彼と一緒に街を歩いた事がないので、閉店後すぐ、クリスマスイブの銀座に出掛ける。夜の銀座を歩いたのは初めて。ネオンの美しいのには今更でもないが、クリスマスイブのため、人出、人の波、人々…彼と二人でコーヒー一杯のクリスマスイブだった。帰宅後、年賀状書きで十二時まで。

12月25日● Ｘマスおめでとう。何もクリスチャンではないが、世間が、又皆がそう言う。私も何気なしに、ジングルベルの歌を歌う。一週間後に控えた正月。今年最後の日曜だ。日が良い。日曜とクリスマス一緒で！朝、木口君来る。日曜なので警察学校も休み。外出できたのだそうだ。今日も年賀状書き。もう十枚。

12月28日● 月日も短かくなった。三十（一九五五）年も残すところ三日。だがあまり未練もないようだ。現在の所。午前中、学校図書まで集金に行く。官庁街、ビル街も何となしに歳暮の感がする。心も忙しくなって来た。別に店の仕事は忙しくないのだが！星が輝いている。明日も晴れである事を約束しながら！

12月29日● 今年最後の市場だった。朝から夕四時まで。芥川龍之介自筆の掛軸出る。珍品とて争って売買したのだが、荷主が応じなかった。夜、整理などで十一時まで。何もかも今年最後になってしまう。ラジオの番組にしても何となく心忙しい。だが夜は静かだ。星と月の輝きを眺めると、言い知れぬ淋しさがこみ上げる。何を考えてだろうか？

12月31日● 大晦日。一九五五年（三十年）も今日限り。不帰のこの日。日中は渋谷の築田先生の所に行く。集金等で多少ゴタゴタした一日だった。夜、十時閉。一年分の洗濯で十一時半まで。下から上まですっかり洗い落とし、清身して一九五六年を迎えよう。一九五五年さようなら。回顧として次頁へ。

一九五五年を顧みて——三十年は自分にとっても、又、世界の人達にとっても良い年だったと思う。静かに考えてみれば、多難な社会情勢の中にあっても、二大国家の対立という事も、今年は双方の歩み寄りで緩和され、世界の人々には、平和を求める声が高い。種々な事件も数多くあった。だがそれらは今日限り。一九五五年限りとして忘れ去り、新しい年と共に良い方面へと歩んで生きたいもの——これはいずれの人も望む事だろう。自分自身にとっても一九五五年は良き年だった。有意義な——何年振りかで会えるという事が不可能と思っていた幼友達と、わずか短い期間ではあったが会い、話す事ができた事。又、三年振りで帰郷した事など…夢のように過ぎ去ってしまった。ただ思い出となって脳裡の奥深く貯えられて、いつかの話に、慰めになる事だろう。こうしてみれば、時（一時、一瞬）というものは、二度と同じ型になっては帰って来ない。無駄にする事はできない。用紙（別紙）に一九五五年の回顧を綴ってみよう。除夜の鐘は聞いた。聞いているうちは、どんな心の迷いある人でも、聞いている瞬時は何か考えさせられるだろう。

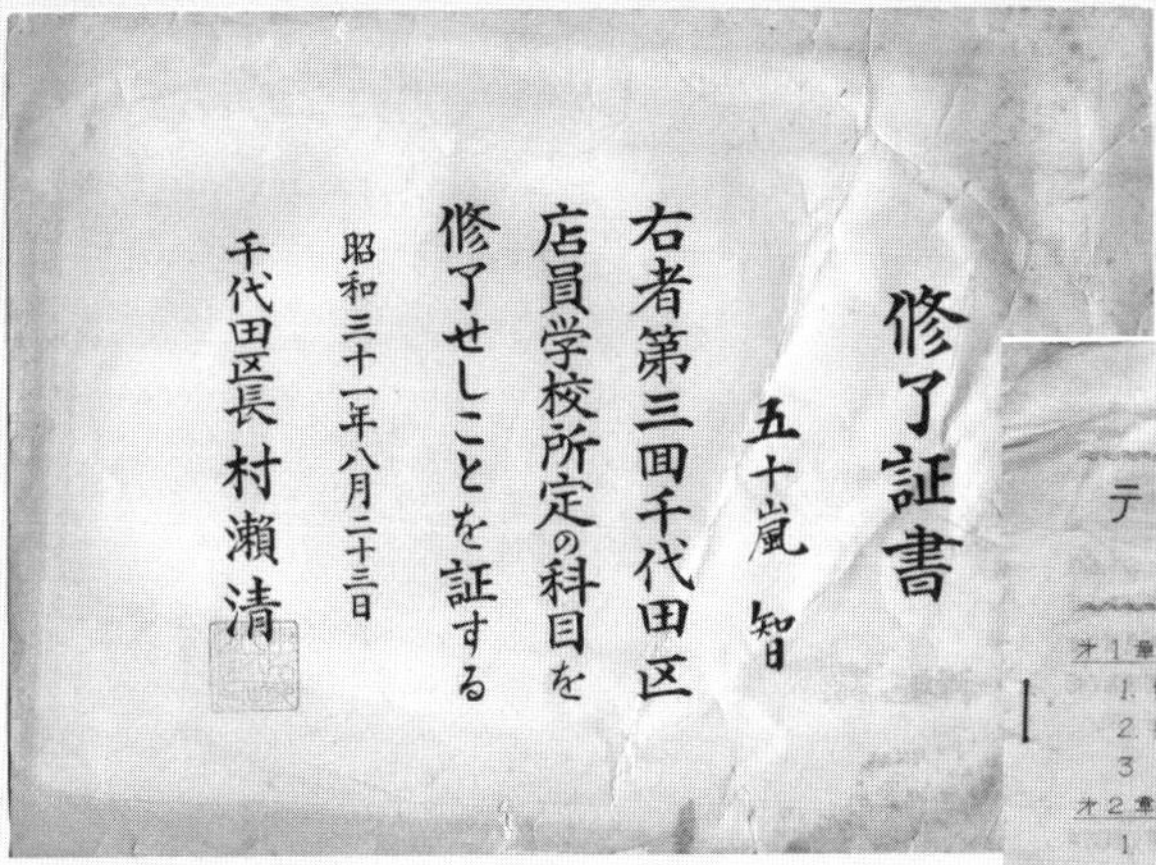

修了証書

五十嵐 智

右者第三回千代田区店員学校所定の科目を修了せしことを証する

昭和三十一年八月二十三日

千代田区長 村瀬 清

店員学校卒業証書

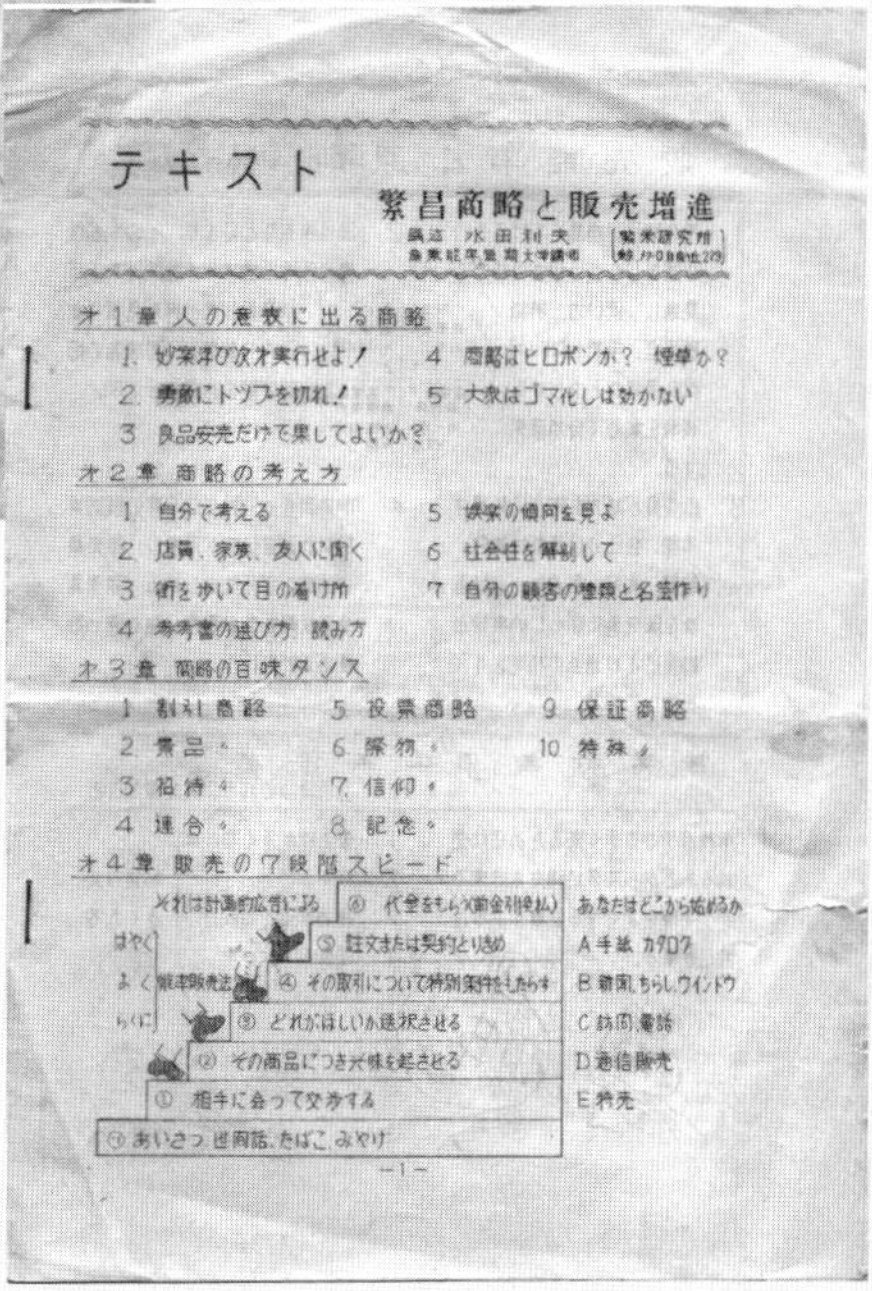

テキスト

繁昌商略と販売増進

講師 水田利夫

オ1章 人の意表に出る商略

1. 妙案浮び次才実行せよ！
2. 勇敢にトツプを切れ！
3. 良品安売だけで果してよいか？
4. 商略はヒロポンか？ 煙草か？
5. 大衆はゴマ化しは効かない

オ2章 商略の考え方

1. 自分で考える
2. 店員、家族、友人に聞く
3. 街を歩いて目の着け所
4. 参考書の選び方 読み方
5. 娯楽の傾向を見よ
6. 社会性を解剖して
7. 自分の顧客の種類と名簿作り

オ3章 商略の百味ダンス

1. 割引商略
2. 景品〃
3. 招待〃
4. 連合〃
5. 投票商略
6. 贈物〃
7. 信仰〃
8. 記念〃
9. 保証商略
10. 特殊〃

オ4章 販売の7段階スピード

−1−

店員学校教科書

五十嵐日記［五十嵐智］

▶昭和31［1956］年1月〜12月

22歳

南海堂に入って4年目となる年、先輩店員として責任ある立場になりつつあり、種々の業務を任されるようになった。店員学校で接客の心得を学ぶなど古書店員としての自覚を深めるとともに、市場では品物の目も利くようになり仕事の醍醐味や面白みを感じ始めていた。多忙を極める日々に彩りを添えたのは、学生時代に淡い想いを交わした池田すみ子さん（後の五十嵐夫人）から届く手紙であった。

「もはや戦後ではない」と言われた空前の経済成長に沸く中で、日本は国連への加盟が承認され、本格的に国際社会への復帰を果たした。世界では、アメリカがビキニ環礁での水爆実験を行い、中東ではスエズ動乱が生じていた。

▼昭和31［1956］年

1月1日● 輝く御来光を、神宮初詣にて仰ぐ。御来光のように、大きな希望を静かな空の下で発揮できるよう祈りながら、元旦にあたり朗らかな一年を過ごせるよう、できうるだけの努力をする事を誓う。一、健康である事。二、何事も正確、誠実なる事。三、笑顔で暮らそう。頑張ろう。一九五六年一月一日　智。目的に邁進しよう！健康で。午前六時起床。外は薄暗い。本店四人、山陽堂一人、計五人でタクシーを拾い、明治神宮に参拝す。明治神宮の正面で一九五六年の御来光を仰ぐ。帰りに皇居、靖国神社と例年の通り。靖国神社で「おみくじ」を引く。昨年同様「大吉」とある。昨年のように年始回りをする。九時半帰宅。賀状二十一枚受く。出さなければならない人から受く。明日早速出そう――初夢は何を見る事だろう。

1月2日● 初荷の日。開店す。人出多し。例年よりも売上げ良し。社会情勢も落ち着いたせいだろう。のんびり過ごす事のできる正月を迎えたためでもあろう。朝風呂に入る。気持ちが良いものだ。十時に開店後、五時閉店す。夜、清水叔母様（王子）の所に年始に行く。十一時帰宅。久し振り、一年振りにゆっくり話す事ができた。田舎では同級生が集まる日だ。

1月3日● 三日正月という。もう正月気分も今日で終わりで、明日あたりからは再び一九五六年の騒々しい都会のあらゆるものが活動し始める事だろう。昨日と同様、朝十時開、五時半閉店。藤井君、松本君から賀状受く。夜閉店後、後楽園にスケート滑りに行く。雪国で育った自分が都会の人にすすめられて滑れないというのも恥のように思って、意地張りなせいでもあろう。滑りに行く。二度目のスケートというのに案外滑れた。帰ってから映画を見る。東洋キネマ「渡らねばならない河」「犯人は警官だ」二本。十時半帰宅。

1月6日● 雨になる。正月雨もひとしお感深いものがある。田舎ならきっとこの雨が雪となって木々を白くしている事でしょう。南友会、小南友会共、例年の通り新年宴会をやる。今年は気楽な宴会だった。場所のせいもあろう。随分飲んだ　今までにない。こんなに飲んでは体に良くない事は必知なのだが――二次会、三次会もする。十時半帰宅。Student Times拝聞する。賀状二通来る。計三十六通――。

1月7日● 正月も終わり。七草だ。近頃、気持ちの悪い夢ばかり。もっともっと楽しい夢がないものか。風が出る。暖かだった正月も、今日あたりから冷え込む。「読売新聞」企画の、未踏の華厳滝（日光）の調査始まる。魔の滝のナゾを探るため現代科学陣の粋を集めた捜査。三日間の調査でどれだけの成果を納める事だろう。素人ながら何分なりとも関心のある自分――。

1月8日● 松の内も明けて今日は鏡開き。元日から丁度一回りの日曜。ボツボツ学生も上京して来たようだ。忙しかった。どんなでも自分の望みがかなうよう、今年こそは実力の発揮できうるよう、規律のある生活のできるように明日から――。

1月9日● 市場。仕入れ多くある。整理で十一時半まで。寒い。全国的に小雪を降らすほどの寒さ。氷点下一、二度の寒さ。北海道では零下二十九度だそうな。九日――今日からいっせいに三学期の始業式は始まる。藤井君来る。少し風邪気味のようだ。注意しなくては。早く寝ようにも、仕事のために一時になる。明日も寒さは厳しいだろう。

1月11日● 今年最低の零下三・三度。冷え込む。暇な一日だった。斉藤昭三君来る。彼、上京の時、長谷部、庄司、阿蘇の三人共一緒だったとの事。長谷部君明日あたり来るだろう。全集、叢書集を作るために床に入りながら整理する。明日も冷え込みそう。霧が深い――ジャズの本家とも言うべき、生みの親ベニー・グッドマンのレコードを聞く。

1月12日● 体がだるい。思うように動けない。寝不足かもしれない。寝不足といっても七時間は寝ているのだが――頭痛も甚だし。十一時まで仕事。一日で一番ゆっくり楽しいと思う一時は、就寝前の十一時頃。NHKのラジオを聞く事。「明日の話題」「随筆朗読」「君が代」と自然に気持ちを落ち着かせる番組。ラジオと同時に眠りにつく習慣。

1月13日● 寝坊はこの数日間続く。本郷まで競物に行く。藤井君来る。二、三日前の冷え込みはどこへ。今日あたりは暖か。

1月14日● 好天。市場に行く。自分ながら自信がついたように感ずる。夕刻から急に風出、冷え込む。風邪も完全に治っていない。明日のためにも休養。今日は残業、余業は止める。現代日本文学アルバム（太宰治の部）を見、読む。

1月15日● 早くも半月経ってしまった。今日十五日は「成人の日」。晴。私が二年前に味わったこの同じ日を、後輩の諸氏はどのようような感を抱き、この祝日を送り過ごした事だろう。私の場合は感慨深かった。夜、映画に行く。「新婚旅行」「名月夜太郎笠」。藤井君、中川君来る。遠藤君も来る。

1月19日● 細雨が昨夜から引き続き降り続いている。一日中暇だった。市場の整理など（注1）で十一時まで。明日は今年最初の休日だ。ゆっくり休養ができる。楽しみだ。池野さんにまだ礼状を出していない。明日こそは必ず書き出さなくては――日本文学アルバムに全部目を通して見ようと思う。「小林多喜二」「プロレタリア文学」篇を見る。一時就床。

1月20日● 初めての休日。朝十一時まで寝る。昨夜は寝相が悪かったので、風邪を引く。だが、日中明るい所で寝てるのもつまらない。折角の休日を意義ある一日としようと思い、久し振りに銀座～数寄屋橋をぶらつく。「日劇」に入り「新春実演唄合戦」、映画岸田国士原作「驟雨」を見る。二回見る。夜は早く床に入る。九時――。

1月23日● 夕刻より本格的な降雪天候となる。七時頃には二、三寸くらいつもる。雪の姿は懐かしい。風邪はまだ治らず。雪の便りをする。田舎の弟妹と、姉と大川ゆうさんにも。静かだなあ。雪の夜の東京。

1月24日● 昨夜の雪。今朝起きてみると、すっかり止んでいた。積雪は二、三寸くらいだが、交通の烈しい都会では、午前中のうちにすっかり姿を消してしまった。市場に行く。朝のうちは荷が少なかったが、昼近く、天気が回復するにつれて普通程度の品が出る。風邪気味であまり元気が出なかった。夜は早く寝ようと思っても一通りの仕事がある。十時半に寝る。早く治れば良いがなあ――。

1月25日● 風邪はますますひどくなるばかり。今日などは店に立っていれないくらい頭痛がして、目眩も甚だしい。しかし、主人や他の人にえらい事を見せると、あまり良い気持ちもしないので、自分だけ我慢して夕方まで堪えて来た。特に仕事が多かった午前中、渋谷の巽堂まで「法華経大講座」を取りに、午後本郷までリヤカーで。夜八時半食事。食後九時すぐ床に入る。

1月27日● 少し落ち着いた感じだ。ゆっくり眠ったせいだろう。だがまだ治り切っていない。夜少し残業をし終えて床につく。松本君より便り受く。同級会の模様を詳しく伝えてくれた。第七回オリンピック（冬期大会）イタリアのコルチナで開催。

1月29日● 閑散とした一日だった。今朝の新聞は、緒方竹虎氏の死を告げている。前自由党総裁でもあり、今後も鳩山総理の後継者とも目されていた緒方氏だけに、各方面の反響は大なるものである。私も平凡な一人、地球の片隅にいる一人なのだが、実は今後の政治には緒方氏活躍をひそかに期待しておったのだが。実に惜しまれる。

1月31日● 一月も早終わりとなってしまった。この一ヶ月はあまりパッとしない日々の連続だった――風邪のために。小華和君来る。去年暮れ、帰郷の時貸した金を返しに来たのだ。同級会の事など種々土産話をしてくれた。藤井君も来る。中川君も来る。中川君には約束の「六国史」全十二冊を渡す。金四千二百円。彼も随分本を求める。卒論の資料なのだ。

2月1日◉　非常に冷え込む。昼頃小雪がちらつく。朝刊は冬期オリンピックのスキーで、ホープ猪谷千春選手が初の日の丸を上げた事（二位）を報じている。姉、勝子より便り受く。小学校、中学校の時分教わった佐々木先生が、田舎で学校火災の責任で逮捕されている事を、新聞同封で知らせてくれた。小田久四郎君来る。夜二時間くらい、火の気のない寒い部屋で話合う。田舎の事など。

2月2日◉　冷え込み甚だし。今日あたりが峠だろうとの報だが、まだまだ。東京はこれからが名物の空風が吹くようになるのだ。高橋宏君、斉藤昭三君来る。昭三君の話によると、最近中川君が良く本を求めるようだという理由は、中川君は東洋大学で成績良好の奨学金を受けた由だそうな。夜、夏目漱石自筆の手紙実物を見る。漱石が亀山氏という人に宛てた便りだ。近日中に岩波書店から漱石全集の決定版が出版される資料の一部になるもの。

2月4日◉　市場に行く。九時半開場というのに出品の品物がなく、十一時に開く。午後二時まで。朝の雨がたたり客足少なし。今日は節分。暖かな一日だった。今日を境としてだんだん暖かくなる。春も近い。自分の風邪も治った。活潑に活動しよう。

2月5日◉　久し振りの暖かな日曜。客足好し。店に同郷の伊藤信子君が見えた。が、会わなかった。午前中江古田まで配達。父に「親展」の手紙を出す。生まれて初めて親展という言葉を使った。今までそのような機会がなかったのだ。夜、早じまいだったので映画に行く。三部作だった。吉川英治の「宮本武蔵」完結篇「巌流島の決闘」を見る。今まで通じて、一部、二部、三部と宮本武蔵を見る。良い映画だ。

2月8日◉　交代休日で今日自分の休日に当たった。天候は上々。温暖な春を思わせるような一日だった。午前中は配達、集金する。朝、八重洲口前のブリヂストン美術館まで「あとりえ」を持って行く。その足で霞町の市場に顔を出す。帰り十二時半頃、合同庁舎農林省に寄って集金して帰る。本格的に休みになったのは二時頃から。日劇に行く。

▼1　市場で落札した書籍の整理は、古書店員の重要な仕事の一つであった。

「日本の郷愁」という実演を見る。八時半帰宅。

2月11日● 昨夜、予定した今日の仕事は順調に運ばなかった。失敗続きの一日だった。今日の分は明日必ずやり遂げてみよう。今日は「旧紀元節」。紀元節復活問題[▼注1]がラジオ・新聞を賑わしている。我は何も言う事なし。

2月12日● 姉より電話受く。別に変わった事はないが、機嫌伺いだった。久し振りだった。夜、映画に行く。「黒猫館に消えた男」「チャッカリ夫人ウッカリ夫人」。

2月18日● 二月も半ばを過ぎると、寒さの中にも一歩春の足音が聞こえて来るようだ。今日土曜は普通なら多少忙しく人出があるのだが、学生はほとんどというほど姿が見えない。試験の最高潮なのだろう。又試験も終わって帰郷している連中が多いのかも知れぬ。どっちにしろ本屋という商売では一番不景気な時期なのだ。小田久四郎君、本間忠幸君来る。従兄弟の清四郎に電話する。

2月19日● 市場に行く。大市が控えているせいか、良い品がなかった。約束の時間三時頃に、清四郎君来る。が、市場に行っていたので待たしておいた。四時半頃会う。田舎にいる時から十年くらい振りで会った。幼い時分、十歳くらいの時会ったきり、彼も上京して来ているのだ。心強い。留守の時、五、六人もの来客があったそう。誰々だろう。

2月22日● 六時半起きる。最近では珍しく早起きした。玉川奥沢まで自転車で仕入れに行く。十時半帰宅。あまり良いものはなかった。休日。久し振りで浅草ブラをする。招待券（松竹座）があったので映画を見る。「続この世の花」「涙の花道」二本。四時半から横浜におもむく。姉と、父から来た手紙の事で話合う。八時半帰宅。夕方から冷え込んで来た。明朝は随分冷え込むらしい。

2月23日● あまり忙しくなかった。午前中小石川電報局まで配達。柏倉君、佐藤（四郎）君からそれぞれ電話受く。忙しくはなかったが、私用の電話はあまり自分は好ましくない。斉藤昭三君、川谷さんが見える。川谷さんは卒業まで余す所一ヶ月。今日が最後の登校だったそうな。夜九時頃、近くの共立講堂が火事[▼注2]になる。戦後最大の消防車の出動（ポンプ車三十五台、ハシゴ車六台その他）だそう。野次馬も多かった——我も野次馬の一人。店出身の大先輩である、広島の中村さんより種々現在の状態、昔の苦心談など聞く。十二時半就床。又、サイレンの音が聞こえる。

2月25日● 冷風が朝から吹きまくる。都内の火事の繁盛振り。近くのスズラン通りも焼ける。土曜というのに人出は少ない。寒さ甚だし。本間忠幸君来る。柏倉君より電話受く。この二、三日久し振りに早く床につく。心の落ち着きを見て田舎に便りしよう。

2月26日● 午前十一時頃から配達に出掛ける。大田区の端、六合橋の近くまで。三時頃帰宅。疲れがひどい。暖かな日曜だった。客多し。田舎に便り書く。季節の便りを——。

2月27日● 窓ガラス越しに、暖かい春の日射しが入り込んでいた午前中も、昼過ぎ頃から曇り出し、夕刻頃から雨模様となり、閉店間際には白い粉雪に変わってしまった。今はもう本降りとなり、田舎を想わせるような本格的な冬の姿となってしまった。教科書等の整理のため、十一時半まで。静かになった。雪の吹きつける音だけが、寒さを一層身に沁みさせる。

2月28日● 昨夜来の雨が雪と変わり、今朝などは十センチくらいの積雪を見る。降雪のために客足少なし。夕、早じまいする。時間の余裕があったので映画に行く。日活系は初めて。話題の「風船」大仏次郎原作。良い映画だった。「神阪四郎の犯罪」も見る。二作共、印象に残る映画だった。

3月1日● 新しい月が始まった。三月——梅の、桃の三月。回りのものすべてが、何となく明るく出発したようだ。天候も良し。寝床に入ったのも久方振りに早く。ラジオドラマ「ただ一人の人」聞く。哀愁のあるものを好む。

3月5日● 午前中、渋谷の築田先生の所に行く。昼頃、佐藤幸吉君が訪ねて来た。池野さんの事など聞きに来たのだ。夜映画に行く。「性映画」の大会だった。

3月7日● 気持ちの良い一日だった。田舎の池田すみ子さんから便りある。初めての便りだ。一種のラヴレターかも知れぬ。高校時代から互いに心はあったのだ。自分も。彼女の便りの内容を見ても分かる。早速返事でも書こう。十一時まで仕事。就寝一時。Good night。

3月8日● 天気良く。特別に忙しいという事のほどでもなかったが、最近では珍しいくらいの売上げ。夜、教科書の整理などで十一時まで。便り書く。筆を持つほどの短い時間でも惜しいくらい、就寝前の時間の少なさ、短さ。すみ子さんに便り書く。

3月9日● 平生通り七時半起きる。午前中は暇だった。午後亀戸まで買物（仕入れ）に行く。主に工学書。あまり

▼1 この時期に、紀元節を復活させる議論の高まりが生じた。前年十一月に保守合同が成立して「自由民主党」が結成され、改憲を標榜する第三次鳩山一郎内閣が発足するなど、ポスト戦後の動きが見られた。

▼2 一九三八年に創建された共立学園の大講堂は、日本でも最大規模の設備として知られていたが、この火災のため内部のほとんどを焼損した。復旧は迅速に行われ、翌年には再建された。

高いというほどでもないが、相場並の仕入れだったが、今までで今日ほど買取までに苦心したのではない。何でも成し遂げるまでの過程は苦心の連続だ――整理で十一時まで。自転車を乗り回したためか疲れた。

3月10日● 土曜といってもめっきり暇になった。今日などは特別に閑散とした一日だった。夜、教科書の整理。出版物の整理など十一時まで。最新の新聞紙上の三面記事は、悲惨な社会状態を報じている。十九の娘が母親と弟三人を毒殺したり、父親が子供三人を道連れに自殺など――社会情勢の深刻さが、明確にこのような惨事となって現れたものだろう。だが、それら事件に何の関係もない子供までの命まで奪うなどは、常人には考えられない事だが――。

3月11日● 木口君の来訪を受ける。この数日間、紙上三面記事を見るのは辛いほど、様々な出来事が続いている。原因を統計表から見ると、生活苦と貧困で大体を占めているようだ。不景気がこうしたのだ。雨が降っている。寒くはない。日曜だ。静かだ。夜の十一時トタン屋根を打つ雨の音は何とも言えない。

3月12日● 昨夜からの雨は今朝になっても止まない。急に休日と決まる。急に休日と決められても予定はない。床の中でブラブラ十一時まで。久し振りに映画でも見ようと、家を出る。足まかせに浅草におもむく。国際劇場[注1]に入る。帰りに「愛欲と戦場」他一篇。「四人の誓い」見る――月に一度の休日も映画を見ただけで終わってしまった。来月(四月)、来々月(五月)の二ヶ月間は、休日がないらしい。

3月15日● 多忙とは言えないが忙しかった。天気も春らしい暖かさ。夜十一時まで荷造りで仕事。手紙を書くのが億劫になって――池野さんにも御無沙汰している。この二、三日の忙しさにはどうにもならない。読書の時間とて寸暇もない。毎日、寝て起きての繰返しだけで。

3月18日● 本格的な春になった。体も伸々と活動ができる。だが、「春眠暁を覚えず」の如く、朝起きるのが辛い。日中は反対に体を動かすのが楽しい。夜、映画に行く。「十代の反抗」他。就寝前、日記をつけながら耳にする。十一時十五分から、夢のハーモニー、続いて明日の話題、随筆朗読と最後に「君が代」を聞くのが、私にとって一日の締めくくりのようでもあり、静かに眠りにつくように心を落ち着けてくれる。

3月20日● 冷え込む。一月の気温。昨日と同様客少なし。夜、映画に行く。「続二等兵物語」「たぬき」。今日二十日淡路町～池袋までの地下鉄開通式。交通の激しい都会は、地下の交通が重要な役割となるだろう。姉より電話受く。

別に変わった事なし。今日夕刊紙「読売新聞」の二面記事「ソ連粛清事件」を読む。忘れず。

3月21日● 彼岸の中日。一昨日、昨日と四十五時間も降り続いた雨も、今朝はすっかり晴上がった。陽春な祭日だった。木口君来る。金欠病らしい。貸金する。朝刊は、秋田県の能代市の大火[注2]を報じている。千百戸あまり。戦後二度目の大火だそう。まだ肌寒い北の国の被災者は気の毒だ。寒空に放り出された被災者達。復興はいつの事やら。

3月23日● だんだん仕事が増して来た。十一時まで、請求書やら何やらで——仕事が多いというのは、楽しいもの。破れた窓から何気なく空を仰いで見る。空には何もない。ただ曇った空一面が黒いだけ。黒いだけではない。広い。広大なのだ。あの広い空は何となく、のんびりしているようだ。黒くとも。

3月25日● 朝、曇りがちだったが、昼近くからすっかり春日和となる。各大学（明治・日大・早大・慶大・中大など）一斉に卒業式。羨しいな。自分より一年先輩の人達だ。離別というものは感無量だろう。晴れて社会へ出る心境などは、どんなものだろう。幸い、天気に恵まれる。夜、映画を見る。田舎の弟、妹に便りする。

3月26日● 雨——嫌な雨。午前中ひっきりなし。学習院大学の卒業式。皇太子も聴講生として十六年間の学生生活と別れたわけ。中山君来る。彼も昨日東洋大学を卒業したのだ。今まで世話になった事、又、別の挨拶に来たのだ。だが、勤めは目黒の商業高校だそう。偶々会えるだろう。教師として社会に第一歩を踏み出した訳だ。

3月27日● 近藤君来る。岩波刊「現代化学」を求めに来たのだ。寝床から見える近くの銀行のビル、一年越しにかかった建築も三月末で落成するそうだ。実に近代的な美しいビルだ。最近方々にビルが建つ。大かた銀行の建物だ。世の不況において銀行だけが太って行く。ラジオ劇「俺は藤吉郎」聞く。

3月28日● 八十二回東京大学の卒業式。日本最高の学府である東大。これら卒業生の中の何割かが、又、大部分が将来日本の政治、事業の中心として活躍するのだろう。頼もしい。自分も負けてはならない。できうるだけの事をして、彼等と同等の、又、彼らと共に活躍してみたい。

▼1 国際劇場は、かつて東京都台東区の浅草にあった松竹直営の劇場で、一九八二年に閉鎖、その後取り壊された。かつて劇場が面していた都道四六二号線は、現在も一般に国際通りと呼ばれている。

▼2 能代市で発生した火災。市内約三五万㎡を消失し、一、六〇〇棟近くが焼損、罹災者六、〇〇〇人という大災害となった。

3月29日◉　雨になる。晴れるともなく。春雨がしとしと降り、すっかり気持ちを暗くさせてしまう。明日は晴れるだろう。明日、渋谷まで築田先生の所に仕入れに行く。新聞小説由起しげ子作「今日のいのち」を連読する。だんだん時間が少なくなって行く。思索に耽ける時間も、読書の時間も――。

3月31日◉　本格的な春の気候となった。三月も終わりを告げる。今月は、殊のほか日時の経つのが早いような気がする。晦日の今日、土曜は最近にない売上げだった。来月は年中で一番忙しい時期だ。友達も続々上京して来る。忙しい時に限って友人の訪ねて来るのが、自分は辛い。明日（日）姉が来る予定。

4月1日◉　早起きする。早起きといっても私だけに言える言葉だ。何時も八時に起きていたが、春、四月ともなれば、何となくのろのろ寝ていられない。七時前に起きる。新しい月が出発した。新しい月の第一日目。今日、早々失敗したというのは、店買いの件について（「原色海藻図鑑」）――何も言うまい。午後から急に雪が降り出す。四月に雪が降るのは何年振りらしい。早じまいする。姉来ない。雪のためだろう。木口君より電話受く。貸金の事について。映画見る。「隠密七生記」「弾痕街」。十一時寝る。寒い。千代田祭り（築城五百年祭）。太田道潅が築城してから五百年。今日から始まる。

4月4日◉　市場に行く。三時頃まで。市場にいる時、電話受く。鎌倉まで買物（仕入れ）に行かなければならないからとの事。すぐ帰宅。仕度して四時半頃の東京駅発の電車で鎌倉まで。鎌倉から江ノ電に乗り極楽寺下車。新しいものばかりで（特に文学書）、良いものはなかった。八時帰宅。十一時まで仕事。疲れた。

4月5日◉　早く起きる。気持ちが良い。春の朝は空気も澄み、晴天。桜の蕾も午前中と午後は比較できうるほどの開花ぶり。八日頃は満開になる事だろう。千鳥ヶ淵の九段上など。休日のない四月は、桜の花などは見る事もできない。昨夜の疲れも、早起きのためかすっかり抜けず。夜早く寝る。十一時。＊世界卓球選手権大会団体戦で日本は「男子優勝」女子三位。

4月6日◉　だんだん忙しくなる。各々学校（大学以外）は学校が始まった。今日は売上げ多い。午後三田まで集金に行く。行きも帰りも通った日比谷公園の中。思い出すのは、昨年の九月。池野さんと腰掛けた木の陰で今も同じ面影を残して――夜映画に行く。「隠密七生記」の続を見る。

4月7日◉　忙しくなった。昨日に引き続き売上げ多し。

新学期が始まったという事が如実に、直接響いて来る商売。まだ専門の大学は始まってない。来々週あたりからは、各学校の参考書等で忙しくなる事だろう。夜仕事なし。雨が降って来た。明日の日曜はどんな天気だろう。桜の花は、明日あたりが一番見頃だろう。

4月10日● 晴れる。夜、例年のように花見に行く。英国大使館前、千鳥ヶ淵公園で。夜桜のきれいな事。花の江戸というほど、風流だ。酔いつぶれる。今でも酔っている。楽しかった。田舎より小包受取る。ふらふらする。酔いがまわった。酔いが分かるほどなのはまだ正気なのだろう。

4月13日● 清々しい朝の空気。今日一日柔らかな暖かい天気だった。小田久四郎君、本間忠幸君、近藤純夫君各々訪ねて来る。渡辺君から電話受く。ブラジルへ来月（五月八日）に発つのだそうだ。技術関係の本、相当頼まれる。夜、問題の「真昼の暗黒」現実版見る。「無実だった四人の足あと」という録音ルポルタージュ聞く。考えさせられる事多し。

4月14日● 市場に行く。あまり買うものがなかった。考えて買うとあまり買えないし、反面、乱買するのも無駄に仕入れ超過になる。その中間を――というのがなかなか難しい。商売人というのは、〝やさしさ〟〝人情〟その他人間の〝情〟に附随する何ものもないように思われて――他人の失敗を嘲笑い、自分の金儲け（利）のためには脇目も振らないという、今日も自分はそのような人々の中で（自分もその一人なのかもしれぬ）共に行動して来た。全く芳しくもなければ――これは改善しなくてはと考えさせられた。夜、小田久四郎君と約束で、春の夜を散歩する。十一時二十分帰宅。

4月19日● 佐藤幸吉君来る。ボツボツ友人の来訪を受ける日々が多くなって来た。一方仕事も忙しくなる。一日遅れに、どうにか仕事を片付ける事ができるようになった。だがこれだけではいけない。その日その日の仕事を全うしなくては――仕事が多く――（仕事が多くといっても肉体労働ではないが）忘れがちになる事しばしば。そのために他からはルーズであると非難を受ける。自分の努力が足りないのだから、このような結果になるという事の悲しさよ。頭が重い――藤井君も来る。

4月20日● 晴。来客多し。個人としての友人（田舎）のみ――三浦君、本間君、加藤君等、次々に来る。午後、柏倉君も来る。三ヶ月くらい前貸した金、受取る。彼ら、自分の忙しい時に来て、少しも気兼ねするという事もなく、平然としていられるのが辛い。概して、主人の前では忙しいうちに。今朝明方は烈しい風雨があったが、日中はカラリと晴上がり、初夏を思わせるような気温になった。

4月21日● 一年で一番忙しい日だ。今日と明日——案の上、売上げも忙しさも、晴れた土曜の今日最高だった。朝、近くの裏通り火事になる。斉藤昭三君、長谷部君来る。二人とも久し振りの面会だ。柏倉君から、同級生の集まりのために招待受けているのだが、自分は時間の都合で行けない。靖国神社の春季例大祭始まる。

4月22日● 昨日に引き続いて最高の売上げ。朝早くからスタートが良かった。高田馬場まで午前中と午後の二度往復する。夜遅くまで。この数日、体の調子があまり芳しくない。忙しいうちは何とも感じないが——。

4月23日● 夕刻より雨になる。気持ちの良い雨だ。忙しさの続いた二、三日の気持ちを鎮める上にも、疲れを休めるにも、雨の音を聞きながら机に向かって読書する。明日からは再び忙しくなるだろう。雨のため早じまいする。映画に行く。「必死の逃亡者」最初から最後まで息のつく暇もないほどの活劇。

4月24日● 市場に行く。午後四時まで。留守の間、長谷部君が来たそうだが——どんな用だろう。最近、多忙のために、自然の移り変わりが、春らしい桜を過ごし、初夏のようになった事などが分からない。ただ、就寝前のNHKラジオ放送の随筆朗読の時間だけが、自分を一日の疲れから開放して安らかに眠りにつけてくれる楽しさだけが、四季の移り変わりの分からない淋しさをなくしてくれる——。

4月25日● 蒸し暑かった。昨夜は暑さと、夏につきものの南京虫のために悩まされた。これから三ヶ月間、毎日こう悩まされるのかと思うと辛い。寝不足だった。日中眠かった。夕刻、雨模様となる。今夜も蒸し暑い。これからが思いやられる。

4月28日● 曇りがちな今日の土曜。相変わらず忙しい。中山さん来る。教諭生活もなれ、身について来たとの事。明日は、大掃除のために早起きしなければならない。寝よう。配達もある。過労にならないよう注意しよう。

4月29日● 世田谷まで配達。腰を下ろす暇もないほど忙しかった。朝四時五十分起床。大掃除のため。明日も引き続き早起きしなければならぬ。疲れがひどい。〝二十九日〟天皇誕生日——戦時中、戦前ならさしあたり天長節という所だが——今年あたりから復古調の波に乗って、天長節を思わせる行事が行われている事、紙上で報じている。

4月30日● 晴。今日も五時起き。いくぶん疲れたせいか、昨日より遅れる。大掃除終わる。[注1] 晦日——毎月毎月晦日の日記に〝晦日〟を書くのは、自分にとって、何となく心細い感じがする。今月もそうだ。過去一ヶ月の間、何もまとまった事とてできなかった事など想うと——多忙な一ヶ月だった——これが——これだけが意義のある、悔いのない、楽しいと言える月だったのだ。藤井君、青葉君来る。明日はメーデー。

5月1日● メーデー、労働者の祭日だ。都内は、神宮外苑の広場で大会を開く。五十万人の人出だそうな。好天に恵まれる。初夏——温暖な春の気候から暑い夏に近づくわけだ。毎年毎年同じこの頃になって思い出す。自分が上京して来たのは、この五月であった。今日、五月一日は、郷里の祭りだ。上京したのは、二日だった。満三年になる。あれから三年——何か身についたものは——何もない。のんびり暮らして来ただけだ。これではいけない。三年間の何かの利益がなくては。修行。

5月3日● 憲法発布記念日。祭日。第一回世界柔道選手権大会が、講道館で開かる。日本代表の夏井六段が優勝。夜、プロレスをテレビで見る。今年もプロレスブームがやって来た。小田久四郎君、土門君来る。騒々しかった東京も、休日の十二時ともなると静かになる。遠く、テレビ塔の赤い灯だけが、この窓から見えるだけだ。都会の静けさは、いつもこのようだったら——せめて夜の自分が机に向かう時だけでも。都会にいて、そのような望みは無理かも知れぬが——。

5月4日● 晴れる。市場に行く。ゴールデンウィークの休日に挟まれた今日一日。どの会社も仕事の混雑は免れないらしい。明日・明後日の連休は、我々のかき入れ時。天候はどうか——夜、プロレス、タッグ世界選手権をテレビで見る。シャープ兄弟組（チャンピオン）を日本の力道山、遠藤組が破り選手権を獲得。

5月11日● 疲れた。朝寝坊する。午前中、三田学校図書館まで行く。午後、本郷まで採本に行く。六時帰宅。帰宅と同時に、両国まで買物（仕入れ）に行く。「内村鑑三全集」「経済学辞典（岩波版）」他哲学書など、多く仕入れる。岸本様が、「鈴木重胤全集」持って来てくれる。一時就寝。

5月12日● 土曜日。久し振りに左右に体を動かすほど忙しかった。朝、姉より電話受く。勝子の上京の件についてだった。近藤君来る。昨夜は南京虫の来襲に見舞われる。満足な睡眠が取れなかった。体中だるい。勝子に便り出す。

▼1 教科書販売などが終わり、一段落がつくこの時期に店舗の大掃除を行うのが通例であった。

5月13日● 母の日——これまで育ててくれた母親に感謝する日である。誰でも一度は甘えて口を返した事などはあるだろうが。そうして母の日という特別な日にでも、又遠く母と離れている身にも、落ち着いた気持ちで母親というものを考えてみると、しみじみ有難く思う。概して一つ一つ年を取って来て、こうして一人で遠く離れて生活している時分には、一層身に沁みて有難さを感ずるのだ。世間にはもう母さんを持たない人々が多くいる。その点自分はよく考えるのだが、幸せだ。有難く思うのだ。望みは末永く達者でいてくれる事だ。雨、母の日に心づくしの赤飯頂く。

5月15日● 今日も朝から降り通し。客少なし。種々教えられる事がある——夜、十時から十五分間連続放送劇「俺は藤吉郎」。人間の生きていくべき上に必要な道徳、教訓など、これから世に出ようとする自分等には轟々と心に沁みて来る。強い雨が窓を打ち、トタン屋根を打つ。床の中で、このような音を聞くとセンチになって来る。

5月16日● 午前中、午後五時頃まで降り続いた雨も、ようやく晴上がった。何日振りだろう。こうして夜空に淡いまだはっきりしない月。沈んだような輝きも、にぶい星を仰ぐ事ができた。明日は冷え込むそうだ。だが晴上がる前兆なのだろう。映画を見る。「ボスを倒せ」「地獄の戦々」。昭三君来る。

5月18日● 朝七時起床。電車で八王子まで。午前中一杯かかる。午後一時帰宅。背負袋は久し振りの仕事なので、腰回りが痛むほどだ。又、気持ちの良い雨が降って来た。夜——気持ちの良いという意味は、床中に入って涼しさだけなのだ。日中はやはり晴れた方が良い。

5月19日● 渡辺君来る。ブラジル行きは七月に延びたそう。渡南米の準備に本を探りに来たのだ。夕方から晴上がる。ラジオ随筆朗読の時間に「土曜日」という題のを聞く。我々の心境をたくみに作ったものだ。明日は日曜。晴れるだろう。

5月22日● 昨夜からかけて今日一日中忙しかった。夕刻六時頃まで。雨のため、南京虫は出ないだろう。毛布を覆ってぐっすり休める。日中、高校時代の校長（上野伊栄太）、探本に歩いている姿を見る。丁度その時、昭三君来る。彼は直接先生と会う。夕刻、小華和君来る。（千円）借金に来たのだ。

5月23日● 近頃——どうも心が落ち着かない。仕事の事も、半端に終わってしまう。最後まで片付かない。四方八方に頭を使っているせいかも知れぬ。夜は夜で読書をする事もできない——時間の都合で。本間君来る。彼も借金に来たのだ。自分は意志が甘いかも知れない。それとも人づき合いが良いのかも（外面から見たら）――〝否〟と言えない。同郷、同胞ゆえ、（千円）貸す。

5月24日● 雨――一日中。市場に行く。四時まで。早じまいする。映画に行く。「歴史は女で作られる」画面、色彩の鮮明さと、スケールの大きいのには、日本映画に見られない豪華さがあった。内容としては、少し自分には分からない所があった。読書が少ないためでもあろう。最近のでは、「地獄の戦線」に次ぐ感動作だった。

5月26日● 朝、本郷の大市に行く。欲しいものがなかったのですぐ帰る。注文の書籍を探して、足立区（千住）配達。岸本君来る。明日、佐野学氏、▼注1蔵書を処分したいとの事。主に神学関係、国文、道徳学関係。久し振りに晴上がる。汗のにじみ出るほどの暑さだった。

5月31日● 五月も終わりである。今月は雨の多い月だった。夕方にかけて、巣鴨まで買物（仕入れ）に行く。晦日の今日は、多少動くほどの仕事があり、最近の不況に、もてあましていた体を使う事ができた。月末最後の締めくくりに、夜十一時まで仕事する。

6月2日● 朝九時から夜十二時まで、大市▼注2がある。注文の品が多少あったので、最後まで粘る。疲れが出た。一時寝る。

6月3日● 六月最初の日曜を迎えた。朝から小雨が降る。梅雨期に入ったのだろう。岸本君来る。割合面白いものを持って来てくれる。午後三時頃から、千葉県習志野市まで、買物（仕入れ）に行く。一背もあった。六時半帰宅。田舎の近所の人から便り三通頂く。先日旅行で上京した時の礼状だった。最近寝不足だ。今日、十一時を過ぎる。

6月7日● 夕刻から雨になる。夜プロレスタッグ世界選手権試合のリターンマッチを見る。力道山、遠藤組敗れる。広瀬様来る。河出書房「日本歴史大辞典」予約を受く。一時払いとして全額領収する。本格的梅雨期に入ったらしい。

6月8日● 朝早く、千駄ヶ谷まで、買物（仕入れ）に行く。割合、目ぼしいものが多くあった。明日の朝も再び行く。田舎の工藤さんより小包便頂く（写真も入っていた）。修学旅行で上京して来た時の礼らしい。早速礼状出さなくては。

6月11日● 朝一時間半も間違えて起きる。早く起きるというのに、間違うというのは根拠がないが、この頃の眠いのは、確かに朝眠い。一時間半という時間は、休養するには

▼1　社会主義運動家。昭和初期の日本共産党中央委員長。
▼2　東京古書会館で開催される古書大市。質量共に通常の市場とは一線を画す。朝早くから夜遅くまで活気ある競りが行われた。

は欲しい。貴重だ。食事前一仕事する。斉藤昭三君、中川史良君来る。「姓氏家系大辞典」の件についてだった。「読売新聞」の懸賞クイズを解くために十一時まで。

6月18日● 天気好し。朝八時出発。九時上野駅より出発する。軽井沢まで三時間くらい。軽井沢からバスで上州越高原を三時間くらい。途中の浅間山の噴煙、一面のつつじヶ原等。上州三原駅より草津まで草軽電鉄に乗る。六時に草津へ着く。旅館の数、大小合わせて二百。若い者にはあまり向かない所だ。温泉の味を満喫してゆっくり体を休める。

6月19日● この、上州草津、萩原旅館にて体を休める。池野さん、田舎、松本君と三枚絵ハガキ出す。午後二時の汽車で帰京する。上野着六時五十分。二日間の旅行も無事で終わった。明日から新たに仕事に励もう。ゆっくり旅行の感想でもノートしてみよう。

6月21日● 姉勝子より便り受く。田舎も暑くなったそうだ。本間君から電話受く。先日貸した金の件だった。もう少し待ってくれとの事。杉並の浜田山まで配達に行く。暑くて一苦労だった。キリスト者学生会宛。主に哲学書だった。

6月23日● 土曜とても、忙しくなかった。姉より電話受く。明日来れないとの事。夜、とりえに知らせる。十一時帰宅。長谷部来る。一千円を貸す。夕刻より雨になる。深夜十二時を過ぎる今頃は、強くトタン屋根を打つ。涼しくなった。気持ちよく眠れる。

6月24日● 午前中は雨。サラリーマンの折角の休日も、雨のために不意になっただろう。店の方は相変わらず閑散として、売上げの方も芳しくなかった。姉来る。無理して従兄弟の「とりえ」に会いたく、来たのだそうだ。夜、三人でコーヒー店に入り、話合う。仕事で失敗する。買物（和書美術）で——しみじみ、難しい仕事である事を痛感する。

6月25日● 晴れる。だんだん暇になる。暇になると、何かとボロが出るもの。最近はよく、失敗続きだ。そのために、陰で主人にはブツブツ文句を言われる。それを気にしては何もできない。気になるという事は、まだ未熟なせいだろう。遠藤君来る。友達が就業中に多く訪ねて来るのも自分には辛い。

6月28日● 暑くはあったが、気分的に非常に気持ちの良い一日だった。午前中、先日送った本の礼状を受く（田舎の妹の友達）。昼頃、高校時代の友達、佐藤一也氏来る。卒業論文のため、創元社の「島木健作全集」を求めておられるとの事。探してやる。十三冊で二千五百円。午後の配達で、半年振りに池野さんより便り受く。草津温泉から送ったコケシ人形の礼状かたがただった。何かとうれしい、楽しい一日だった。夜映画に行く。「佐倉宗五郎」。良かった。

6月29日● 市場に行く。古本屋の夏枯れ、とでも言うのだろうか。あまりパットしない市場だった。又、あまり買えなかった。失敗もし、成功?もする、変化のある一日でもあった。ようやくゆっくり読書のできる時間が作れた。だが、夜は暑い。

6月30日● とうとう六月も何もやらずに晦日になってしまった。晦日の今日は雨。午前中は集金に歩く。午後、杉並クリスチャンカレッヂに配達。明日からは、本格的な夏の到来だ。もう六月三十日。六月ともお別れだ。早くも半年が過ぎた。

7月2日● もう学校も夏休暇に入ったのだろう。客の層も、四月、五月の学生の九十%と比べると、この頃はサラリーマン層が六割を占め、残りの四割が学生、教師のようだ。客足に比べると、割合売上げがあるように思われる。夜、東芝に出す見積書を書くために、十二時まで仕事する。夜の仕事は順調だ。明日は川崎の東芝本社まで。

7月3日● 今日から交代休日だ。ゆっくり一日休む事のできるのは、四ヶ月振りだ。自分は六日頃にしよう。午前中店にいたきり、昼からは夜七時頃まで出掛ける。昼過ぎ、昨夜作った見積書を持って、川崎の東芝まで行く。帰ってからすぐ、自転車で渋谷の簗田先生の所まで。配達及び集金に。

7月8日● 参議員選挙。全国区、地方区共。自分は、昨日まで全然というほど関心がなかった。棄権しようと思っていたが、与えられた使命を果たしもしないで、政府、政治を非難する権利はないと思ったから、朝のうちに投票済ます。自分の選じた議員を見守って行こう。渋谷まで配達集金に行く。夜十一時まで、東芝の追加目録作成のため仕事する。

7月9日● 市場に行く。あまり芳しくなかった。昨日の選挙結果分かる。自分の投票した候補者は全国、地方区共、落つ。保守系より革新系の進出目覚し。社会党の強みも相当なもの。頼もしい。

7月10日● 今日も雨、参院の選挙結果分かる。全国区では、自民党を破り、社会党が堂々第一位を占める。丸山君より電話受く。帰郷するので借金の事だった。同僚、同郷なのに否とも言えず。少ない小遣い銭から一千円貸す。案外人間というものは現金なもの。昨年から一度も会っていないのに、自分の都合の良い時だけを利して。まあいい。田舎に破れた衣類を持たせてやる。

7月14日●　土曜日といっても、平日より暇な一日だった。学生の大半帰郷したせいだろう。夜、靖国神社例大祭に行く。例年の如く、芸能人などの書いた灯提を見る。母校（酒田東高等学校）より、体育館建設資金の寄付状来る。考えている所だ。割合大金なので——。

7月15日●　梅雨明、最初の日曜、海・山とも人で埋まったとの事。盆と日曜とかち合ったためだろう。涼しい一日でもあった。閑散とした、暇な日曜だった。夜は涼しく、ゆっくり眠れるだろう。

7月16日●　父より便り受く。田舎の最近のニュース詳しく知らせてくれる。今年に入って親戚の不幸が続いたとの事。母校（酒田東高等学校）の体育館建設に一千円也の寄付金振替で送る。庄司君来る。今夜帰省するとの事。夜映画見る。「四谷怪談」「鍋島の猫」。

7月17日●　小田君から電話受く。種々な話もある。長谷部君来る。今夜帰省するとの事。急に帰らなければならなくなったとの事。又、酒田に、彼の母校明大の有名なマンドリンクラブを招致する計画だそうだが——日本クリスチャンカレッヂの先生来店。

7月19日●　市場に行く。三時半頃まで。夏枯れというのだろう。書物もあまり良いものはなかった。荷も少なく。夜、出版物の整理で十時まで。明日は、市川（千葉県）まで買物（仕入れ）に行かなくては。

7月20日●　午前十一時頃から、市川（千葉県）まで買物（仕入れ）に行く。平凡社大百科事典の揃だけだった。母校（高校）に寄贈（体育館建設）した領収証来る。三度目の請求にやっと収めた次第。今日は二十日。これからは本格的な暑さになる。明日二十一日は両国の花火大会。

7月22日●　暑さ厳し。海も山も最高の人出だそう。そのためか、店の仕事は暇で、夕早く閉店す。明日は休日だ。どのように一日を過ごしたら——横浜の姉さんに電話する。五反田の西尾さんにも電話する。彼女も明日休みなので、五反田の駅で待ち合わせの約束する。雷雨ある。

7月23日●　朝、降雨ある。昼頃から降り返すほどの暑さに変わる。休日。約束の西尾さんと、午前十一時に五反田駅で会う。二人で新宿に出、御苑で休む。新宿日活▼注1で映画見る。三時半頃から西尾さん宅に向かう。夕食を共に、八時半頃までお邪魔する。ゆっくり体を休める事ができた。良い思い出となる。テレビでプロレスを見て、夜十一時帰宅。体の具合が悪いので、神保院に診察に行く。病名はっきりせず。

7月24日●　休日の後の一日は、あまりパッとしないもの。

今日もその一日だった。が、店の方は割合売れる。昨日の分も。明日は又、クリスチャンカレッヂ（杉並）まで配達。木口君来る。二、三ヶ月前に貸した金の事なので話に来る。

7月25日● 朝、医者に行く（神保院）。病名も分からず、ただカルシウム注射だけで済ますのは、あまり頼りないもの。まだ効果分からず。体がだるいので、杉並に行くのは止め、午前中文京区まで、午後（夕方）目黒まで買物（仕入れ）に行く。珍しい、又、資料になるようなものも、数多くあった。明朝、もう一度運ぶために行かなくては。暗い道を運んだので、ひっくり返ったり、こんなに辛い目に合った事は、今までにない。疲れた。

7月26日● 昨日の買物の残りを、取りに行く。炎天下に自転車を乗り回すのは、暑く、完全にのびてしまった。午前中は大きな買物があった。夕方にドイツ人スタンヂさん来る。割合忙しい一日であった。母校（酒田東高校）より先日送金した領収証受く。疲れはひどい。眠い方が強い。

7月27日● 今日も暑い一日だった。暑いため暇だった。神保院に行く。反応なし。注射の効果がないようだから、薬だけをつけて直そう。疲れた。夜映画に行く。

7月29日● 暑かった。市場に行く。三時頃まで。小田君来る。彼は八月一日から十日間の休暇で、船で室蘭に。帰りに田舎によるから、池野さんに事寄せる事がないかとの事であった。池野さんに小田君がお邪魔するからと、一筆書く。深夜一時になっても暑苦しい。

7月30日● 日に日に暑さは増す。閑散な一日だった。松本君に便り書く。久し振りだ。暑くて、何の仕事にも満足に手がつけかねる。予定の仕事（小説を書く）に着手しよう。記念すべき、九月三日までにまとめ上げたい。

8月3日● 二日間も日記をつける事ができなかった。一日早々から、無理と疲れが一度に出て、一日の夕方から寝つく。高熱で悩まされる。二日も、今日の朝食も、計五食も食事を抜きにする。だが、昨日も今日も仕事は休まない。二日間も日記をつけなかったのは——万一不慮な事故があった場合等は、この二日間というものの、自分の生活がこの世の中に存在はしなかったろう。他に何も記録とてない自分——明日あたりからは普通に働けるだろう。

8月4日● だいぶ体の調子が良くなった。まだ熱はあるが。多少忙しかった。今日一日成さなければならない仕事を完成するために、池野さんに約束した仕事でもある。完

▼1 新宿日活映画劇場。日活映画館の封切館として戦後長く威容を誇った。現・新宿丸井ビルに在所していたが、二〇〇四年一月に閉館。

全に体が治ったなら——着手しよう。
8月5日● 姉来る。上がってゆっくり話はできなかった。時計買う。生まれて初めて正確な時を知らせる機械を買う。便利なものであるだけに、高価なぜいたく品だ。この一つが十五年〜二十年も自分のお供をするだろう。夜の時間の少なさは、秘々と自分の仕事を妨げる。
8月6日● 藤井君ひょっこり訪ねて来る。六級職の試験を受けるために、神田に出て来たのだそうだ。店は相変わらず暇だ。暦の上では明日が立秋だ。もう朝晩はしのぎ易い日々になる事だろう。夜、映画に行く。久し振りの映画だった。
8月8日● 暑さは今日も三十三度を突破。今日で連続九日目だそう。この暑さ、いつになったら涼しくなる事だろう。柏倉君電話よこす。金欠病だから助けてくれとの事。最近は自分も金欠の方だ。人のために貸した金が返って来ないせいだ。断る。
8月9日● 市場に行く。一般に低調な市だった。夏枯れの不況が、直接に響いているのだろう。明日は待ちに待った南友会の海水浴だ。鎌倉方面らしい。まだ体の調子がはっきりしない。十分の休養をとって一日ゆっくり休もう。
8月10日● 曇。予定通り、海水浴に行く。南友会バス一台貸切。鎌倉まで。鎌倉材木座で泳ぐ。強い日照りでもなく、少し寒いほどの気温だった。あまり体の調子が良くなかったせいか、遠泳はできなかった。帰途、戸塚辺りに入る辺りで、外人の単車と事故を起こす。外人のスピード振りは恐ろしい。一時間くらい遅れる。八時半帰宅。楽しい一日でもあった。
8月12日● もう暑さも峠を越したのだろうか。日中は照っても、あまり暑くはなかった。田舎なら、月遅れの盆で賑わっている事だろう。今日の日曜には、海で過ごす人も最後の日曜になるのではないか。これからは、波は荒く、水は冷たくなる——夜はまだ南京虫に悩まされる。窓につるしている風鈴の音も、何となく秋風を告げてくれる。
8月13日● 田舎は月遅れの盆だ。今がもっとも暑さの続く頃だろう。田舎の盆には、種々な想い出がある。朝晩は涼しくなった。涼しさのために、朝の起床は、ぐっすり眠るせいか、寝坊する。日ソ交渉[注1]もいよいよ大詰に近づいた事を報じている。自分もいくらか関心を持つ出来事だ。
8月14日● 十一年目の終戦記念日がやって来る。明日、十五日がその日だ。私は小さかった。何も終戦時の苦労などは知らない。ただ、食糧難で父母が一生懸命だった事は知っている。だがこうして十一年目の今日になって、先輩の、他人の話を聞き、書物を見ては、いくぶん、終戦時の情況が分かり、身にしみるものがある。自分は今、丁度、終戦を境に半分半分の年齢に達している。二十二歳になろうとしている。

8月15日● 終戦記念日——十一年目。終戦頃は一〇歳の末だ。記憶に残るほどの年齢でもなかったゆえ、又、田舎で父母に甘えて育ったゆえ、終戦の悲しみも苦労も知らない。知らないゆえに論ずべきでもないが、今は良い加減な年齢にもなっている。先輩の苦労は分かる。二度と戦争の惨禍を繰り返さぬよう、我々が努力すべきだ。小田君の兄より電話受く。

8月16日● 毎夜の南京虫には全く閉口する。そのためか寝不足だ。姉勝子より便り受く。母と良子の写真が入っていた。母は、写真を見ると、急に老いたような感じだ。苦労のせいだろう。久し振りの便り。うれしく拝見す。明日もまた暑いだろう。風はなく。

8月18日● 日中は、暑さいまだに厳しい。が、朝夕はようやく風が吹込むようになった。机に向かう時間の楽しさも、これからの夜だ。姉勝子に便り書く。小田君に電話する——田舎の情況を聞いたゆえ。木口君（九段の警察学校）にも電話する。賃金の事で。金銭の貸借は辛い。

8月19日● 市場に行く。失敗があった。日本風俗画大成揃。相場が四千六百円くらいのを、五千三百円で買ってしまった。いかに難しいか、つくづく感じた。これも経験かも知れぬが、後味が実に悪い。明日は休日だ。小遣い銭も少ない。親類に会いに行きたいが——金がかかる。だが一度顔を出しておかないと——スエズ運河問題、▼注2 日ソ交渉とUSA大統領候補指名選挙等、▼注3 世界の政治は賑わっている。あらゆる面で世界というネジが緩んでいる。もっと締まらなくては。

8月20日● 今月二度目の休日。どこ行くあてどなく。久

▼1 日本とソ連の間の国交回復を目指した交渉。鳩山一郎内閣の重要課題である日ソ国交回復は、領土問題に関するソ連側提案や自民党の旧吉田派の早期妥結反対によって度々の中断を繰り返していたが、一〇月一九日、日ソ共同宣言が調印され国交が回復された。

▼2 一九五六年七月にエジプトがスエズ運河を国有化した事から、運河の利権保有を主張する英仏との間で対立が深まった。この事を発端として、英仏と利害を同じくするイスラエルもエジプトと対立、第二次中東戦争（一九五六年一〇月～翌年五月）が勃発した。

▼3 一九五六年十一月に行われた米国大統領選挙のための候補者選挙。共和党は現職のドワイト・D・アイゼンハワー、民主党はアドレー・スティーブンソンが選出され、前回選挙と同じ対決となり、結果は前者の大勝に終わった。

しく御無沙汰している親戚回りでもと計画して、少しのみやげものを持って、王子の叔母さんの所に行く。しかし、昨日田舎に発って、留守だった。その足で新宿まで出て、新宿から小田急で世田谷の叔父さんの所におもむく。子供達とゆっくり遊ぶ。昼頃から六時半まで邪魔する。区役所で店員学校[▼注1]に出席するため、七時半から三十分くらい遅れて、九段下の役所に行く。九時半まで。これが一日の行程だった。田舎の池田すみ子さんより、久し振りの便り受く。

8月21日● さすがに秋だ。日中は雲少なく照っていたのに、暑さは最高気温二十八度だそう。風はあり。思うように体を動かす事ができる季節だ。今日はスタートが良かった。昨日の分までも仕事があり、楽しく過ごした一日でもあった。夜、八時から店員学校に行く。九時半帰宅。請求書作り等で、十一時まで仕事する。

8月22日● 十月初旬の気温。肌寒さを覚える。最高気温十九度。一日中雨が降っていた。寒さ一層。NHK十時十五分からの放送劇「母をはなれて」という、丁度年齢にすると我々の年頃（二十歳前後）の、戦時中の疎開などの事を取り扱ったもの。今新たに想い出す。悲しかった、淋しかった、恐ろしかった、幼かった頃を――明日朝早く、王子まで買物（仕入れ）に行かなくては。区役所での講義に出席する。

8月23日● 朝早く、王子まで買物に行く。吉田喜久氏宅に行く。吉田氏は第七回世界教育者会議に代表として出席した事のある経歴を持っており、二十六年には区会議員として活躍――最近事業に失敗したとの事。あまりパッとしない品物だけだったが、マアマア無難な買物だった。夜、区役所で、最後の店員学校の講義を受く。終了証受く。

8月24日● スエズ国際会議。意見の一致を見ず閉会。日ソ交渉領土問題でもめている時、横ヤリというか、米国が重大言明す。「門前に表れた熊に気を取られている間に、後門にオオカミを迎えたような感じだ」。双方から外交の基本決定迫られ、政府は重大苦境に陥っているようだ。どのような外交で国民の期待に応え、この苦境を切り抜けるだろうか。鳩山首相、重光外相の努力に期待する。

8月25日● 朝早く、中央区月島まで買物（仕入れ）に行く。林宅におもむく。当の客は、信州大学の英語の教授とて、主に英文学書原書が大部分。原書の価格が分からず、午後三時半頃、再び友愛さんと共に行く。三輪自動車半分くらい。二万一千円也で買う。夜、整理などで十時まで。疲れた。月島まで二往復。久し振りの人出だった。姉勝子より便り受く。

8月26日● 木口君朝早く来る。賃金の一部（二百円）を返しに来た。日中は小田君見える。明晩再び来る予定。姉も昼過ぎまで来てくれる。立ち話だけで。仕事中なので、あまり話す事はできなかった。日曜の今日、客多し。夜、映画に行く。完結「君ひとすじに」。

8月28日● 雨。一日中だった。今も降り続いている。店は暇だった。涼しい。夜、池田すみ子さんに便り出す。弟奎治にも――熔接試験の合否を問うため。

8月29日● 雨。一日中。市場に行く。明後日に控えた大市のためか、荷は雑本ばかり。出品もあり、割合高く売れる。三時帰宅。疲れる。田舎に便り書く。久し振りだ。夜、映画に行く。「殺人者はバッヂをつけていた」「奉銃稼業」大好きな西部劇とギャング映画。

8月30日● 今日も雨が降り続く。大雨注意報ある。長谷部から電話受く。夏休みも終わり、上京したのだそう。高校時代の伊藤慶助君も来ているらしい。新橋の豊順洋行まで配達。三十日という日は思い出す。昨年の今頃は、池野さんが上京している頃だった。何年振りかで面会したのも、二、三日間を置いて九月二日だった。想い出は数々ある。いつまでも忘れないだろう。

8月31日● 朝のうち降り続いた雨は、昼頃から晴れる。一新会の大市▼注2ある。昼から四時半頃まで二万円くらい。前回の大市より荷も少なく、値も悪いような気がした。夜九時半で終わる。顔が火照るほど疲れた。

9月1日● 秋――九月に入った。これからはすべてのものが、今まで暑さでたるんでいたのが、涼しさと変わる。今日九月からは、一斉に緊張し、活動し始める。私も、先日の一日同様、スタートの良い一日だった。休む暇もなく仕事が続いた。何となく楽しい。今年も豊年を告げている。二百十日を迎え、台風の来る気配もなし。今年も豊年を告げている。関東大震災記念。三十三年を迎えたそう。

9月2日● 残暑。ぶり返した。この暑さ、一、二日は続くそう。政局にわかに緊迫した。日ソ交渉の全権、明日帰国する。自分には、この事について幾ばかりの興味と関心がある。池野さんと何年振りかで日比谷公園で会ったのは、丁度一年前の今晩だった。あの日は忘れない。彼女には御無沙汰している。どんなでいるだろう。池田すみ子さんから便り受く。

▼1　千代田区の店員を養成するための講習会。接客の術などを学ぶ場だった。

▼2　古書組合神田支部主催の大市。一新会ではあらゆるジャンルの古書を扱う。

9月3日● 九月三日——何の日だろう。他人に問うても分からないだろう。過去何年間の中には、九月三日には何か事があったであろうが、どれもno（ノー）と答える。二十二年前の今日、自分がこの世に生まれ出たのだ。父母と私以外に誰が知る者あろう。誰も祝ってくれる者もなし。ただ一人、自分が、今日生まれたのだと意識しながら、こうしてメモするだけが、祝いの代わりになるだけ。

9月4日● 朝、薄暗い五時に起きる。野球するために！　試合を申し込まれているので、明後日に備えて、九段の国税局グランドで練習する。バットを握ったのは四年ぶりだ。明日も早く起きなければ——藤井君来る。中川史良氏も来る。最低六時間は寝て休養を取るために、もう寝よう。

9月5日● 午前中、集金のために新橋（豊順洋行）を回り、芝三田まで（学校図書）行く。今日も早く起きる。五時二十分起床。七時半まで二時間練習。明日の試合を交渉に行った所、対戦チームの都合で、二、三日延期。ようやく学生が上京し始めた。斉藤昭三君、土門君も来る。両君共、卒業論文の資料集めと下書きは、七分通りでき上がったとの事。長谷部君も来たそうだが、留守だったので会えなかった。

9月7日● 汗ばむ、じめじめした暑さの一日だった。台風十二号の前兆だそうだ。今日午後二時には、火星が、今世紀もっとも地球に近づく日だ。地球から五千六百五十万キロまで近づいたのだそうだ。これからは遠ざかり、四十七年後の二〇〇三年にならないと、今日ほどの近距離に近づかない。アマ、プロ共、火星ブーム。[注1] 池田すみ子さんから便り受く。楽しい便り。

9月8日● 朝起早く、五時に起床。今日も九段のグランドで野球の練習。日中は暑かった。斉藤昭三君、中川君来る。友人の卒論には、少しでも役に立つ事をしたいと思う。明朝も早起きしなくてはならない。

9月9日● 今日の日曜、二、三人の知人が訪ねて来たそうだが、市場へ行っていたため、会えなかった。名も告げずに帰ったそうだが、誰だろう。今日の市場は、久し振りに全集揃が多く出品された。日中は暑かった。今就寝前の机に向かっている。十二時すぎには、涼しい風がカーテンを繰り入って来る。心配された台風も過ぎ、本格的な秋の季節と変わった。朝早く野球をやる。

9月10日● 交代休日。休日というのは、朝まで分からなかった。急に休日というので、何も計画なく、ただ映画を四本見ただけ。朝、すみ子さんに便り書く。何となく面白くない。腹の虫の治まらない一日だ。

9月13日● 一日中降り続いた。夕方からは強い風も吹き、肌寒さを覚えるほど。本郷まで歩いて二往復する。東邦モータースの社長の注文で――園芸植物関係。今まで、汗で毎日辛く過ごして来たのが、久し振りに、トタン屋根を強く打つ雨の音を聞き、心静まる。何か心に考えるような涼しさ。雨の強い音は何とも言えない。

9月15日● 今日土曜、人出が多く、いよいよ期末試験の前兆を思わせる。しかし、売上げとしては並程度。読書の秋――この言葉を使う日――も近い。最近、自分の時間が少ないのはどんな現象だろう。就寝前、日記帳を開けるのが精一杯。それで寝につくのが十二時過ぎなのだから――

9月16日● 日曜とても人出少なし。青葉君よりも電話受く。姉より電話受く。別に変わった事もなし。卒論のための本を買いたいとの事。日評「法学辞典」末川博。岩波「国家構造論」尾高。夜、番頭が主人より説教を受けたとの事。その説教というのは、皆我々の態度を非難したものらしい。

9月17日● 風雨強し。店は一層暇だった。すみ子さんより便り受く。太陽族についての意見だった。便りする。夜、映画見る。銀映座が邦画より洋画（シネマスコープ）[▼注2]に変わってから最初の映画だ。「出獄」「誇り高き男」。

9月19日● 市場に行く。古今東西の古書を手に取って見られるのは楽しい。但し、商売のためなので、背文字[▼注3]だけを読むのが精一杯。今日は旧（中）秋の名月。曇りで、一時の月も眺める事ができない。明日は休日。気が楽だ。ハンス・カロッサ[▼注4]死の報あり（紙上）九月十一日夜。

9月20日● 朝、小雨が降り、夕刻より晴れる。今月二度目の休日。午前中は自分の部屋と荷物の整理などする。いつの間に溜まったのか、裸で上京して来たはずなのに、大部の荷物になっていた。これ一重に、歳月を表すのか――そうだと考えれば、四年にもなる。整理する時に、紙一枚でも未練があって、不要のものでも、何かその一つのものに対しての思い出もあり、感慨無量なのだ。日劇で実演を見、四時半頃から保土ヶ谷まで。姉の所に行く。九時帰宅。

9月24日● すみ子さんより便り受く。写真在中してあっ

▼1 火星は二年二ヶ月に一度地球に接近するとされ、一五年又は一七年の周期は大接近となる。この日は、極めて大きな接近が見られ、これをきっかけとして火星ブームが生じた。

▼2 横縦比がおおよそ2:1以上の横長の画面サイズの事で、映画のワイドスクリーンの事。アメリカでは一九五三年より製作され、日本では一九五七年以降に実用化されている。

▼3 本の背表紙に記された文字。

▼4 ドイツの医師で、作家・詩人でもあった。日本でも戦前から戦後にかけて多くの作品が翻訳され、全集も刊行されるなど人気をえていた。

た。四年振りで姿に接した。随分変わったものだ。便り書く。朝五時起き。野球やる。疲れる。

9月27日● 関東南部に上陸した台風は、午後三時頃、厳しい風雨を伴い、東京をかすめて、四時頃、房総沖に抜ける。第十五号の台風の被害は、各地に多く、都内も雨多く、各学校は休校――夜、平凡社（ラジオ東京）の、「伸びゆく子供達」の放送で、山形県神町の基地の問題を取り上げて、録音ととり交ぜて放送した。生の、又、山形弁丸出しの言葉を聞く事ができた。郷里を離れて四年。郷里の言葉も分からなくなって来たようだ。理解し難い言葉多し。

9月28日● 台風一過の今日、朝からすっきり晴れた秋晴となる。昨晩は随分冷え込んだ。毛布だけでは寒くて――金曜というのに忙しい一日だった。台風で人出の少なかった二、三日前と比べると――学生は一斉に試験期間に入り、探本する人が多く、明日（土）明後日（日）が山だろう。

9月30日● 晦日。九月も今日で終わり。例年よりも、何か物足りない一ヶ月だった。しのぎ易い九月というのに、まとまった事ができなかったためだ。その月の懐古というものは良いが、今月だけは、印象に残るものはなく。来月の、良き日々の過ぎる事を願うのみ。明日からは大東京祭▼注1り始まる。午前中、大地震▼注2がある。上京以来二度目。

10月1日● 大東京祭り始まる。自衛隊のパレードがある。戦後十一年（戦争中といってもはっきりした記憶がない）、あのようなパレードを見る事ができなかった（できなかったのが良いのかも知れないが）。都内各地で催しものがある。昼頃から雨になる。夜、小南友会の会合ある。池田すみ子さんより便りある。

10月2日● 今日も雨続きの一日だった。強風注意報出る。店も相変わらず暇だった。夜、映画に行く。「黒騎士」「誘拐」昨夜遅くまですみ子さんへの便りを書くために――寝不足だ。休もう。

10月3日● 何日間か続いた雨も、今日からようやく晴上がる。雨で足止めになっていた大東京祭の諸行事（大名行列など）が、一斉に繰り広げられる。町は美しく飾られ、祭り気分になった。柏倉君来る。借金に来たのだ（一千円貸す）。今、深夜も、町は明々とネオンが輝き、何かざわめきが絶えない。

10月4日● 大東京祭、初めての晴天に恵まれる。花電車のパレードあり。美しさ大。あれほどの企画、感心するばかり。これから十五日間賑わう事だろう。田舎に便り書く。久し振りに。

10月6日● 雨模様だった。午前中、岩手県の先生が見え、忙しい一日だった。平均して、一日中人出が多く、忙しく。花自動車、花電車のパレードあり。今夜も就寝遅く、便り書く暇なし。

10月8日●　晴。朝早く起きる。九段グランドで草野球やる。早起きは気持ち良い。すみ子さんより便り受く。横浜の姉より電話受く。一昨日から二晩泊りで、静岡の勲の所に行って来たとの事。勲は心配するほどでもなく、非常に元気であるとの事。姉さんと直接会ってゆっくり聞き、田舎に知らせよう。風邪気味で体の調子が変だ。

10月9日●　大市がある。朝九時から夜十一時までぶっ通し。終わって帰ってから、整理で一時まで。疲れ甚だし。しかし調子が良かったゆえ、相当数買う事ができた。九万円くらい。明日の仕事も控えている。休もう。

10月10日●　昨日の大市の整理。午前中一杯かかる。最近の多忙は、就眠時間を少なくし、疲労を高度に高めさせる。しかし、緊張した日々を過ごせる事だけでもましだ。今日も一日飛び回った。三時頃、早稲田の参院寮まで、買物（「現代日本文学全集」）に行く。明朝は早起きしなければならない。お休みなさい。

10月11日●　朝五時起きする。九段グランドで野球をやる。朝の五時という、この頃は暗い！しかし気持ちが良い。連日の寝不足と多忙で、体の隅々が痛む。店は暇だった。夕刻から雨になる。

10月15日●　とかく、もののあわれを感ずる秋も、十月半ばを過ぎました。交代休日で休む。久し振りに秋晴れとなる。日劇の「秋のおどり」を見に行く。すみ子さんに便り書く。加藤猛君と会う約束だったが、彼見えず。夜早く帰って来る。

10月16日●　買物（仕入れ）に行く。客は、南極探検に行く日本隊と随行して行く朝日新聞記者、山本氏宅だ。良いもの数多くあれど、商売道具として売らなかった。大きなものとしては、「明治文学全集」揃二十四冊ほか、読物だった。夜十一時まで、伝票付けの仕事する。

10月18日●　雨降る。早起きしたるも、野球できず。宮城前まで自転車で行って寝る。三十分ばかり――二、三日続いた夜の仕事も、今日で終わる。日中、小田久四郎君来る。屑本の中から、今まで欲していた、石川啄木の書簡集「東

▼1　一九五六年が東京（江戸）開都五〇〇年である事を記念して、一〇月一日の「都民の日」（一九五二年制定）に開催される事になった。その後は毎年恒例となり一九八二年まで続けられた。

▼2　午前八時二〇分に、千葉県千葉市を震源とする地震が発生、規模はマグニチュード6.3であった。

京便り」河出書房版見つける。勲兄に便りする。

10月19日● 市場に行く。屑本の山だけで、珍本、良本はなかった。四時まで。一日中座っているのは疲れる。夜、静かな夜だ。いつもの夜と比べると——毎日すっきりしない天気。せめて日中だけでも、青空の下で思う存分活動をしたい。〝日ソ交渉調印さる〟の報、就床前のラジオニュースで聞く。

10月20日● 特に忙しいという事もなかったが、一日中走り回った。斉藤昭三君来る。卒論も四分の三くらいでき上がったとの事。久し振りだった。夜、古書会館で第一支部の家族慰安会[▼注1]ある。一流の芸能人（古今亭今輔、源氏太郎、他）。丸い秋の月を見る事もできた。

10月21日● 晴れの日曜だった。靖国秋の例大祭終わる。夜、本の整理で十一時まで。十一時から出版の請求書書きで十二時まで。夜の仕事は静かで、能率が上がる。明日のために十分な睡眠を取ろう。

10月22日● うれしい一日だった。すみ子さんより便り受く。手をつける仕事、成す事、いずれも順調に事が運んだ一日だった。割と忙しかった。夜、地方に出荷する案内状書きなどで十一時まで。この数日、連日夜の仕事がある。明日は、小南友会での秋のハイキングに出掛ける予定。

10月23日● 朝、雨降る。ラジオで天気予報を聞いて、昼頃から晴上がるとの事だったので、予定のハイキング決行する中央線浅川駅下車。ケーブルカーで高尾山に登る。休み休み高尾山を越え、雨は上がったが、雨上りの泥で道が悪く。上京してから初めて登る山道。三里くらい歩く。越山して〝相模湖〟に出る。湖畔をぶらぶらしてから、帰宅が六時頃。帰りには再び降雨に会う。夜、映画見る。「マナスルに立つ」。疲れた。

10月25日● 海外から、三十数万円の注文ある。金額指定[▼注2]ゆえ、価格の合う品は少ない。一日中探本で歩き回る。明日まで集める予定なのだが、明日改めて再交渉するつもり。加藤猛君来る。野球するために、明日朝早く起きなくてはならない。

10月26日● 長太郎君、斉藤君来る。久し振りだった。話したい事も多々あったようだが、私の勤務中とて、近日中、ゆっくり夜でも会う約束す。昨日注文の大口は、見積もりと違うため、再見積もりする。二ヶ月くらいはかかるようだ。急に冷え込んだ。夕刻には特に厳しかった。

10月27日● 快晴。久し振りの晴れ。青空を仰ぐ。自分としては、個人だけでかも知れぬが。忙しかった朝、ポプラ社まで（「世界美術全集」）配達。夕方、「世界文学全集」、閉店直前、「漱石全集」というように、売れ行き上々ついている一日だった。気持ちの良い夜でもある。

10月28日● 午前中、渋谷の簗田先生の所まで、赤本配達[注3]かたがた、集金に行く。神宮外苑は好天に恵まれたせいか、家族連れ等の人出で賑わっていた。すみ子さんより便り受く。折角の好天も、夕方から崩れ、曇る。明日の朝は早く起きなくては！

10月29日● 晦日も近づいた。雨降り続きの一日だった。市場に行く。富次郎叔父さんが上京して、靖国に参った帰り、店に寄ってくれた。世田谷の叔父さん等と一緒に、市場の最中帰って会う。夜、再び話合うために、九時頃から世田谷まで出掛ける。十一時半頃まで種々話合う。帰宅十二時。

10月30日● 午前中、東芝東京本社まで、注文受けに行く。概略六十万円の注文ある。明日再び行く予定。姉より電話受く。田舎の叔父さんが帰郷するので、見送りに行くとの事。雨の日だったゆえか、閑散とした一日だった。夜、長谷部君来る。ゆっくり語り合うために来たのだ。十一時半まで、政治論、経済論、空想論、恋愛論など、心ゆくまで語り合う。彼も講ずる方では、達者になったものだ。終電も終わったので、中央線で帰った。

10月31日● 朝は雨。晦日の今日は、少し忙しかった。東芝まで見積書を持って行く。田舎より、名物の庄内柿を送ってよこす。種のない柿は、今年も皆から喜ばれた。月末の計算等で夜十一時まで。田舎に礼状でも書こう。十月も終わった。エジプトとイスラエルの事に英仏が参加。エジプト攻撃す。

11月2日● 今日も、時計は十二時を過ぎた。最近寝不足で。兄勲より便り受く。日本最大のダム工事（佐久間ダム）も終わり、次の仕事には、外国（フィリピン）へ行く事になるかもしれないとの事。エジプトを中心とする戦は、最高潮に達して来たようだ。英仏はスエズを攻撃する。ラジオ、新聞のニュースは、すべて大々的に報じている。

11月3日● 文化の日！といっても何の事だろう。文化という観念を祭る日とでもいおうか！昔は明治節だったのだが、終戦後、文化の日に変わった。連休のゆえか、夕刻より雨に変わる。先月上京した叔父さん、富次郎さんより便り受く。

▼1 東京古書組合の組合員および家族のために催された慰安会。

▼2 金額が指定された注文。指定された金額の範囲で、本を見繕って取引する。

▼3 既出（一九五五年七月十一日）。

11月4日● 快晴の日曜。郊外へ繰り出した人出は、二百五十万人との報。店も暇だった。藤井君、斉藤昭三君来る。ハンガリア問題、[注1]エジプト問題[注2]で紙上を賑わしている。早慶戦は慶応連勝。秋の六大学は慶応優勝。

11月5日● すみ子さんより便り受く。楽しいような、淋しいような、変な便りだった。返事書く。好天に恵まれる。夜更けて冷え込む。流石の東京も、深夜の十二時過ぎる頃は、車の音を聞かない。しかし寸時だ。

11月6日● 朝は晴だったが、昼頃からドシャ振りの雨に変わる。中東における事、[注3]一層厳しく。米ソも遂に強硬策に出て来たようだ。国連の良好な処置で、又は、争いの当事国の賢明なる判断で、第三次世界大戦に広がらなければ良いが。日一日と緊迫した報で、紙上を黒くしている。

11月7日● スエズ、英仏らの停戦の報知る。アメリカ第三十五代大統領選挙結果分かる。〝アイゼンハウアーの勝利〟。近来になく多少売上げもあった。快晴に恵まれたせいだろう。種々な事があった一日だった。明日は休日（交代休日）。

11月8日● 交代休日で、十一時頃から外出する。映画「空中ブランコ」見る。良い映画だった。朝の雨も、昼頃から晴れる。夕五時頃、横浜に行く。姉が仕事中で、ゆっくりする事ができなかった。八時頃帰宅す。最近日記をつけるにも、気まぐれな書き方になった事を知る。何もかも不規則なためだろう。

11月10日● 土曜とて、最近にない忙しさだった。忙しいというよりも、人出が多かったのだ。夜、広島南海堂主人の話で、翌午前一時半まで。都会も静まり返った。たまに自動車の音を聞くだけ――。

11月11日● 雨の日曜だった。しかし、店は不景気というほどでもなかった。平日より好し。昨夜遅かったゆえ、今朝起きる時は眠く、四時間くらいしか寝ていない。「日本恋愛詩集」草野心平選を手に入れて読む事ができた。なかなかの味だ。

11月12日● すみ子さんからの便り待っていたが、来なかった。夜、便り出す。仕事の多くある一日だった。夕刻より冷える。雨模様だが、枕に向かって、窓からは、薄い雲に覆われた半月が、物淋しそうに輝いている。これも秋がゆえにだ。

11月13日● 午前中の配達で、すみ子さんからの便り受く。会いたい旨の便りだった。離れているのに不可能。第一に時間が許せない。修行中の身ゆえに。青葉君来る。卒業を間近に控え、専攻していた法律を生かして事務所でも開きたいとの事。東大を卒える上野君は東洋高圧に入社決定したそうだ。慶応の斉藤敬君は、三井倉庫にそれぞれ入社決定したそうだ。同輩もこれから皆、新しく社会に出発だ。小生もきっと負けはしない。今夜の月はきれいだ。

11月14日● 仕事の方はさっぱり。暇続きのこの頃。天候好し。藤井君来る。卒業も間近に迫ったのに、他の人と比べてのんびりしているようだ。本間君に電話すると、七月中に下宿を変えたそう。同居の佐藤尚也君より事情聞く。米人歌手プレスリーの歌をラジオで聞く。史上最大のヒット盤を出したそう。一年前まではトラックの運転手をしていたのだが、今は自家用車四台も持つほどの人気歌手になったそう。〝人間何で世に出るか分からない。現実を忠実に〟。

11月15日● 最近店に来る客は、以前よりグンと学生の数が減ったように思う。どんな現象だろうか。一般の人と学生の数が半々くらいの割のように見える。忙しく動き回った一日だった。毎夜毎夜聞くのだが、十時からのラジオ東京放送の「俺は藤吉郎」の前奏、間奏、終奏の琴の音は、何とも言えない、良い音色だ。

11月19日● 市場に行く。三時頃まで。気分のすぐれない一日だった。昼と夜、食事を抜きにする。天気は好し。少し風邪気味だ。早く寝ようと思っても、深夜の十二時を過ぎている。すみ子さんからの便りなし。

11月20日● 最近は店の客はぐんと減った。又、客の来る時間も一定の時間だけで、朝十時頃と、夕方七時以後は、全然といっても良いくらい、人通りなし。長谷部君来る。二十六日、休日と決まったので、長谷部君と柏倉君と三人で会う約束する。

11月21日● 朝早くから、荻窪まで買物（仕入れ）に行く。数多くあったので二往復する。一日中、自転車で走り回った。疲れた。天候は上々。しかし店の方は暇だ。

11月22日● 朝の中、雨だったが昼過ぎから晴れる。相変わらず寒い。昨日からかけて大量の注文があったが、夜の荷造りでようやく片づいた。忙しい一日だった。第十六回

▼1　ハンガリー動乱。一九五六年一〇月二三日、スターリン主義者のゲレー・エルネー首相の退陣を求めて民衆が蜂起、ソビエトの軍事介入により戦闘状態に陥る。一〇月二七日に軍は撤退を宣言するが、十一月四日に再侵攻を開始した。この出来事は日本でも大きく報道され、左派右派の両翼で様々な議論を巻き起こした。

▼2　スエズ運河を巡ってエジプトが英、仏、イスラエルと対立し、第二次中東戦争を引き起こす事となった。

▼3　第二次中東戦争（スエズ動乱）の事。一〇月末からスエズ運河の利権を巡って、英・仏・イスラエルとエジプトとの間に激しい軍事衝突が繰り返されたが、米・ソの介入により、この日英・仏が停戦を受諾した（イスラエルは八日に受諾）。

オリンピックがメルボルン（オーストラリア）で開かる。南半球で初めて開かる。

11月23日● 勤労感謝の日。昔は新嘗祭だったが、戦後変わって十一年、秋の実りを祝う宮中の儀式が、庶民に移っただけだ。今日一日、来訪者が多かった。土門君来る。卒論の仕上げが終わり、製本の依頼に来た。長谷部君より電話受く。夜、久し振りに映画に行く。

11月24日● 土曜日とても、人出少なし。夕刻より雨になる。実に静かな夜だ。雨のために外の騒音はない。ただ、トタン屋根の雨音だけが、机に向かっている頭に沁みる。月日が過ぎる早き事。近頃、何も満足な事ができない。

11月26日● 朝のうち雨。今日は店を閉めて休日。朝の中、午前中、仕事、洗濯などで過ごす。昼から西尾幸子さんの所に行く。留守だった。日劇で、今、日本一人気絶頂の三橋三智也ショウ実演見る。男一匹、あれだけの人気をえたら良いもの。映画「流れる」（幸田文原作）見る。女の一生をあらゆる角度から眺めたもので、良い映画だった。出演者も最高峰。夜、すみ子さんに便り書く。午前一時就床。

11月28日● 朝早く出て、品川区旗ノ台まで、買物（仕入れ）に行く。点数から押せば多くあったが、良いものはなかった。夕方四時まで、色々片付けたりして粘ったが、価格の点で話合いがつかず、手ぶらで帰る。一日中、無駄な時間をつぶしてしまった。主人にも、大きな顔してみせるような事もできず。しかし、種々な面で学ぶ事などあった。その点自分にしてみれば、大きな収穫といえるだろう。疲れた。早く寝る。

11月29日● 晴。暖かい一日だった。市場に行くが、仕入れ超過のゆえ、買わない。夕刻より、昨日行った旗の台まで。昨日の荷を引取りに行く。少しの譲歩で話合いつく。タクシーで帰る。荷は数多くあった。自動車一杯（リヤカーで三回くらい）。種々な面で忙しい。明日は晦日。早いなあ。静かに、正しく時は流れて行く。明日も又良き日でありますように。

11月30日● 晦日だ。集金などで忙しい一日。午後渋谷まで行く。渋谷駅前は随分変わった。六つもの映画劇場を含有する、東急会館などは豪華である。今日、開館祝いだった。姉栄子より便り受く。明後日来るとの事。開幕以来低調だったオリンピック日本代表の活躍も、相変わらず良好とは言えないが、レスリングで少し期待の持てるニュースある。

12月1日● 店の方は割と忙しかった。それに土曜とて、まずまずの最初日、好スタートだった。私個人としても、調子の良いスタートを切る。そのために売上げも上々佐々木君来る。半年振りだ。藤井君も来店したそうだが、留守だったので会えなかった。夜遅く、姉より電話受く。明日来るそうだ。オリンピックも好調なニュースある。金メダル二個（レスリング）ほか、開幕以来初めて日章旗上がる。

12月3日● 晴れ。昨夜の夢見が良かった。池野さんからは一年振りの便り頂く。懐かしい便り。写真在中してあった。美しい。何とも言えない美しさだ。池田すみ子さんからも便りある。夜、小田君の所に行く。下宿先が変わったので、今は自炊だが、気楽だとの事。〝我が最良の日〟とでも言おうか。

12月4日● 市場に行く。活気のない市場だった。各店とも、昨日から今日にかけて税務署の調べ[注1]を受けているせいでもあろう。久し振りに十二時前に就寝する。池田すみ子さんに便り出す。

12月6日● 晴。棚掃除のため、暗いうちに起きる。三分の一くらいできる。父より便り受く。兄の子供、先月二十七日生まれたとの事。父母もとうとうじいさん、ばあさんになった。自分も叔父さんといわれるようになった。名は〝淳子〟。田舎の土地、家を買ったとの事。藤井君来る。佐々木君も来る。日中、三省堂の前で奥泉君と会う。

12月7日● 風邪気味だ。五時半起きる。四日かかる予定の棚掃除も、明日一日ででき上がる。店は暇だ。夜、赤本の返品整理で遅くまで——母校酒高の体育館建設のために寄付した礼かたがた、近況を知らせてくれる（酒高より）。

12月8日● 土曜とても、暇だ。風邪気味も昂じて来たようだ。この風邪は全国に流行している。棚掃除終わる。夜、主人と共に社員皆、会食に出掛ける。初めてビールを飲む。今まで会合などで日本酒（清酒）は飲んだ事があるが、ビールは今日が初めて。大体アルコール分というのは苦手だ。つき合い程度なら。田舎に便りする事もあるのだが、疲れがある。明日にしよう。

12月10日● 青葉君に電話する。東芝の注文の事で頭が痛い。まだはっきりせず。小田君、休日とて来訪。夜、小南友会の会長だった支店の堀孝君の結婚祝いとして、明日の結婚式を前に、最後の別れの会を、十二時までやる。

12月11日● 別に忙しくはなかったが、最近になく大きな

▼1　過去の確定申告の裏付け帳面の確認、事情聴取を経て、必要な場合には申告額の修正をする事となる。数年ごとに行われ、一九六〇年一月二一日には、二、三日後に税務署の調査があるとの噂が流れ、準備のために棚卸し等をしている（実際には二月六日に調査が行われた）。

ものが売れ、ようやく暮れの息つなぎができたような一日だった。すみ子さんより便り受く。支店の孝さんの結婚式。いよいよ別れだ。長谷部君来る。彼とも久し振りだ。青葉君の便りも来る。

12月13日● 一昨日を除いた他は、この頃、例年になく暇だ。暇ゆえに、売上げも少ない。店番も退屈で嫌になる。ここで気を緩めてはいけない。加藤猛君来る。久々の来店だ。静かな夜だ。月も淡い光を放っている。星も白い雲の合間合間を縫って、月と同様な光を放って、近々に迫る暮れを明るく照らしている。

12月14日● 市場に行く。景気の悪い市であった。午後二時頃で終わる。夜、倉庫の掃除で十二時半まで。自由民主党総裁、鳩山氏の引退後任に、石橋湛山氏公選。第二代総裁となる。

12月18日● 晴。午後の配達で、すみ子さんより便り受く。田舎は降雪に悩まされているとの事。今年は全国的に大雪の兆しあるそうだ。午後より、資料市会[注1]に出る。六時半まで。藤井君来る。明晩来るとの事。兄勲に便りしなくては。

12月19日● 日中は暇だった。夜、田舎の友人（高校の同級）と忘年会かたがた親睦のため、集まりをする。ゆっくり話合うためにはと思って、新宿に出て飲み屋に上がる。愉快な一日だった。今年も別れの集まりだ。小田君（久四郎）、藤井君、長谷部君と自分四人。彼ら個々の友人ではなく、各々小生の友人なので、自腹を切って会計を受け持つ。案外安かった。自動車代も自腹。自腹のために、自分の予算は減ったが、互いに親睦を深めたと思う。十二時半帰宅。

12月20日● 昨日同様の景気。暮れも近づいたこの街は、急に騒々しくなったようだ。夜、すみ子さんに便りする。東海林さんに小包便出す。

12月21日● 風強く、寒く冷たい一日だった。夕刻にはグンと冷え込む。店の景気は上々とは行かないが、割合良かった。前々から注文を受けて納入していた、相当数の「字源」の件で、種々頭を痛めていたのだが、ようやく八木さんとの話合いで、返品を引取ってもらうようにした。自分で処理したのではない。主人から処理（話合い）してもらったのだ。やはり、何事も貫禄と年期と実力の差だ。つくづく思った。自分としてはやっと肩の荷がおりた。明日からはバリバリやろう。長谷部君来る。今夜帰郷するとの事。貸金する。

12月22日● 昨日に引き続き、冷たい、寒い一日だった。柏倉君来る。帰郷前の借金に来たのだ。あいにく持ち合わせも少なかったので、意に添う事ができなかった。一二、三日前から寝不足だ。

12月23日◉　晴。中野まで、買物（仕入れ）に行く。数多くあった。和洋本様々。二往復する。朝出る前に、四年振りで、田舎の同級だった高山富雄君と会う。時間も少なかったので、五分くらいで話し終わる。一日、細々ではあったが、景気が良かった。本間君来る。二十六日に田舎に帰るので、何か言づけがないかとの事だった。二十五日再び来るように伝える。夕刻姉さんより電話受く。機嫌伺いだった。夜、税務上の帳簿の整理で十二時まで。

12月24日◉　市場に行く。私としては今年最後の市となる。朝は張り切って出掛けたが、不景気続きのためか、あまり良い品はなかった。しかし、数量金額の面からしても割合多く仕入れた。〝クリスマスイヴ〟。銀座、新宿は人波で飽和状態だそうな。夜、昨日の続きの仕事で十一時まで。明日まで出さなければならない年賀状も、まだ一枚も書いていない。体も疲れた。休もう。

12月25日◉　晴。朝は冷え込む。休日。休日といっても名目上だけで、本当に映画を見た時間の、夕方三時間くらい。日中は店に出る。本間君来る。帰郷するので言づけがないかとの事。古着など持たせてやる。年賀状二十五枚書く。夜は家だけのクリスマスを十一時までやる。

12月26日◉　街行く自動車の数が、めっきり増えたように思う。暮れの慌ただしさを物語っている。今年も余す所二、三日。早いものだ。柏倉君より電話受く。帰郷するために借金の事だった。明日、もう一度返事をする。姉よりも電話受く。今夜は久し振りに残業もなく、風呂に入る事ができた。

12月27日◉　十日以上も続いた天気で、空気が乾燥しきっている。それに、一日中火鉢に温まっているせいか、風邪気味と、のどが痛めつけられている。頭痛もひどい。しかし、暮れの忙しさは、休む事ができない。今日も十二時まで。寒さに震えながら——柏倉君来る。一千円也貸す。

12月28日◉　この帳に十二月と書く日も、ほんの二、三日になってしまった。この帳の頁は、まだ十分にあるが、書く時日が年が変わる。残り少ない二、三日を楽しく過ごしたいものだが。昨日からの風邪気味が重くなって来た。一日中店番も辛かった。だが、やらなければならない仕事が残っている。年内に仕上げなくては。忙しい忙しい。今日

▼1　神田古書会館で行われる、統計・歴史資料を中心に扱う専門市。南海堂では取り扱う事が少なく、本人も専門外という意識が強かったが（一九五七年七月一九日）、古書業界で生きていくための勉強として参加していた（一九六一年四月二八日）。

も床についたのは十二時を過ぎている。

12月30日● 今年最後の日曜日だ。晴。夕刻より霧が深くなる。店は平常通りの客だが、売上げは多い。夜、会食する。主人より先日もらったばかりなのに、今日も又、小遣い銭としてもらう。明日は大晦日。何となく事が切羽つまった感がする。すみ子さんより今年最後の便り受く。夜十二時まで仕事。

12月31日● 大晦日。一九五六年も、今日で終わりを告げる。こうしてペンを執っている間にも、刻々と時は過ぎて行く。最後の仕事。店も多忙だった。八時閉店。年越しそばを食べ、最後の仕事。帳簿の終わったのが九時。ペンを執りながら、蛍の光を聞きながら、服部時計店の時報に腕時計を合わす。京都の除夜の鐘を聞きながら筆を置く。一九五六年、最良の年であった。

12月31日● 回顧。一九五六年。国内、国外の政治に大きな動きのあった年だった。良き事も悪き事も数々あった。国内、国外共、年末近くにはどうやら落ち着き、無事な年を送る事ができ、新しい年を迎える事ができる。私個人としても、良し悪しはあったが、悪しき事は忘れ去った。良き日々の多かった事、すべてのものに感謝します。最良の友、池野さん、池田すみ子さんの二人との交際も深く。仕事の面でも順調に運んだ。来る年、一九五七年も、今年以上の良き年でありますように。すべてのもの、一九五六年にさようなら。

南友会の旅行、昭和 32 年

五十嵐日記［五十嵐智］

▶昭和 32［1957］年 1 月〜 12 月

23 歳

昭和 32 年 3 月、友人たちの大学卒業を期に、五十嵐青年は仕事への想いを新たにする。文通を続ける故郷のすみ子さんへの想いを募らせながらも、店員講習に通い、市場で経験を積み、着実に古書店員としてのキャリアを積み重ねていった。また、故郷・松嶺出身者の会である「松嶺会」の立ち上げにも奔走する。

南極に昭和基地が建設され、ソ連が世界初の人工衛星スプートニク一号の打ち上げに成功する。神田古書店街の日曜一斉定休が開始された年でもある。

▼昭和32［1957］年

1月1日●　一九五七年。一、健康である事。一、楽しく日々を過ごす事。一、誠実な日々を過ごし、無駄な時間を除くよう努める。良き年でありますよう。一九五七年一月一日午前零時十九分記す。例年の如く、初詣に明治神宮に行く。薄暗い霧の中、自動車で裏参道から入る。今年の人出は、戦前戦後を通じて、初詣の人出が最高だそう。これ皆、世の中の落ち着きの現われだろう。帰りに宮城、靖国神社を通る。午前中、年始などで過ごす。午後、横浜に行く。夕刻より鎌倉におもむく。十時帰宅。毎年元旦の天気は晴。今日も暖かい一日だった。元日の晴のように、一年中晴々と過ごしたい。賀状二十四枚来る。出さなかった人からも来る。

1月2日●　初荷の車も、威勢よく走り回っている。晴。気持ちの良い正月の晴でまずまずといったスタートだ。店開く。売上げは昨年よりも少ないように感じたが、人出は多かった。今年この調子なら良いと思う。夕、早じまいする。一年振りで、王子の清水叔母さんの所に行く。ルリ子の変わったのには驚いた。十二時帰宅。賀状一枚来る。

1月3日●　正月三日ともなれば、街の動きも活発になって来たように思う。夕刻、閉店際に今年初めての最高の金高。全集五点ばかり売れる。早々値切られたが、利少なくても金高で押す。調子が良い。朝、五年振りで高山義弥君より電話受く。妹と共に遊びに来たのだそうだ。本当に久し振りだ。随分変わったもの。弟みつる君の所に泊まるのだそう。夜浅草をぶらつく。明晩帰郷するらしい。十一時半帰宅。賀状四枚来る。

1月5日●　ようやく肩の荷が下りたような気がする。友達のつき合いの辛い事、難しい事。これらが今まで肩を重くしていた。正月も五日になる明日からは、新規巻直しという所。正常に戻って頑張ろう。夜、南友会、小南友会の新年宴会。六時～九時半まで。賀状一枚。

1月6日●　晴。今年初めての日曜。続いたサラリーマンの休暇も、今日で終わりを告げ、新しい息吹きと共に、新しい職場の戦場となる事だろう。我々の活動も、外交に重点を置き、張り切ろう。夜、平日よりも早く閉める。ラジオドラマ、林芙美子作「放浪記」聞く。やはり名作と言われるだけあって、胸を打つものがある。

1月9日●　昨夕からの頭痛。今日は朝から気分が悪かった。しかし、本部の初市とて、市場に行く。腰の回りが痛み出し、座るのも辛いほどだった。平常の倍の金額買う。閉店帰宅してみると、番頭も風邪のため青くなっていた。閉店まで我慢する。人間は要領の良いほど、得をする事、初めて知る。私のように頭痛を我慢していると、どこも痛くないように見える。夜などでもカイロを入れてもらうと、他の人とは違うし。早く寝る。土門君見える。

1月14日● 友人の多くが訪店した日だった。朝、青葉君来る。田舎から買って来た菓子を持って。昼頃、加藤猛君、長谷部君来る。夕方、本間君、土門君、藤井君来る。長谷部君は貸金の返金に来た。皆それぞれ今年初めてだ。すみ子さんより便り受く。

1月21日● 不景気深刻になる。紙上は、何時も、いずれも神武以来と世間の景気を評しているが、我々の従事しているジャーナリズム関係には〝神武以来〟[注1]なるものはない。だんだん不景気になって行く。今日などは事さらひどい。長谷部君来る。中川君も見える。「東西交渉史の研究」（「藤田著」）頼まる。

1月22日● 人間一代にして、何か残るような大きな仕事をしてみたい。この世に生を受け、無名で過ごすという事ほど、つまらないものはないと思う。まだ若いが、若いからとて、のんびりのできない世の中。この若い時に成し遂げてみたいのだ。種々な望みはある。又、何にしても今の中、若い中なら自信はある。基礎を築くために努力だ。

1月23日● 南極探険隊、[注2]今は大陸に接近すべく氷海と戦っているとの報。各新聞、ラジオは伝えている。何年前か、白瀬隊長以下、南極に挑み失敗に喫した事を思えば、氷と戦っている探険船〝宗谷〟の成功を心から祈らざるを得ない。未知な南極を探検しようという、各国の科学陣の意気。我々の仕事にしても、苦労という未知を克服して、一人前の人間になるのだ。難関の人生を、苦労に苦労を重ね征服する意気。毎日着実な日々を送ろう。

1月24日● 明日休日と決定。何やら、休日は子供心に楽しいもの。何の目的もないのに！新橋の豊順洋行、日比谷の新日本化学まで、注文受けと配達に行く。日中暖かい。

1月25日● 休日。朝遅くまで、床の中の暖かさゆえ、も

▼1 神武景気。一九五四年十二月から五七年六月にかけての好景気で、高度経済成長の始まりの時期となる。

▼2 一九五七〜五八年に計画された南極大陸の国際共同観測事業に参加した日本は、一九五六年十一月八日観測船「宗谷」で出航し、一九五七年一月二九日にオングル島に上陸した。観測隊は「昭和基地」を建設、二月一四日には十一名の越冬隊が成立した。白瀬隊長は、一九十二年（大正一）に南極点を目指した探検家、白瀬矗（一八六一〜一九四六）の事。

ぐり込む。以前から、一度は新派劇[注1]を見たいと思っていたのだが、今日は何の目的もなく、行く気にかられて明治座におもむく。やはり望み通りの、望みを満足してくれる劇を見る事ができた。夕刻より小田君と約束で、小田君の下宿に行く。種々話もし、御馳走になり、十一時帰宅。志賀潔博[注2]（赤痢菌）死去。

1月29日● 市場に行く。品物はあまりパットしないものばかり。店の方は忙しくもなく、不景気だ。市場に行って、買う時の度胸がついたように思う。以前のように不安というものがなくなった。ただ、知らない本がまだまだ数多くある事だ。

1月30日● たった先日、正月を過ごしたと思うのに、もう晦日も近く、一月が過ぎてしまう。時の過ぎるを悔やめば限りない。いくらでも悔やんで悔やんで足る事のない過去。これから来る日々のために、数々のやるべきaspiration（抱負）はあるが、その場になって実行に移せない残念さ。実行に移せない種々な障害はあるが、意志の弱さか、決断力が足りない。

2月11日● 朝早くから、高円寺の市場に行く。郊外の市場には今日が初めて。良いものは少ないが、楽に買える。安い。帰りに、練馬の方を回り五時半帰宅。寒かった。清水昭一君に電話する。留守との事。一日中店におらなかったが、客は少なかったらしい。

2月13日● 日毎に暇になって行くようだ。昨日以上に暇だ。体を持て余す事も、何となく疲れて仕様がない。又ドライ続きの数日。風邪もぶり返して来たようだ。夜すみ子さんに便り書く。

2月14日● 市場に行く。不景気続く。品物もあまり良いものなし。三時半に終わる。留守中、誰からか電話があったらしい。分からない。今晩は澄んだ空に雲一つない。月も、丸く黄色い輝きを発している。星の光、月の光なんと美しく見える夜だろう。冷える夜にも、心が澄み、気が大きくなる夜だ。すみ子さんに便りする。

2月15日● 晴。仕事の方面は相変わらず。地球観測年に参加する日本隊の、南極における越冬が正式に決まったとの報。大きな見出しで報じられている。これから一年間、再び船〝宗谷〟が迎えに行くまで、十一人の越冬隊の無事である事祈る。

2月19日● 朝から冷え込み、風も冷たく、震え上がるほどだった。冬がぶり返したのかな？それとも最後の寒さかも知れぬ。三月に入れば、このような冷たい風の吹く日は、幾日か続くだろう。その後には、暖かな春。幾日か続く。

今日も、店は暇だった。夜、教科書の販売整理。これから教科書の販売など、三、四月にかけて忙しくなる。

2月20日● やはり春近しの兆しかも知れぬ、冷たい風が吹きまくる。今日、仕事は相変わらず暇だ。すみ子さんから便りある。便り毎に親密感が深くなる。互いの望みの通り、将来二人で努力し合い、望み叶えられるよう祈る。

2月22日● 大市。二月の大市というのは珍しい。珍しい代わりに、不景気も相まってか、荷は少ない。朝九時、夜八時頃で終わる。先の大市の半分くらいしか仕入れない。腰の痛みがひどい。

2月25日● 交代休日。休日といえど、午前中は仕事で、自分の時間となったのが昼頃。一度は行ってみようと思っていた、郷里の雰囲気の満喫できる荘内館▼注3へと足を運ぶ。四、五十人くらいいる中で、知っている人も多く、同年輩の青葉氏（明治）、村上氏（中央）、斉藤敬（慶応）、いずれも歓待してくれた。三君とも卒業を前に、就職も決まったとの事。夜七時頃から、横浜まで行く。

2月27日● 相変わらず暇だ。こうして毎日のように暇だ暇だと記すのにも、飽きが来た。しかし仕方がない。店の売上げも少ない。事実そうなのだから――暇という字を消して口から出ないほど忙しく立ち回るようだったら――又、忙しい忙しいと記すようだったら良いもの。夜、早じまいす。千代田区役所主催の「どうしたら店が繁昌するか」と題しての、野本経済研究所長（野本伊太郎氏）の講演を聞く。ためになる事多し。

2月28日● 風冷たく、夕刻には殊に寒かった。今日二十八日は晦日。あらゆる面で平月より二日ばかり、四十八時間の損したような、何か複雑な気持ちだ。集金などで、午前中歩き回る。午後、板橋まで買物（仕入れ）に行く。唐橋宅だ。相当の著述がある人ゆえ、本も相当数あった。国史大系、国歌大観、近松語彙など高価なものばかり。出版の話もちかけられる。

3月1日● 三月――春。今日からは春。本格的に春らしい暖かさも近々の事だろうが、今日は風冷たく、三月に入っ

▼1 一八八八年（明治二一）、角藤定憲の大坂での旗揚げに始まる演劇の一派。発展・分裂を繰り返した後に、一九五一年、花柳章太郎によって「劇団新派」となる。庶民の哀歓を描いた作品を得意とする。一月一七日の日の演目は、御祝儀新年の寿・牝熊・おたか祝言・明日の幸福（昼の部）、俺は藤吉郎・黄金・近松物語（夜の部）であった。

▼2 志賀潔（一八七一～一九五七）は医学者・細菌学者であり、赤痢菌の発見者として知られる。

▼3 一八九六年（明治二九）、東京・駒込に設立された、山形県庄内地方出身者のための学生寮。二〇〇七年、老朽化に伴い廃寮。

たら逆に寒くなったようだ。午前中、昨日の買物の残りを、自転車で取りに行く。長谷部君より便り受く。二十日に帰郷したとの事。本依頼さる。佐々木君見える。久し振りの再会だ。

3月2日●　大学の休みになったこの頃は、土曜といっても別に平日と変わりなし。しかし、地方からの注文等で、多少忙しく立ち回った一日だった。下落合まで、注文の品仕入れに行く。古本の少なくなった事は確かだ。ある店では、売れる一方で棚がガタガタになるほどだそう。仕入れの方に重点を置いて行かなくては。これからはますます良い品は高くなる事だろう。

3月3日●　暖かい日曜。雛祭りだ。雛祭りと言えば、幼時の頃を想い出す。田舎は四月三日なのに、東京のこの頃の気候と同じくらい。早く言えば、気候には東京と田舎は一ヶ月くらいの差がある。暖かいゆえと、学年末なのか、店の方は案外の売上げだった。早稲田〜高田馬場と競物に行く。夜、小南友会の集まりがある。会報出す事決まる。編集の方の役、押しつけらる。

3月4日●　桃の節句の過ぎた今日、春らしい暖かな一日だった。春らしいのではない。もう三月に入ったのだから、今日のような暖かさは、平年並みなのかも知れぬ。先日見積もり出しておいた、山口県の光高校分、本日十二万円ばかりの注文入る。明日からは集めて送るまで、忙しくなるようだ。店売りは陽気のせいか、あまり芳しくない。

3月5日●　朝起きる時は、何となく暑苦しい湿った空気が豊満していたのだが、昼近くから急に冷え込み、雨と変わる。まもなくその雨も雪になってしまった。今年降った中では、最高だろうと思われるが、やはり春近しで、空気で地が湿ったためか、消え失せた。もう寒さも、これが最後と思うが…出版などの話を伺うため、先日買物(仕入れ)に行った唐橋さんより電話受く。明日伺うつもり。

3月6日●　昨日と変わりないくらいの寒さ。山口県分の注文、まだ集まらず。今日、午後より六本木の方まで、探本▼注1に行く。東海林花井さんより、先日送った書籍代、送ってもらう。夜、閉店後、昨日電話のあった唐橋さんの所に行く。種々出版の件について話合う。夜十一時帰宅。

3月8日●　不景気、底をついた感じ。一日中雨に見舞われ、寒かった。早じまいする。仕事は、いくらもあるのだが、久しく早じまいしたので、映画に行く。「ピラミッド」見る。夕刻より風雨強くなる。今(十一時頃)は窓をゆすり、部屋には雨水入り、何か物淋しいような晩だ。

3月9日●　昨夜の風雨もすっかり終わり、冷たい風が吹きはしたが、晴れの一日だった。市場に行く。不景気の表れか、荷は少なく、良い品のなかったのが、三月の市場風景だろう。山口県の品（光高校分）、全部は集まらないが、やっと第一便を送る事ができた。すみ子さんに便り出す。

3月10日● 行楽シーズンに入っての日曜とあって、人出多し。幸い好天に恵まれたせいか、紙上は、郊外の人出を報じている。花の季節三月と四月、我々の仕事は忙しくなるばかりで、行楽などという言葉は、忙しいに変わるのだ。労働者の春期闘争は日に日に社会影響が増すばかり。第一に国鉄、第二に炭労など。[注2] すべての面に影響を及ぼす。

3月11日● 国鉄／炭労のゼネスト「春季闘争」始まる。国鉄の争議の影響として、国鉄ダイヤの混乱を報じている。春季闘争の動機なるものは、労働者の賃金値上げなのだ。賃金値上げを理として闘争するのは、まだまだ日本人の生活水準が低い事を意味している。今季の総評の争議は、種々な面に多大な影響を与えている。早く平穏になる事を祈っている。久々の売上げで今月に入って最高の売上げだった。十一時まで仕事。明朝も荷造りなどで忙しい。

3月13日● 東京都の端、大田区の端まで、買物（仕入れ）に行く。何里かの道を自転車のペダルを踏み、久々の遠距離を回った。寒さはひどい。藤井君来る。彼もいよいよ卒業だ。夜は疲れも出たので早く休むために、仕事を止める。

3月14日● 夕刻、小雪ちらつく。一月、二月の暖かさが、この三月に入って逆に寒くなった。特にこの数日はひどい。相変わらず外売りの方が忙しい。店は売行きは悪いのだが。全国的に電力不足で、法的な電力制限が[注3]行われるとの事。日中の停電などは、我々の商売に相当の影響を与える。右ともつかず左ともつかない、中ぶらな毎日。ただ、忙しいというだけでまとまりがつかない。藤井君来る。本間忠幸君来る。

3月16日● 温暖な土曜だったゆえか、人通り多く、今までにない、といっても三月に入ってからの人出は最高だった。反面、売上げの方は変わりない。共立講堂焼けて満一年。今は全く改築新装なり。今日その祝賀会兼創立七十周年記念式典行わる。好天に恵まれたせいか、派手な春にふ

▼1 既出（一九五五年四月十四日）。

▼2 国労（国鉄労働組合）、炭労（日本炭鉱労働組合）は、日本労働組合総評議会の中核組合として、長期のストライキを行い、国民生活に大きな影響を及ぼした。

▼3 相次ぐ火力発電所事故で電力事情が悪化し、三月一三日夜には都内の30キロワット以上のネオンの灯火停止、三月一四日には東京を除く関東一円で四時間三〇分の全面停電が行われた。当時急増していた電力需要を原子力発電でまかなうといった議論も盛んになされていた。

さわしい式典だった。夜、教科書販売のための整理ある。

3月17日● 朝、横浜の姉より電話受く。四月の終わり頃、田舎に帰るとの事。市場に行く。二時半頃まで。名古屋で大市があるゆえか、大所は皆おらなかった。気楽に買う事ができた。暖かな日曜とあって、昨日に続く人出で売上げも多く、これからはだんだん忙しくなる事だろう。明日、明後日は教科書販売で少し忙しくなる事と思う。このように忙しい中には休養が一番だ。

3月19日● 今日も暖かだった。教科書販売で忙しく、〝目の回るほど忙しい〟というのは、このような事を指しているのだなとつくづく思った。昼過ぎに、少しの暇をみて市場に行く。活気のある市だった。大映映画が撮影に来ていた。古本の競を録音したり。夜、下落合まで仕入れに行く。九時半帰宅。

3月20日● 午前中、渋谷まで赤本[▼注1]配達。暑いというほどの気候だった。何日振りかで渋谷まで行く途中の景色、随分変わった。もっとも冬という季節の景色から春の景色を見たのだもの。いつも家にいる狭い気持ちが、一度に大きな気持ちになったような、今日一日だった。明日は交代休日になるかも知れぬ。今日夜になっても分からないが——。

3月21日● 彼岸の仲日。午前中、暖かだった。交代休日。日曜や祭日など恐らく休んだ事がなかったが、今日はその前例を破っての休日。休日といっても別に用を足すほどの事もなし。午後から出掛ける。浅草の国際劇場に行く。「春のおどり」を見る。スケールの大きいのには驚いた。一つの舞台で、二十歳前後の女娘が三百人もの踊り。あれだけ揃ってできるまで、仕込んだ者の努力も大したもの。夕刻より横浜に行く。姉が四月の終わり頃帰郷するとの事。十時半帰宅。

3月22日● 各大学の卒業式は、今盛りとしている。友達ら晴れて卒業する。友達、今日集まる計画だったが、一人一人都合ができて、又、卒業式終わって帰郷したものもいるので、集まる事ができなかった。夜、小田君他来る。茶話をする。いつか集まる事があるだろう。又、不可能かも知れぬが。いずれにしても彼ら友人の健康を祈る。達者でいつか会える日を楽しみに。互いに頑張ろう。本間君に、田舎に持って行ってもらうもの持たせる。

3月29日● 市場に行く。最近の景気の良いのが響いてか、出る品出る品、皆高値で、買えなかった。又一、二回の市場を休んだ後なので、この前行った時より相場の変動が激しく。これから四月にかけて値は上がる一方だろう。かといって買わない事には売れないし。荷は少なかった。午後三時頃終わる。夕刻、藤井君来る。昨日、卒業式終わったとの事。田舎から帰って来いと言われているらしいが、彼も東京に住みつきたい希望だそうな。二、三日前からの風邪気味まだ治らず。

3月30日● 年度末の最後の土曜。各学校最後の予算購入のため、ドッと人出多く、四校もの学校が来店。大口が売れ、その他、今月最高の売上げを記録する。田舎の父より便り受く。先日、自分が出した便りの返事かたがた、田舎の近況を知らせてくれた。返事にはまだまだ腑に着ちない事、数々ある。

3月31日● 三月も晦日の今日を終えれば、花の四月が目前に控えている。この三月という月も、永遠に過ぎ去ったものとなって返って来ない。考えれば種々様々、センチな思いになってしまって、自分は過去を悔やんではセンチになる性質か、月末になると、必ず過去を振り返るのが常だ。月末のゆえか、ガタガタするほどに忙しかった。渋谷まで行く。風邪気味が昂じて、閉店間際、床に寝つく。体の弱いせいか、皆に迷惑かけて…済まない。

4月5日● この連日、大口の売上げある。今日、開店早々好調なスタートだった。ゆえに売上げ高も、平日より多い。乾燥しきったドライが、まだ続いている。暖かい一日だった。夜などは、風もなく静かだ。小田君に電話する。小華和より電話受く。三人で今晩集まる約束だったが、小田君が夜勤との事とて、明後日（七日）に延ばす。久し振りに映画を見る（夜）。「ヴェラクルス」。

4月7日● 朝の中、上板橋まで、買物（仕入れ）に行く。風もなく、気温も高い一日だった。各地の行楽地は花見客で超満員との事。夜、延々になっていた小華和君、小田君と三人集まる事になっていたのが、ようやく今日、小田君の下宿で集まり話合う。田舎のうわさ話から、各々が仕事の面について、種々、話は尽きなかった。小華和君は福島の方に行くらしい。一時頃帰宅。

4月8日● 晴。暖かい一日だった。夜、南海堂だけの花見に行く。千鳥ヶ淵公園の桜も八分咲きだった。英国大使館の前で宴会をやる。酔いが回ってどうしようもなし。しかし意識はあるらしい。日記をつけるだけの意識があるのだから——。

4月9日● 市場に行く。昨日資料市があったせいか、割合気の抜けた市だった。しかし、この四月に入って、売れ行きの多い日が続いているため、値は下がらない。昨日ぐっ

▼1 既出（一九五五年七月十一日）。

すり眠ったせいか、体の調子も順調で市場に行っても、面白いほど、買う事ができた。暖かな、初夏のような気候だった。桜は急に満開になったとの事。ようやく風邪も治り、仕事の方も軌道に乗り、夜の時間の余裕ができた。田舎や、すみ子さんなどに便りでもしなくては。

4月10日● 昨日の、季節はずれのような暖かさと打って変わって、今日は震え上がるほどの寒さだった。教科書等の販売で忙しく立ち回る一日だった。二、三日の疲れが出て来たようだ。九段、千鳥ヶ淵は今が満開だそうだ。

4月11日● すみ子さんより便り受く。一ヶ月振りの便りだ。今朝、伺いかたがたの便りを出した所だったが、互いに気持ちが通じ合っていたのだろう。風が強い一日だった。満開になった桜も、今日あたりから散り始めたようだ。はかないものだ。この世に咲くまでは一年もかかるのに、咲いたと思ったら散る、あわれさ。

4月12日● 市場に行く。瞬間を争う競市ゆえ、今日はいくら声を出しても落ちて来ない。調子が悪く、ついていなかった。しかし度胸がついたもの。恐しさのなくなった事だけ自分としては、やはり年が過ぎたものとうれしく思う。朝から雨模様の空からは、昼頃から降り出す。夜になっても止まない。何日振りかの雨だ。春雨というもの。気持ちが良い。

4月13日● 学期始め。初めての土曜とて人出多く、売上げも細くはあったが、数、売上げがあった。上々の景気の中にあって、買物（仕入れ）も多かった。世田谷まで（仏教書、哲学書関係）、仕入れに行く。目ぼしいものは一、二点しかなく、午後一時帰宅。疲れが何となくひどい。明朝は寝床の大掃除。

4月15日● 神保町一帯、例年の通り大掃除。▼注1 風のない、晴れた暖かい一日だった。午前中で仕上げる。午後から休日。疲れを直すため四時頃まで寝る。夕刻かけて、浅草までおもむく。田舎芝居▼注2を見る。夜十時半帰宅。

4月17日● 小雨の降る、ぐずついた天気の一日だった。店は日々忙しくなる。各大学の使用する本が決まったのと、教授の推薦する本の決まったのとで、学生が探本に神田に出て来るためだ。夕方、姉さんより電話受く。東宝歌舞伎の指定席券を求めてくれるとの事だった。

4月19日● 市場に行く。夜六時まで。良い品は高くて高くて。どこも景気が良い証拠だろう。昼頃から雨模様となる。面白くない事、すべての事に――。

4月20日● 一年中で一番忙しい日――これは私達の仕事（書籍）で、一年を通じて一番多く売上げのある日なのだ。

毎年の事ながら、各大学の参考書を探る学生が、今日土曜日のゆったりした気分で（明日日曜というので）、本でも買って、来週から本格的に始まる講義のために準備しようという日なのだ。あいにく、雨の一日だったが、予想通り、平日の三倍の売上げ。明日天気が良かったら、今日を上回るかも知れない。

4月21日● 暖かい晴れた日曜――店の売上げは昨日より多く、身動きもできないほどの人出だった。一日中、緊張したせいか、疲れが甚だしい。姉さん来る。民放祭▼注3の招待券があったので、姉さんを東京体育館に見にやる。帰りに立ち寄ったので、二十八日に帰郷する姉さんの打合せをする。今日は珍しい人に会い、珍しい人から電話受く。いずれも田舎の本間充君、真嶋君だ。

4月23日● 今日も一日中雨だった。客足少なし。すみ子さんより便り受く。いろいろ面白い事を書いてよこす。彼女を好きだ。高等学校時代から抱いていた彼女を思う気持ち。一昨年、便り頂いてからますます惹きつけられる気持ちが強くなって、便りごとに互いに心の結びが強くなる。彼女も私のようなものを、結婚するまで待っていてくれるというほどなのだ。互いに力を合わせて頑張らなくては。

4月25日● 今日も雨。平日の売上げ。青葉君来る。田舎に帰っては本の購入が難しく、上京したついでにと、「六法全書」他数点買って行った。先月の初めに送った山口県の光高校分、十二万円、今日振替で入金する。この度の件ほど、心配した、気の使った事はなかった。主人にも顔向けできる。夜、小田君来る。久し振りなので話の種はつきなかった。仕事はまだ多くあるのに、休まなければならない。

4月26日● 週末の金曜というのは、一週間で一番暇というジンクスがあるのに、今日はどうした事か人出も多く、売上げも、今年に入って三番目くらいの売上げの多い日だった。緊張の連続だったので、余計に疲れた。暖かい日だった。日中の晴も、夜のこうして机に向かっている十二時となった今は、強い雨がトタン屋根を心地よく打ちつけ、涼しい風がカーテンを揺りながら、窓から入って来る。

4月29日● 市場に行く。市場は不景気で雑物ばかり。反面、店は連日、売上げが好調だ。天皇誕生日の今日は、朝から雲一つない晴天に恵まれ、郊外もどこも人出で賑わっ

▼1 一年に一度、町を挙げての大掃除を行っていた。
▼2 浅草六区の常盤座などで公演をしていた大衆演劇の事。
▼3 民間放送連盟主催の第五回民放祭歌謡大会。この時は出演予定であった江利チエミが急病のため不出演となった。

ているとの事。姉は無事田舎に着いて、くつろいでいる事と思う。本間君兄弟来る。

4月30日● 晦日だ。晦日になると、口をつくのは〝早いものだなあ〟という事。これはいつの月でも、自分だけではないと思う。桜の花の咲いた四月の初めが、つい昨日のように思えてならないから——天気は良かったが、この数日と比べたら、客足は半減したように思う。明日からは新たな気持ちで張り切ろう。

5月1日● 新緑の五月になった。新たな月に入って、気持ちも新たになって頑張ってみよう。幸い天気も時々、小雨はパラついたが良かった。〝労働者の祭り〟メーデーが世界各国で繰り広げられた。東京では、中央メーデーが神宮外苑に四十万人の労働者が集まり、年々穏やかになり、楽しいメーデーとなって行くこの一日を過ごされたとの事。田舎は丁度今日が祭りで、賑わっている事だろう。

5月4日● 先月十七、八日以来、連日好調な売上げを示していた。年で一番忙しい時期も、今日の土、明日の日曜で一応峠を越す事だろう。今日土曜も忙しく立ち回る一日だった。すみ子さんより便り受く。姉とはまだ会ってないとの事。明日は、武蔵関まで買物（仕入れ）に出掛けなければならない。

5月5日● 埃まじりの風の強い日曜だった。子供の日——次代を背負う子供の祭日だ。朝からあまりパッとしない、雲の厚い日でもあり、昼頃からはとうとう雨が降り出した。朝九時出発。新宿～荻窪～武蔵関まで仕入れに行く。主に心理学関係の本だったが、少ししか買わなかった。帰りに本屋回りをする。三時半頃帰宅。疲れた。夜、小南友会の会合あり。十二時終わる。

5月7日● 今日も又雨。全く憂うつになってしまう。杉並区大宮八幡まで、「漱石全集」（決定版）の配達。雨の中の自転車を踏む辛さも、日々のんびりしているよりはましだ。朝早く（六時頃）、姉が田舎より帰って来る。途中立寄ってくれた。

5月9日● カラッと晴上がる。市場に行く。調子の良い一日だった。朝から荷が多く、夜七時まで。良い品、多く買う事ができた。一日キチンと座っているのも辛いもの。腰が痛み出し、疲れもひどい。夜十時まで仕事で、終わって夕食。郷里の本間茂安君（一級先輩）と会う。

5月10日● 昼頃、横浜より電話受く。兄勲が出張で上京して来たとの事。何年振り（五年）で会うのに、夜行で帰るといっていたが、姉との話合いで、一晩王子の清水さんの所に泊めてもらう事にした。夜、閉店後九時頃、清水さんの所に行く。十二時半帰宅。明日、店の方に立ち寄るとの事。

5月11日● 昨夜遅かったので、朝は起きるのが辛い。土曜の今日は、平日と変わりない売上げだ。兄勲来る。丁度手も離せないくらいガタガタ忙しい時間だったので、あまり話す事ができなかった。部屋で一時間くらい話合ったが——夜は仕事で十時まで。

5月12日● 忙しくあるはずである今日日曜も、雨のために客はガタ落ち。夜、久し振りに仕事もなく、床に入る事ができた。便りしなければならないが、すっかり遅れてしまった。みやげ物の礼状だけでも書こう。すみ子さんからの便りもない。どうしたものか。

5月13日● 隅々まで晴上がった、暖かい一日だった。すみ子さんより便り受く。すみ子さんも、昨年、青年団に入団したばかりというのに、今年には副団長の選挙で票を争うほどになったという事は、本人の努力にも依る事だろうと思うが、責任感の強いすみ子さんの事、皆の支持を受けるのは当然と思う。長谷部君来る。電気関係の本を探しに——田舎に便りする。

5月15日● 午前中集金をし、午後から休む。交代休日ではあるが、五月に休むという事は前例がない。すみ子さんに便りする。十三日に便りを頂いたのだが、今日も午後の配達で便り受く。何か変わった事でもあるかと思ったら、十二日（日）の母の日を期して書かれた事だった。夕刻、真嶋君の所に行く。七年振りだ。羽田空港周辺を歩き回る。九時帰宅。

5月16日● 夕刊を見よ！いかなる新聞も第一面は、大半が、英国の水爆実験[注1]がクリスマス島で行われた事を報じている。水爆、原爆の洗礼を受けた我が日本国民の反対運動にも拘わらず、死の灰は地球を回る。我々も被害を蒙る。嫌な事だ。兄勲より便りある。無事着いたとの事。

5月17日● 全学連の原水爆禁止運動[注2]が全国で行わる。これからの世を背負う若人が、一致団結でデモを行うという事は美しい事だ。概して人類の安全を願う一心なのだからに暑いと余計に——。

——初夏のような気候だった。疲れがひどい。今日のよう

▼1　五月一五日に行われたイギリス初の水爆実験。クリスマス島では、この後も、イギリス・アメリカによる大気圏内核実験が二〇回以上行われた。

▼2　クリスマス島水爆実験を受け、翌五月一六日、全国の大学で抗議集会がもたれ、五月一七日に全学連（全日本学生自治会総連合）は、全国六〇カ所で抗議集会を開いた。東京では二万五、〇〇〇人が参加した。

5月19日● 大市ある。朝九時から出て夜十時まで。深夜二時頃までかかるらしいが、十時で帰って来る。何万種類の本と取組むため、種々勉強になる事多い。十万円ばかりの仕入れだ。疲れた。日中、友人数人が変わるがわる訪ねて来たらしいが、誰だか分からない。

5月20日● 朝から雨の一日だった。店の売上げは平常通り。昨日の大市の疲れが出て、朝は寝坊する。岸総理大臣、東南アジア訪問の途につく。この記をつけている午後十一時三十五分、出発する総理のステートメントを発表する録音を聞く。私の知る範囲において、過去何代か総理の演説を耳にしたのであるが、岸総理ほど切れ味の良い演説をするものはなかった。

5月21日● 疲れが甚だしい。休養不足か、ちっとも太りもしない。種々神経を使うからかも知れない。暇な一日だった。天気は良いのに。美しく聞きなれた日本の歌を、R・サントス楽団が、ロックンロール、ワルツ調、ジャズ調などに変曲するのを聞く。一風変わった調子ながらも、昔から親しまれて来た曲ゆえ、聞く一曲一曲が懐かしい。

5月29日● 市場に行く。だんだん不景気になって行く兆しかも知れない。随分活気のない市だった。月末でもあり、売上げも少ないのと相まってか——しかし、自分達は思う存分買う事ができる。金の方は考えないで買うからだ。しかし売上げと見合わせながら仕入れの方を調節して行かないと——雨模様で憂うつな日でもあった。

5月31日● 晦日の今日は暖かく、昨日の雨も上がり、活動するには丁度適した気候だ。集金や何かで忙しく立ち回る一日だった。〝芸は身を助ける〟——これはいろはカルタの文句。この題を主題にしたラジオの録音ルポ聞く。種々な芸から録音したこの番組、今の世の中の全貌を表しているようで、良い番組だ。

6月1日● 初夏！衣替えする時。街行く女学生などは、ほとんど皆、真白な衣に身を包み、やはり夏が来たのだなと思わせる一日だった。田舎なら閑古鳥の鳴く声を聞く時期でもあるのだが。都会ではそんなのんびりした雰囲気に浸る事もできない。スタートの良い一日だった。夢見も良かった。売上げ多く、忙しかった。

6月3日● 晴。本格的な夏型になった。すみ子さんに便り出す。加藤猛君来る。一つの仕事（全集、双書を明細に書く）をまとめ上げるまでは、当分、夜の時間は許せない。今日なども十一時まで。体の調子が本当でないようだ。少し動き回ると疲れが出て、睡眠不足も手伝っての事。眠い。

6月4日● 平凡な私にとっては、平凡な一日だった。東南アジア方面を訪問の岸総理、無事目的を達成し、今夜、羽田空港に帰って来た。ニュースでは相当の成果のあった事を報じているが、果たして成果が、今後の国交、貿易にどんな影響を及ぼすだろうか。国民の眼は光っている。

6月5日● だんだん暇になって行く。今日も、午前中は走り回っていたせいか、あまり感じなかったが、午後からはぼんやり店番しなければならない事、辛かった。しかし、ただぼんやり店番しているという事が、私達のような商売には大切なのだ。トタン屋根を強く打つ雨の音。久し振りに聞く。もう入梅になったのかな。これからは憂うつになる。

6月6日● 昨夜からの雨、今日一日中降り続いた。午前中は、板橋の帝京学園まで外交販売[注1]に。午後は、再び板橋まで。第二中学校[注2]まで配達と、雨の中を飛び歩いた一日だった。弟英雄、親友藤井藤雄君、青葉君より便り受く。いずれも機嫌伺いの便りだった。青葉君は遠い北海道に飛んで、山奥に入っての仕事との事。英雄も今は種々な事に少しずつなれて来て、面白味ができて来たとの事。

6月7日● 今日は、朝から絹糸のような雨が絶え間なしに降り続き、憂うつな上に店の方は閑散としてますます憂うつな一日だった。ただ閉店間際、二口の大物が売れて、一息ついた程度。この二、三日の雨は放射能の降下著しいとの事。もう本格的に梅雨に入った。気温も低い。

6月9日● 梅雨の合間に晴れた今日の日曜。気温も高く、各地では種々のスポーツが行われ、各々相当の人出があったそうだ。市場に行く。夏枯れを間近に控え、不景気のためか、品は良いものもなく、又価も安かった。三時頃まで。相馬ヶ原でのジラード事件[注3]がますます日米の間で大きな政治問題になった。これから二、三日の間の状況が見ものだ。

6月10日● 晴。気温は夏型。店は暇。こうして書くと、一日中何となくまとまりがなく、だらりと過ごしたように思われるが、違う。今日は店は暇ながらも、出版の方で忙しく、飛び回った。佐藤幸吉君来る。彼とは何ヶ月振りだろう。彼は用で来たのかと思ったら、金を貸りに来たのだ。そのような時だけにしか用はないらしい。今晩も暖かい。

▼1 外売りと同じ。

▼2 板橋区幸町に所在。一九四七年開校。

▼3 米軍兵士ウィリアム・S・ジラードが日本人主婦を射殺した事件。一九五七年一月三〇日、在日米軍群馬県相馬が原演習地で、日米ともに裁判権を主張して対立し、両国の世論も高まりを見せた。本日記は対立が頂点に達した時期に記されたもの。その後、日米関係の悪化を危惧したアメリカが折れ、八月二六日に前橋地裁で第一回公判、十一月九日結審（懲役三年・執行猶予四年）。

暑苦しい。南京虫に悩まされる事だろう。

6月11日● あまり学生の姿の見られない一日だった。客は割合多かったが。すみ子さんより便り受く。今日の便りは待っていた便りだった。待つ便りの長い事。夕刻より又、雨になる。降っては止み、降っては止みの、この頃の天気。気持ちの悪い季候の続きだ。全国流感も、全盛をきわめている今、体に気をつけなくては——。

6月12日● 朝から本降りの雨だった。全国的に広がっている流感。都内の各地で、学校の休校が聞かれている。猛威だそうだ。私も夕刻より咳の出る、頭痛のする調子に変わった。気をつけなくては。六年振りという友人に会った。一級先輩である遠藤君に会った。彼は親父の仕事の手伝い（登記）をしながら、中大に通っているそうな。本当に久し振りな友達だった。

6月13日〜15日● 熱三十九度を上下して、一向に下がらない。最高三十九度八分。六月十五日（土）三日間床に入ったまま——十二日の夜より熱を出し、流感に負けてしまった。まだにまだふらふらする。明日（十六日）の旅行を前に、三十八度七分もの熱が下がらず、ただ一人。眠るには三日間も眠ったので眼がさえて——熱が下がったら行きたいと思っているが——。

6月16日〜17日● 六月十六日（日）〜六月十七日（月）二日間、例年の如く、小南友会の旅行。日光〜中禅寺湖〜鬼怒川（一宿）〜川内のコース、国立公園二つを隈なく歩き回る。流感を押しての旅行ゆえ、体の調子があまり芳しくなく、楽しくあるはずの旅行も予想外だった。経過は別紙に記す。

6月19日● 市場に行く。体の調子の悪い時は何をやっても失敗ばかりするもの。だんだん、本屋街にはつきものの夏枯れのために、市場の方も不景気だった。夜、疲れて仕様がない。昨夜と同様、横になったらすぐ寝てしまう。まだ、体が本調子でない証拠だ。

6月20日● 梅雨の合間というのに、連日、最高の気温になり、暑苦しく、うだるようだ。小田君来る。貸金の返済に来たのだ。板橋まで、配達に行く。夜、暑苦しくてなかなか寝つかれない。暑さのために南京虫の来襲もあり、一夏をこうして南京虫のおかげで寝不足するようだったら、どんなにやせることだろう。

6月21日● 病後の疲れがこれまで続くとは思いもよらなかった。寝ついて三日、その後、旅行でゆっくり休んだはずなのに。今日はあれから六日にもなるというのに。少し動き回ったら疲れが急に出て、夜などは何もできない。清水君来る。夜、日本技術専門学校に教科書売りに行く。

6月22日● 土曜といっても、三、四、五月のように忙しくはなく、年中で一番暇な土曜だ。そろそろ田舎に帰る学生もあり。午前中、板橋の帝京高校まで配達。関水君も大したもの。もう教壇の上では、若さにまかせて生徒の信頼の的らしい。夕刻、王子まで買物（仕入れ）に行く。

6月23日● 雨の降る一日だった。昨日の疲れもとれない間に、今日も渋谷まで買物（仕入れ）に行く。数多くあったので、昼から二度往復する。雨の中の自転車も疲れる。面白い、古い珍本が多く。値の方も安く買う事ができた。夜、久し振りに映画を見る。まだまだ、夜の余暇を利してやらなければならない仕事が多くあるのに。疲れはどうしようもない。

6月25日● 午前中、取次回り[▼注1]と、午後には板橋まで配達及び集金に行く。遠路を自転車で最近は走り回るせいからかも知れませんが、尻が痛み、疲れがひどい。東海林さんから電話受く。来月の休日に会う約束する。眠くて筆を取りながらも夢見るほど疲れていて。

6月26日● 午後から雨の降る、朝からすっきりしない日だった。店は平常だが、客足はグンと学生の姿が見えないようだ。学生層よりも、サラリーマン層が多いようだ。早い連中は帰省しただろうと思う。夜、何日振りかで仕事もなく、早く床に入る事ができた。御無沙汰している友に便りと思いながらも、疲れがひどく不意に終わる。

6月27日● 朝から降り続いた雨は、一止みもしないで、夜十時頃〜今十二時には大雨と変わる。ラジオでは都内の大雨注意報を報じている。寝床が三階なので、特に屋根を打つ雨の音が強く聞こえ、真夏の前の涼しさが身に沁みる。すみ子さんより便り受く。私も出さなくては――夜、映画に行く。「南極大陸」感動作だった。

7月4日● 本年、二番目の気温。三〇・六度。それが午前中に三十度を越えたのだから、暑苦しかった。一番暑い時、出版物運送のため、リヤカーを引いてたのだ。体の調子が良いから、あまり苦しいと思わなかった。が、昨年やはり今頃（七月始め頃）、暑さのために体をこわし、寝こんだ事があるので、気をつけてはいるが、忙しさのためにはどうしようもない。一日中、外をかけ回った一日だった。

7月6日● 今日も暑く、うだる一日だった。一ヶ月前渡

▼1 神保町には、個別の分野や特定の出版社の本を専門に取り扱う小規模な出版販売会社（取次）が数多く集まっており、通称で「神田村」とも呼ばれていた。顧客の要望に応えるためなどに、古書店も頻繁に利用していた。

した本代の集金に、船橋まで残りの「世界歴史大系」を背負って行く。小切手の不渡りをもらって来る。主人に対しても申し訳ない気持ち。体中、暑さのためにだるい。熱もありそうだ。休養を十分とらなくてはならない。全く風なし。

7月7日◉　七夕祭り——由来は、はっきり知らないが、自然と今日は七夕という事になっている。折角宇宙の星の祭りというのに、東京は、輝く星一ツ見る事ができず、曇った暗い夜だ。朝から降ったり止んだりで、暑苦しい一日だった。夜、小南友会の会合あり。十二時半まで遊んだり無駄話をしたりして過ごす。

7月9日◉　市場に行く。市場も不景気だ。まだ夏枯れには早いのだ。三時頃終わる。あまり買うものがなかった。涼しい一日だった。梅雨明け間近に控えて、気持ちの良い、しのぎ易い一日だった。明日は休日。朝のうち、板橋まで、買物（仕入れ）に出掛けなくてはならない。

7月10日◉　朝早く、板橋まで、買物（仕入れ）に行く。昨日の契約に反し、契約した本人が会社に出掛けておらず、本を処分するのを止めたとの事。無駄足に帰る。午後から休み。部屋の中の片付けものをし、洗濯したりして終わったのが二時頃。それから、千代田劇場に行く。映画「千恵子抄」見る。感動する良い映画だった。芸術家夫妻の一生と、夫妻の愛情を隈なく描いた、故高村光太郎夫妻物語。夜八時帰宅。

7月11日◉　梅雨、最後の雨だろう。本当に降る降る。今年は、十分な雨が、梅雨期を潤した。暦の上では、もう二、三日で梅雨は明ける。その後に来る真夏。考えると、今日あたりの涼しさも暑くなるようだ。各大学は、もう一斉に休暇に入ったようだ。今日も、道行く客は少なし。

7月19日◉　市場に行く。荷が多くあった。良い品とてなかったが、資料になるものが多く、私のような系統違いのものには買う事ができなかった。しかし、気持ち良く買う事ができた一日でもあった。今日も蒸し暑い一日だった。田舎の父より便り受く。便りなのではっきりした事は分からないが——皆、元気であるとの事。しかし、暮らしはまだまだ楽にならないとの事。夕刻、姉より電話受く。

7月21日◉　神田古書籍商一斉休日。▼注1 朝、曇から、昼頃には雨が降り出す。友人高橋（広）君、斉藤昭三君と共に小田久四郎君の所に押しかけ、下宿で種々話合う。夕刻四時頃別れる。毎月一日定期的に集まる事を約束して——それから横浜の姉の所に行く。一緒に映画を見、食事をする。夜十時帰宅。

7月22日◉　昨夕から降った雨。今日も小雨ながら一日中降り続く。各学校は、小学校も含めて一斉に夏の休暇に入った。店の方はボツボツながら、地方からの先生が大口を買ってくれるので、忙しくはないが売上げはメートルが上がった。[注2] 調子を崩す事なく、九月の学期始めまで頑張らなくては――すみ子さんに御無沙汰している。便りでも書こう。

7月24日◉　雷まじりの強い雨が降る。この今日の雨で梅雨も上がる頃だろう。風が出て来た。明日からは暑い毎日となるようだ。すみ子さんから久し振りの便り受く。考えさせられる事、記してあった。早速返事を出す。昭三君来る。下宿が変わるとの事。

7月25日◉　ようやく晴間が出て来たようだ。しかしまだ、どんよりとした、雨を降らしそうな陰気な空気が晴間を汚してしまう。仕事は忙しい事なく、店番も暇で辛い。もう一ヶ月間は暇続きだろう。店の暇な中に帳簿の整理をしよう。

7月26日◉　一日中降った。断続的な梅雨には、うつうつだ。九州一帯豪雨に見舞われる。三十名にも上る行方不明を新聞は伝えている。店の暇を利して、ようやく全集、双書総覧を作り上げる（足かけ半年もかかった）。体の調子がまた崩れて来たようだ。ガッチリした体格をつくらなくては――。

7月27日◉　晴間が出たと思ったら、蒸し暑くなり、黙って立っているのも辛いほどの暑さだった。岩手県の先生、北海道の先生、それぞれ大口の注文を持って来る。明日、明後日は忙しく立ち回らなくてはならないだろう。久し振りの注文だ。

7月28日◉　朝早くから、昨日に引き続き岩手県の先生に付きっきりで昼まで、本集めする。今年最高の金額、売上げだった。暑さも最高を記録したのだろう。午後三時～四時頃の暑さには閉口した。今年、これ又、最初の海水浴日和の日曜。片瀬海岸は満員の盛況との事。

7月29日◉　市場に行く。すべてのものにある夏枯れ[注3]というのが、我々古本屋にも微々ながら影響している。今日あたりの市場風景を見ても分かる。閑散として、荷も良いものなく――夜、長谷部君来る。種々な話題に二時間ばかり話合う。明日の朝、渋谷まで買物ある。

7月30日◉　朝早く、渋谷、日赤病院近くまで買物（仕入れ）に行く。これで二度目だが、まだまだ多くの蔵書を持って

▼1　神田古書街（東京古書籍商業協同組合第一支部）では、一九五七年四月より第三日曜日を定休日とした。
▼2　メーターが上がることで、上昇増加することを意味する。
▼3　七～九月、大学の夏期休暇の期間に本の売上げが落ち込む事を「夏枯れ」という。

いた。主に軍隊関係、歴史（幕末頃）関係が多かった。二往復する。日照りの厳しさで表面にむき出ている体の部分は真っ赤に日焼してしまった。夕刻、斉藤君より電話受く。又、田舎の本間恒夫君が夏期休暇で田舎に帰省するそうだ。彼も松嶺会なるものを作ろうとする案だった。

7月31日◉　晦日なので集金その他で駆け回った一日だった。暑さ最高の三十三度を越したそう。すみ子さんより便り受く。うれしい便りだった。すみ子さんも、日に日に社会という隅々の事を学んでいるせいか、文章にしても、一年前とは随分変わっているのに気づく。日に同じ事を繰り返している自分の現在の生活を考えると、ラジオ、新聞を見聞している中、種々な事で苦しい思いにひたる事がある。

8月2日◉　荷造りするために朝六時起きする。最近は特に寝坊するためか、六時で起きるというのは億劫だったが、八月の朝六時と言えば太陽がカンカン照っているのだ。藤井君より便り受く。今日も暑さは相変わらず厳しく、店も不景気のドン底といった型。

8月5日〜6日◉　伊豆の伊東に、総勢五十三名で一泊の海水浴に行く。真っ赤に日焼けした身体になった。向こうでは、豪勢なドライヴで様々な観光地を乗り回した。たまに大海原に出て気持ちを大きくさせるのも良いもの。夕七時頃帰宅。

8月7日◉　例年のように、海水浴の翌日に疲れて動けないというような事はなかった。一日中、平日通り動き回る事ができた。が、夜床についたとたん眠りに入ってしまった。途中目が覚めて、この日記を記す。青葉君より便り受く。すみ子さんに便り書く。夕刻より雨降り出す。夕立雨なのだろう。時たま雷を伴って――。

8月8日◉　暑苦しかった。この暑さも当分長くは続かないだろう。八月も中旬に迫ったのだ。暦の上でも立秋の今日。字の如く秋立つで、秋風に物の考えに耽ける日も一ヶ月とないだろう。店の方の暇も底をついた感じ。夕刻、姉より電話受く。田舎の母より久々の便りがあったそうな。そういえば自分にも母よりの便りは全然ない。相変わらずとの事。丈夫であってくれれば幸せだ。

8月11日◉　のんびりと店番をしなければならない一日だった。〝のんびり〟という言葉を、仕事の上に使わなければならないほど辛い事はない。佐藤一也君来る。彼も現在は〝食うために〟という事で、ある中小企業に勤めているが、文学の望みには着々準備を整えており、機会をねらっている様子。夕刻、あまりにも客が少ないので早じまいする。

8月13日● 午前中、渋谷の築田氏宅まで買物（仕入れ）に行く。自動車一杯あったが、目ぼしい本はなかった。午後、杉並（高円寺）まで集金に行く。目的は達し得なかったが、貧困の底の生活をしている人々の話を種々な方面から聞く事ができた事で、自分自身のこれから世渡りする上に、プラスになった事は間違いない。長谷部君から便り受く。高橋宏君からも便り受く（十八日の約束の取消らしい）。

8月14日● 市場に行く。市場の景気としては、最低の価格であった。又、反面、店の方も芳しくない。田舎や、長谷部君など、友人にも便りしなくては。随分返事を書くのが溜まってしまった。暑さもますます厳しく、体の調子にも影響して来る。長谷部君に便り出す。

8月15日● 忘れもせぬ十二年前の今日の事を。私は幼い小学校五年生だった。しかし、今は一人前に社会情勢を見る目の養われた、二十二歳にもなっている。敗戦か終戦かの異論もあろうが、そんな事はどうでも良いと思う。とにかく忘れてはならない記念日なのである。十二年前の今日を知っている先輩達は、今日のこの繁栄を誰一人として自信を持って広言しえる人があったろうか。痛手からの回復の速やかなる事に併せて、再び戦争なるものを起こさない事を全世界の人々が誓う事だ。小華和君来る。ドモリが治った事は彼としてどんなにうれしい事か。

8月17日● 小田君、斉藤君、高橋君と私四人、毎月第三日曜に集まる予定だったが、三人共都合ができて不可能との事。今月は不意に終わる。小田君来る。東海林さんから電話受く。横浜の姉に電話する。すべて明日、休日のための用事。これほどまで休日を楽しみにしている現在の私を、自分自身で眺めていると、何か幼稚な事のように思える。しかし、それだけ我々の日常の勤務時間が永く、時間の余裕のないのを証明している訳。

8月18日● 神田書店街一斉の定休日。予定が一斉不意に終わる。午前中〜午後二時半まで。上野松竹で「大忠臣蔵」を見る。忠臣蔵の映画は、過去何度も見ているが、今日見た映画は、シネマスコープにカラー映画なので荘厳さがあふれ、種々細かい資料を元にしているせいか、今までの映画にない場面が多かった。夕、横浜に行く。桟橋（横浜港）に行く。夜六時頃から、横浜駅前での神奈川県下の盆踊り大会を見る。

8月19日● 休みの後の仕事というものは、張り切りが出るかわりに、体のだるさが出て——これ休みの気のゆるみと思うが——市場に行く。荷が少なく、昼で終わる。客は少なく、夏場としては普通なのかも知れぬ。すみ子さんからの便り待っているのだが、まだ来ない。何か不便な事があったのか――。

8月20日● 二、三日前の涼しさは、束の間。今日は暑さが厳しく、まだ夏が終らないという証拠だろう。やはり八月が過ぎなければ、涼しくならないのかなあ――ある本を読んでいるうち、人の世の中には言葉や字に多くの無駄がある、という事が書いてあった。もっと簡明な方式を個々が持って、あらゆるものを処理して行ったら、時間の余裕や労力がはぶけるものと書いてあった。物は考えようだ。

8月22日● 台風後の異常な気候のため、全国各地で最高の気温になったそうな。新潟、秋田などは、三十五度にも達する暑さ。それに伴うフェイン現象で、新潟に大火[注1]がある。二年前も同じ新潟で災害を被ったのだ。宿舎の近くで盆踊りが始まった。盆踊りの囃子を耳にする頃は、田舎を想わせる時期だ。朝晩はいくぶん過ごし易い。涼しい風がカーテンを揺らす。夜、映画に行く。

8月24日● 青葉君より便り頂く。有斐閣「六法全書」を送ってくれとの事。早速送る。盆踊りも最後の今日は、深夜まで踊り回っている。夏の夜を踊りで過ごすのも良いものと思うが、踊りの知らない自分はただ見るだけで雰囲気に浸る事ができた。もう深夜になると、日中の暑さもどこへやら。風が吹きまくり、秋の気配を感じさせる。

8月26日● 今日も暑さは厳しかった。今日の朝刊、夕刊紙共、二大記事を大々的に報じている。一、〝太陽の火〟[注2]と題しての日本の最初の原子炉に点火した日だ（東海村発）。一、日米行政協定で米国、日本、その他全世界注目の、相馬ヶ原射殺事件〝ジラード事件〟の、日本裁判初公判の件。右二件とも毎日のように明日から賑わす事だろう。すみ子さんに便り書く。

8月28日● ある週刊雑誌に〝地震は待っている〟と題して、現代一流の学者の予測が載っているのを読む。この数年の内に大地震があるとの統計上の予測が載っていた。又種々な角度から見た予測も――来る九月一日は震災記念日。それを前後しての地震説が、この数日、紙上に載っている事も、我々には恐しさを植えさせる。主人は震災を予測しての対策として、食糧等の貯えなどして気をつかっている。いずれにしても、大地震説が巷にある事は、何か元があっての事だ。

8月30日● いくぶん涼しくなったようだ。陽はカンカン照っているが、一番暑いはずの二時頃でも、風のある涼しい日だった。涼しさのため客は多く、売上げも久し振りにメーターの上がった日でもあった。

9月2日● 台風の前兆で、朝から一日中雨が降り続いた。気温も昨日に引き続き涼しく。年中通して、今日ほどの涼しさなら良いもの。佐藤一也君訪ねて来る。早く閉店す。明日は自分の誕生日だ。もうこの世に出てから二十三年にもなるのだから、早いものだ。二十三年間という長い月日を何の役にも立たず、無駄飯を食って過ごして来た事、今更恥ずかしく思う。だが、希望は多くあり、まだ若い。

9月3日● 誕生日。私にとっては、意義のある日。何の日？ 誰も知るものはないだろう。私以外。二十三年間もの無駄飯も。きっと役に立たしてみせる。まだ若いし。誕生日を迎えた今日、朝から気持ちの良い一日だった。昨日降った雨も、カラリッと晴上がり、私のこれから社会にもまれていく出発に当たっても、気持ちの良いスタートのようだった。感無量。すみ子さんに便り書く。

9月4日● 秋晴れの、暖かい今日一日だった。ぼつぼつ学生姿も見え。本格的に読書のシーズンに入った。長谷部君来る。すみ子さんより便り受く。一ヶ月振りの便り。私の誕生日を知って、祝詞かたがたの便りだった。明日は休日（交代休日）。先日悪かった目が再び悪化し、仕事にも差しつかえるほどだ。

9月6日● 台風の余波か、一日中雨が降り続いた。種々な紙上に紹介されていたが、東京を中心に、六日頃大地震が起こる流説があったが、今まで、日中は何事もなく無事に過ごす事ができた。六日に限らないにしても、天変地異による災厄は恐ろしい。用心が肝心だ。友人、庄司尚君、藤井君に便り書く。

9月7日● 一週間も前から気をもませていた台風は進路を変え、今日、九州に上陸。相当の被害を与えたそうな。このままだと明日、関東を襲う公算大との観測。どのように変わるか。一日中雨が降っていた。夜、久し振りに映画を見る。「葡萄の季節」人間愛、兄弟愛の秘々感じさせる映画だった。

9月8日● 昨日まで台風の進路を恐れていたが、今日、台風も衰微しつつ日本海に抜けそうだ。一日中、台風一過の秋晴れだった。取り入れも間近い稲作は、水難、風難を

▼1 新潟県岩船郡朝日村で、台風七号のフェーン現象の影響により、七〇棟が全焼した。二年前の大火とは、一九五五年一〇月一日に発生した火災の事で、新潟市内の中心部二六万㎡が類焼した。

▼2 この日、東海村に設置された日本原子力研究所の動力試験炉で、日本初の原子力発電試験が成功した。日本における原子力発電時代の幕開けとも言うべき出来事であった。

避けて、三年続きの豊作を各地で伝えている。今日は、中秋の満月。夜はカラリッとは晴れないが、月を見る事ができた。静かな日曜の夜だ。日中は近日になく忙しく、又、売上げも多かった。

9月9日● 市場に行く。店は少しずつ景気を盛り返しているが、市場の方は相変わらず不景気だ。昼過ぎ、終わる。雨になる。急に涼しくなった。もう暑い日はないだろう。愁いの多い秋。頭の中を澄ます秋。体の調整には絶対の秋。春秋の過ごし易い日々を有意義に過ごす事が、本当に、人生にプラスになる。仕事の方面にしても。

9月11日● 秋深く、すっかり涼しくなってしまった。雨模様の今日は、肌寒さを覚えるほど。すみ子さんより小包受く。私の誕生日のプレゼントだそうだ。実に気のきいた、プレゼント。早速お礼状書く。本間恒夫君来る。松嶺会▼注1の発会について昨日に引き続き――長谷部君より電話受く。貸金の事だった。

9月14日● 昨日とは一変して店に活気が溢れた。土曜というせいもあったろうが、天候が良かったせいもだ。試験期を控えて、学生が探本に真剣な事も加えて、売上げは上の方だ。いや、九月の時期としては普通なのかも知れない。昨夜に引き続き深沢七郎著作を読む。「東北の神武たち」「揺れる家」いずれも短篇ながら心を捉えるものばかり。明日は定休日。姉より電話受く。

9月15日● 定休日。朝、姉来る。二人で姉が見たいという都内の名所を回る。宮城前～日比谷～銀座等、主な所を見物し、日劇に入り、八時半に別れる。秋晴の好天に恵まれ、気持ちが大きくなるような都内の種々な物に接した。映画「夕凪」見る。日本映画、久々の感激した映画だった。

9月22日● 大市ある。朝九時～深夜丁度十二時まで。良い品とて少なかったが、荷物は多く種々な変わった書物と取組む事ができた。十二時半帰宅。欲しいものも多かったが、主人からの制約で買うのは控えた。店は忙しかったらしいが――。

9月23日● 勤労感謝の日。すっかり秋晴れの休日(祭日)。店の客は少なく、夕刻、平日より早く閉店。夜の時間の使い方が、この頃、妙に下手になった。閉店後あまり残業もなく、就寝(十一時半)まで二時間半あまりの、余暇なるものがある計算なのに。田舎に便りする時間もないくらい。無駄に使っているだけかも知れん。映画に行く。「抵抗(レジスタンス)」見る。

9月26日● 何でこんなにも暇で売上げが少ないのだろう。不景気などとは言いたくないのだが、仕方ない。不景気のドン底だ。逆に買物（仕入れ）は、売上げよりも多い状態なのだ。午前中、深川まで。夕方には、池袋まで。それぞれ一万くらいずつ仕入れに行く。白ッポイものばかり。▼注2田舎に便り出す。

9月27日● 台風の余波で午前中は強い雨だったが昼から晴上がる。午前中は、再び昨夕行った買物（池袋）に行く。午後（夕方）も、昨日と同じ深川まで二度目の買物に行く。午前中も午後も、いずれも二度目なるゆえ、少し高めに買う。晴上がったためか昨日よりは売上げ高が多い。ほとんど一日中、出回って歩いたので、留守中に加藤君ほか二、三人の訪人があったとの事。誰々だろう。

9月28日● 土曜日は忙しい（売上げ多い）というジンクスにもれず、この数日分もの売上げがあった。やっと息をついた感じ。夜、長谷部君来る。貸金の返金に来たのだ。種々話題を生活の方向に向け、長谷部君も最後というべき試験が今日終わったので、気持ちの落ち着きをみて、彼のこれからの就職問題まで話合う。

9月29日● 市場ある。品少なく不景気な市だった。早く終わる。店の方も雨のたたりでパッとしない。本間恒夫君来る。彼も試験が終わったので、本格的に〝松嶺会〟発会の段取りのため、少ない時間ではあったが、話合う。来月第一日曜、上林君と共に来る予定。

10月1日● 十月に入った。スタートよろしく好天に恵まれ、新たな気持ちで活動を始めよう。秋の多彩な行事も一斉に繰り広げられた。都民の日（大東京祭開く）。西のパリに匹敵する祭りとの事。花バス、自衛隊（記念日）のパレードあり。又、世界ノンプロ野球大会に初優勝した選手のパレードなど。夜小田君来る。本間恒夫君も訪ねて来たとの事だったが、留守だったので会えなかった。新しくこの帳求む。一頁も無駄にせず、又無駄な事を書かないように、日々を着々歩もう。

10月3日● 晴上がった秋晴れに寒さを覚えるほどの今日一日、天気の割に忙しくなかった。西尾さんに電話する。一年振りだ。名簿を作るために、知っている範囲の住所を聞き正すために。夕刻折り返し電話頂く。

10月4日● 午前中、板橋まで配達に行く。松嶺会（仮名）を作るための準備として、本間恒夫君、佐藤尚也君など来

▼1 東京在住の松嶺町出身者の同郷者の会。後に松山会と改称。五十嵐氏は発起人の一人として発足に尽力する。第一回の松嶺会は一〇月二〇日に行われた。

▼2 刊行からさほど経っていず、定価で入手可能な本の事。刊行後長い年月が経った絶版本は「黒っぽいもの（本）」という。

る。夜三時間ほど〝サボウル〟[注1]で話合う。大体の下準備のメドがつく。できうる限り努力するつもり。

10月5日● すみ子さんより待ちに待った便りもらう。大体は多忙を理由に遅れた便りの弁解だったが、うれしかった。夕刻に深川まで買物（仕入れ）に行く。八時半帰宅。ソヴィエトで人類初の人工衛星を打上げる。

10月6日● 横浜より姉が来る。昼過ぎから強い雨となる。種々話合うが、どんな話でも兄弟姉妹は有難く思う。夜、早じまいのため、映画に行く。「喜びも悲しみも幾歳月」今までになく感動した映画だった。別紙に感想記す。

10月7日● 松嶺会（仮名）の創設のため、友人が方々歩かれている報告を私の所に集めてくれる。清水昭一君、本間恒夫君来る。佐藤君より電話受く。あまり芳しくない売上げだった。天候が最大の原因のようだ。

10月8日● 交代休日なので休む。朝早くから松嶺会の下準備として、会場探しに奔走する。小田君、本間恒夫君とも渋谷の辺を歩いたが――明夜再びやり直しとして考えなくては。浅草に久し振りにおもむく。「秋のおどり」見る。映画「喜びも悲しみも幾歳月」を再び見る。良い映画だ。

10月9日● 晴。市場に行く。不景気の中にも今日は荷が多かった。午後五時半まで。楽々買える調子の良い一日だった。この所、さっぱり店の中におらず、出歩きが多くて、店の売行きが分からない。夜、又、会の事で相談するため、充君、久四郎君、尚也君集まる。大体、話もまとまり、会場も予約する（新宿）。明日中にハガキに印刷しなくては――。

10月11日● 松嶺会の案内状、ポストへ入れる事ができた。本間恒夫君も来て、住所の宛名書きする。体の調子は何ともないのだが、食欲がなく、なんかおかしい。昨日あたりから、一食一膳だけ。働く分には差しつかえないが――疲れがひどい。早く床に入る。

10月12日● 昨日ポストに入れたハガキ、早くも都内は、今日着いたようだ。谷田さん、富樫光弥君などから電話連絡もらう。本間恒夫君、状況見に来る。店は暇だ。

10月14日● すみ子さんより便り頂く。久し振りでうれしい内容だった。会（松嶺会）の返事も散々だけど集まった。出欠半々くらいだ。今日の便りの中に、西尾さんの筆跡が妙に私の心を動揺させた。というのは、私も上京以来二度会って、一度は休日に、共に公園などで話合った事があった。同級生だもの。明日十五日に結婚式を挙げるとの事。口に出せない何か、淋しいものが心を打ったのだ。思えば長い年月、同じ教室に机を並べた西尾さんだ。これも、彼女にとっては人生の花なのだ。私も当然歩むべく道だ。ただ、幸福であれと願う。明日祝電を打とう。すみ子さんに便りする。

10月15日●　たった二、三日前、十月の声を聞き、十月になったのだな、と思ったのに、もう今日は月の中半になってしまった。朝からすっかり晴上がった良い天気だった。西尾さんの結婚式の日だ。天気も良い。祝電を打つ。忙しかった仕事の方は——会の返事は今日は五通。夕方、東海林さんから電話受く。共立講堂での音楽会の切符があるからとの事。閉店後行く。日本フィルハーモニー交響楽団「近代交響曲をきく夕」。音楽会には初めてなのだが、音楽から出る何ものかが、完全に私の心を魅了してしまった。

10月17日●　朝のうち、天気は雨で昼頃まで全く暇だった。昼頃ようやく晴上がったと思ったら夕刻には急に冷え込み、強風に。ますます寒く、一月頃を想わせる日だった。風邪には十分気をつけなくては——靖国神社の秋の例大祭始まる。毎年、秋の例大祭の日に雨の降らない日はない。不思議なものだ。会の返事三通。大体数がまとまったようだ。

10月18日●　昨日の冷え込みが今日も一日中続いた。店は全く閑散としている。売上げも人出も近日ない少なさ。夕刻、本間充君、本間恒夫君、共に来て会の最終打合せをする。夜も佐藤尚也君、小田久四郎君来て、打合せの締めくくりを終わる。ハガキの返事も途絶えた。三十人の出席は確実。明後日、初会合なのだが、皆、久々の人達ばかり。どのようにまとまるか問題だ。楽しみにしている。朝日新聞社より吉川英治筆色紙、届く。

10月19日●　全連の大市会▼注2ある。この所一ヶ月の中に三度も大市（洋書、和書、一新会）があった後だけに、荷は少なかった。しかし荷は少ないが、地方の人達の景気にまかせて活気のある市だった。朝八時〜夜七時半まで。欲しい本は多くあるのだが、まだ勉強不足のせいか正しい価が分からず、はがゆい事もあった。けど、度胸も雰囲気にもだいぶなれたようだ。度胸の面では誰にもひけはとらないつもり。明日は待望の休日。小南友会で箱根、十国峠を回る予定。夕刻には会に出席せねばならない。

10月20日●　定休日。小南友会で、朝五時起。小田原〜芦ノ湖、十国峠を回る。私は途中箱根町より別れて、四時に新宿着。松嶺会の発会式に出席する。七年前に別れた人達

▼1　一九五五年創業の喫茶店。神保町一丁目に所在。
▼2　一九四七年に創立した全国古書籍商組合連合会（全古書連）主催の大市の事。神田の古書会館で開かれた。

や三、四年も会わなかった人達の多勢集まった事には驚いた。二十七名出席。九時まで。今後の方針などを決め、意義のある会であった。十時帰宅。

10月23日● 秋晴。風邪は全国に広がっているとの事。悪性のようだ。日中清水昭一君来る。先日の松嶺会について欠席したので状況を聞きに来たのだ。夕刻、長谷部君来る。今日、彼は日本航空の試験を受けに行って来たとの事。問題集を持って来た。彼は望み薄として落胆していた。現在の就職難にあって、彼も直々にその壁に直面しているのだ。二日くらいで合否が判別するとの事。すみ子さんに便り書く。

10月25日● 台風の余波か、一日中雨が降り続いた。夕刻はひどく、店の客も少ないので早じまいする。高校(酒田東)母校の、体育館落成式の招待状受く。体育館新築の時寄付したためでもあろう。わざわざ行けるものでもないし、欠席の返事出す。夜、長谷部、斉藤両君来る。種々な話があった。双方、世間話に身を入れて論じ合う年になったもの。私とてぼやぼやできない。年齢をみておれば——。

10月26日● 失敗の続きだ。学校に納本した代金がとれなくて、連日のようにつめかけているのだが。二十万円の手形を割ってもらえば、との事。主人に話をしても無駄な事は分かっていたが、やはり一応経緯を報告した。とたん不機嫌になり、今まで秘していた事なども、どんなにして処理したら良いものやら。自分としては多少なりとも利益を得ようとして納本したのがこんな結果になって——今日は土曜なのだが、土曜とても暇であった。

10月27日● 天候は朝曇で昼頃から晴上がる。郊外に行こうとする人達も朝の曇りがちな天気に災いされたのか、店の方には昼過ぎから客足が出、売上げもようやく平日並に戻った感だ。客多く、忙しく立ち回るようになれば、何となしに気持ちがいい。月末も近くなった。明日あたりから平日に戻る事だろう。新聞は、スポーツ欄が大幅にでき、今日あたりはもっぱらスポーツ記事に埋まっているようだ。団体、カナダカップゴルフ大会。六大学野球。プロ野球日本シリーズ選手権大会など——。

10月29日● 雨。市場に行く。不景気な市だった。最近神田の店の方は全くの不景気なので荷主も控え目なのだろう。昼過ぎに終わる。店の方は別の手を打って販路を広げなければならない。夜、映画に行く。「大菩薩峠」見る。白井喬二著。

10月31日● 今月は早かった。何もしない中に一ヶ月を過ごしてしまった。時間の使い方を考えれば悔やむ事もあるが仕方ない。今日は一日外を歩き回った。午前中は集金などで、午後は配達集金と四時頃まで。神経も随分使ったせいか、疲れも出た。晦日の今日は、平日より少し上回るほどの売上げだった。明日（十一月）からは再スタートで張り切ろう。本間充君来る。

11月1日● 新しい月のスタートよろしく天気は上々。暦の上でも気候の上でも晩秋になった。新しい月には新しい気持ちで、あらゆる、すべてのものを処理して行かねばならない。先月のような不景気ではなく、忙しく立ち回るほどの月であって欲しい。斉藤昭三君より電話受く。近頃随分会わないと思ったら、昼は新聞社勤めで、夜は大学の研究室に通っているとの事。

11月2日● 土曜でやっと、この頃の不景気の中に日の目を見るほどの売上げを記録した一日だった。明日も、この調子なら良いかも知れん。先日研数書院の社長宛、親展の手紙を出した所、今日電話で返事受く。出版の事なのだが見込みない。もう数社に当たってみよう。どんな返事を受ける事か――。

11月4日● 毎日、こうも売上げが少ないのは、一般にすべてのものが、そうであるように、今政府がとっている金融引きしめ政策の余波が、このような結果になっているものと思う。当分この不景気は続きそうだ。今の国会では中小企業法案も審議されるとの事。それも結構な事だ。夜、主人の話を聞く。主に先日NHKのニュース解説者、斉藤栄三郎氏の講演を聞きに行った時の再生という事だ。だが面白く、ためになる事を話すもの。人間やはり長年の苦労があれば種々な話の種もできるものか――ソ連では、人工衛星第二号にイヌを乗せての実験に成功した事を報じている。世界の眼は一斉に緊張した。

11月6日● 晴。手紙に晩秋の候ますます――の前書きで書かなければならない気候になってしまった。早いものだ。考えるに、今年は月日の経つのが妙に早く感ぜられて――毎日毎日新聞の四分の一は人工衛星のニュースだ。昔、空想、夢だった月旅行も、今はもう現実に迫っている。人間も科学の力でどんなに変わるか。日一日と変わるこの世の中。日栄社[注1]社長宛に手紙書く。

11月7日● 風も出、夕刻から急に冷え込む。もっとも十一月も半ばに近くなったのだ。月食――午後九時から――今（十二時）四分の三くらいかけている。そのためでもあろう、寒さはひどい。夕刻、姉より電話受く。久方振

▼1　教科書会社。一九四八年創業。

りだ。

11月8日◉　立冬（暦の上での）――冬立つ日。からりと晴上がったひきしまったさえ方だ。通勤の人達のコートのエリを立たせる冷え方だ。新聞では、冬型配置になったと報じている。ソ連の革命記念日の七日には、ソ連の人工衛星の成功に、反動的な演説をアメリカ（アイゼンハウアー大統領）が発表した。ますます対立する世界の二大勢力。面白いと他人事のように観測している事ができない。

11月11日◉　朝から露気を含んだ南風が吹きまくり、蒸し暑い一日だった。日中は雨も降り、九月頃の気候のよう。交代休日なので午後二時頃まで部屋に閉じこもったきり、体を休めるため蒲団の中に入り、田舎に手紙書く。午後に神田日活で映画を見、夕刻六時頃、佐藤四郎君と有楽町駅で待ち合わせ、銀ブラ▼注1する。夕食を共にして将来の事を語り合う。その足で上野まで出て喫茶店で一時間くらい、話の続きをする。十時帰宅。

11月12日◉　昨日の雨も、今日はすっかり晴上がる。秋晴れも、もう幾ばかりもなくなる事だろう。十一月も半ばを過ぎようとしている。午後、板橋まで行く。数多くの注文をもらうための交渉なので。工業技術専門学校、▼注2集金が思うように集らなくて弱っている。

11月13日◉　毎日毎日、同じような、仕事の繰り返しも、何か突拍子な事にぶつかって、初めて楽しさも覚えるもの。この日頃の仕事にはそれがない。変わったような、何か大きい事があれば良いが――唐橋様より便り受く。出版の事についてだった。

11月15日◉　月の半分。今日は十五日。集金やその他で忙しく走り回った。配達の方も昼頃は渋谷～世田谷～新宿と大部分を自転車で走る。午後には、板橋まで。疲れ切った。明日も走り回る仕事がある。だが、こうして走り回るほど忙しいのはうれしい。晴れ。だいぶ寒くなった。北の国の山々は、もうほとんど雪化粧との事。夕刻、姉より電話受く。田舎で庄内柿を送ったとの事。まだ着いていないが――。

11月16日◉　久方振り、本当に久方振りに売上げの多かった日だった。別に忙しくもなかったが、大ものの売上げと、集金があったためかも。午前中は、付きっきりで、工業技術専門学校の集金に行ったが、無駄だった。主事（責任者）に来てもらって、主人に話してもらうよう、約束して来る。このように自分の手に負えなくなったからとて、直接来てもらうという事は、自分の力がないと暴露しているようで、嫌だったが、やむを得なかった。種々な事にぶっつかってみなければ、人間として肥える事はない。長谷部君来る。

明日定休日。

11月17日● 第三日曜。定休日。一日中雨降り続きだった。もし、秋晴れの良い天気だったら郊外にでも行く計画だったが、昨夜から降り続いた雨は止む事なく。床の中でトタン屋根を打つ雨の音を聞きながら、回りの何ものも考える事なく、午前中を過ごしてしまった。二時頃から横浜まで行く。姉とデパート回りをしたり、夕食を共にしたりした。つまらない休日だった。しかし、ただ何も考えない事だけでも体を休め、定休日の意義あらしめた。

11月20日● 晴。毎日毎日死亡者の多数出る流感。今が最高潮として猛威をふるっている。何事も努力だけでは成す事ができないものだが、やろうと思って一つに打ちこめば成せない事はない。この二、三日、意気込み厳しく仕事に向かったせいか、それだけの効果はある。売上げを見れば、結果が判然としている。そのような日は気持ちも良いもの。私としては、体をまず大事にしなくては…ラジオドラマで「地上」聞く。感動した。大映で二十二日から封切上映との事。必ず見なくては。

11月23日● 勤労感謝の日。祭日だ。秋晴の、気温も日中は暖かく、サラリーマン等、休日を利用したピクニックには絶好の日。神田にも随分の人出だった。本探りに来た人達で。それゆえ、売上げも多かった。横浜の吉田さんの奥さん見える。何か姉の事で話合ったのだそう。自分には分からない。夜、映画に行く。「地上」見る。大正中頃の封建制の中にあって淡い恋をする富豪の娘と、母子で生活している貧乏な学生の恋物語なのだが、良い映画だった。

11月27日● 晴。斉藤君来る。教育会館で行われた全国家族計画大会に[▼注3]、新聞記事を採りに来たとの事。良く活躍している。本間恒夫君も来る。田舎から佐藤芳明君上京しているとの事。参議院会館に、ある大会に出席のため。山形県代表として出席するためらしい。明日来るとの事。

11月28日● 晴。すみ子さんより便り受く。写真も入っていた。ますます美しくなって行くように感ずる。店は、全く暇だ。月末も近くなったというのに。辛い。本間恒夫君と共に佐藤芳明君来る。彼とは実に五年振りの対面だ。随分変わったもの。松嶺会の宣伝要項を伝え、後便で写真を

▼1 銀座をブラブラと歩くこと。

▼2 東京工業専門学校付属工業専修学校・電波技術専修学校（一九四四年開校）の後身である、東京工業大学付属工業高等学校（一九五一年改称）の事か。日記当時は、すでに改称されているが、古くからの呼称が通行していたか。

▼3 厚生省、東京都主催の第二回家族計画普及全国大会。東京神田の学士会館に全国の受胎調節指導員、市町村事業場の関係者約一、二〇〇人を集めて開かれた。

送り、新聞「広報まつやま」[注1]に載せてもらうつもりだ。小田久四郎君と電話連絡する。本間充君来る。すべて松嶺会の件についてだ。十月上旬の暖かさだ。

11月29日◉　市場に行く。つくづく思った事があった。商売という事の、寸分も安心、油断、隙も禁物である事を！特に今日は、あまり景気がよさそうでなかったから、相場というものを、棚の上に上げて安く買うつもりで競ったため、他人（年配の人達）には、叱りを受けたり、相場をみだしたり。だけど自分としては、それだけ市場という、ある場になれて、度胸がついた、というだけでも、収穫と思っている。昨日の暖かさも束の間、急に冷え込む。本間恒夫君来る。

11月30日◉　晴。晦日の土曜とあって忙しかった。朝早くから、池袋まで買物（仕入れ）に行く。古いものばかりで、資料になるものなど多くあったが、三度目なゆえか、買いにくかった。結局、高いものを買わされた。長谷部、本間恒夫、小田久四郎と、次々訪ねて来る。いずれも、本間を除いては久し振りだ。冷え込みが厳しい。冷えるためか、夜などはひどい霧だ。明日からは最後の月。過日を惜しみ追うのも野暮だ。常にこれから来る日々の計画に、又、成し遂げるべく努力に精を出さねば――。

12月1日◉　一九五七年最後の月だ。天候は晴。気持ち良い、スタートだ。残り少ない今年の最後の一日一日を意義のある一日一日とし、楽しく過ごしたいもの。寒くなり、ますます大晦日が近くなると、雑仕事も多くなって来る。体に気をつける事が第一。真嶋君から電話受く。何ヶ月振りかの声だ。以前会った時から三度も職と宿を変えたそうな。どんなつもりか知らないが、当人としては〝ある事情〟としてだけではっきりせず。夜映画を見る。大して面白くもなかった。

12月2日◉　市場に行く。品物はますます多くなって来る。だが調子の良い日だったせいか、気分的にも楽に買えた。誰にも負けないという自信などついたせいかも知れぬ。名古屋に行っている、中川君より便り受く。平凡社「世界歴史事典」全十冊の購入の件だった。市場に行って留守にしている間、様々な人から電話あり。訪人があったそうな。誰か分からない。

12月5日◉　雨。昨夜より引き続き、冷たい風と共に吹荒れた。今日の寒さはひとしおだ。各地で雪の報があった日だ。店は、全くガランとした、客の少ない今日。七時半頃早じまいする。小田久四郎と連絡をとって、木口君（警視庁勤め）と会う事とする。彼は非番なので、夜八時半に駒込団子坂にある〝紫〟というバー（高校時代の同級である村山繁雄君がマネジャーとしている）で約束する。少し時間が過ぎたせいか、木口君は、待ち切れず帰ったとの事。村山氏より御馳走になり、帰りに、斉藤昭三君の所に立ち寄り、小田と三人で十一時頃まで〝我々の現在の生活とミサイル時代・オートメーション時代の今日〟などを話合う。

12月7日● 昨日と同じに、気温はグンと上がり、四月頃の天気との事。このくらいの気温なら、思う存分走り回れるものを。土曜なるがゆえか、少々忙しく動き回るほど、売上げが多かった。今朝の新聞は一斉に、米国の人工衛星失敗を報じている。誰もが、自由世界の人、皆が期待し注目していた事柄ゆえに、全世界のショックはどれほどか。又、米国内で手厳しい批判の声との事。ソ連は何ヶ月前に二個もの人工衛星に成功しているのに。米国の他国への威信が揺らぐ事、必定と思う。長谷部君来る。

12月8日● 静かな朝だった。雨の降った日曜のせいだろうが、そのためか寝坊してしまった。最近、特に友達の多く訪ねる日々が重なり、仕事中でも、訪ねて来られては迷惑だ。主人にしても陰で何事か言っているそうだが。彼らは訪ねて来るのと、客としての来店を兼ねているため、拒む訳にもいかず、かといって、来る人来る人応待もできないし、心苦しい。今日も本間充君来る。松嶺会の件についてだった。

12月9日● 市場に行く。昼一時までで終わる。面白いほど、自由に買える事ができた。品物が少なく、少々買いかぶった気もあるが、珍しいものを買う事ができた。晴。気温も暖かく。体の自由に動き回れる日だった。整理もいつもより早く、サッパリした。明早朝より棚掃除だ。早く起きなくては――夕方、姉来る。会社の人皆で、新宿のコマ劇場に来たのだそう。

12月10日● 晴。早五時起。真暗だ。棚掃除、八時まで。明後日までかかる。日一日と、暮れが迫って来る。いや暮れが迫って来るより、日一日と日数が過ぎて行く。時間が惜しい。

12月12日● 晴。棚掃除終わる。今朝も外の暗い中に起きたゆえか、又、昨夜遅く寝たせいかも。日中は体がだるく、ゆっくり休もう。長谷部君来る。十五日の休日に佐藤君共々一日を過ごそうという計画のために――店は暇だ。だが、暇だ暇だといっているが、そんなにひどくなく、毎日毎日平均しているのも不思議だ。

▼1 松山町（現酒田市）の広報誌。

12月13日● 朝、豪雨あり。昼頃、晴上がる。朝の強雨も昼頃からの異常な高温で、気持ちのよい、過ごしやすい、一日だった。客少なし。一口もの[注1]といって、大きなものが売れただけ。やっと息つなぎになったようなもの。明日の土曜は良いだろう。母校（東高校）より、亀城同窓会[注2]の名簿送ってもらう。一人一人見ていると、なんだか自分は、あまりチッポケな、又あまり小さな仕事をしているもののように思われて――同じ同級生で外国に留学しているものもあれば、大抵は指導的な立場にいるような気がする。自分の事を少しずつ成し遂げ、大となる望みはまだある。

12月14日● 晴。最近にない忙しさだった。それゆえ、売上げも二日分くらいはあった。もっとも、明日は定休日なのだから、そのくらい売上げがなくては――例年なら十二月は休日はないのだが――長谷部君、斉藤君、本間充君と、次々に訪ねて来た。又、昭三君、佐藤四郎君からは電話あり。こうなると、友達の多くあるのは、善し悪しが分からないくらい。彼等は、私が勤めているという事、認識しての訪問と思うが、しかし、私は友達は宝だと思っている。一人一人と友達を大事に扱わなければならない。遠藤君も来る。

12月15日● 定休日。友達と一日過ごす約束で、朝十時に水道橋駅で待ち合わす。時間通り集まるが、肝心の長谷部君来ず。その代わり、女が二人、長谷部の紹介で待っていた。これ皆、長谷部が計画した事で、友達にさせるつもりらしい。長谷部は、三十分ほどして来る。その間の時間を長谷部は私達に与えてくれたのだ。それから二重橋～日比谷～銀座～上野と回り、夕方ＮＨＫホールでの録音に行く。夜七時に御茶ノ水で長谷部、後藤、木口、佐藤と待ち合わせ、忘年会として、飲む事とす。神保町、一平で飲む。木口は勤務の都合、来なかった。その後に斉藤も来る。夜十一時半まで唄ったり、近来になく楽しく過ごした。しめて、費用は案外かかった。

12月18日● 晴。晴れてはいるが、風の吹く日だった。暮れが近くなったこの頃は、集金のために頭を悩ます。神田駅近くにある、工業技術専門学校には何度足を運んでも年内に清算する見通しはなくなった。自分の責任なので主人に対しても申し訳ない。夕刻、木口君（駒込警察署）から電話ある。藤井君、すみ子さんに便り出す。

12月20日● 晴。空気の乾燥した連日。肌が荒れる。午後、板橋、帝京高校に注文取りに行く。今年二月から一緒に働いていた、上坂修（通称上さん）帰郷する。もともと農家の長男でもあり、一生、この商売を続ける気持ちはなかったのだろう。一緒にいる時は文句ばかり言っていたが、いざいなくなると、淋しいものだ。彼は、他人からみれば随分、間が抜けているように見えるが、反面悪い所ばかりではなかった。あまり気がきかなかったが、一つのもの（仕事）があれば一心になって働いていた。やはり人間、長所短所は各々持っている。東京駅まで見送りに行き、一時寝る。

12月21日● 晴。師走の風は冷たいと言うが、この数日の新聞紙上の社会面では、むしろ、冷たいというより暖かい面が多いようだ。少しずつ個々に落ち着いてきたせいでもあろう。不幸な人々を助けるという事。これほど、美しいものはないだろう。今日は、土曜というのに、客は少ないようだった。学生は大半帰郷したろう。その代わり天気が良かったら明日、日曜は、今年最後の稼ぎ時だろう。ゆっくり休養をとり、明日に備えて――。

12月24日● 晴。クリスマス・イヴ。クリスマスなるものは、戦後、急激に普及したのだそうだが、キリスト教国でもない日本が、何も馬鹿騒ぎしなくても、良さそうなものが、やはり国民の性格からか、流行ものは好むのかも知れん。銀座、新宿の人出の多い事を、ラジオで報じているが、正月も控えている事なのに、自重してもらいたいもの。賀状の投函の期間が、明日（二十五日）なのに、まだ半分も書いてない。明日出せるかどうか――。

12月25日● 晴。夜、店のものだけの忘年会をやる。昨夜と今日と、連続に飲んだ。この二年くらいの中に、だいぶ酒になれて来たようだ。酒になれるという事は、良いものか悪いものか、分からない。ある程度なら、つき合いとして良いだろうが――夜、十時に自転車で酔いも最高潮というのに、上野駅まで行く。長谷部君の見送りに。田舎に持たせものもあったので。発車一分前に会う事ができた。十一時帰宅。

12月27日● 晴。ラジオ、新聞、すべてが最後の特集ものとして、今年の回顧として、年の出来事を振り返っている。〝これも又楽しからずや〟未来を望み計画するのは必要だが、回顧というのも是非必要なもの。〝八七の会〟[注3]から招待状来る。今まで一度も出席した事なく。出席したいのだが、仕事の都合もあり残念だ。今年は大部分集まる事だろうが――。

12月28日● 雨まじりの冷える一日だった。官庁は、今日で、仕事納めで、今年の最後の仕事との事。様々な出来事のあった一九五七年も、残る三日で暮れようとしてるのだ。

▼1　セットないしコレクションとして出品される大量の本の事。
▼2　五十嵐氏の母校、酒田東高等学校の同窓会の名称。
▼3　既出（一九五五年二月七日）。

客足、急にあったような気がする。だが不思議なもので、どんなに客足多くても、少なくても、売上げの平均しているのが――特に大きな物、売れた訳でもないのに。最後の締めくくりとして、残る日々を、一歩、確実にして行ってみよう。悔いのない年を過ごしたい。

12月29日◉　市場に行く。今年最後の市だ。最後の本部市なのだか、来年（といっても後三日で）の七日まで市はない。今年最後の市だ。最後の本部市なのだから、良い品が多く出そうなものだが、品は少なく、良い品とてなかった。三時頃終わる。平年より暖かな日々だ。あらゆるものは、暮れといって、忙しい忙しいと立ち回っているが、我々の仕事は、特に忙しいというほどでもなく、ただ、末の締めくくりの帳簿整理だ。来春に備えてゆっくり構想を練ってみよう…不景気をカバーするために――。

12月30日◉　晴。いよいよ迫った日々が。毎年のように浮々しなくとも良い、何となく、のんびりした暮れだ。もっとも、掃除や、その他、雑仕事は早くから済ましておいたせいでもあろう。今日は少しガタガタするほど、売上げが多かった。大方、休みに入ったためだろう。明日は大晦日。最後の仕上げだ。張り切って一年を悔いなく送ろう。

12月31日◉　晴。大晦日。特別な仕事をする事なく、ゆっくりした最後の一日を過ごした。年の最後として、締めくくりするのも、悪くはない。人間、生きる上に、始めと終わりと、区切りをつけて、悪くも良くも再スタートする気持ちがあって初めて成長するものだ。そういう意味で、年末・年始の気持ちの変換も、私には意義がある。すみ子さんより便り戴く。平年より、大晦日には早く床に入る事ができた。年末・年始の各地の表情を、床の中で聞く事ができた。

［回顧］一九五七年十二月三十一日午後十一時四十五分記。今年は、平穏な私にとっては、良い年であったように思う。世界の情勢は、一大変革のあった年だった。のんびりしていてはならない。一歩一歩、先手先手と、何事も事を運ばなくては。過ぎ去るものの悲しさ、淋しさ。年の去るのも感慨深い。だが、私には、いや、私だけではない。世のすべての人々に、もう二分もすれば、新しい年が、訪れて来るのだ。新たな希望を持って、物事にあたる事ができる。一九五七年、さようなら――。

店頭で、昭和 33 年

五十嵐日記［五十嵐智］

▶昭和 33［1958］年 1 月～ 12 月

24 歳

五十嵐氏は、常連客との交流や海外研究者への資料収集の協力など、中堅店員として大いに活躍する。先輩の独立や後輩の退職など、職場の環境も徐々に変化していった。そんな五十嵐氏に、帰郷機会が訪れる。家族、地元の友人、すみ子さんとの久しぶりの再会に胸を躍らせるのであった。

ソ連に続いて、アメリカでも初の人工衛星エクスプローラ十一号の打ち上げに成功する。日本では、皇太子が正田美智子さんとの婚約を発表した年でもある。東京タワーも完成し、一万円札の発行も開始された。

▼昭和33［1958］年

1月1日●　一九五七年と一九五八年の境である、一九五八年一月一日午前零時の時報と同時に筆を取る。除夜の鐘を聞きつつ、一九五八年の目標を記す。一、一日一日を楽しく愉快に過ごす事。一、仕事は正確敏速に。一、自分の体は自分で分かる。体に気をつける。一、時間の無駄をはぶき、一刻一刻を着々、歩もう。一、約束を守り、計画を実行しよう。以上。一月一日（水）晴。雲一つない、寒く、静かな午前六時半頃だった。例年の通り、明治神宮、靖国神社を参る。時間が遅かったせいか、例年より人数は少ないようだった。今年は戌年（犬）。犬年と言えば、十二支の中で一番頭脳に富んだ動物で、吉とされている良い年なのだ。又犬年といえば、十二支を二回りした私の生まれた年でもある。人間十二支を二回りすれば二十四歳。二十四歳なら立派に一人立ちをして自活できる年齢だ。着々、時日に負けず、一秒一秒の争いに勝ち、目標に向かって、歩む事を、元日に当たり、誓う。姉と行動を共に一日を過ごす。清水さんの所に行く。十時帰宅。賀状二十五枚来る。

1月2日●　初売りとして店を開く。午前十時～後五時まで。割合、人出が多かった。朝のうち雨降るが、午後から晴上がる。南友会、小南友会共朝早く、三崎神社に参拝する。勲、夕方来る。閉店後、一緒に新宿に出て、食事を共にする。別に正月に酒という事もない、勲なのだから、二人でビールを正月酒にして種々、話合う。五時半～九時半帰宅。賀状一枚来る。

1月3日●　晴。冷え込む日だった。毎年、店開きの三日の日は一口ものが売れる日なのだ。昨年にしても、今日にしても、一人で五万円くらい買ってくれる人が現われたり、二口もの、大ものが売れた。平日の三倍以上の売上げだった。朝十時から夕五時まで。本間恒夫君来る。松嶺会の事で。「広報まつやま」[▼注1]に松嶺会発足が写真入りで報じられた事だった。勲、姉より電話受く。正月三日にして夜、映画に行く。賀状一枚来る。

1月4日●　晴。正月も早四日となった。大会社、官庁などの仕事初めの日だ。皆着飾っての出勤の姿を見ると、随分、落ち着いた世の中となったものだ。昨日よりは暖かい。今日も人出も案外多く、売上げも順調だ。正月の夜は静かだ。今日も早じまいする。夜、長尾書店の招待で、御馳走になる。

十一時帰宅。賀状三枚来る。

1月5日● 正月気分も、今日ですっかり消え失せなくてはならない。正月最後の休日とも言うべき日曜なのだ。店は相変わらず良い。二日から開店して、今日で四日間。四日間で、昨年の暮れの十日分くらいの売上げがあったのだ。正月早々、調子は順調だ。今日も早じまい。六時閉店。映画に行く。「任侠東海道」時代物では最高のもの。ダラダラしないで締める時は締めて。完全に正月気分を排して、店のこの景気を持ち続けよう。七草までは、早じまいとの事。賀状七枚来る。

1月6日● 正月気分もすっかり、ほぐれた。仕事も熱が入った。午前中、渋谷まで配達。午後にも、深川まで配達。晴。暖かく、春先のような陽気だった。このまま春になれば良いが。これからが、寒の入りだ。だが、春も目の前に来た。正月過ぎれば、そろそろ春支度に取りかかるのだもの。斉藤昭三君より電話受く。今朝上京したのだそうだ。夜も六時の早じまいする。店の者だけの新年宴会とする。この所連日のように飲み食いする。今日限りだ。自重して、あらゆる事に精を出そう。父に便り書く。賀状三枚来る。

1月7日● 晴。七草。正月は七草までと、今日で浮いた正月気分を一掃。明日から本格的な仕事の戦場で働かねばならない。正月七日間、暖かく晴の続いた日々だった。この所、宇宙の話題を独占しているソ連で、今度は、人間を乗せたロケットが高度三百キロに達し、人間はパラシュートで無事降下したという未確認の情報が、今日の新聞に大々的に報じられている。これからどんな事になるものか。宇宙旅行も、時間の問題までこぎつけた。現在の我々のようにポカポカして過ごしていたんでは、刻々、人々に遅れて行く。悲しい限りだ。もう少し進歩的な種々な事をやってみたいもの。

1月9日● 市場に行く。本部市場の初市で賑やかな市だった。良い品物とて少なかったが、数が多く、午後四時まで。数多く買えた。風邪気味で朝はひどく気分が悪く、嫌な日だなと思ったが、市場で張り切って立ち回っているうちに、直ったような気がし、何事も気分の問題だと思った。午後からは、調子も良く、今までにない、面白い日だった。別に変わった事とてなし。三月下旬の気候。夜、昨日に引き続き、店の事など中心に雑談する。長尾書店主[注2]も交

▼1 既出（一九五七年十一月二十八日）。

▼2 五十嵐氏が入店時に南海堂一番番頭であった、長尾八郎の古書店。十年勤めると、開店資金捻出のための店を開かせてもらえる事になっていた。呉市に出店。

えて、十一時まで。

1月11日● 晴。七草も終わり、今日は鏡開き。正月からこの引き続き晴れた毎日だ。土曜の今日、売上げの方は順調だ。本間恒夫君来る。松嶺会の方の運営も、本格的に働きかけなくてはならない。明日夜、集まる予定。充君から電話受く。上林君に連絡する。出席するとの事。小田君にも連絡する。しかし小田君は、電報局を辞めたとの事。どんな考えで、どのような仕事をするためだろう。彼のいないのは、淋しい限りだ。はっきりはせんが、自衛隊に入隊したらしい。

1月16日● 朝はすごい霧だった。朝のラッシュ時のため、ひどく交通機関が混雑したとの事。霧の後、晴上がる。午前中、駒場の東邦酒造と、渋谷の得意様の所に、配達に行く。午後は忙しく、飛び回った。体の調子の良い時は、仕事にも熱が入り、今日のような忙しさが毎日、続いたら良いもの。夜は出版物の返品の整理で十時半まで。日中、斉藤君来る。姉、勝子に便り出す。

1月17日● 晴。大学はそれぞれ試験期に入ったせいか、店の中がゴタゴタ忙しくなって来た。忙しい事は結構な事だ。一日中店の中にいる。松嶺の角喜[▼注1]の芳明君が来る。昨日、山形で社会党の大会があったので、その出席のついでに、足を伸ばして、仕事の都合で、仕入れのため、上京したとの事。手広くやっているらしい。松嶺会の事などで、種々語り合う。お茶を飲みながら一時間ほど――次期の総選挙のために下工作として、活躍しているとの事。党の支持した者が当選すれば、当然、彼芳明君も、上の地位につく事は間違いない。

1月19日● 定休日。晴。朝十時まで寝る。金欠のため、どこにも出る予定はなかったのだが、うっかり篠村書店[▼注2]の鈴木朱実さんと散歩する約束をしたので、昼から、日比谷まで出る。日比谷で映画を見て、銀座を散歩して、神保町まで帰って来て、コーヒー店で種々話合う。彼女は、話下手なのと、口数少ないので、話しにくかった。女というものの気持ちを知る上に、又、初めて、二人で歩き回った事など、良い経験かも知れない。七時半帰宅。姉に便り出す。

1月21日● 朝のうち晴。三時頃から、雨が降り出す。暖かい気温だ。大寒に入ったというのに、冬を象徴する真白いものを見る事はできないようだ。一月も早三分の二を過ぎた。午後、大森まで、買物（仕入れ）に行く。雨のため電車で往復する。全集もの一点だけ。店は相変わらず良い。この調子は当分続きそうだ。清水君来る。石川さんより電話受く。いずれも松嶺会の件についてだ。

1月22日● 晴。連日、こう暖かい日が続いては、これから先、反動的に、二月に入ったら寒くなるのだろう。店売りは順調なるゆえ、仕入れの方を考えなくては。現在の所、品不足の感がある。やろうと思う事の自由にできない身も辛い。

1月23日● 晴。いつも支部・本部市だけしか出入りしなかったが、品不足のため、郊外の方まで足を伸ばすよう。さしあたり、今日は霞町まで行く。朝九時半から午後二時半まで。自転車に積みきれないほど買う。毎夜、教科書の整理や出版物の整理で遅くなる。

1月28日● 曇のち雪。朝からグッと寒くなる。昼前から雪が降り出す。東京では初雪だ。「風の花」のように空を舞っただけで止んだ。北の国で育った私には、懐かしい風物の一つだ。二、三日の内に又降るとの事。この二、三日、グンと寒くなるそうだ。気候に影響する商売は、今日のような寒さでは、目に見えて、客足が少ない。南海丸遭難▼注3の責任追及が、大きな問題となって来た。死体収容が始められた。

1月29日● 晴。昨日とは打って変わって暖かい日だった。市場に行く。品物は少ない。だが、市場という雰囲気には十分なれたせいか、又、ある面で自信がついたので、良く買う事ができた。三時頃、終わる。夜、映画に行く。夜の少ない時間に、この頃、あまり外へ出過ぎかも知れない。今日は、招待券をもらったので——。

1月30日● 曇のち晴。再び寒くなる。午前中は風が強く、埃っぽい日だった。午前中は、仕入れのため本郷の方まで、行く。午後、出版の方で著者の所まで、渋谷まで行く。最近になく不景気だった。夕刻、閉店間際になって、長野県の先生が来て、相当、買ってくれた。今日も待っているが、便りがない。いずれも、どうしたものか。明日は、晦日だ。

1月31日● 晴。今日は晦日。早いものだ。つい先日まで正月気分で過ごしたのに。午前中は集金などで、てんてこ舞いだった。午後は、板橋まで配達。帝京高校へ行ったのだが、関水君は昨年（十二月）一杯で辞めたのだそう。だが、図書の方は引き続き納入するよう、話合う。後任として、社会の先生が入ったそうだが、その後任の先生というのは、昨年まで良く本をあさりに来ていた人で、顔見知りの先生だった。世の中は、どんな広いように見えても、どこでこ

▼1 佐藤家の屋号。
▼2 神保町二丁目に所在する古書店。社会科学書を取り扱っていた。
▼3 一月二六日、徳島発和歌山行南海汽船南海丸が悪天候により転覆・沈没、乗客・乗務員一六七人全員が死亡した事故。

のような事があるか分からないもの。せいぜい、人に接するにも丁重に、又一つ一つを着実に行っていかなければならないもの——夜は遅くまで月末の決算をする。

2月1日◉　晴。今日から新たな月に変わった。二月は平月より二日ばかり日数が少ないので一ヶ月は短い。短いゆえに、日々の生活を意義あらしめなくては——年を通じて一番寒い月でもある。午後、王子まで仕入れに行く。ソ連に遅れる事三ヶ月目の今日、米国の人工衛星が打上げられた事、報じている。成功して、軌道に乗ったとの事。東京宝塚劇場燃える。[▼注1] 死傷者、多数出したとの事。

2月3日◉　晴。節分の日——もう冬も暦の上では、峠を越す日だ。明日から春なのだが、事実は、まだまだ寒くなるだろう。田舎なら、これからが、本当の冬になるのだから——しかし、春も近いというだけでも、今までより、何となく過ごしやすい。小松君より電話受く。斉藤・進藤・高橋などで、一度、皆で集まろうではないか、との事。賛成だが私としては日時の都合でどうなるか分からない。今年は、私の年（犬年）なので、豆まきをやる。年男なる因だ。

2月4日◉　晴。駒場の東大教養学部まで配達。小松君見える。その後、斉藤などに連絡をとっていないので、返事のしように困った。ボツボツ、あらゆる学校の試験が始まっている。大学は大抵終わったようだ。皆、学年末なので、張り切っている——自分の過去の事も、今頃になると思い出される。思い出としては、丁度、今時分が一番勉強に張りが出て来たものだった。最近、誰からも便りがない。田舎の方は、もう忘れ去ったものかどうか。時期が過ぎると、あらゆるものは変わる。人の心まで変わるもの。

2月5日◉　晴。午後、上板橋二中〜帝京高校と配達かたがた、注文受けに回る。自転車で乗り回したせいか、尻や腰が痛む。文明の力を利して、あらゆるものを処理しなければならない今日。今もって、遠路を自転車で飛び歩かなければならないとは、自ら仕事の能率を下げているようなもの。待っている者の便りなく。淋しいものだ。すみ子さんは、どんなにしているのだろう。出した便りの返事もない。きっと何か変わった事があったに相違ない。

2月7日◉　朝、雪まじりの雨が降る。今日あたりから、交代で休みになるはずだったが、あまり寒く、みぞれまじりの雨天なので、店を閉めて、皆、一緒に休む。体も疲れていた——一時は起きたが、再び、床にもぐり込む。外の寒さも、みぞれも、家の中で、それも床の中では何とも感じない。午後二時まで寝たり書きものしたり。二時半頃からいつもの銀座に出る。日劇の「春のおどり」見る。映画は、近松の「女殺し油地獄」を見る。良い映画だった。近松の文芸大作ゆえか——俳優も好演だったし。近松ものは、以前「近松物語」おさん、茂平と見たが、今度は二作目。七時に帰る。雪が本降りだ。今は地面を真っ白にしている。

2月8日● 昨日の雪も朝になって少し残ったが、昼頃から晴上がる。板橋まで行く。朝から、何となく、すっきりしない気持ちの一日だった。そんな気持ちのなかにあって、今年になって、一度も便りを下さらなかった、すみ子さんから、便りある。便りの内容も、私には、胸を押さえる、淋しいものだった。人間一人一人の間柄なのだもの。いつ、どんな時、気持ちが変わるかも知れない事は分かっていたのだが、すみ子さんとて、二十歳にもなったのだし、考える事も数々ある事だろうし。家柄などから比しても、私とは格段の差でもあるし。種々な、ハンディキャップで、すみ子さんの気持ちが、今日の便りに表われたものだろう。すなんだか目頭があつく、暗くなって来た。写真も同封してあった。二人で撮ったのだろう。もう一人は工藤和喜子さんのようだ。

2月10日● 雨。朝のうち、王子の清水叔母さんの従兄弟だというものが、訪れて来る。田舎から出て来たのだそうだ。就職の世話を頼むとの意もあり、来たのだそうだが、初めてお目にかかるので、いい加減な返事もできないし。明晩でも、清水さんの所に伺うと約束する。上林君から電話受く。雨のため、客足少なく、売上げも、まあまあの程度。夜、映画見る。「一心太助」講談などで良く聞く事だが、様々、人間生きて行く上に、必要な事柄を、映画の上で教わる。

2月11日● 晴。日が良い。売上げも、上々の方だ。夜、王子の清水叔母さんの所に行く。昨日の約束を果たすためもあり。姉の件についてもあり。王子に着いたのが、九時を過ぎていた。十二時まで晩食事も抜きにして、種々、話合う。帰宅が一時を過ぎた。約束した事は必ず成し遂げなくてはならない。

2月12日● 晴。夕刻より急に冷え込む。店はどうした事か暇だった。この頃頻繁に訪ねて来る人が多くなった。本間恒夫君もその一人。彼には松嶺会の件について、種々話したい事が多かったが、店の中ではできないし——昨日、清水さん家で話した事の約束を果たすために、水道橋の波木井書店[注2]に世話する。王子までタクシーで行って、迎えて

▼1 開演中、小道具から出た火がステージの幕に引火し、一階から四階まで全焼、劇団の子ども等三人が死亡する大惨事となった。
▼2 水道橋に所在、すべてのジャンルの本を取り扱っていた。

来て、はっきり入社する約束する。これで〝ほっと〞した。十二時帰宅。

2月13日● 晴。一日中、店の中にいる。閑散としている。この頃、外回りが多くなったので、単車を買ってもらうために、今まで運動して来た。ようやく一台買入れてもらう。早く免許証をとりたくて、夜、道路上で練習する。運悪く、お巡りにつかまる。交番に連れて行かれ、交通違反として、十八日に出頭命令受く。本当に日が悪い。

2月14日● 晴。南極本観測断念の報が、街の空気を暗くした一日だ。あらゆる新聞紙上の大部分を、割いている。宗谷の苦闘も空しく――仕事に携った人達の、どんなに残念に思った事だろう。自然の強さには、まだまだ人間の力、才能なるものの不足が、実証されている例だ。風、冷たく、客足が少なかった。夜、十二時まで、主人と話合う。

2月15日● 晴。今月に入って最高の売上げだ。四度も大物が動いたせいだ。平日の三倍くらいの売上げ。明日、定休日なので、明日の分までも売れたので、まあ、ゆっくり休む事もできよう。姉より電話受く。明日、午前中に来るとの事。話もあるが、予定もあるし、どんな計画を立てよう。夜、長谷部君来る。彼は、就職もとっくに決まり、卒業試験も終わり、もう学生生活の最後を有意義に過ごそうとの事。毎日毎日遊び回っているようだ。

2月16日● 晴。第三日曜の定休日。朝十時まで寝る。勲より電話受く。朝、清四郎からも電話あったらしい。昼頃、勲と姉と三人で、有楽町で待ち合わせ、映画を見たり、食事を共にしたりで、一日を過ごす。七時、帰宅。休みといっても、自分の思う事のできない日は、案外、つまらないもの。帰宅後、再び映画見る。姉に初めて、すみ子さんの事打ち明ける。私としては、どうしても我慢ができなく、秘める事ができず、写真と共に手紙を見せる。

2月18日● 晴。早々運の悪い日だった。朝、二階の階段から下まで、落ちて、手をすりむき、肩をくじき。先日、無免許運転で交通違反したので、今日、錦糸町検察庁に行く。朝十時から昼までかかり、即決裁判で罰金一千円の判決下る。金欠なので、一千円也は痛かった。本間君来る。「広報まつやま」、送ってよこす。克也より便り受く。三月十六日頃から勤めるとの事。今日のような日は二度とないよう祈る。

2月20日● 晴。そろそろ、空風の吹きまくる月になった。今日などはひどく、埃が、朝着換えたシャツを真っ黒にしてしまうほど。松山中学校▼注1より求職者の内申書なるものが届く。二名ほどの世話なので、早速明日にでも、求人者の所に提出しなくてはならない。請求書作成などで残業やる。この所、ひどく体の調子が悪い。別に食欲がない訳でもないのだが――。

2月21日◉　晴。板橋～新宿と回る。長距離を自転車で乗り回す事は、体のために良いとはいうものの、度を越し過ぎるほどだ。兄より便り受く。私が上京して五年にもなる。初めての便りだ。仕事の都合で講習会に出席のため、二十四日から一週間ほど滞在するから、その間に、会いたいとの事。昨日、届いた求職希望者の内申書を、求人側に出す。白幡（従弟に当たる）より便り受く。就職の件についてーー。

2月22日◉　晴。大市ある。朝九時半から、夜十時半まで。荷が多く、調子良く買う事ができた。自分ながら、大市とか種々な市の雰囲気になれて、どんな先輩にもひけを取らない、十分な自信ができたのには感心するくらい。金額、品物の量とも平日の市より五倍もの買があった。疲れた。

2月24日◉　晴のち雨。朝五時半起きで上野駅まで行く。六時三十五分着の汽車で、兄貴来る。五年振りだ。三十年に帰った時は、一晩泊りなので、満足に顔も見る事なく帰京したので、今日はゆっくり会えた。会社の仕事ゆえ、隣りの一成君も一緒だった。随分変わったものだ。夜、寄宿先の吉祥寺まで行く。時間が遅かったので、話せなかった。二十六日夜、水道橋で会う約束する。神武以来というほど、今日は不景気だった。もっとも学生は大抵帰郷しているだろうし。雨も降ったせいだろう。

2月28日◉　ひどく体の調子が悪かった。集金の仕事がやっと。一日中食事しない。夜早く寝る。二月もこれでサラバ。日に日に移り変わり行く世の姿に、我一人、立ち遅れるがごとき思いして、気が焦る。進む時に追いつく気持ちだけが先にして、何の進歩もなし。今の我が身、振り返れば実にあわれなり。しかして、我よりあわれなる人々多くいる事も知る。

3月1日◉　朝、ゆっくり休むつもりだったが、人手がないので、起きなければならなかった。昨日よりは、少し良くなったようだが、食事は美味しくなく、衰弱している。夜、兄が帰るので、上野駅まで見送りに行く。

3月3日◉　晴。奇しくも、今日は、三づくめの日だ。昭和三十三年三月三日と――風邪は少しも良くならない。負けぎらいも手伝って、熱もあまりないので寝つく事はでき

▼1　五十嵐氏の通っていた松嶺町立松嶺中学校は、一九五一年、松嶺町・上郷村・内郷村の合併で町立松山中学校となり、さらに、一九五五年町村合併により松山町立松山中学校となった。

ない。又、店番の人もいないし。主人側では、店番が一人しかいないのに、陰で寝ていれば良いのに、といっているそうだが、いざ寝つけば逆の事を言うに違いない。自分としては、意地でも寝る事はできない。先日、風邪なのに、上野駅まで兄を見送りに行った事を、種々、うわさしていたらしいから。こんな事を気にする自分が未熟なのかも知れないが——。

3月6日● 晴。夕刻より雨になる。店は全く暇。目録発送のため、送状書きで一日を費やす。久々の雨だ。朝のうち冷え込んだが、だんだん緩んで来たようだ。一つの仕事が片づくまで、何もやる気なし。夜、十一時まで送状書きの延長だ。第一便三百通出す。

3月7日● 朝のうち雪。午後晴れる。朝、寝床で窓越にボタ雪が舞っているのを見る。疲れがまだとれないのと寒さで、起き上がるのが億劫でならなかった。昼前、まもなく晴上がる。昨日出した目録の中、早くも二点の全集が電話で注文入る。今まで、苦労した効果が表れて、うれしい限り。風邪はようやく治ったようだ。今日の雪が最後で、一足毎に春が近づいて来る。仕事もだんだん忙しくなる。

3月9日● 晴。すっかり春日和になった。市場に行く。店の売行が悪いためか、買手はあまり景気よくなさそうだ。今のうちに買って置くのが、上手なのかも知れぬ。平日より、多く仕入れる。三時終わる。関門トンネルの開通式が、今日、晴れの下関、門司間で行われたとの事。始工より満二十年もの歳月を費やした、世界でも初めての海底国道だそう——。

3月10日● 四月頃の陽気だ。このまま、暖かくなるのなら良いが。店は相変わらず。加藤猛君来る。今朝、上野へ着いたのだそうだ。日大を今春卒業するのだが、一月の末に卒業式までと、田舎に帰っていたのだそうだ。二十三日の卒業式を済ませてから、東京で就職するのだそうだ。本間恒夫来る。店の社員一人入社する。夜、兄勲より電話受く。明日夜、急に名古屋の方に発つ事になったとの事。久し振り、早く床に入る。

3月14日● 晴。湿気をおびた暖かな日だった。港区芝公園の所まで、買物(仕入れ)に行く。主に船関係の技術書だった。夜、昨日に引き続き、教科書の整理で十時半まで。疲れがひどい。王子の、ルリ子より電話受く。田舎から克也が日曜に来るので、私の方に連絡あったか、との事。

3月15日● 雨。少し冷え込んだ。土曜といっても、全く暇だった。集金、その他で、外に出たきり、一日中、二人だけでの店番で立ちっぱなし。疲れた。明日は定休日だ。

休日の前の日というのは、実に気持ちが楽だ。明日は、ゆっくり休める。

3月16日● 晴。すっかり暖かくなった春日和の日曜。第三日曜とてあらゆる会社は休みか、郊外、都内とも人の波。朝遅くまで寝ている。遠縁に当たる温海川の克也が、就職のために出て来る。波木井書店の方に世話する。昼過ぎから、銀座に出る。日比谷の映画館に行く。大映映画「母」見る。母映画の三十本記念との事。母もの[注1]では一流の、三益愛子の演技振り。母を思う子であるなら、子を思う母であるならば、必ず涙を流す映画だ。私は過去、母もの映画は何十本か見ているが、いつも思う事は、母なるがゆえの苦労だ。夕方かけて横浜に行く。

3月17日● 雨。教科書売りで、皆、出張して、私と主人だけが店番だ。忙しく立ち回った日だ。一週間前、入社した新入生が辞めた。種々な面で、合わなかったのかも知れぬ。合わないなら、早く辞めた方が、本人のためにも良いだろう。春近しの雨も、今日は強く降り続いた。

3月19日● 晴。市場に行く。店が不景気なせいか、随分活気のない市だった。品物も悪く、相場は大して安くもない、取り所がない市だった。姉の件で、王子と田舎の母親の本家に便り書かなければならないのだが、案もなく難しい。私は、どうも自分が一人前でもないのに、他人の事に関しては、ある程度の世話をしなければならないような性分で、姉の件は別としても、会の役にデッチ上げられたり、種々な世話の依頼やら――。

3月20日● 晴。やっぱり三月だ。寒さは抜け切らず、今日などは、火鉢が欲しいような気候だ。あちこちで卒業式が催されているようだ。自分らも過去において、そのような離別という事を味わった事がある。淋しく悲しかったものだ。時代に応じた人物の輩出が、我々と同じく手をとり合い、これからの世を維持して行かなければならない。

3月21日● 晴。これからは忙しくなる。今まで四年もいた俺のすぐ下の志賀が退職して、郷里の広島に帰るからだ。何故、この商売に見切りをつけて、帰らなければならないのだろう。第一因は、将来の事を頭に入れての事だ、とは分かる。よくよく考えてみれば、現在の条件と、中小企業の保障その他が、あまりにも頼りない、惨めさなので、彼は帰郷しなければならなかったのだ。退職する動機を問う

▼1　三益愛子、望月優子主演の映画群。戦争未亡人の母親が非行に走る子どもを必死に育てるといったモチーフを共有する。青少年の非行化を問題視した文部省が国策として作らせた教育映画。

たが、無言だった。明日、東京駅発の汽車で帰る。本間恒夫君来る。「広報まつやま」機関誌。田舎から送って来たのを持って来た。

3月23日◉　晴。日曜といっても、人出は少なかった。私鉄のスト▼注1のため、客足が奪われたのだろう。総評春闘の先陣を切って、私鉄がストに入ったのだ。春の行楽シーズンをねらったのも効果的だったようだが、我々の商売にも響く、大規模なストに暮れた一日だった。一日中、緊張して立っているためか、夜、自分の部屋に入ると、グッタリしてしまう。体にだけは気をつけよう。

3月24日◉　晴。市場に行く。品物少なし。田舎から中学出で就職の世話をした門脇来る。夜、波木井書店の方に連れて行く。日中、真嶋君より電話受く。藤井義男も来ているとの事。夜、小田久四郎来る。弟を連れて来て、良いバイト口があったら世話してくれとの事。この頃、妙に、仕事の方より私用で忙しく。これも、自分のこれからの事に少しでもプラスになるだろうと思って、嫌ながらやっている始末。

3月26日◉　晴。だんだん忙しくなって来たようだ。地方からは年度末の整理で、図書購入に学校や図書館の先生が来て、まとまった金額を買ってくれるので、手が回らない。ようやく一人不足なのが、仕事に響くようになって来た。気持ちが緊張して、張り合いが出て来た。適当な休養を取り、体に気をつけて順序よく仕事に手をつけて行こう。

3月27日◉　晴。私鉄のストは今日平日ストに入る。平日のため、通勤ラッシュに大混乱と、紙上は報じている。交通ラッシュに平行して、店も今日は人手がなく、又、地方から先生が見えて大混乱だった。お陰で平日の五倍くらいの売上げがある。明日も引き続きの大きな仕事が残っている。てんてこ舞いだ。何ヶ月振りだろうか。すみ子さんより便り受く。ほっとしたような、うれしい気持ちで一杯だ。

3月29日◉　雪。朝、目を覚ますと、外は真白くなっていた。東京では、今冬一番の大雪で、七センチくらいつもった。この雪は、春を象徴する〝福音〟だという。日中は暖かくなる。淡雪だった。市場に行く。雪のためか、月末のためか、品物は少なく悪かった。再び、北海道の方から大量注文あり。うれしい悲鳴だ。夜、荷造りなどで十一時まで。

3月30日◉　氷点下の寒い冬に舞い戻ったような日曜だった。晴れてはいるが、厚着しても震え上がる寒さだった。この二、三日続いた景気も、相変わらず良く、今日も平日の三倍くらいの売上げで、月末に、追い込みの形での景気が続いた。もっとも二、三の学校が年度末最後の清算で購入してくれるので助かるだけで、小さな所は不景気のドン底なのだろう。毎日、地方出荷が箱で四個くらいはある。明朝も荷造りで――斉藤君の友人で二年前まで、よく来店していた川谷君が、新潟の高田高女[注2]の教師をしているとの事。休暇を利用して、図書購入に来たのだ。人付き合いというものは商売にとって、どんなに大切であるか、改めてつくづく感じた。夜、映画見る。「眼下の敵」。

3月31日◉ 晴。すっかり晴上がったが、昨日に引き続き風は冷たい。月末晦日とて、集金その他帳簿の整理などで、てんてこ舞いだった。人手不足なるゆえ。暦の上、気候上からも、今日は冬から完全に脱すべき、最後の日だ。明日からは四月。花の四月で、人々も草も木も、若々と伸びやかになるのだ。連日、身心共に疲労が厳しい。

4月1日◉ 晴。四月にふさわしいスタートよろしく、暖かい春日和だった。四月に入ったらいよいよ商売としての戦場に出掛けたようなものだ。これから一ヶ月間は、寝る時間も短縮されるであろう。今日も十二時になった。

4月3日◉ 晴。全く忙しい一日だった。地方からの先生が、相当数購入したり、買物（仕入れ）で出張など、一日中、黙って立っている事はなかった。忙しいのは結構。体に気をつけていれば良い。忙しい時には忙しいなりに働き、動き、売り、暇な時には暇なりにもがいても、仕様がないから、ゆっくり体を休めるなりの主義で、今は働くのに好都合だ。張り切るだけ張り切ろう。姉より便り受く。本間恒夫君より電話受く。

4月4日◉ 晴。市場に行く。店が良く売れる割合に、品物は少なく悪いものばかりだった。三時半終わる。竹橋の桜も九段の桜も、七分咲きに咲いたとの事。今まで、桜の咲く時期は忙しく、外回りもやらず、休みもなく店の中で過ごしたためか、日中の美しく咲きほこった、東京の桜の満開を見た事がない。夜桜の散りかけたのは、毎年店が終わってから、花見として英国大使館前で接するのみ。明日の朝でも散歩がてら接してみたい。夜、小田久四郎君来る。

4月5日◉ 晴。街を歩く人々は、合オーバーを脱ぎ、ワイシャツ姿や背広姿に変わった。午前中、渋谷の著者の所に行く。行路の両側は桜の花で飾られ、九段上～千鳥ヶ淵～神宮外苑と美しく咲き、今日一日で満開になるのではな

▼1 春闘の団体交渉が妥結せず、名鉄、東急、京浜を除く大手一〇社が始発からの二四時間ストに突入した。

▼2 高田高等女学校。一九〇〇年（明治三三）、中頸城郡立高田高等女学校として開校。一九五〇年に高田北城高等学校と改称される。日記当時は、すでに改称されているが、古くからの呼称が通行していたか。

いか。何年振りか、日中、桜の花の咲き誇った姿に接したのは。外へ出られる機会があったから良いもの。

4月6日● 曇のち雨。都内、郊外は、桜の花が八分咲きで、丁度今日の日曜は、見頃なのだが、昼頃から雨が降り出し、折角の花見も台なしにした運の悪い日曜だった。子供連れ、アベック、夫婦連れなど、今日を楽しみにしていた人達には、かわいそうでならない。雨のため、店の方も客足は悪かった。夜、映画見に行く。「戦場にかける橋」。今年度アカデミー最高映画賞作品だけあって、良い映画だった。男優賞アレック・ギネス、助演賞の早川雪洲などの演技も良かった。

4月10日● 晴。店に一人社員入る。今日は忙しかった日だ。学校が始まったようだ。幸い店員の一人加わった事で、忙しさの中にも、少しゆとりができた。桜の花が散り始めたとの事。外に出る機会もないので、満開の美麗さを見る事ができなかった。夕刻より風が出、寒くなった。残業もせず、早く床に入る。

4月13日● 雨。折角の日曜が、雨の一日で過ぎてしまった。我々商売としては、今日の日曜、どれだけ期待していたか。天気が良かったら、昨日以上の売上げがあったものを――だが、平日の倍くらいの売上げはあった。やはり一年を通じて一番景気の良い時期なのだから――夕、平日よりも一時間も早く店を閉める。日曜で雨のため――最近、頓に忙しいので、今日のような日、ゆっくり休んでもらうために。主人の思いやりから――我が崇拝する石川啄木の命日なり。貧乏と孤独の中で苦しみながら、新しい文学を切り開いた。二十八歳の若さで亡くなられた。

4月14日● 朝のうち雨が残り、昼過ぎから晴上がる。市場に行く。三時頃終わる。今日から都内一斉に大掃除始まる。朝のうち、掃除で店をあけたのは、私が市場から昼休みに帰って来てからだった。昨夜、姉より電話あったとの事。

4月16日● 晴。ようやく大学生も教科書などをあさりに、神田に来るようになった。人出が多くなった。人出が多くなったというのは、売上げも多くなった、忙しくなったとの証拠でもあろう。上林茂君より電話受く。姉より電話受く。

4月18日● 雨。雨のためか、底冷えのする気候だ。上林茂君の弟だというのが来た。人は随分変わるものだ。私が上京する時は中学一年だったのが、立派に成長している。考える。果たして自分が、あれから五年も経っている今日、精神面その他で、子供から大人になる体の成長ほど、種々な面が成長しているだろうかと。久し振りに早く部屋に閉じこもる。今、ベストセラーになっている「人間の条件」読む暇なし。ラジオでドラマを聞く。確かにベストセラーになる根拠なるものが潜んでいる。

4月19日● 晴。今世紀最後の日食。幸い晴天に恵まれ、学者達には大成功な一日だったろう。これから、五十四年間はみられないとの事。市場に行く。三時頃終わる。期待に背かず、一年を通じて一番忙しい日に当たる今日の土曜。平日の何倍売れたか底知れぬ。明日の日曜も、どれだけの売行きがあるか楽しみだ。本間充君来る。明日の松嶺会に出席できないので、本間君に委任する。

4月20日● 晴。絶好のハイキング日和。いつもの月なら、第三日曜である今日は、定休日なのだが、今月のみは、一年を通じて、昨日と今日（土と日）が統計上一番の売行きがあるので、特例として休日を返上する。忙しかった。昨日よりも人出は多かったようだった。朝から二時頃まで。中野の裁判官（園山）の家まで、仕入れに行く。帰りは自動車一杯運ぶ。途中、新宿御苑の前を通り、松嶺会に集まった人々に会う。佐藤幸吉・上林君など多数来ていた。仕事あるがゆえに、責任者なのに出席できなかった。

4月23日● 晴。朝のうち、晴れて暑苦しかったが、グズついた気候だ。〝勤務評定〟反対の先生の、一日ストがあった一日だ。体の調子が順調でない。睡眠不足。又、時間に規律がないなど、全く体をこわす原因ばかりを――分かっていながら、体の休養ができない。夜は十一時まで――。

4月25日● 晴。店は相変わらずの売上げを示す好景気だ。夜、残業あるのだが、体の調子悪いので、早く部屋に閉じこもる。ラジオドラマ「人間の条件」聞く。考えさせられる事多し。久し振りに手紙書きでもしよう。すみ子さんや、実家、角喜芳明君などに。

4月26日● 晴。先週の土、日よりも、忙しく売上げの多かった日だった。おまけに、学校の先生の大口買上げもあり、地方からの図書館の先生も来店し、てんやわんやの忙しさだった。夜でも、整理やその他で十二時まで残業する。明日の日曜も期待してよいだろう。天候の加減で――佐々木君、斎藤君など見える。明日は、先週行った中野まで買物に行く。

4月27日● 晴。午前中、中野まで、買物（仕入れ）に行く。弁護士園山氏宅まで。今日も、先週ほど数多くあった。法律書ばかり自動車一台分。先週の日曜に引き続き忙しく、夕方、雨になるまで、動く事もできないくらいの忙しさ。夜、姉来る。王子の清水さんの所に行って来たとの事。

4月29日● 晴。天皇誕生日。ゴールデンウィークの第二日目に当たる今日の祭日、各地の行楽地は満員だと報じている。我々は、今が稼ぎ時。売上げは上々だ。朝から市場に行く。品物は多く、夜六時まで。良い物買う事ができた。

4月30日● 晴。晦日。今月は、日数の経つのが早いように感じた。理由は時日を考える事なく、連日、忙しく過ごした事に依るものと思う。今日も集金その他、月末の整理などで、てんてこ舞いだった。店の客足は随分落ちた。店の売上げは、客数に比してメーターが、ガタ落ちするような事はない。夜十一時まで帳簿の整理。今月一ヶ月間、感想というものは特にない。ただ、忙しかった。疲れた。以上、二点だけだ。

5月1日● 晴。メーデー労働者の祭日。年々、記録破りで最大の集まりだそう。朝のうち、薄曇りだったが、昼頃から晴上がり、幸いなメーデー日和だった。衆議院の選挙戦始まる。まだまだ売上げのメーターが落ちない。今、とても忙しかった。本間恒夫君来る。「広報まつやま」の機関誌四月号持って来る。夜、早く部屋に閉じこもる。田舎の両親に久々の便り書く。緑の五月のスタート。天候に恵まれる。

5月2日● 晴。本間充君来る。田舎に帰るから、何かことづけものがないかとの事。妹の良子に、中学入学祝いとして、事典を贈る。総選挙の街頭演説が本格的になる。明日から連休。ゴールデンウィーク中の三日間である。郊外へレクリエーションに出掛ける人——上野や新宿の駅は、混雑しているとの事。

5月4日● 曇。市場に行く。買うものあまりなし。売行きの良い五月の市場とは思えないほど、低調な市だった。三時頃、終わる。日曜とは言え、あまり芳しくない天気で、行楽の足を戸惑いさせる一日だった。夜、小南友会の会合で十二時まで。

5月5日● 晴。ゴールデンウィークも最後の今日、風のある日だったが、晴れた、まあまあの日和だった。三日間も休んだ人々には、気の緩みができた事だろう。休日の長く続くのは、良し悪しなものだ。選挙戦も、激戦をきわめて来た。この度の選挙にはあまり興味がない。ニュースに、あまり接しないためでもあろう。

5月6日● 晴。休日続きの明けた今日は、店の方も外売りの方も忙しかった。昼過ぎから、板橋まで注文受けに回る。この所ズーッと、外に出た事がないので、久し振り外の空気に接した事も晴々した。田舎からの便り、全然ない。どうなってるのだろう。

5月8日● 晴。休日にしてもらう。近くの氏神様の祭り[注1]始まる。神田ッ子の神輿が、電車通りで、ワッショイワッショイやる風景は、神田ならではの感のする勇ましさだ。久々に浅草に出てみる。夜、早く帰り、祭りの催し物見る。

5月9日● 晴。昨日に引き続き、神輿がねり歩く。珍しい所では女だけの神輿も出て、最高潮の祭風景だった。市場に行く。前回の市に比して安かった。夕刻かけて長谷部君来る。彼、就職してから初めて会う。十一時頃までセントルイスで話合う。角喜の芳明君、姉勝子、妹良子より便り受く。

5月10日● 晴。忙しくあるべき時期の土曜の今日。意外に低調だった。騒ぎ回った祭りもようやく今日で終わる。神田ッ子も来年まで、待たねばならない。選挙戦も後半戦の追い込みに入った。候補者は必死だ。昨夜は寝れなかった。コーヒーのためだろう。

5月11日● 雨。一日中降り続いた。じめじめした日曜だった。店は忙しいほどでもない。客も少ない。客が少ないゆえ、店の中で、種々たまっていた帳簿の整理等、その他、雑仕事ができて清々した。明日からは再び、外売りの方に力を入れてみよう。上林茂、本間恒夫両君に電話する。明日、田舎の中学校が修学旅行で上京するので、その応対方法など、松嶺会としての歓迎方法を練るため。久し振り、早く九時半に床につく。このように早く床に入るのは、何ヶ月振りか分からない。お母さん丈夫であってほしい。

5月12日● 雨。三月上旬の肌寒さ。今月最低の売上げだ。だが雑仕事がゆっくりできて、昨日に引き続きすっきりした。たまに、このような日があっても悪くない。田舎から中学生が修学旅行で上京する。松嶺会の代表として、駿河台ホテル[注2]におもむく。種々な人々に会えて、又、田舎の近所の子供が四、五人来ていたが、皆変わったのには驚いた。富樫孝子、渋谷やす子、庄司光子、佐藤とも子、池田宏など、背の高さは自分くらい大きく、女の子は可愛くなった。皆忘れず自分の顔を覚えていてくれた。

5月13日● 晴。板橋帝京高校まで配達及び注文受けに行く。大量注文受けて来る。夜、閉店後、上野駅まで行く。修学旅行の見送りに——近所（田舎の）の五人に土産として、英語の参考書贈る。高等学校に進んでも頑張るよう力づけたら、純粋なもので、揃って〝一生懸命やります〟とおじぎをした。可愛いものだ。十一時五十分の汽車で発つのだ

▼1 三崎稲荷神社の祭礼。神保町交差点を中心に九町会が祭礼を執り行う。
▼2 一九二二年（大正十一）、小川町に創業。二〇〇〇年九月閉鎖。

そう——日本三大祭りの一つといわれる神田祭り[注1]始まる。

5月14日● 晴、のち雨。渋谷の著者の所に行く。途中、神宮外苑を通ったが、アジア大会の飾り付けで、美しく整理された外苑は、何となく、どこか外国にでも行ったような気持ちになった。各国の旗を上げるポールは白く、樹々は眼の痛むような緑色に変わり、一ヶ月くらい前とは全然変わっている。今日の店は暇だった。神田明神の神輿が練り歩いている。日本一大きな神輿（三百貫とか言われている）は明日都内の目抜き通りを練り歩くとの事。

5月15日● 雨。大市ある。朝九時から夜九時まで。荷は、大して良いものなし。だが金額にして八万円くらい買っている。いつもの大市より骨が折れる、というような事がなかった。店の方は、良かったのか悪かったのか分からない。姉より電話受く。明日からは売込みに力を入れなくては——。

5月17日● 晴。途中、夕立ある。が、久し振りに晴れ間のあった今日、土曜だった。店の方も、晴と土曜が一緒になってか、忙しい一日だった。明日は、待望の支部での箱根旅行。朝六時起きだ。姉より電話受く。清水君、斎藤昭三君等見える。

5月18日● 晴。朝六時起き。交代休日に支部で箱根行き。バス五台を連ねて七時出発。帰宅、夕八時半過ぎ。富士も日本晴にすっきり勇姿を現し、毎日都内で小さな気持ちで過ごしていたのに比べると、気持ちが大きくなったようだ。強行軍だったせいか、疲れもひどい。

5月19日● 晴。昨日は、すっかり疲れてしまって今朝は寝坊してしまった。市場に行く。夏場の市のような不景気だった。すみ子さんの弟、宏君より便り受く。上京の時の礼状だった。夕刻より雨になる。今は本降りで、涼しい風を吹きつけている。床の中でのトタン屋根を打つ音を聞くのが、何とも言えない。気持ちを落ち着かせる。

5月21日● 晴。体の疲れがひどい。もっとも春は眠い時期なのだから——昨夜は遅かったせいか、今朝は寝坊してしまった。晴上がった一日なので、店の売上げも上々だった。いろいろな細い帳簿の整理が完了したので、落ち着いた。

5月22日● 晴。衆議院総選挙の投票日。朝早く投票すます。店の方は売上げは上々だ。これで選挙は、三回目だ。ようやく政治なるものに関心を抱くようになった。

5月23日● 晴。総選挙の結果分かる。社会党は三分の一確保はしたが、自民党勝利に終わる。刻々判明する結果を、どの放送局も競って、一日中選挙結果報道をしていた。夕刻より雨になる。

5月24日● 晴。市場に行く。良く買えた。調子の良い日だった。神宮の国立競技場中心に、第三回アジア競技大会開かる。盛大な開会式だったとの事。八年後のオリンピックには是非雰囲気に接してみたいものだ。すみ子さんに久々の便り書く。

5月27日● 晴。アジア大会も最高潮に達した。種々な種目の決勝が行われている。優勝の中軸は大部分日本だ。本間恒夫君来る。前に貸した金の返金に来たのだ。長谷部君より電話受く。

5月29日● 晴。本年最高の暑さだ。市場に行く。全く夏場のような市だった。価はたいして安くもない。この所あまりまとまりがない生活のようだ。大量に注文入る。

5月31日● 晴。晦日なので、集金その他で一日の大部分外に出っぱなし。今月も日時の過ぎるのは早かった。平均して売上げの低下という事はなかった。年々厳しく、商売の辛さが重なるに、売上げも少なく利幅も少なくなるので、先手先手と、良い所をとるようにしなくてはならない。来月は一層暇になる。暇なるがゆえに、余分の仕事をせねばならない。

6月1日● 晴。アジア大会終わる。夜七時から行われた閉会式は、過去のどのオリンピック、どの競技にも見る事のできなかった、優れた式だったとの事。各国の選手、役員など、こぞって褒めちぎっていた。別れる時のすべてが涙を誘ったとの事。

6月5日● 晴。店は暇になったようだ。ただ、地方からの注文の分として、日に日に仕事があるだけで、店だけというと全くというほど暇だ。夕刻かけて斎藤君来る。彼は相変わらず勤勉だ。暇さえあれば神田に来て本探りに来ている。人間何事も、物に一生懸命になれば暇というものはないのだろう。然るに、現在の自分は、真面目というのでなく、中途半端という意なのだ。

6月7日● 晴。乾燥状態に入っている。今日は各地で頻繁に火災が起こっている。先月、今月とも記録破りの火災との事。早慶戦始まる。明日は、法学博士小泉氏宅へ買物（仕入れ）に行く予定。

6月8日● 雨。日照りに泣く関東一帯に、ほんのおしめり程度だが、小雨パラつく。一日中降った。朝から、世田谷の小泉博士の所に、法律書買いに行く。あまりパッとし

▼1 東京神田明神で行われる祭礼。山王祭、深川祭と並んで、江戸三大祭の一つ。

たものはなかったが、数多くあった。まだ現役で活躍しておられるので、必要な本はトラック一杯分くらいあった。主にドイツ語の法律書だった。三時間も種々な話を聞いたりした。疲れた。

6月11日◉ 雨。梅雨に入ったのか、一日中降っていた。売上げ少ない。夜早く閉店す。何日振りか映画見る。涙の出る内容の映画だった。「季節風の彼方に」東北の山奥の人達の生活苦など、舞台にしているせいか、私も経験のある苦しさを描いているので、一層感動させられた。欲を言えば演技の方もう少し良かったら――。

6月14日◉ 晴。市場に行く。あまり大して景気の良い市ではなかった。三時頃終わる。土曜とて売上げはまあまあという程度。明日は定休日。小南友会での旅行だ。伊豆半島一周という旅行。

6月15・16日◉ 熱海～伊東～下田～石廊崎～修善寺～沼津と旅行する。

6月17日◉ 晴。旅行の疲れなど出ず。ゆっくり寝て疲れが抜けた。二日間も店を閉めたので、二日間分を今日から張り切って仕事に変えて挽回しなくては――幸い集金、配達などで、三日分くらいの売上げになる。父より便り受く。田舎の近況の知らせだった。田舎や、すみ子さんに旅行の感想など便りしなくては。

6月19日◉ 晴。市場に行く。午前中で終わる。品物が少ない。少ないというのは、不景気なので、荷主が活発に出品してくれないからだ。仕入れの方、うまくやらなければならない。留守に友人といって、二人連れの人が訪ねて来たとの事。誰であるか分からない。

6月21日◉ 晴。暑かった。真夏が来たような――外売りの方に力を入れるために、外回りする。今日は、土曜とかち合ったせいか、店の方も相当の売上げだった。地方からの入金などもあり、平日の五倍くらいの売上げだ。これから一ヶ月間はある程度まとまった売上げがあるだろう。各学校の予算も相当出ているようなので――。

6月22日◉ 晴。最近店買いが多くなった。売上げと比して仕入れの方が多いくらい。しかしこのような商売には、仕入れが多くあるのは喜ぶべきで。景気の悪い中にあって忙しさは変わらず、暑い日曜だった。暑さが厳しくとも今日の店は上々の方だった。

6月23日◉ 晴。一日中店の中におっての店番。一日中立っているのも、何となく味気ないものだ。本間充君来る。青葉君も立ち寄ってくれた。本間君に名簿作成のプリント頼む。

6月26日◉　晴。記録的な暑さだった。毎日毎日こう暑くては、やりきれない。日中も変化なし。夜、長谷部君来る。一ヶ月半振りだ。貸金の返金に来たようだ。彼、昨日給料日とて、早速返しに来た。彼はいかなる事にも責任感の強い奴だ。「セントルイス」で最近の状況など種々話合う。

6月29日◉　晴。昨日よりも一段暑く。三十三度の暑さ（平年より七度も高い）。いよいよ水飢饉に入った。明後日七月一日から時間給水になるとの事。山梨では水争いで農民の乱闘事件[注1]起こる。市場に行く。三時頃終わる。

6月30日◉　晴。午後になってちょっと曇ったが、雨の気配なく、水飢饉が一層深刻になった。晦日なので、集金その他で多少忙しかった。日記をつける材料がないほど、毎日毎日同じような生活の繰返しで——本間恒夫来る。青葉君より電話受く（今月より給料上がる）。

7月2日◉　雨。待望の雨に見舞われる。だが水源地である山沿いには、小雨がパラついただけとの事。ようやく平年並みの気温になった。王子のルリ子来る。会社の帰り。本探りに来たのだ。ひときわ目立つほど、美しい娘になったものだ。

7月5日◉　晴。久し振りに、売上げの多かった日だった。平日の三倍くらい。もっとも外売りの集金もあったせいか。板橋まで、集金かたがた注文受けに行く。昨日の雨もどこへ行ったか。暑さぶり返す。

7月8日◉　晴。店を閉めて休む。朝のうち良く寝ようと思ったが、暑くて寝る事できず。早く出る。コロンビア歌手の総出演する日劇で、歌の祭典見る。夜、巨人—国鉄戦のナイター、後楽園で見る。

7月9日◉　晴。市場に行く。品物は、量にしても質にしても、全く夏場の市だ。三時半に終わる。大半の大学が休みになったので、売上げは一般書の方が多くなった。売上げは低下したというような事なく、むしろ上昇気味だ。

7月10日◉　晴。暑さ、又ぶり返して来たようだ。昨日よりも暇だ。一日中家の中におっての仕事。変化がない。毎日毎日の仕事に。それゆえに、日記帳に記す事も、変化がなくなってしまう。真嶋君より電話受く。

7月13日◉　晴。盆の入だ。七月にしては珍しいくらい、グンと冷え込んだ一日だった。店の方は、朝早くから幸先よく売上げも良い方だった。姉来る（南海堂に盆礼をしに来たのだ）。トリエさんより便り受く。嫁いでから一月にもな

▼1　田植えを控えての干ばつで深刻な水不足に見舞われていた山梨県東八代郡で、一宮町と石和町の農民が水源をめぐって乱闘に及んだ事件。双方合わせて二十数人のけが人を出した。

るとの事。住まいは港区芝。夜小南友会の会合ある。

7月14日● 晴。市場に行く。四時に終わる。不順な気候だ。七月とは思えない、涼しい一日だった。市場に行っている時が、一番体の休まる一時だ。仕入れのための細かい神経は使うが、楽だ。すみ子さんからは何の便りもない。私が便り出してから、一ヶ月もなるというのに返事がない。

7月15日● 晴。すみ子さんの弟、淳（キヨシ）君より便りもらう。盆の十五日の今日は、平年よりも暑さはやわらぎ涼しい一日だった。店は忙しく、配達その他で近日になく忙しく飛び回った一日だった。ボーナスもらう。靖国神社の夏祭りで大きな音と共に七色の花火が空を彩る光景は、方々の夏祭りを思わせる。両国の花火大会も近々だ。

7月16日● 晴。店の忙しいのは幸いだ。平年なら七月の半ばから八月一杯は暇なのだが、今日は、昨日に引き続き飛び回った。いつもこのような忙しさだったら――佐藤芳明君ひょっこり訪ねて来る。彼、過日の衆院選挙の折、違反で逮捕され、十七日間も留置されたとの事。その腹いせというか、気沈めに旅行に来たのだそうだ（彼のやりそうな事だ。おまけに落選との事）。夜、靖国神社に行く。警視庁の音楽隊による吹奏楽を聞いたが、感動した。

7月20日● 雨。海水浴に行くつもりだったが、雨が降り、寒いので、止める。横浜で姉と麗子と会う。その足で東京へ来て、芸術座で「蟻の町のマリア」上演見る。深刻だった。感激した。夕刻から十一時まで王子の清水さんの所に行く。

7月21日● 雨。昨夜遅かったので朝寝坊する。一日中雨が降り続いた。ようやく水飢饉が解除になったようだ。台風が北上しているためでもあろう。店は不景気だ。昨日休んだので、今日の暇は、何となく嫌な、又主人に対しても、申し訳ないような気がする。

7月23日● 暴風雨となる。九年振りの東京上陸の台風（十一号）、朝から午前十一時頃まで、相当な雨を伴い暴れ回ったあげく、残して行った被害の大きさ――店は台風のため昼頃から開ける。夜、小華和君来る。福島から田舎に帰るのだが、久々の東京にと顔を出してくれた。

7月24日● 晴。台風の後の、晴れた暑苦しい一日だった。市場に行く。昼頃までで終わる。店の売上げは少ない。ぐんと暇になったのだ。この前芸術座で見た「蟻の町のマリア」の感動が忘れる事できず。幸い主人公の北原怜子の著である「蟻の町の子供達」という本があったので、息つく暇もないくらい読み続ける。

7月27日● 晴。近来になく、人出も売上げも多かった。

やっと息つく事のできた、月末近い今日。昨日から延びた両国の花火大会開会さる。曇ってはいるが、花火には絶好の天気。相当の人出だそう。福岡の平和台球場では、夢の球宴オールスターゲーム開かる。どうも体が疲れ切っている。

7月28日● 晴。出版物の帳簿の整理で夜十一時まで。未解決のまま打ち切る。明日中、でき上らせなくては――不順な天候続きで、最近は真夏とは思われないような、グズグズした天気だ。海などは、例年より人出が少ないそうだ。三時の〝おやつ〟食って、急に腹痛める。夕方一時間くらい床に就き休む。

7月29日● 晴。平年の最高気温よりも、二度ほど高い暑さの一日だった。もう完全な夏型になったようだ。郷里山形は豪雨で、相当の被害を被っている報ある。最上川の堤防決壊など、新聞紙上を大きく賑わしている。市場に行く。一時頃終わる。不景気だ。店の売上げは良かった。夜、昨日の続きで出版物の帳簿の整理で十二時まで。

7月30日● 晴。異常な暑さだった。久し振りに、渋谷の著者（赤本の）の所に行く。炎天下、自転車での往復には、体が真っ赤になるほど、日焼けした。暑さのため客は少ない。

8月1日● 八月。年を通じて一番の暑い月だ。特に今日は今年最高の暑さだそうだ。深夜十一時過ぎても、焼けついたトタン屋根の暑さが一向に冷める事なく、床についても寝る事ができない。

8月4日● 晴。この一週間、三十度を超える暑さには全く閉口している。市場に行く。夏場には珍しく、良い品の多く出た日だった。四時頃まで。店の売上げ多し。夜の十一時になっても、日中の暑さがそのままだ。

8月6日● 晴。昨夜は、九月上旬のような、涼しい日だった。ぐっすり眠る事ができた。今日一日中まとまった注文の集荷で、飛び回った。清水君来る。姉より電話受く。分店（南海堂分店［平松］）が事業の失敗でゴタゴタしてる。

8月7日● 涼しい日だった。大量注文があった分を集荷し、送付する。売上げ多い。客数は少なかった――姉、明後日（土）に、田舎に帰って来るとの事。明日、休日だ。天候が良かったら、海にでも行ってみたい。

8月8日● 晴。店休む。毎年毎年行く海水浴が、今年は店で行かないので、一夏一度は海にでも入って――と思い、今日の休日に、二人で片瀬江ノ島まで行く。幸い暑く海水浴日和だった。体中すっかり赤くなった。帰りに保土ヶ谷の姉の所に寄り、御馳走になる。八時帰宅。

8月9日◉　晴。昨夜眠りについた十二時頃、田舎より電話受く。姉の勝子と母さんだった。横浜の姉が帰る事について、大した用でもないから帰らんでも良いとの事。何年振りかで、母親の声を聞いたが、うれしかった。今日は市場に行く。二時頃終わる。

8月10日◉　晴。海水浴や山登りには、今日が最後の日曜になりそうだというので、名残惜しむ人々がどっと押しかけたとの事。暦の上での立秋も過ぎたこの頃、気持ちだけでも秋が近くなったなと思われる。

8月11日◉　晴。又、暑くなった。一日中家の中にいて外には出なかった。店はまあまあ。夕刻店の前を往き来する二、三人連れの女達があったが、その中の一人、確かに見た事のある人だと思っていると、向こうでもそう感じ、又、訪ねる目的で来たのか、何度も行ったり来たりしている。私の感じでは、高校時代の斉藤泰子さんではないかと思う。とうとう話しせず帰ってしまったらしい。もしそうだったら会って話してみたいのだが——彼女は学習院大学を終えている。

8月13日◉　晴。今日も暑かった。昨夜、全日航空の遭難事故[注1]起こる。下田沖で墜落したのだそうだ。戦後〝もく星号〟墜落[注2]以来の惨事だそう。

8月14日◉　雨。市場に行く。不景気な市だった。店の売上げもまあまあだ。真夏の中にも、涼しい雨が降り、ちょっと気を落ち着かせた日だった。姉より電話受く。麗子の件だった。深夜十二時、雨はパラパラ降っているが、何と静かなのだろう。たまに、流しのタクシーの音だけが二、三往復するだけだ。分店の店員であるみのる君の事で小南友会開く。

8月15日◉　終戦記念日。晴。八月十五日——十三年前の今日と十三年も経った今日——あまりにも差があるものだ。私は小学校五年だった。苦しい事の連続を味わって、今日のような一応落ち着いた平穏な日々を過ごせる事どれほど有難いか。過去は過去の経験として、未来の平和を願いつつ若い者なりの責任を果たそう。

8月19日◉　晴。今夏最高の気温との事。市場に行く。四時まで。荷は多かった。暑さの中にも、朝夕は涼しい風が窓を揺さぶる。

8月20日◉　晴。店はまあまあの売上げ。一人が去る十二日に田舎に帰ってから九日にもなるのに、まだ帰って来ない。店は暇でも一人欠けると忙しさが分かるものだ。暑さは変わらない。

8月22日◉　晴。中東問題にしても、核実験禁止[注3]などにしても、世界の情勢は明るい見通しがついた。今日二十二日の報道だ。

8月26日● 雨。昨夜からかけて午前中、強風を伴い、相当の雨が降った。台風は、関東を離れて北陸を縦断したため——朝早く鮫州まで自動車免許の申請に行く。夕刻、姉より電話受く。

8月29日● 晴。市場に行く。三時半頃終わる。すぐJackson H. Baileyさんと三省堂、日販の図書室を回る。日本歴史に関係したスライドを、アメリカへ持って行きたいとの事。米国で、大学教授として、日本歴史の教鞭をとるのだそう。九月二十日頃帰国する予定との事。

8月31日● 晴。今夏最後の日曜。学生にとっては明日からの新学期を控え、今日が最後の休みだ。月としても晦日で、今日は何事も終止符の打つべき切れ目の良い日だ。日中、最近にない売上げだった。従弟の清四郎と隆二来る。姉より電話受く。明日の夜、急行で田舎に帰るのだそう。今月は、あまり元気の出ない、だらだらした日々を過ごしてしまった。今日限りとして、明日からは日々を気持ちよく過ごそう。

9月1日● 雨。すべて新規として出発する——日時・曜日まで——夏とも別れ、初秋の今日、肌寒い一日だった。Bailyさん来る。帰国の準備に多忙きわめているとの事。夜、姉帰郷する。上野駅まで見送りに行く。

9月3日● 晴。ようやく四六時中体を動かすほど、仕事が忙しくなって来た。日中なども、走り回らなければならない。今日は私の誕生日だ。満二十四歳という計算になる。二十四歳といえば、一通りの世間通になっておらなければならないのだが、何故か中途半端のようで、勉強が足りないのかも知れぬ。しかしまあ、誕生日というのは、種々自分の回りの事から考え直す良い日でもある。自分だけが知っている今日、九月三日。良い日だった。

9月5日● 晴。名残りの夏とも言おうか、日中は暑かった。だが暑さの中にも、秋風が街の樹々を揺する。久し振りに板橋まで自転車で行って来る。

9月8日● 晴。朝早く、上野駅まで姉を迎えに行く。田

▼1 八月十二日、東京発名古屋行全日空二五便が、伊豆下田起きに墜落、乗客・乗務員三三名全員が死亡した事故。

▼2 一九五二年四月九日、東京発福岡行日本航空もく星号が伊豆大島三原山に墜落、乗客・乗務員三七名全員が死亡した事故。

▼3 核爆発実験の禁止を求める世界的な大衆運動の高まりの中、八月に東西両陣営による専門家会議が開かれ、一〇月には、包括的な核実験禁止条約の策定に向けて交渉を開始する事が合意された。

舎に一週間も滞在して来たとの事。田舎は皆変わりなく、元気との事。今日も暑かった。

9月10日● 晴。各学校が始まったというのに不景気だ。今日は特に——明日は交代休日で私の休みだ。自動車免許の試験受けに行く予定。

9月11日● 晴。夕刻雷雨あり。一雨毎、一稲光毎に秋が深まり、史上最大の豊作も予想されて地方農家には明るいこの頃だ。私の交代休日で、朝早く、軽免の試験に鮫州まで行く。調子悪く、学科の方で（法規）落ちる。その場で再申請する。今度は二十九日。夕刻より横浜に行く。

9月15日● 晴。夜、田舎の両親に、我々と妹の件について、便箋六枚も書く。一時まで。清水君来る。「イギリス文学史」「アメリカ文学史」など貸す。

9月16日● 晴。久々の売上げ上昇を示した。外務省の海外納本書籍の見積もりする。総計金額は膨大なもの。

9月18日● 豪雨。台風が関東を直接襲う。午前九時頃は、台風の目が東京を通過。豪雨の後の、一時カラッと晴れた時は、気味が悪かった。不気味な台風の目だった。昼頃、何年振りか池野さんから電話受く。何年振りだろう、彼女の声を聞いたのは。過日、八日に東京に来たのだそうだ。二十七日東京を離れて、再び遠い北海道に行かねばならないのだそうだ。土曜の夕刻もう一度電話下さるとの事。日曜日は休日なので、どこかで待ち合わせたいのだが、彼女の都合もどうだろう。楽しみにしているのだが——。

9月20日● 晴。広島から大量の荷が入荷。大市出品ものだ。四時過ぎから整理し、八時頃まで。七時半頃、池野さんより電話受く。明日の日曜を楽しみにしていたのだが、都合が悪いとの事。後日電話下さるとの事。明日は定休日だ。ゆっくり休める。

9月21日● 晴。定休日。朝のうち、市場に、大市のための品運ぶ。午前中一杯かかる。久し振りに映画に行く。夕方かけて、宮城濠辺で、秋の涼風のうちに、読書する。二時間くらい。今年最高の試合、優勝をかけるプロ野球巨人対阪神戦の最終戦見る。最終戦らしい、最後の一球まで手に汗握る場面だった。結果は一対〇の好試合で、双方今年十三勝十三敗で幕を閉じる。早く寝る。明日のために——。

9月22日● 晴。のち雨に変わる。朝から市場に行く。大市なので、朝九時より夜十時半まで、一日、入札席で多大な古書をいじくり回した。あまり欲しいものはなく、高価なものもなかった。疲れた。Bailey さんより電話受く。明後日帰国するとの事。

9月24日● 雨。多くは降らないが、一日中降り続いた。

市場に行く。大市の後のせいか活気がなかった。早く終わる。夜、蒲田まで行く。朝、池野さんより電話受け、北海道に帰るのが、二十七日に迫ったので、今夜だけしか会う機会がないからというので、蒲田駅前で八時半に待ち合わす。約束通り八時半までに行き、一時間の少ない時間にコーヒー店で種々話合う。二年前に一度、日比谷公園でそれもほんの少しの時間に話合っただけで――自分が感傷的なのか、別れた後というのが、何となく物淋しさを覚える。近くにいるのならともかく、何時会えるか分からないのだから。それに初恋というものか――自分が最初に心に留めた人、又は知った人が、同級生ではあるが、十年も前から知った池野さんなのだもの。彼女はどんな気持ちでいるのかも分からない。ただ、私は思い続けている。それゆえに、別れるという事、離れるという事の辛さ。彼女がバスに乗る時、初めて手を握る。元気でと言ったきり――。

9月26日● 雨。台風――超大型台風との事。気象観測史上、最大の台風でもあるとの事。関東を直接襲う気配か、朝から豪雨となる。午前中、店の整理しただけで、昼過ぎ閉店する。刻々入る台風ニュースを聞きながら、蒲団の中に閉じこもって、ゆっくり休む。今、深夜十一時、豪雨が窓を揺すり、トタン屋根はガタガタする。相当の被害が続出しているらしい。Baileyさんより便り受く。小切手入っていた。帰国したとの事。

9月27日● 台風一過。今日の天候は、肌寒い曇日だった。昨夜の台風の被害は膨大で、近来にない災害に見舞われたとの事。この辺、神田一帯には、あまり目立つような被害はなかった。今日は雲一つない。中秋の名月で、急に寒くなった。今日を境として、だんだん寒くなるのだろう。

9月29日● 晴。朝早く起床。鮫州まで自動車免許の試験に行く。三時半までかかる。先日、一度落第したのだが、今日は、慎重に事を運んだため合格となった。公布は十月四日だ。晴れて十月五日からは、自動車を乗り回す事ができる。店の方は一日留守してしまい、市場にも行かないでしまった。今まで気掛かりだったのが、ようやく気持ちも落ち着いた。

9月30日● 晴。午前中は晦日なので、集金その他で多忙だった。午後に久々に板橋まで配達、注文受けに行く。途中、春日町や板橋の辺りは、道路という道路がゴミで埋められ、自動車の通る道すらないくらい。この前の台風の被害を、目のあたりに見て来た。どこの家も浸水したらしく、無惨な状態だった。晦日、九月も終わりを告げた。今月は思い出の月だ――池野さんと会った事だけが――。

10月1日● 晴。新しい月に変わった。月が変わり、最初の一日目は大きな、又、新しい気持ちで出発するのが常で、今日もそうだ。果たして望み通りに仕事、その他の事ができるだろうか。まあ努力してみよう。本格的な秋に入った。澄んだ秋空のように、何事も率直に成し遂げてみよう。

10月3日● 晴。良き日、ついている日だった。種々な事で――最近は誰からも便り来なかったが、今日は門脇様からと、午後の便では、久し振りの便り、すみ子さんより受く。先日姉が田舎に帰った時、私が十月に入ったら田舎に帰れるかも知れぬという事を、ほのめかしたのが、すみ子さんにはうれしく思ったのだろう。十月に入ったので是非来るようにとの事だった。

10月4日● 晴。朝早く、鮫州まで行く。晴れて免許の交付になる日なので、勇んで朝早く出掛ける。帰宅が十一時頃。それから三時半頃まで市場に行く。景気が悪いせいか活気がなかった。夜、松嶺会の打合せのため、集まったもので、種々話合う(セントルイスで)。藤井藤雄君より一年振りくらいで便り受く。この前の台風についての見舞い状だった。姉勝子よりも便り受く。家の事で近況を知らせてくれた。Howesさん来る。Baileyさんの友人で、やはり研究に来て帰るので、種々資料集めについての相談に来たのだった。

10月5日● 雨。朝のうち早く、後楽園にスケートに行く。八時四十分頃帰宅。あまりの豪雨なので、主人は休日にするというので休む(閉店)。姉に連絡して銀座に出る。それから従妹のとりえさんの所に行って、無駄話で時間を潰してしまった。

10月8日● 晴。久々に青空を仰ぐ事ができた。秋晴れというのは清々しくて良い。初めてバイクで遠乗りする。免許をとってから初めてなので神経を使って、板橋まで行って帰りも無事にと思ったのに近くまで来て、自転車に突っ込んでしまった。自転車は大破になって弁償までしなくてはならない事になった。

10月10日● 晴。午前中、足立区まで買物(仕入れ)に行く。王子を通ったので栄町の叔母さんの所に立ち寄ったら留守だった。誰もいないようなので、先日の台風の時、床上浸水の被害にあったらしいし、田舎に引込んだのでもないのだろうが。明日、連絡してみよう。ようやく例年並の売上げまでになった。今日、割合忙しかった。

10月11日● 晴。昨日あたりから引き続き売行きが多くなってきたようだ。最近にない土曜日らしい売上げだ。プロ野球日本シリーズは、プロ野球史上、もっとも伯仲した、又充実した巨人―西鉄の間で行われた。第一戦巨人の勝利。世にファンの多き事――テレビの影響もあってか試合中の二時間数分というもの街の人通りが急に減った事などでも分かる。

10月12日● 晴。朝早く起き、後楽園のアイス・スケート教室に行く。日中の売上げも秋の読書週間を控えてか最近上昇にある。今日、昨日に引き続き売上げ多し。プロ野球日本シリーズ第二戦も巨人の大勝になる。七年振りに後藤茂雄君と会う。彼は商売柄後楽園での自動車ショーに来たのだそうだ。

10月14日● 晴。今日は一日中単車に乗って方々を回った。午前中練馬まで、帰りに渋谷を回る。午後、板橋の端まで神経を使うせいか疲れた。明日は大市だ。夜遅くまであるだろう。ゆっくり休養をとらなくては――。

10月15日● 晴。夜になって風雨となる。朝九時から大市で夜十時まで。関東ブロックの大市。[注1] 金額に際限がないので調子良く買えた。今までの大市と比しても最高の買だろう。一日中座っていたので足腰がひどく疲れた。入札式の大市というのは大好きだ。帰宅十時半。床に入ったのが十二時を過ぎた。

10月17日● 晴。暇だった。靖国神社の秋季例大祭始まる。随分冷え込む一日だ。藤井藤雄君に便り書く。先日の便りの返事だ。小生随分筆無精なものだ。

10月19日● 晴――快晴定休日。朝、ゆっくり休むつもりだったが、早く起きてスケートに行く。九時頃一旦帰ってから再度スケート滑りに行く。昼頃から東京国立博物館の「ファン・ゴッホ展」見に行く。延々二時間の観覧。実物に接した事は驚嘆するだけだった。帰りに日活映画「絶唱」見る。八時帰宅。

10月20日● 雨模様の一日だった。近頃は天候が不順ですべてが何だかまとまりがつかないよう。三日前から一人が盲腸炎で入院しているので、店は暇だが、外売りの方で忙しい。一人が欠けるという事で、どんな人でもその人の価値というものが分かる。もっとも価値のない人間と言えばいない方がましだが…すみ子さんに便りする。

10月21日● 朝のうち雨。昼から晴上がる。プロ野球日本シリーズ終わる。最初、巨人が三連勝して、後、西鉄が四連勝し、遂に日本選手権を取る。巨人ファンとして残念だ。

10月24日● 朝九時半から市場に行く。夕五時まで。平日

▼1　関東各県の古書籍商業協同組合主催の大市。神田の古書会館で開かれた。普段の振り市ではなく入札制のため、回りを気にせずに購入できた。

の市では最高の仕入れで、又、のび時間にしても長かった。整理や、地方の図書館に送る仕事などで夜十一時まで。明日も又忙しくなるだろう。

10月26日● 朝から一日雨が降り続いた。朝早く、スケートに行く。この頃気分的に面白くない日々が続く。時に今日のように暇であると一層――仕事やっている間は何とも思わないが原因と言えば…先日の大市の日から毎日だ。仕入れ多く、出す方だけが多く、主人には辛いのだろう。私には直接言わないが、別の人に陰で言っている。仕入れの方は皆、自分がやっているのだから何か悪い所、まずい所があるなら、間接的でなく直接に言ってもらいたいもの。私の考えでは、今が不景気だから荷が多く出る。それに安い――そこをねらっているのだ。本屋の不景気というのはそう続かないと思う。来月に入ればグンと良くなるだろうと私は思う。自分がまだ若いのだろうか?

10月29日● 晴。今秋最低を記録した寒い、冷える朝だった。不順続きの天候には全く閉口する。市場に行く。月末とて不景気に合わせて品不足だった。三時頃終わる。田舎より毎年送ってくれる庄内柿一箱送ってもらう。

10月30日● 晴。朝は相当な冷え込みだ。世田谷経堂まで配達。朝、従兄の角助が田舎の役場の仕事での出張だといって立ち寄ってくれた。八年振りだが、少しも変わっていない。夜、姉と会うとの事だった。

10月31日● 晴。晦日。もう十月も終わりを告げる。早かった今月の時日の過ぎるのは。一日中車で乗り回す。相当体に応える。晩秋の感深くする秋晴れだった。このような日々の気候だったら、どんなに動きやすいか。来月は、待望の帰郷する月だ。まだ主人には話してないが、楽しみだ。

11月1日● 晴。自衛隊記念日。[注1] 元の軍隊の復活のような姿だ。いよいよ十一月に入った。だんだん寒くなるのだろう。明日、明後日は連休で、この秋一番のゴールデン・ウィークという所だろう。今晩主人に、今月十二日頃、帰郷したい旨話して許可をえる。待望の帰郷できる。

11月2日● 連休の初日である今日の日曜。天候は降雨で芳しくなく。だが人出は、郊外へと足を伸ばさせたせいか、都心である神田は閑散としたものだ。売上げはこの数日と比しては上々の方だった。藤雄君、すみ子さんに各々、私の帰郷日を知らせる。楽しみだ。姉より電話受く。

11月3日● 雨。文化の日。全く不景気だ。昨日といい今日といい、連休の人出をあてにしていた商店その他など意外だったろう。気温も低く、冷たさを感ずる。明日は店を閉めて休むのだそう。私は最近の不景気を身にしみて感じているので交代休日を主張したのだが、主人も都合あったらしく、又、番頭もどんな気持ちかしらんが、はっきりせず。まあすべて自分の主張を、意地を張るまで頑張る必要もないだろう。

11月4日● 晴。打って変わった晴方だ。休日。映画見ようと思っても、財許さず。帰郷するため倹約しなくては――昼頃まで寝ている。部屋の整理などし、三時頃から大丸デパートに行き、久々、種々な百貨物に接し、少しの買物する。足を伸ばして銀座に出る。人出は相変わらず多い。早く帰る。

11月5日● 晴。学校、会社が連休だったため、今日は朝から連休明けの仕事が多く、飛び回る。店の客としては少ない。松川事件の最高裁口頭弁論始まる。警察職務法改正案反対の総評のストある。種々な面で社会の複雑さを表わす今日だった。本間恒夫君来る。夜、姉より電話受く。

11月7日● 晴。帰郷の日取りが決まり、楽しみな帰郷する日が迫った。土産物など、用意しなくてはならないのだが、〝時は金なり〟であまり派手な事もできない。明日、姉が来る予定だが、それによって準備しよう。

11月9日● 雨。久し振りに市場に行く。大市の連続で、荷は悪く少ない。三時頃終わる。一日中雨降り続く。夕刻かけて姉来る。私の帰郷について準備その他、種々話合う。

11月10日● 雨のち晴。ぐずついた天気だった。いよいよ明後日帰郷できる日だ。大丸デパートまで土産物買いに行く。

11月11日● 晴。洋書会[注2]の大市ある。午前中大市に行く。あまり仕入れないようにとの事だったので、気をゆるませて加減していたら、欲しいものは何も買えなかった。何事も、物事に一心にならなかったら成し得ないものだ。明日十二日、夜行で帰る。

11月12日● 晴。七時まで仕事して、上野までかけつけ、夜九時上野発急行「羽黒」で帰郷の途につく。何年振りかで東北の山々が見られるのも明日だ。高崎にて。

11月13日● 雨。四年振りに田舎に帰る。随分変わった。夜、すみ子さんと会う。

11月15日● すみ子さんと二人で酒田まで出て映画見たり種々話合う。

11月16日● 弟、妹などでゆっくりの一日過ごす。

▼1 自衛隊の発足は、一九五四年七月一日だが、台風などの災害に伴い自衛隊の出動が予想される時期である事が勘案され、十一月一日を記念日とした（制定は一九六六年）。

▼2 洋書の専門市。神田の古書会館で行われた。

11月17日● 同級生など集まる。
11月18日● 上京する。
11月19日● 晴。朝六時半上野駅着。名残り惜しかった田舎の空気――だが仕事が控えているのだ。夜行の疲れはひどかったが、九時半からの市場に行く。夕五時まで。仕事中は何ともなかったが、夜、床に入っていると昨日まで過ごした田舎の事など思い出して、どうしようもなかった。
11月20日● 体の疲れもとれない。食欲も出ない。田舎の事、想い出す。
11月22日● 晴。冷え込んだ。今秋、最低の気温との事。田舎の近所の人達に礼状出さなくてはならないのだが、気持ちが落ち着かない。ようやく食欲も出て来た。
11月23日● 晴。グンと冷え込んだ。一週間前の今日は田舎でのんびり兄弟妹で過ごした日曜だった。今日は暇だった。夕方かけて姉来る。
11月25日● 晴。鼻水が多く出、ひどい風邪にかかってしまった。狭い気持ちでおれば、それだけ治りが遅くなると思い、大いに飛び回ったのだが、疲れがひどくなり、やはりだめだ。気持ちの持ちようかも知れぬ。早く休む。本間恒夫君来る。
11月27日● 晴。国民の象徴である皇太子の婚約発表なる。民主日本の夜明けというか、皇太子妃が民間より選ばれる。すべての報道機関は、今日のこの祝日を全面的に取り扱っている。皇太子妃は丁度私と同年輩である昭和九年十月の生まれだそう――正田美智子嬢。
11月29日● 晴。市場に行く。値は最低だろう。店の不況が因で買手は控え目になるし、不況のため、月末とあって、小さな所が金策に焦って出品が多くなる、というように、経済の…法則による因だ。四時頃終わる。宅買も多くあり。遅くまで整理などで残業する。
11月30日● 雨。十一月も雨の日を最後に終わってしまった。あわただしい今年最後の月も、明日から一ヶ月となった。晦日の日曜というのに、雨のために客足少ない。月末の計算を見ると平年より三割がた売上げが下がっている。今月を振り返ってみると、田舎に帰郷した事が特筆する事だった。長谷部君より電話受く。
12月1日● 晴。新しい月が始まった。曜日も、今年最後の一ヶ月のスタートなのだ。空は青く澄み、師走入りしたのだ。渋谷に行く途中、一口坂付近で見た富士山の姿は、新雪におおわれた勇大さで師走の眼下を見守っている様子。一万円札出回る。一般市民は不必要なのだろう。
12月2日● 晴。気候としては、十二月ではあるが、しのぎやすい一日でもあった。最近にはまれな売上げをした活気のある一日でもあった。平日の三倍くらいの売上げだ。年末も近づいた。追い打ちをかけ締めくくりのさっぱりした年としたいもの。明日からはどうだろう。阿蘇君と会う。

12月3日● 晴。暖かだった。今日も忙しく働いた日だ。午前中青山まで配達をし平日の三倍の売上げをしたし、午後は大口の注文の入札のため板橋まで行く。今日の大口の注文が受けたら一ヶ月分くらいの売上げに匹敵するので慎重にやらなくては――本間恒夫、小田久四郎君来る。

12月5日● 晴。昨日、今日と二日、店の年一度の棚掃除のため、朝五時半起きする。昨日はまあまあだが、今朝になるといくぶん張り切り方が違う。少しダレて来る。明日、明後日と二日くらいかかる。日中も引き続き忙しく、体の調子が満足でないのに。体の調子の悪くならないよう努めなくては。

12月7日● 晴。師走の第一日曜は晴天に恵まれ、各地共、人波の歳末景気がみなぎり出した。歳末とても特に売行きが良くなるという事のない我々の商売。人出はある程度多いが、売上げはまあまあという所。

12月10日● 晴。いくらか暖かい一日だった。師走と言えば何かと気ぜわしくなるとの事。確かにそのようだ。店の方は大して売上げも多くはないが、外売りの方で忙しく、売上げも平日の四、五倍だった。明日は明日で仕事は多くあり、仕事の多くあるのはうれしい。姉より電話受く。藤井藤雄君より便り受く。

12月12日● 晴。十二月ともなると、火事が多くなり、毎日二、三回はサイレンの音を聞かない事がない。昔から神田を中心とした一帯、ケンカと火事は江戸の花と言われているくらい有難くない汚名をもらっている。その汚名の通り毎日毎日サイレンが、ひっきりなしに鳴る。

12月14日● 晴。市場に行く。売上げの良好なのに比べて、市場の荷は質も悪く、少ない。午前中で終わる。もっともっと仕入れ方法を合理的な方法に検討しなくてはならない。人出多く、やはり師走だ。

12月15日● 晴。連日の好天で空気が異常に乾燥しているようだ。肌が荒れて、風邪を引きやすい気候だ。火事の方も日増しに多い。何となくすべてのものにあわただしさを感ずる。もう半月で一年も暮れるのだと思うと、焦りが出る。すみ子さんに便り出す。

12月28日● 晴。朝のうち、アラレまじりの雨が降ったが昼頃から晴上がる。今年最後の日曜であるが、いつもの日曜と違って、何となく騒々しい。晦日も迫ったので街行く人々の足はせわしい。昼過ぎから北多摩まで単車で買物（仕入れ）に行く。往復二時間半もかかる。神経を使うせいか疲れがひどい。

12月29日◉　晴。今年最後の市場だ。朝から張り切って出て行ったが、荷が少なく昼までで終わる。仕入れを重大視しなくては、来春九日までの荷をどうして仕入れようか。郊外を歩こう。

12月30日◉　晴。霧深し。例年の事ながら年の暮れは天気が良い。三十日頃になると濃い霧に包まれるのだ。千葉まで、買物（仕入れ）に行く。あまり良いものはなかった。姉、田舎に帰るので上野まで行く。上野駅の混雑さは驚くほどだった。明日は大晦日。一年の締めくくりをしよう。

12月31日◉　雨。昨日からの雨が一日中降り続いた。大晦日。今年最後の一日。無事に過ごしました。店の方の売上げも順調だった。夜、テレビで、行く年来る年としての番組を見ているうち、何か過ぎる年に未練があってわびしい感じがした。この帳も一九五八年とは別れだ。兄勲より電話ある。明日、会う事にする。

総括　一九五八年を顧みて。この一年間、私としては、仕事の面では働きがいのある年でした。それに野牛のように働いたつもりでいる。「なべ底景気」と世間はいうが、そうは思わない。特に最後の月の十二月などはかつてないほどの売上げを示していると思う。私的な事でも意義のある一年でもあった。帰郷できた事。両親、兄弟の元気な姿に接した事。何年振りかで友達の多くに会えた事。すみ子さんに会えた事など、又、池野さんとも会う事ができた事など、不可能のような事が実現したのだから――体の調子も良かった。無事で過ごせた一年だった。感謝します。来る年も、今年以上の良き年をと念じつつ。

南海堂主人、市田武夫氏

五十嵐日記［五十嵐智］

▶昭和34［1959］年1月〜12月

25歳

市場での仕入れにも自信をつけ、南海堂の経営にも責任感を持って関わるようになった五十嵐青年の目に映ったのは、不正を働く番頭や、やる気のない社員たちだった。店主と話し合うも、精神的・肉体的に追いつめられ、先輩が古書店を開く広島へと一週間の旅行に出て、自らを見直すことになる。

東京オリンピック開催決定に沸く一方で、伊勢湾台風が各地に大きな被害を与え、翌年の安保改定への抗議行動など、騒然とした中で一年が幕を閉じる。

▼昭和34［1959］年

一九五九年この頁から新しい年だ。一九五九年。今年の目標、一、いつの年ながらも体には気をつける事。一、仕事の面では昨年以上の売上げにするために外売りにはもう少し力を入れる事。又、売るための元をなす仕入れに重点を置く。一、几帳面に何年も徹しよう。一、もっともっと勉強しなくてはならない。一、ほがらかに良き年でありますように。一月一日午前一時五十分記す。

1月1日●　雪。冷たく冷える一日だった年の始めの天候としては芳しくない空模様だった。明治神宮参りはやらなかった。朝の九時半起きる。挨拶を済まして、兄勲と行動共にする。トロッターズ（プロバスケット）試合を見る（東京の体育館で）。有楽町に出て映画見たりして一日過ごす。元日の雨は八年振りとの事。それにしてもまして雪とは――上京以来、私の経験した中でも大雪の部類に入る。まあまあ平穏な一年のスタートだ。

1月2日●　昨夜の雪も上がり晴間が出たが、積雪多く夕方までも溶けないくらい。店開ける。初売りだが雪のためか人出は少ない。もう早や一年の仕事の動脈が動き出した。街も初荷の自動車が走り回っている。夜、王子の清水さんの所に年始に行く。十一時帰宅。

1月4日●　会社など大部分は今日限りで正月休暇は終わるのだ。皆最後の休日をゆっくり過ごした事だろう。人出多く売上げもグンと伸びた。初荷として配達まであった。夜早じまいする。長尾さんの招待で九段まで行く。夜十二時近くまで飲み会遊びする。

1月5日●　晴。すべての仕事始めの今日。天気は好し。昨日から風邪気味だ。朝、起きる時の辛さ、今年はどうも不順な天候だ。店はまあまあの売上げだ。上林君より電話受く。

1月6日●　晴。もう正月気分もなくなった。明日は七草で本格的な日々になった。七時に閉店。小田君、本間恒夫君、上林君の三君来る。松嶺会の発展を話合い、今後の成すべき事など話合う。主に個々の生活から過去の話。田舎の話に七時半から十一時まで。

1月7日●　晴。連日宴会宴会で酒盛のない日はないくらい。今日も南海堂出身の家から招待されて、夜七時よりご馳走になりに行く。もっとも今日は七日七草で完全に正月気分は今日限りなのだから――ボツボツ店の方も忙しくなって来た。佐藤四郎君来る。借金に来たのだ。二千円貸す。

1月8日● 晴。忙しかった。午前中は昨年暮れ、注文とっておいた大口の配達で板橋まで――午後にはこれまた大口の岩手県の学校の注文分でつきっきり。毎日このように忙しかったらなあ――と思うのだが。

1月9日● 晴。昼頃小雨がパラついたがすぐ晴れる。空気が異常な乾燥で体がカサカサだ。本部の初市ある。全集など近年になく多く買う。三時頃終わる。長谷部君より電話受く。小松君来る。

1月11日● 晴。最近ひどく様々な人から電話がある。友達、又、客と一日平均十幾通の電話だ。午前中深川まで買物（仕入れ）に行く。夜、姉来る。田舎の様子全くよく聞けなかったが、母が胃かいようで床についているとの事。病院にも通っているとの事ですが大事に到らなければ良いが。心配だ。仕事という事には人一倍負けぎらいな母ゆえに無理もたたっているのだろう。一日も早く全快するよう祈る。

1月13日● 晴。ただただ同じ事を繰り返しているだけで自分の教養になる事ができない。仕事の忙しいのは良い。忙しくなかったらつまらないものだが、反面夜など勉強する十分な時間の余裕が欲しいものだ。本の中に埋れて生活しているのに読む事のできない辛さも並大抵でない。友人、彼らは日々、着々と社会に遅れないような勉強をしている。彼らは時間があるのだ。

1月14日● 晴。市場に行く。三時半頃終わる。「皇太子と美智子さんの納采の儀（結納）行わる。」まだ、田舎に便りしていない。母さんに病気見舞いの便りしなければならないのだが――日中の仕事疲れるような事ないのだが、夜床に入ればすぐ眠くなる。寒さもひどいためか？

1月15日● 晴。〝成人の日〟――これはいつもながら種々考えさせられる日だ。二十歳になった成人として大人の仲間入りをした人々の祝日なのだ。私はとうにあれから四年も過ぎた。成人の日は新たな気持ちで出発したものだが、今とて何のとりようもない平凡な日々だ――ああ――南極探検隊は再度昭和基地に上陸したとの事、報じている。一年前に少しの食料を与えただけで無人の基地に残して来た犬（樺太犬）十五頭の中に、二頭が生きていて基地も無事との事。

1月17日● 晴。土曜とて最近になく人出が多く忙しかった。自然売上げもまあまあという所。明日は定休日なので、夜出版物の仕事を一気に片付けてしまう。十一時までかかる。とりえより電話受く。明日来いとの事。

1月18日● 曇。今冬最低の気温。寒さ厳しい異常な寒波に全国一帯おそわれる。定休日なので朝のうちゆっくり床に入っている。昼過ぎ、姉と二人で有楽町近辺でブラブラ。田舎の両親に便りする。夜、映画「忠臣蔵」見る。

1月19日● 晴。日に日に寒くなる。市場に行く。昼過ぎに終わる。荷が少ない。明日、明治古典会[注1]の大市会があるせいだろう。寒さが厳しく動き回るのがにぶくなってしようがない。それに朝なども寝坊するし。

1月22日● 晴。妹良子より便り受く。ハガキで詳しい事は分からないが、母の病気も床につきっぱなしであまり良くないようだ。父が勝手仕事まで手伝っているようだし、起き上がれないくらいの病なのだろう。心配だ。店の方は日に日に忙しくなって来る。

1月24日● 曇。一昨日に続き、強大な地震があった。何か不気味な気配がする。近いうち大きな地震があるような――市場に行く。調子良かった。

1月25日● 晴。暖かだった。〝寒〟としては珍しい春ほどの気候。日曜で店の出入り客も多かった。母に便り書く。明日見舞いとして少しだが金送るため。生まれて今日まで勤めて足掛け六年にもなるのに一度も金の仕送りをした事がない。ただ品物では送っているが――早く病気の治る事を祈って――。

1月29日● 雨。一日中降り続いた。天気はくずれ、急に冷え込んだ。今日は平年並の気温なのかも知れませんが、昨日まであまり暖かだったから寒く感ずるのだろう。市場に行く。どこも売行きが良いと見えて活気がある。三時頃終わる。父より便り受く。母の病状など知らせてくれてよこしたのだ。

1月31日● 晦日。早くも一ヶ月は過ぎた。今月は忙しい月でもあった。締めくくりの計算をしてみたら、驚くほどの売上げなのだ。昨年の一月と比して、一・七倍ほどなのだから――◎母より便り受く。病気の方は快方に向かっている旨の便りだった。うれしかった。母からの便りは何年振りだろう。夜、松嶺会の活動を活発にするために五、六人集まって話合う。十一時まで（セントルイスで）。

2月1日● 晴。二月のスタートだ。晴で幸先よいようだ。店はあまり人出なし売上げ平日並。何か新しいものに変わるたび毎に新たな気持ちになる。月の変わるにおいてもそうだ。

2月4日● 晴。きょう四日は立春、暖かな立春だ。市場に行く。四時まで。調子良く。回を重ねるごとに、誰にも負けない自信もつくし調子良く買える。どんな先輩であっても先に回して対等まで行かなくても、それ相当まで行ける自信はある。

2月5日◉　晴。交代休日。午前中は店の方が忙しかったようなので店番する。午後、久し振りに新宿に出て久々の新宿をぶらつき映画見る。「野バラ」「朝な夕なに」夜八時帰宅。

2月9日◉　市場に行く。最近疲れがひどいようだ。もっとも市場にいる時でも正座しているし、店では立ちっぱなしであるし、楽な姿勢になる時間がないためでもある。雨降る。立春も旧正月も過ぎた。これからは日に日に暖かくなって来るだろう。活動するにも好適な気持ちになる。店の売上げの好調続いている。

2月14日◉　雨。暖かだった。市場に行く。活気のある市だった。店番している時と市で大声を張り上げている時とは、やはり市の雰囲気が格別だ。思う存分、自分の頭とカンと声と調子とを出して一冊の本を仕入れた時の気持ちが良い。明日は定休日。ゆっくり休める。

2月15日◉　第三日曜定休日。朝、遅くまでゆっくり休む。昼頃、上林君来る。尚也、克三郎、上林、小生四人で松嶺会について松嶺出身者の先輩（松嶺会の会長）宅を訪問予定で出掛けたが、先方は急な用ができて留守との事。一日中の予定が不意に終わる。

2月17日◉　雨。春雨というのか霧のような細い雨が一日中降り続き地面を濡らしていた。最近は思索にふけるような時間もなくなった。又、読書の時間とてなくだんだん回りのものに遅れて行くようだ。仕事に熱を入れれば取り扱っている本に対して読もうとする気が薄れ、逆に読もうとするなら仕事に熱が入らず、両立できないのが現在の我々商売だ。どうにか両立のできるような方法を見出したいもの。松嶺会の案内状発送する。

2月21日◉　雨。年度末各学校の予算の残りとして図書購入のため地方の先生方が今日土曜日に神田に本探しに来ているため、どの店も景気が良いようだ。平日の三倍くらいの売上げある。それでも、雨の土曜で流れの客が減ったのは張り切っていたのにガッカリした。明日は晴上がるだろう。時間をみて、すみ子さんに便り書こう。

2月22日◉　雨、のち晴。二月最後の日曜。店は案外売行き悪し。天候のせいもあるだろうが、それより学生がボツボツ帰郷しはじめた事も因だろう。夜、姉と従弟の三郎来る。三郎とは小学校の時と中学三年頃会ったきりでほとん

▼1　東京古書組合によって開催された明治のものを中心に取り扱う同業者だけの市会。

ど顔は分からなかった。夕方、渡辺英吉君より電話受く。彼とも七年振りくらいだ。

2月23日● 晴。本間恒夫君より電話受く。すみ子さんに久々の便り書く。九段上の大妻女子大学燃える。夜十時半頃、窓越しに赤く染まった夜空が見える。

2月26日● 雪になる。二十三年前、私が二つの年の頃、昭和十一年二月二十六日、未曾有の大クーデターが東京で起きたのだそうだ。その時も雪が降ったとの事。偶然に今日二十六日朝から雪が降る。一日中降り続いた。客足少なし。

3月1日● 雨。四時で店を退いて駿河台ホテルへ行く。松嶺会の会場である駿河台ホテルに着いたのは四時半。四時で始まるはずだったのに、松嶺時間と言うか四時四十分頃になってしまった。先輩三人を迎えての会、盛大だった。帰ったのが十時。

3月3日● 晴。ああ、変化がなく同じように過ごす毎日毎日。自分の好きな事もやってみたい。

3月4日● 晴。市場に行く。数多く仕入れた。その日その日の調子で仕入れ方に相当の上下ができて来る。今日の調子は上々だった。呼吸も合うし、入札にしても上手く取れるし。朝九時から夕五時頃まで。市場の雰囲気は大好きだ。たまに面白くない日もあるが、雰囲気というものは変わらない。

3月5日● 晴。少しずつ雪解けのように暖かくなって来る。日中はともかく朝、夕も寒さで動きにくいというような事もなくなった。学生は大部分帰省したようだ。神田の街も学生より一般の人の数が多くなった。もう二十日くらいもすれば、又元通りに人出も多くなるだろう。

3月6日● 晴。時の進むのは早いもの、三月に入ったのがつい二、三日前のような気がするが、早や一週間も過ぎてしまった。それだけ人間として成長しなければならないのが、自分は進歩がない。勉強が足りないのかも知れぬ――こう分かっているのに手がつかない。度胸がないのかも知れぬ――種々考えるからだ。

3月8日● 雨。期待していた売上げはなかった。一日中降った雨のせいだろう。新入生一人入社する。

3月10日● 雨。つまらない雨だ。一日中降ってしまった。不景気な中にあって、ますます売上げが落ちる。外回りもできず、一日店番だ。夜は教科書等の整理で、十時まで残業。残業も面白い。まして一日不景気な店番しての後、忙しく体を動かすのは――。しとしとと降り続いている。

3月15日● 快晴。定休日。朝十時まで寝る。疲れすっかり抜ける。昼過ぎ有楽町まで出掛ける。横浜の姉の所にいるみよ子さんと東京タワーに行く。人波で上に昇るには三時間も待たなければならないとの事。博物館を見て西銀座に行き、西銀座〜新宿までの地下鉄開通初日、新宿まで乗る。新宿では、音楽喫茶ラ・セーヌ[注1]でゆっくり休む。八時帰宅。

3月16日◉　快晴。教科書売りのため他の者が学校に出張したため、店はてんてこ舞いの忙しさだった。通行人は案外少ないのに売上げは多かった。これから三月一杯はまあまあだろうが四月に入れば、今日のような日が毎日続くのだろう。夕方、長谷部君より電話受く。

3月19日◉　晴。ようやく春らしい気候になった。大市ある。朝九時から夜十二時までぶっ通し。十五時間も——荷が多かった。だが大して欲しい本はなく、又、良い本がなかった。疲れた。床についたのが一時半。

3月24日◉　雨。市場に行く。大市の後とて荷は少なかった。もっとも買手の方も少なかったせい。三時頃終わる。年度末図書費の整理として地方の学校の先生が立ち寄るので店の方は売上げが急上昇している。特別に忙しいという事でもない。秋のような物淋しさを感じさせる。深夜の雨だ。雨の音以外は何も聞こえない。

3月25日◉　晴。各大学の卒業式が方々で行われている。学生生活に別れを告げて巣立つ彼らに晴れやかさを与えようとする天の恵みか、良い天気だった。

3月30日◉　晴。五月中旬くらいのバカ陽気。突風あり、方々で火事がある。店は年度末最後の売上げというのか、上々の売上げだ。明日は晦日だ。締めくくりをキチンとしたいもの。

3月31日◉　晴。晦日。忙しかった三月も終わり、明日からは年最高の売上げを示す四月に入るのだ。四月中旬頃からは短期間ではあろうが忙しくなる。今日で三月は終わり、日に日に冬装束から解放されてしのぎ易くなる。体も無事、順調に過ごして来た事、幸いに思っている。

4月1日◉　晴。暖かな桜花の季節の四月になった。皆、新たに四月に入った気持ちそのままをすべてのものに適用して張り切ろう。日本医学総会開かる。世界卓球選手権大会で。日本の男女共団体戦に優勝する。男五連勝、女二連勝（四回優勝）。種々な行事も桜の季節と共にスタートする。渋谷まで出版の方の著者の所に行って来る。途中、九段、千鳥ヶ淵などの桜は七分咲きくらいだ。

▼1　一九五六年にできた新宿区歌舞伎町のジャズ喫茶。劇場スタイルを特徴とした。

4月2日● 晴。桜の花の満開も明後日頃だろう。大きな買物（仕入れ）ある。自動車に二台分。常に宅買い[注1]（出張買い）があれば面白いのだが…日に日に忙しくなって来た。

4月5日● 雨。強く吹きまくる雨の日曜だった。第三日曜は年で一番忙しくなるので休みがなくなるし、雨でもあるので休む。体の部分部分が疲れているので、朝はゆっくり遅くまで寝、久し振りに浅草へ出向く。

4月9日● 雨。市場に行く。昨日、資料市[注2]の大市があったためでもあろう、荷は少なかった。昼過ぎ終わる。いよいよ明日は皇太子の結婚式だ。国事として行われるとの事。半世紀に一度の行事とて国をあげての祝事だ。

4月10日● 晴。朝のうち雲一つない好天気。国を挙げての皇太子の結婚式[注3]。晴れて妃殿下となった正田美智子さん。国事としての婚儀は四半世紀に一度の祝典とて日本全国喜びにわき立った。良き日に空は全く晴上がった。皇居～渋谷東宮仮御所までの圧巻パレードなどテレビで実況見る。

4月11日● 曇。昨日とはガラリッと変わったグズついた天気だった。長谷部君、夜来る。半年振りでの語らいだ。彼は彼としての悩みがある。私は私としての悩みや又、希望などある。その事等友人として話合うのも楽しみなものだ。

4月13日● 晴。各学校（小・中・高）は一斉に始まったようだ。店の客もボツボツ学生が多くなって来た。近来体の疲れがひどい。それゆえか朝寝坊する。

4月14日● 晴。市場に行く。朝九時半から午後五時半までブッ通し。景気が良くなったと見えて荷は多かった。又、買手の方も平日より一割高の良値だった。店の方の売上げも上々。

4月18日● 今年になって最高の売上げ、最高の忙しさだった。細かいものばかりだが数で売上げた。これから来月半ば頃まで今日のような調子が続けば良いが。明日も忙しくなるだろう。仕入れの方を相当考えなくてはならない。体の調子も上々だ。

4月19日● 晴。昨日に引き続き忙しく売上げが多かった。市場に行く。平日の市より一割方高かった。夜、都会議員立候補者の立会演説会聞きに行く。社会党書記浅沼稲次郎氏の応援演説もあり十時半まで。

4月21日● 晴。平日と変わりなし。例年なら各大学で使う教科書の売行きでグンとメーターが上がるのだが、各々セチガラクなって一斉に学校内の購買部で割引販売するせいか大学の教科書、参考書は売れなくなった。ある程度の人出はあるが、素通りする程度で、対策を考えなくては

――。

4月23日● 晴。ひどく暑苦しかった。番頭格である堀というやつはにえきらないし、又、格のある仕事をすればよいものを日中店の中でも何やるという事もなく、無駄話で一日中過ごしている。自分を棚に上げる訳ではないが、もう少し格のある真面目さを現して、店の発展を考えてもらいたいもの。自分は短気なせいもあって番頭と言えども忠告するので、つい衝突してしまう。今日もそのような事があった。東京都知事選挙はじめ地方選挙の投票日。

4月24日● 晴。市場に行く。景気に左右する市場の活気も、今日あたりはクライマックスの活気ある市場だった。地方選挙の結果分かる。保守系の勝利に終わる。すみ子さんに久々の便りする。

4月25日● 晴。土曜とて景気の針が上を向いて来た。忙しかった。夕刻、佐藤芳明君より電話受く。今朝上京して来たのだそう。田舎の最上川（庄内橋の上の方）にもう一つ県道としての橋をかける運動で、建設省その他に陳情に来たのだそう。夜新宿に出てジャズ喫茶ラ・セーヌに入り帰りに軍隊キャバレーなる所に入る。異常な雰囲気だった。宿の参議院会館に行き、帰りは十一時半。

4月26日● 晴。昨日と同様。売上げは上々だった。疲れるものだ――寝不足からの疲れと、仕事での疲れが重なって――夜、長谷部君から電話受く。〝セントルイス〟で待っているというので、約束の時間過ぎてから行ったらいなかった。

4月28日● 晴。初夏のような暑い日だった。街行くものは白一色に染められ、体が怠くなるような一日でもあった。今日は朝早くから飛び回った。田舎の中学から速達便来る。修学旅行で上京する打合せについてだった。

5月4日● 晴。市場に行く。昼、小田君より電話あり。田舎から樋坂さん、後藤ふみさん来ているからとの事。夜行で帰るから上野まで来いとの事。閉店後かけつける。久し振りに会う。

5月5日● 晴。うだるような暑さだった。気象庁開設以来の暑さだそうな。七月下旬のようだった。ゴールデンウィークの休日最後の日とあってどこも郊外は行楽の人達でゴッタ返したとの事。店の方は人出も少なかった。

5月6日● 晴。昨日とは打って変わって肌寒く感ずる。

▼1 依頼主の自宅まで出張して古書の購入を行う事。
▼2 既出（一九五六年十二月十八日）。
▼3 皇太子明仁親王は、正田美智子と結婚する。旧華族や皇族ではない民間出身の皇太子妃は当時大きな話題を呼んだ。

三月上旬の気温だった。四月の終わり頃の一頃のような売行きはなくなった。これからは、地道に利幅のある品の仕入れに力を入れて成果を上げよう。田舎の榎本兵太君より電話受く。

5月8日◉ 晴。交代休日で休む。朝十時半頃、高山義弥君が北海道から来ているので宿先の吾妻町まで行く。種々話合う。浅草へ出て見物する。夜、田舎の中学校の修学旅行の案内役など頼まれたので、七時頃神宮外苑の青年館ホテルに訪ねる。十一時半帰宅。

5月9日◉ 雨。市場に行く。昼まで。店の荒井が配達に行った帰りのオートバイでひっくり返り、頭を打って病院にかつぎ込まれる。生命には異常なかったようだがテンヤワンヤだった。後藤ふみ子さんより便り受く。

5月10日◉ 晴。忙しかった年度始め。入学始めの四月、五月も昨日の(土)今日の(日)をもって大体落ち着いたようだ。これからは一日一日をがっちり利幅のあるものを仕入れて売込みに力を入れよう。

5月11日◉ 晴。大量注文入る。店はまだまだの感がする。今日の売上げもまあまあ上々の方だ。朝から相当距離を単車で走り回った。

5月13日◉ 晴。午前中、川崎まで配達。午後、板橋まで配達往復通算何キロメートル走ったろう。いささか体が疲れた。店もまあまあの売上げ。夕刻より寒くなる。夜、長谷部君来る。種々話合う。樋坂安子さんより便り受く。

5月14日◉ 晴。市場に行く。夕五時頃まで、面白く数多く仕入れる事ができた。何事もその日その時の仕事に向かう最初の気持ちで、ある程度最後まで、結果の良否が決するもので、今日にしても市場に向かう気持ちの良さが一日中座って競い合っている間にも面白く過ごす事ができた。

5月16日◉ 雨。土曜というのに雨のためか人出も、売上げも平日と変わりない。外売りの方の売上げが多くあったためかどうやら土曜らしかったが――田舎の中学校より便り受く。先日の礼状だった。明日は組合支部のレクリエーション。三浦半島一週だ。天気が良くなればよいが――。

5月17日◉ 晴、のち曇。第三日曜。定休日。古書組合神田(第二)支部[注1]の家族慰安旅行で三浦半島一周する。途中、灯台に立ち寄り、油壺~城ヶ島~鎌倉、江ノ島と名所を回り夕七時帰宅。強行軍なので全くゆっくりはできなかったが、めったに行ける所でもないし、歌などで多く知られている所ゆえに良い所だった。

5月21日◉ 晴。暑かった。晩春の月が雲一つないような夜空にポツンと照っている。輝いている。もう五月も残り少なくなった。忙しかった日々も過ぎて今度は本当に平日に返った。一時的な景気よりかやはり日々の一歩一歩の売上げを増した方がどれほど尊いかという事も、この頃になって分かる。ゆえに日々を無駄なく進む事が大事だ。

5月22日● 雨。朝九時〜夜八時半まで、大市で一日わけも分からぬ本をいじって過ごした。だが、価格の方は勘と多少の予備知識で何分の一かは分かる。九万ばかり仕入れる。先日の大市よりは疲れは大してひどくない。もっとも時間も少なかったせいだろう。

5月24日● 雨。この頃東京地方の天気は実に不安定だ。夏のような暑さがあったと思えば一日飛びに雨。昨日から降り続けだ。〝きれいな美しい五月〟というのに本当に憂うつだ。市に行く。大市の後とて品も悪く、荷が少なかった。ラジオニュースで世界的に有名なアメリカのダレス氏死去との報。明日の朝刊には大々的に載るだろう。

5月25日● 晴。ようやく晴上がる。久々の五月晴れに街路樹の緑もあざやかな雨上がりの今日だった。売上げも盛り返して来た。もっとも四、五日前から昨日までは五月に入って最低の売上げだったのだから。

5月26日● 晴。埃っぽい街なのに。昨夜降ったのだろうか雨のために道路はすっかり清められていた。日中晴れていたので気持ちの良い一日だった。ミュンヘンで開かれているＩＯＣ総会で、一九六四年のオリンピックの開催地を決める投票が今夜行われ、待望のオリンピック開催地が東京で開かれる事に決定。姉より電話ある。久し振りだ。

5月27日● 晴。朝刊、夕刊共オリンピック東京開催決定の記事で一杯だ。市場に行く。

5月29日● 晴。暑いほどの気候だった。年に一度の大掃除。タタミを上げて虫よけ（主に南京虫）のために薬を撒くのだが年に一度、それも皆一斉にやるという何か〝けじめ〟をつける意味でもいいものだ。どのようにしてあのようなゴミが一年も保存していたのかと思うくらい、街には多くのゴミが集められている。

5月30日● 晴。五月最後の土曜に月末の精算日とかち合ったので、てんてこ舞いの忙しさに、最近にはない多くの売上げだった。夜、切符があったので久々に映画見る。

5月31日● 晴。晦日で日曜と、締めくくりの良い月だ。五月とも今日で別れを告げ、明日からは初夏に入り街行く人々も衣替えする時期。今月（五月）は特に忙しかった日々

▼1　戦後新たに設立された東京古書籍商業協同組合は一〇の支部に分かれ、もっとも組合員数の多かった神田、麹町地区が第一支部となる。

はなかったが、順調な売上げを示し、利の多くある売上げだった。
6月1日●　晴。初夏になった。学生等、今日から夏姿に変わった。衣替えの六月一日だ。
6月3日●　朝から一日中降った。昨日の参院選挙の開票結果、続々分かる。二大政党下の選挙とて、保守系の勝利に終わるようだ。新人の多く当選したのも今回の特色だ。
6月7日●　晴。本格的な晴間に変わり梅雨の前とはいえ良い天気だ。日曜とてもそう大して忙しくなくなった。
◎最近、番当の不正が目について困る。昨年から注意深く見ていたが、事実自分のこの目で見たものが四回にも重なっている。主人に言ったら良いものかそれとも先輩に言って注意してもらった方が良いものか――。
6月10日●　雨。渡部裕子さんに折り返し便りする。夕刻電話ある。種々話したい事があるらしいし、久し振りの対面なので来る六月二十一日(日)の第三日曜、渋谷の東横線改札口で会う約束する。
6月12日●　雨の合間に暑いほどの日照りがあった。梅雨時にしては珍しいくらい。夕刻より再び降る。久々の出張買いがあった。工学書だが一流品ばかり最近の買物(仕入れ)にしては珍しい。洋書も随分あったが相当の利益があった。
6月13日●　晴。朝からすっかり晴上がり梅雨時の天気に似合わぬ天気だった。久し振りの好天のせいもあろうが順調な売上げの一日だった。もっとも外売りの方も力を入れているせいかも知れぬが――夜、妹節子に便りする。
6月17日●　雨模様だった。最近は大きなものが売れるようになった昨日に引き続き。今日は沖縄の高良書店[注1]が来てくれて大量の仕入れして行った。夜十一時半まで明日納品する準備する。
6月20日●　晴。週の終わりというのは我々の商売としては一番忙しいのだ。今日土曜も筋書き通りガタガタと忙しく、配達等も相まって売行きが多かった。毎日毎日こうして日記をつけているが同じような事ばかり書いている。仕事の「忙しい」「暇」の二つの事柄だけを――それほど、毎日毎日単調な生活をしてる事になるのだ。もっともっと変化、進歩のある事柄をやってのけたいもの。明日は定休日。
6月21日●　定休日。朝のうちゆっくり休む。九時起床。先日約束した渡部裕子さんと会うために渋谷におもむく。何年振りかで田舎を出てからずっと会ってないので約束の場所まで行ったが、なかなか手間取った。女というものは随分変わるものだ。二人で日比谷芸術座で実演「海軍兵学校物語」見る。感激した。夕方新宿に出て音楽喫茶「ラ・セーヌ」に入りゆっくり話合う。八時帰宅。

6月24日● 晴。一日中市場にいる。市場景気はだんだん夏場景気になって来た。荷は多く出る。店は暇なので。裕子さんより便り受く。

6月25日● 曇。今にも降りそうな天気だったが、一日中降らないで済んだ。夜、野球ナイター放送をテレビで見る。初めての天覧試合との事。天皇、皇后揃いで後楽園に行かれて最初から最後まで観覧される。今までにない好試合だった。巨人五―阪神四で幕閉じる。

6月27日● 忙しかった。配達や集金などで――それに土曜とかち会ったためか、てんてこ舞いだった。売上げにしても最近にないくらい多かった。榎本兵太君来る。八年振りに会う。

6月28日● 晴。六月最後の日曜。店は上々のできだった。朝早く起きる。朝早く起きる事は一日中気持ちが良い。気持ちの良い日は仕事も面白い。夜、北沢の福原君と見積りの価格調べで夜十二時過ぎまで。

6月30日● 蒸し暑い。梅雨の合間の一日だった。六月も今日で終わりを告げ、本格的な夏に入るのは明日七月からだ。平年よりも相対的に売上げは落ちたようだ。景気の良い悪いの波がはげしい。今日などは月末で集金の分もあったが、平日の五倍くらいの入金だ。来月になれば又暇になる。暇になったら暇になったようなやり方に変えなくては――。

7月1日● 晴時々雨。蒸し暑かった。暑い七月に入った。日々、体の疲れがひどくて困る。最近ひどく気がむしゃくしゃして――種々な、面白くない事が重なり、番当の仕事のやり方にも不満がある。やる気があるのかないのか。

7月2日● この、連日蒸し暑さに閉口していたが遂に今年度最高という三十一・九度というバカラシイほどの暑さだった。立って店番しているうちにも体が汗のにじみでじめじめし、梅雨明けまでもう十日もあるというのにこれから先が思いやられる。

7月4日● 早く床に就き、面白くなく気が立っているので何も考えず。

7月5日● 店の者、水上の方に一泊の予定で旅行する。自分は最近特に種々な面で気のさわる事ばかり。番当とも口きかず、今日の旅行にも参加せず一人留守番。気持ちの変化か――長い年月には、このような事もあるのだろう。

▼1 沖縄の古書店で、当時古書の仕入れに東京を訪れていた。

7月6日◉ 晴。暑かった。記録破りの暑さ。自分は二日続きの休みに。二日目の今日は退屈で、高円寺の市に行ってみる。五時頃帰宅。姉より便り受く。裕子さんに便り書く。

7月8日◉ 晴。本格的な夏に入った。今日も日中は暑かった。が、夕刻より涼しい風が七夕祭りで飾りつけた街路の竹笹の音をたてさせている。今日は暇だった。

7月9・10日◉ 市場に行く。両日いずれも何となく面白くなく、夜、ペンを執る気になれず。

7月11日◉ 雨。昨夜の寝相が悪かったのか鼻水が出て風邪でも引いたのか？ 集金などで繁く足を運んだ一日だった。主人との話合いが悪かったのか少し不機嫌だった。最近特に番当の不正が目についてからというもの、ずっと何するにも面白味がない。真面目に働いても良し悪しだ。適当にズルさがなくてはだめなのだろう。南海堂という根本が崩れかかっているのだ。このままだと行先、惨めな一書店に崩れる事もありうる。店を思えばこそ自分は文句も出るし、面白くもなくなるのだ。

7月12日◉ 晴。海、山、各地は相当の人出との事。夜、姉来る。盆なので中元の挨拶に来たのだ。主人と種々話したそうだ。主人が、最近特に反発的になった自分の事など、話合ったとの事。自分では軌道をはずすような事はしない。ただあまりにも番当の態度に不満があるからだ。

7月13日◉ 小雨パラつくほどグズついた一日だった。仕事の方は閑散としている。夕方青葉氏、佐藤四郎氏来る。夜、自分の不満や、種々話もあったので主人と話合う。◎結論は真面目一方では駄目との事。自分がまだ若い、修業が足りないとの事。主人にしては人生五十何年か世を渡って来た経験を種々な例をもって説明してくれた。自分の思っている事も見抜いていた。

7月14日◉ 曇、雨。九州方面は豪雨に見舞われているとの事。市場に行く。運のついている日だった。良い品物が入札で気持ち良く買えた事。売るにしても自信がある。良い品だ。夜は少しずつ気持ちを落ち着けるために、目的一つをもって努力してみよう。

7月15日◉ 晴。日毎に暑さ厳しく配達などで飛び回っている中に体が赤く焼けついた。盆の十五日。田舎などは来月（八月）なのだが、関東、都会は今日だ。靖国神社のみたままつり▼注1が十三日から始まった。

7月18日◉ 定休日。海へ行く予定だったが昨夜からの雨が今朝まで続き、予定変更。朝ゆっくり寝る。行く所もなく、ブラッと銀座へ出る。例のニュース映画見る。上野の山へ出て気を休めるために東照宮の中へ入る。松坂屋で買物し、一旦帰り、王子の清水さんの所に中元の挨拶に行く。

7月22日● 最近にない不景気だった。平日の半分くらいの売上げしかなく、全く暇だった。夜、日米水上選手権大会をテレビで見る。三日間に世界新記録、国際記録、日本新記録を次々に破った両国の白熱した大会だった。総合点四十一対三十八で日本の勝利だったが、最後の八百メートルリレーで勝負の点数が決まったのだからどれほどの熱戦かが分かるだろう。

7月24日● 市場に行く。朝九時より夕六時頃まで。荷が多かった。夜、裕子さんが帰省するのに頼み物があったので上野駅まで行く。偶然、後藤弘一君と会う。今日夜八時上京して来たのだそう。重大な私的な用と社用兼ねて来たのだそうだ。昨年田舎に帰った時、世話になったので種々お返しの意で世話する。

7月25日● 晴。土曜でも人出少なく。売上げも、学校の集金があったから多かったものの最低だ。真嶋君から電話あった。川上絢子さんに暑中見舞いの便り出す。

7月27日● 夏負けで体が異常に衰弱している。食事も満足に取れない。どうかして体を作り直さねばならぬ。松川事件▼注2の最高裁の判決が来月（八月）十日に行われる事、発表ある。

7月29日● 市場に行く。昼で終わる。こんな事は最近にない。一、父より便り受く。家の近況だった。一、藤井君より暑中見舞いのハガキ受く。一、松山中学校の先生樋渡先生から便り受く。八月二日の面会場所変更との事（衆議院第一議員会館）一、渡部裕子さんより便り受く。帰省通知だった。

8月1日● いずれも記せず。床に横になるとすぐ寝る。

8月2日● 連日猛暑に見舞われる。午前中、松中の先生が就職開拓で上京されたので、衆議院第一議員会館で懇談会開く。出席して舌弁する。すみ子さんより便り受く（久々の便りだ、半年振り）。

8月5日● 晴。暑さ厳しい。店は暇だ。夜、すみ子さんに久々の便り書く。夜十時半から一時過ぎまで便箋六枚も…。

8月6日● 猛暑。昭和二十年八月六日、広島を一瞬にして廃墟と化せしめた記念すべき今日だ。新聞には十四年目の八月六日と記してある。考えてみれば十四年にもなるのだ。私は戦争中といえど、皆よりましな東北の片田舎におり、小学校の五年生である事も知っている。食糧もなくそ

▼1 既出（一九五三年七月十三日）。
▼2 既出（一九五三年十二月二十二日）。

の他退廃している世の中だった事は記憶している。新たに記憶の一編を想い浮かべる今日、八月六日だ。
8月7日● 晴。暁に雨降る。市場に行く。荷は少なかったが、広島図書館の大量注文で入っている品（大きいもの）が出たので夏場でもあり割と楽に買えた。
8月10日● 台風一過、スッカリ晴上がった日だった。十年間もモメ続けた松川事件の上告審判決公判は今日十日、最高裁で原判決破棄で仙台高裁へ差し戻すという言い渡しあり。被告側に有利な判決下る。
8月13日● 雨。午前中、貸本屋の一口物があり、池袋の市に出品するため、土砂降りの雨の中を運ぶ。ようやく広島県立図書館の大口の注文入る。明日から急に忙しくなる。すみ子さんから便りある。今までどんなに想い続けて来た事か。彼女が中学二年頃、私が高校二年からだ。互いに話合いもし、今まで八年間も文通を続け、田舎に帰れば会いもして来た。彼女、心変わりもしたのかどうか、私には思いも当たらぬ淋しさを覚える便りだった。私が上京してから足掛七年にもなる。互いに離れている事が…私は彼女が好きだ。
8月15日● 土曜で、近来になく忙しく立ち回った。広島県立図書館の大口の注文で午前中集荷、午後出荷と、夕五時頃まで。
8月16日● 定休日。第三日曜とて神田はもとより各地の商店が休日で、新宿、銀座、池袋、浅草などの盛り場だけが人出多く、自分も午後からは新宿、銀座、上野と歩き回る。
8月21日● 晴。連日暑さに見舞われ店の方もさっぱりだ。八月というのは二十五日頃まで平年もこのような状態なのだから仕方ない。しかし何事も仕方ないで済むものなら苦労はしない。無理な事を通り越して初めて進歩があるのだ。常にある事柄を考えてはいるのだが――。
8月24日● 雨。涼しい。市場に行く。市場に行っている間、様々な人々から電話があったらしい。客もいれば、友達もいるで、多用な用事のようだ。市場は活気がない。今日のような涼しさで八月も終わるのだろうか？ 弟英雄に便り書く。
8月26日● 晴。今日も大量注文入る。連日、飛び回らねばならない。面白い。夏場というのにこのような注文で忙しく体を動かす事が、どれほど気負い立たせるか分からない。仕入れの件にしても良い話がある。佐藤富治君、榎本兵太君より電話受く。機嫌伺いだった。
8月27日● 晴。二、三日前よりいくぶん暑さがぶり返したようだ。午前中、仕入れで中目黒まで。途中荷をつけたままバイクの故障で思わぬ辛さがあった。店売りは淡々としたものだ。

8月28日● 晴。夏も終わりに近づいたというのに最後の暑さが今年になって指折りに入るくらいの暑さだそう。暑かった。店の二階が工事やっているため雑仕事がある。

8月31日● 晴。月末で多々忙しかった。午前中、幡ヶ谷まで注文取りに行く。十六万円くらいの大量注文だった。小月末なので集金その他で近来になく忙しく立ち回った。小遣い銭程度の手当てもらう。夜、裕子さんより電話受く。明日、渋谷の駅で待ち合わせる予定。

9月1日● 弟、英雄より便り受く。晴。二百十日の今日も無事で過ごした一日だった。一日中注文の書籍集荷で走り回る。予想外の困難さに明後日納本予定のため、頭が痛い。明日一日で集荷しなくては――夜、約束の渋谷駅に行く。田舎で姉や弟を写してくれた写真ができたので二枚ばかりくれてよこした。裕子さんは包みをくれてよこしたが開けてみたらハンカチだった。話によると、恋人同志でハンカチをもらうと別れの印だとの事だが。まさか――。

9月3日● 晴。昨日の暑さと比して、今日はグッと涼しくなった。午前中、配達。午後も手持ちぶさたでなく涼しい気候のゆえか、人出も多く順調に売上げも伸びそうだ。今日、小生の二十五歳の誕生日だ。考える事、数多くある。人生の三分の一を過ぎた。これからが、仕事との面、その他で一番の熱のある、脂のある人生に向かうのだ。心身共に着実な歩みをもって世の中で暴れてみよう。◎池田すみ子さん、渡部裕子さん。二人から祝いの便り受く。二人にはどんな援助も惜しまず、助け合おう。

9月4日● 晴。グッと涼しくなった。市場に行く。九月に入り涼しくなり店の方も順調な売上げを示すようになると自然、市場での荷も良書が数多く出るようになる。四時頃まであった。田舎の角喜――佐藤芳明君来る。

9月7日● 晴。店の方の工事は今日、明日で仕上がる。最後の仕上げとして今日は店を半分閉めてやる。すみ子さん、裕子さんに便り出す。

9月9日● 晴。市場に行く。明日は休日だ。今日も番頭の不正を見る。

9月10日● 曇。休日。朝のうちゆっくり寝る。昼頃から映画見に行く。夜九時帰宅。

9月12日● 晴。ぶり返しの暑さだった。明日あたりまで今日のような天気が続くとの事。土曜日なので人も多かった。やはり神田という所は学生の街だなとつくづく思う。学生が大部分二学期が始まったので上京して来たためだろう売上げも八月始めより久々の良い成績だ。外売りの方の集金もあったため——。

9月14日● 雨。〝人類史上初めてロケットを月の表面に到達させる事に成功した〟と夕刊紙は大々的に報じている。ソ連はついに人類の夢である世界初の天体飛行を実現したのだ。恐ろしい世の中だ。夕方、裕子さんより電話受く。

9月15日● 晴。朝、夕刊すべてソ連ブームだ。フルシチョフ首相の訪米。月ロケットの成功等。それらに比べて我々の商売は細い。

9月16日● 晴。初秋の九月も半ばを過ぎた。店は相変わらず。夜、店の会合ある。高山富雄君来る。二年前だったか三年前だったか一度グレた事があったが、それ以来久々に来たのだが、又何か面白くない事があって来たのだった。十時半頃会合終わってからよく事情を聞き、悟すためにコーヒー店で三十分ばかり話する。一々うなづいてはいたが——。

9月17日● 曇。各地は台風十四号のため、多大な被害を受けているとの事。大市ある。朝九時から夜十時まで。大きなものを仕入れたため相当金額がはった。南海堂ではこんなに仕入れたのは初めてだそうだ。疲れた。体の隅々が痛む。

9月18日● 台風一過の暑い日だった。昨日の大市の整理で一日かかる。体の調子が変調をきたしたようだ。すぐ疲れるのと、体重が日毎減って行くので——一度健康診断を受けてみよう。

9月20日● 晴。定休日。朝ゆっくり休むつもりだったが。回りの者がガヤガヤして落ち着いて眠れなかった。体は疲れている。昼頃姉来る。一緒に新宿におもむく。

9月21日● 晴。午前中、病院に行く。健康診断してもらう。結果は明日分かるとの事。(順天堂病院、レントゲン撮る)

9月22日● 晴。昨日の健康診断の結果を聞きに行く。現在の所、大した事はないが精密検査をもう一度やったらとの事。胸部(レントゲン)の方も血栓の方も大丈夫との事。強力な薬を当分続けて飲むようにとの事。

9月23日● 曇。最近一向に景気が上向きにならない。この辺でそろそろ調子が出ても良さそうだ。医師からの結果通知(詳しくは明後日)があまり大した事がないとの事ゆえか、気楽に物事に従う事ができる。精神的な苦労と、神経質が高じて今までのようになったのかも知れぬ。物事に動じない人間になりたいもの——。

9月26日● 大雨。大型台風が紀伊半島に上陸したとの事。台風の影響で朝から強雨が続き、今夜半から明日朝にかけて関東を通過する見込みとの事。九月二十六日と言えば一昨年台風のため青函連絡船の洞爺丸他五隻の連絡船が遭難した日だ。[注1]各地に警報発令さる。

9月29日◉ 晴。十五号台風の被害は日毎大きさが分かる。まさに戦後最大というから罹災者には気の毒だ。市場は不景気だ。

9月30日◉ 晴。晦日。ボヤボヤしている間に九月も過ぎてしまった。十五号台風の被害は昨日よりも今日、今日よりも明日というふうに日毎、惨状の大きさが分かる。今月は精神的、肉体的に参った一ヶ月だった。ようやく立ち直って来たようだ。

10月1日◉ 曇、雨。都民の日として各学校は休み。衣替えの十月一日だ。涼しくなった。店は暇だ。夜、小田久四郎君の家に行く。

10月2日◉ 雨。大量注文があったので外売りの方での入金があったためか、最近にない平日の五、六倍の売上げだった。一日中降った。東海地方（名古屋方面）を荒し回った伊勢湾台風[注2]の被災者は六日も経つのにまだ救出されず海に孤立状態との事。それなのに昨夜からかけて再び無情の雨が降っているというから可哀そうだ。

10月5日◉ 曇。平穏な一日だった。長野の書店から大ダンボール箱三十個くらい、良書送ってよこす。一流品の数多くある品物だった。明日から丹念に伝票付けしなくてはならないだろう。一年振りだろうか、佐藤幸吉君来る。

10月7日◉ 雨。台風十六号の影響もあって時折強雨となり、店の戸を開ける事ができず。一日中、一昨日仕入れた品物の整理で終わる。

10月10日◉ 時折雨が降ったが、秋らしい気持ちの良い一日だった。店の方は連日のように売行きは上々だ。今日も平日の五、六倍の売上げ、もっとも特別なものが売れたからだろう。人出は土曜としてはあまり芳しくなかった。裕子さんから便り受く。

10月11日◉ すっかり晴上がった。朝のうち、しのぎやすい澄んだ空気。スケート教室に行くために平日より早く起きる。後楽園まで歩く気持ち何とも言えなかった。主人の誕生日だ。

10月12日◉ 晴。明日の夜行で関西方面と広島に行く予定。

▼1 青函連絡船は、青森、函館間を結ぶ当時の航路だが、台風一五号によって同航路の五隻が遭難沈没し、一四三〇人の死者をだす大惨事となった。

▼2 台風一五号。和歌山県潮岬に上陸、名古屋西方、富山湾を通り三陸沖へ抜けた台風で、死者行方不明者五、一〇一名という甚大な被害をもたらした。

ゆっくり休もう。

10月13日●　晴。出発が一日延びた。支度もできたが急な用事があったため明日の夜行で発つ予定。

10月16日●　十四日の夜行で東京を発ち十五日は大阪を見学。今朝、広島に着く。体の方を長尾様から見てもらい、十分な養生をするつもり。反面、仕事の方面では良い経営方法などを学び、帰って少しでも足しにしようと思う。一週間くらいの予定。

10月17日●　晴。広島支店で朝から一日中、店の手伝いかたがた勉強する。夜、市内の本屋回りする。支店の主人より種々な面にわたっての話聞かせてもらう。支店に泊まる。

10月18日●　雨。支店の店の者が休みなので一日中、主人と二人で店番する。雨なので人出は少なかった。今日も支店（中村様）に泊まる。

10月19日●　晴。昨日とは打って変わったカラリと晴れた日だった。ゆっくり見物するので昼頃から市内見物で写真撮ったり、宮島まで行く。宮島の景色の良さはめったにあるものではない。頂上から遠望すると江田島ほか、数々の島々があり遠くには四国も見える美しさ。良い記念になった。夜、広島の市場を見る。今日は観音町の家に泊まる。明日帰る予定。

10月20日●　午前中ゆっくり休み、昼頃観音町の家を出て帰途につく。立町の長尾さんの所に立ち寄り薬をもらい、中村さんの所にも立ち寄り、挨拶をして広島駅二時三十五分の急行「安芸」に乗る。途中の尾道付近の海岸線の景色の良さもただ溜息をつくばかり。旅も又楽し――。

10月21日●　雨。朝八時二十五分東京駅着。長い旅だった。午前中、主人に帰ったという挨拶をして体を休める。二時過ぎ頃まで。この一週間の旅は相当な良い勉強になった。精神面でもこれからの仕事に対して大きな成長ぶりが表われれば相当な利益に結びつくと思う。自分にしても、そのようになるような目的だったから――夜、主人をまじえて店の者に報告、かたがたこれからのあり方、大阪、広島での気のついた事語り、十時半頃まで。

10月22日●　晴。風邪気味だ。留守中、注文頂いた御得意先回りする。忙しく疲れた日だった。夜、広島に礼状五枚も書く。夜十二時過ぎる。

10月23日●　晴。平日と変わりなし。明日、関東ブロック大市会開く予定。夕方から大市会の出品準備のため忙しかった。榎本兵太君より電話受く。上林君よりも電話受く。

10月25日●　晴。昨日の大市の整理が一日中かかってしまった。店もまずまずの順調な売行きだ。国民体育大会今日から東京で開幕される。朝早く起きて後楽園にスケートに行ったせいか疲れと眠り不足だ。

10月26日● 晴。上林君、本間恒夫君より電話受く。いずれも松嶺会の件についてだ。夜、原書房の栗田君と種々な問題について話合う。神田書店街の店員の教養向上のために若い店員だけの集まりの会を作ろうという熱意から実現するために基礎的な話合いする。

10月27日● 晴。店の方は売買とも軌道に乗ったようだ。順調に面白いほど仕入れもあり売上げもあり。野球の日本選手権は今、南海対巨人で争われているが、今日で早くも巨人は南海に三連敗を喫し最大のピンチに立った。

10月29日● 晴。市場に行く。プロ野球日本選手権は南海の四連勝に終わる。市場の仕入れに比べて売上げは芳しくない。夜、店の者を喫茶店に連れて行って、最近店の中での態度がダラけているので種々広島や大阪で見聞きした事などで良い所を挙げて、これからの、店の向上について話合う。夜十一時まで。

10月30日● 雨。売上げ少なし。早く閉める。夜、中学時代の村田良治先生に便り書く。

10月31日● 晴。十月も今日の晦日で終わりを告げる。今月は私自身に大きな変化のあった月だった。今月始めに体の調子はガッタリ崩れ、気持ちも自分自身で分からないほど乱れ、又、店の者なども番頭始めダラダラした態度でまとまりもつかず、店の売上げにも響くくらいだったので気分転換にと奥さんが広島に行くついでにと一緒について行く。種々勉強になった。帰ってきてからも気持ちはある程度落ち着く。

10月31日● 店の機構の変化にも努めるようになり番頭を除く皆に、ファイトを燃やすよう気合をかけたりして、いくぶんなりとも今月の終わり頃になってからは、以前よりも、ほがらかに皆働くようになった事は確かで、相当な収穫があった。これからも努めて店本位にせいを出すつもりだ。

11月6日● 晴。夕方から雨降る。店を閉めて休みになる。午前中は洗濯や散髪などで費し、午後になって新しくできた浅草の名物「新世界」[注1]に行く。夕方にかけて横浜の姉の所に行く。夜九時帰宅。

11月7日● 雨。強く、多く降った。土曜とて店の売上げを期待していたのだが、気候がそれを妨げた。体の調子が

▼1 浅草寺が売却した浅草公園に建設されていた複合娯楽施設で、建設中断の時期もあったがこの年、大規模な複合娯楽施設として改装、オープンした。

ますます順調だ。食事も美味しく。仕事の方面にも熱が入る。

11月9日◉ 曇、雨。市場に行く。最近店の売上げが順調なので仕入れの方も張り切って仕入れる。三時過ぎまでかかったが、良い品物が買えた。

11月10日◉ 晴。平年よりも五度も低い気温だった。朝刊の新聞を見ると代々木でバンドマン（阿部孝）、日大生（林英輔）の二人が、グレン隊風[▼注1]の二人組にナイフで刺され、阿部君の方は死亡というニュースがあり自分は直感、田舎の二人ではないかと感じた。すぐ林君の下宿先に電話したところ、確かに間違いないとの事。昼頃時間をみて赤心堂病院にかけつける。阿部孝君は、とうに昇天しているのだ。彼とは八月に会ったきりだ。弟英雄より便り受く。

11月11日◉ 冷える秋晴れだ。店は暇だ。荒井のばあさんが脳溢血で倒れる。現在老衰も手伝って危篤状態でいる。夜、佐藤尚也君と二人で赤心堂病院に行って林君の病態をみて来る。阿部君の告別式は明日午前十時からだそうだ。

11月13日◉ どんよりした曇。十三日の金曜というのはキリスト教では最悪の日だそうな。自分達にしても何かしら嫌な日だった。十二時二十八分、おばあさんが亡くなった。静かに息を引き取った。倒れてから丸二日間意識はなく。長い生涯（七十九歳）だった。今にしてみれば、うそのような、三日前までは平日と変わりなくピンピンしていたのに。最後の別れのお通夜をする。

11月14日◉ 晴。昨日とは打って変わった晴々とした日だ。おばあさんの昇天の日がこのような良い天気にしてくれたのだろう。店の方は土曜とかち合ったため忙しいというほど、売行きもあった。夜、再び最後の別れを告げる。

11月15日◉ 晴。七五三と日曜とかち合った。盛り場は大変な人出で、朝のうち、初冬を思わせる冷たい風が吹きまくっていたが、昼頃までにはすっかり晴上がり休日にはうってつけの良い日だった。朝早くばあさんの出棺をすませる。とうとう遺骨に変わりはててしまった。日中は後楽園に野球を見に行く。

11月17日◉ 晴。広島図書館の大口の注文入り、朝早くから飛び回る。一日中つきっきりだがまだ済まない。一、三日はかかる模様だ。

11月18日◉ 晴。昨日の続きで、図書館の品物集めで一日中費した。大体揃った。二十日頃出荷するよう、明日中に準備しなくては――阿蘇君、佐藤四郎君より電話受く。忙しいので他に何も手をつける事ができない。

11月23日◉ 連休と重なった。二の酉[▼注2]。夜、店のほかの者は浅草まで出向いたらしい。私は主人が帰って来たので夜、留守中の報告などしていたので行けなかった。どこも相当の人出だったようだ。日中、昨日よりもいくぶん人も多く、売上げもまあまあという所。

11月24日● 市場に行く。あまり良い品が出なかった。田舎の小学校が全焼になった旨、知らされる。

11月26日● 晴。店は順調だ。一日中倉庫に閉じこもって倉庫の整理する。父より便り受く。松嶺会、松嶺小学校出身者として夜、田舎の者（三浦和子・斉藤武・大井・小田久四郎・榎本兵太・斉藤克三郎）など集まって、郷里の小学校火災見舞▼注3いとしての具体策を話合う。

11月27日● 曇。グッと冷え込んだ。例年より二度低いというだけなのだそうだが、今まで少し暖かだったせいでもあろう。「安保改正反対」のデモ▼注4が国会に押しかけ史上空前の出来事を起こしているというニュースが暮れの迫った今日、話題となっている。暮れも押し迫ると種々、物騒な世の中になって来る。最近、未成年の人を殺すという事を何とも思ってないのが増えて来ている。恐しい限りだ。

11月28日● 晴。昨日に引き続きグングン冷え込む。しかし、日中は日照りもあって少し緩らいだが——土曜の一日。あまり景気は芳しくない。よそでは「天岩戸」以来の景気▼注5でボーナス話でもり上がっているのに、我々の商売のみが旧態依然としている。

12月1日● 晴。新しい月の十二月がスタートした。一年の最後の締めくくりの月でもあるので、日々をキチンと暮らして行こう。佐藤四郎君に三千円貸す。松嶺小学校出身者一同の名義で、過日火災に遭った田舎の町長・教育長・小学校長宛見舞い状出す。

12月7日● 昨日とは打って変わって冷えた。朝早く六時起き。外は薄暗く寒かった。店の例年の行事である店の棚掃除。朝早く起きるのも気持ちが良いものだ。

12月10日● 晴。安保阻止三回目の統一行動で、全国隅々まで混乱を来した。特に都内では国電のストップで大混乱。

▼1 「ぐれる」から来た言葉、愚連隊の字があてられる。不良仲間のような雰囲気である事。

▼2 十一月の第二酉の日。この日に立つ市場の事も意味する。

▼3 山形県酒田市にあった母校・松嶺小学校が火災で全焼したため、東京の同小学校の出身者達は協力して見舞金を送った。同校は翌年山寺小学校と合併して松山小学校となり、現在に至っている。

▼4 安保阻止を掲げる労働組合や全学連による二万人を越す大規模なデモがこの日行われ、デモ隊は国会構内になだれこみ、座り込みを行った。

▼5 神武景気、いざなぎ景気と並び、戦後高度成長時代の好景気の一つで、一九五九年から翌年にかけて続いた。

一方、全学連の幹部逮捕。全学連のデモ等。店はまあまあ。少しずつ良くなったようだ。夜、店の会合ある。

12月13日● 晴。昨日と同じく暖かな日だった。デパート、おのおの、盛り場は相当の人出だったとの事だが、神田の人出はサッパリ。三鷹まで行く。夜更かしで、最近は寝不足と生活が一律でないため、風邪気味のようだ。夕方からひどく頭痛がして――。

12月15日● 雨。十二月の雨か…あまりに寒いというほどでもなく大降りの雨で、客足はガタ落ちだった。しかし、十五日とて集金などがあり、売上げの方は平日の三倍くらいだった。夜、南海堂出身の先輩の山陽堂に、忘年会として招待され、十時過ぎまでごちそうになる。

12月20日● 定休日、朝から冷たい風雨に見舞われる。ゆっくり床の中に入っているのには丁度良い。午前中、床の中にもぐり込んでゆっくり体を休める。洗濯などで暮れの盛り場に出向く。ふところが淋しいのに出歩いてもただ人混みの中にいるだけ。ブラブラ時間をつぶす。

12月22日● 晴。市場に行く。田舎の小学校長、教育長から各々便り受く。火事見舞いの礼状だった。すみ子さんからも久々の便りだった。夕刻より、榎本兵太君、本間恒夫君来る。夜十時頃まで話合う。

12月24日● 曇。風、寒く、冷える。市場に行く。暮れも押し迫ると荷が少なくなる。二時頃終わる。池田すみ子さんに便り出す。真嶋君より電話受く。今日はクリスマス・イヴ。寒さのためかあまり盛り場には人出がないようだ。夜、風強く吹く。正月用に飾りつけた町会の竹笹が寒風に吹かれてサラサラ音を立てる。その音を聞くと、何か秋のような淋しさに還る。

12月25日● 晴。この二、三日売上げは順調に伸びている。稼げるだけ稼いでおかないと――少しばかりのボーナスもらう。夜、佐藤四郎君来る。貸金の返金に来たのだ。彼ら友達の給料は私など遠く及ばない。自分らの年輩では最低一万八千円～二万くらいとらなくては、と言っておったが自分は彼らの半分だ――。

12月26日● 今日もグンと売上げが伸びた。午前中、板橋区学校回りで最後の挨拶と集金に出掛け、巣鴨の先で自家用車と衝突、右手に内出血など（手術する）左足に打撲傷など大けがする。相手の車にも損害を与え、二千五百円の弁償する。全くツイていない、暮れも迫ったのに。

12月31日● 雨。大晦日。仕事はすべて昨日で片づいているので、一日中店に立っているだけだった。佐藤一也、佐藤富治、小田久四郎君より電話受く。夜になって強く、多い雨が降る。除夜の鐘をテレビを見ながら聞く。

一九五九年、顧みて今年の初めに箇条書きにして、一九五九年の目標を立てたのだが、これといって一つも目標に達したものはなかった。第一、体の調子の事は今まで、何度も記したが芯が弱いのかどうかあまりパッとしなかった。節制しているつもりなのだが――第二に体の方の調子が悪いためか、ほがらかに過ごした日々が少なかった。第三に勉強も足りなかった。第四に几帳面についてては、相当几帳面すぎ、よほど几帳面に努めたつもりが、かえって他人に良く思われなかった事実も多々あった。第五に、売上げの方は良かったと思うが、他の商売などが昨年と比べて、数段の景気の良さだったので、むしろ悪いように見える。すべて運のついていない悪い年だった。暮れの押し迫った頃になって一年分の悪い事を引き受けたように、自動車事故に遭い――だが、運悪くても無事過ぎた事だけがせめてもの慰めになった。来年は黄金の年と言われているように良き年でありますように。一九五九、十二、三十一。

神田古本街

文化の日に古本市

いまは少ない楽しみに来る人

「十一月三日の文化の日に組合で"古本掘り出し市"をやるんです。歩道に台を並べて、いらっしゃい、いらっしゃいとネ」神田古本屋街の世話人小宮山慶一さん(51)はこういってニヤリと皮肉な笑いを浮かべた。神田の古本屋街の大売り出しは前代みもんである。

「本の買い出しに行くと神田の古本屋を知らない人が多いんですよ。なかにはクズ屋と思ってる連中さえいるほどです。しかも都内ですからネ」本といえば図書館、新本しか考えない人たちがふえているという。それはそれなりに"合理的"であるかもしれない。しかし、古本あさりのよさ、楽しさを知らないということは"安易さ"に流れている証拠だとなかなかに手きびしい。だから"掘り出し市"は"安直な精神"の革命をめざすものであると胸を張った。この安直さは、裏を返せば必至に迫られて動くということだそうだ。

お客も変わった。ユカタがけで"楽しみ"に来る人はますなくなった。店の主人とだべったり、時間をつぶしたりした"いこいの場所"でもあったのが今はだまって本を突き出し、だまって金を払ってサッと帰る。"事務的というんですかね"。

小宮山さんが店を出してから二十数年になるが店をはじめたとき並べた本の半分はお客の持ち物だった。本が少なくては休裁が悪かろう、とお客が自分の蔵書から選んで貸してくれたのだった。半分は見せ物だったわけ。いまではこんな話はもちろんない。—古き長き時代を回想する。—

歌にもよまれ、神田の代名詞だった古本街、明朝（みんちょう）の楷体の金文字の看板にはコケがはえ、そのわきに電灯のはいった立て看板がほとんどの店にぶら下がっている。やがては中にネオン灯を入れることになるだろう。

「精神革命のためであろうと、経営のためであろうと、とにかく明治、大正の文学によくその名を出した"神田古本屋街"も看板を変え、大売り出しをせまられる世の中になったということですな」（長沢記者）

裏から表から ④

ずらり並んだ看板は昔のままの神田古本屋街

青空古本市（「読売新聞」1960）

五十嵐日記［五十嵐智］

▶昭和35［1960］年1月～12月

26歳

一度は気を取り直したものの、番頭や店主への不信感にさいなまれていた五十嵐青年は、ついに店を辞めようとするまでに。店主や奥さんにいさめられ、店のあり方に不満を持ちながらも、市場での仕入れ、店頭での販売など、懸命に仕事をこなす五十嵐青年の心を慰めたのは、弟奎治の結婚であった。

ローマオリンピックで世界が沸きかえる一方で、日本では、安保改定への抗議行動などが激しさを増し、またチリ大地震による大津波が東北地方に大きな被害をもたらした。この年から神田古書店連合会主催の「古本祭り」が始まる。

▼昭和35［1960］年

一九六〇年目標。一、体を大事に節制に努める。一、自分の才能の発揮できる限り仕事、その他の面で活動してみる。一、頭を切換え、落ち着きのある行動をする。一、店の売上げについては昨年の一・五倍を目標に。一、すべてのものに運の向くように祈る。

1月1日◉　雨。昨年の元日は雪だった。今年は一日中雨が降った。朝六時半頃起床。明治神宮参拝。午前中は南海堂グループの年始に出掛け、昼頃三時間ほど寝て小田君と浅草観音様に参拝する。夜、映画見て一日終わる。賀状一枚だけ（渡部裕子さんから）郵便遅配のためだろう。

1月2日◉　晴。昨日の元日とは打って変わってカラリッと晴上がった。店を開け初売り。昨年よりスタートは好調だった。朝十時過ぎから夕五時までの間に平日の売上げ高を示す。夜、田舎のすみ子さんより電話ある約束なので十時半まで待ったが、かかって来なかった。年賀状三枚（帝京松山先生、横浜吉田卯三郎、兄勲から）高校時代同窓会の招待状受く。欠席の返事出す。

1月4日◉　晴。そろそろ正月気分も薄らいでいよいよ仕事始めで街も二、三日前とは打って変わって騒々しくなって来た。店も日に売上げが多い。夜、さくら通り新道の新年宴会に出席する。主人連中の集まりに若いものは私一人だけ。年賀状二通（妹良子より、藤井藤男君）。

1月20日◉　晴。一月六日頃から（前の日記帳の空白がなくなってから）記すという事をしなかった。日記帳がなくなったので面倒くさくなった事も手伝って、延々になった。今日やっとこの帳を手に入れる。半月くらい、自分の日記帳にブランクを作ってしまった。何か損したような気がする。これからは、マメに記すよう「くせ」を付けよう。

1月21日◉　晴。昨年、車で怪我をしてからというもの、まだ手指が治らないので外を飛び回る事が億劫になり、今日も一日中、店番だけで過ごす。最近になく景気が悪かった。夜、棚卸しをする。税務署が二、三日後に来るという情報が入ったので、その前準備のようなもの。本間恒夫君より電話受く。

1月25日◉　昨日より今日、またも寒さ厳しく、零下五・八度という。この二、三日この寒さが続いて二、三日暖かくなるが、月末から二月始めにかけてまた寒くなるとの事。だが、寒さの最高は今日が峠だろうとの事。上林君見える。

結婚してから初めて会う。本間恒夫君も見える。

1月26日● 晴。昨日、一昨日よりは、いくぶんやわらいだ気候だった。店の客は少ない。売上げもグッと落ちた。田舎の隣りに住む工藤重次郎さんから手紙もらう。息子義治君が大学受験（東京外語）のため二月の終わり頃から上京するからよろしくとの事。

1月28日● 晴。相変わらず寒さ厳しく。一日中、目録作成のため事務室に閉じ込もったままだ。[注1] 今日は田舎の者達から電話があり、訪問ありの騒々しさだった（いずれも小学校見舞金の件についてだった）。斉藤尚也、榎本両君より電話。榎本、本間充君来店夜、出版物立て売りの見積もりのため古賀書店[注2]に夜十時半まで。

1月30日● 晴。昨日は、夕刻より急に寒けがして、それに頭痛も併せ苦しかったので寝込む。今朝少し遅く起きたがようやく気持ちが晴れたようだ。月末の土曜という今日なので、午前中はてんてこ舞いの忙しさだった。本間充君来る。

2月4日● 晴。三月上旬の暖かさだった。立春――節分、暦の上では春になった。各地で土地土地の節分行事が行われたようだ。市場に行く。二月の市場は例年の事ながら荷は少ない。今日も三時頃終わる。

2月6日● 晴。土曜なのに、何となく思う存分動きにくい日だった。人出は多かったのだが、税務署員が来て帳簿の調査など、隅々までほじくって調べて行った。再びいつ来るか分からない。

2月7日● 晴。四月上旬の暖かさだそうだ。市場に行く。静かな日曜だった。夕方、姉来る。だが市場の整理で仕事中だったので会わなかった。この前頼んでおいたズボン下を直したのを持って来たのだそうだ。この前から手掛けていた目録でき上る（夜十二時半）。

2月8日● 晴。朝寝坊する。昨日で目録の原稿ができ上がった気持ちが、ゆっくり寝坊させたのだろう。朝から池袋の大市[注3]に行く。夕六時頃まで。

2月9日● 晴。市場に行く。荷は少なかった。明日休日なので、夜十一時発の夜行で石打（新潟）までスキーに行く予定（九時記）。白幡君来る（兄貴と共に）。波木井書店を辞めたのだそうだ。

▼1　二月七日完成、二月一六日校正、三月二日には、初の目録注文がある。

▼2　大正初期に創業した音楽書や楽譜を中心とした古書店で、現在でも音楽専門の書店として神田神保町で営業している。

▼3　池袋地区の古書店を中心に行われていた市場で、毎月三、八日に東京古書組合の池袋支部会館で開催されていた。

2月11日● 昨日の疲れがひどく、今まで運動不足だったので足、腰が痛み出し辛かった。だが、昨日の滑る時の快さを思えば、ずいぶん体のためになったと思う。夜、早く寝る。妹節子、母さんそれぞれより久し振りの便り受く。寒かった。昨夜、都内に雪が降ったとの事。

2月13日● 晴。土曜とても、人出少なく、売上げもできは良くなかった。夜、松嶺会の主な者だけの会を池袋の小田君の家で開く。種々の話合い（小学校見舞金などの件について）一時半帰宅。参会者（佐藤尚也君、小田久四郎君、三浦和子君、小生）四名、三月二十日にバス旅行の案出る。

2月14日● 晴。市場に行く。二月の市というのは例年の事ながら荷が少ない。今日も二時過ぎに終わる。帰ってすぐ、目黒まで宅買物（仕入れ）に出掛ける。久し振りに良い品の買物だった。資料になるもの、市値では高価なものなど。夜、うれしくて整理に十一時頃までいじる。

2月16日● 晴。割合気分的に忙しい日だった。図書目録の校正を終わり、印刷屋に回す。小松靖夫君より電話受く。長谷部君よりも電話あったらしいが、留守だったのでどんな用件かも知らない。この頃、外売りや種々な雑仕事に追われ満足に店番をした事がない。妹良子より便り受く。

2月21日● 昨晩、バスで赤城山へ店の者他五人とスキーに行く。自分だけスキーで皆はスケート。雪不足で前回石打スキー場へ行ったほどの面白さとは格段の差だった。この一週間ほど雪が降らないのだそう。午後になって少しばかり吹雪に変わったが——帰りは七時帰宅。七時から姉が是非話があるからというので横浜まで行って来る。十時帰宅。

2月22日● 晴。一新会の大市。朝九時から夜八時半まで。あまり大した品物もなく。又、品物が少なかった。普通、大市なら全集など多く仕入れるのだが、品物が少なく大した事はなかった。

2月23日● 晴。一日中ガタガタした日だった。昨日の大市の整理や雑仕事が多く。夜十時半まで。風呂帰り、村山の息子と久し振りにビール飲む。彼とは市で争う同士なのだが、割合気さくで話せる男だ。白幡君より便り受く。新王子誕生。▼注1

2月24日● 晴。各地で新王子誕生を祝って種々な催しが行われたとの事。天気もすっかり晴上がり、気持ちの良い日だった。市場に行く。市場は品が少なく。

3月1日● 晴。初春、スタートした。日も良し。天気も良し。まあまあのスタート振りだ。荷造りなどで、今日は肉体的な仕事が多かった。おかげで体の調子は上々。午後には車が故障中なので自転車で板橋まで配達に行く。波木井書店の主人に白幡君が辞めた挨拶に行く。波木井書店の主人は独特な哲学を持っている。私としては尊敬している一人。

3月2日● 晴。グンと暖かくなる。市場に行く。宮城県の蔵書家鈴木氏の一口物があり、夜七時頃まであった。きれいな書物ばかりだった。目録注文の第一号として福井県から注文ある。始めから発送まで直接タッチし、大部分手がけた仕事ゆえにうれしい。まだまだ注文受けないと「元」がとれないのだが――。

3月4日● 今日も冷え込んだ。市場に行く。夜遅くまである。注文も多く入っているので、注文の品が出るとうれしいものだ。又、それを争って落した時などの気持ち――このような雰囲気が、私の市場に喜んで出て行く因でもあるようだ。目録注文またある。

3月6日● 晴。良い天気だ。暖かさも適当だし、日曜なので店の方は客が多く、これから我々の商売のシーズンなのだ。シーズンのはしりなのだろう。午後高円寺の市に行く。作家火野葦平の蔵書の一部の一口ものだった。夜、姉来る。種々話す。

3月9日● 晴。市場に行く。注文の品を二、三点仕入れたのが収穫だけであまりパッとしない市だった。どこも今は注文殺到らしいが、市場の荷は二月中と変わりなく、良い品は出ず、あまりパッとしない市だった。いつもの事ながら、番頭の不正は目に余るものがある。コソコソ不正な事をしている。また要領が良い。主人から全面的に金銭面を任せられている事を良い事にして、いくら精を出しても利がみすみす不正に、番頭のバーやキャバレー代になると思うとやる気がしない。夜は夜で毎晩のように出て――主人はこの事知らないのだ。

3月13日● 強風で寒さ厳しい日曜だった。これも春が深まって行く証拠だとの事。午前中、注文の品を早稲田の方に探本に出掛ける。本間恒夫君から電話あり。本間充君来る。

「波に思う」波の音をじっと聞き入る。結びては消え消えては結ぶ。幾千年の昔より幾億年の時を伝えて打ち寄せている。その姿は幾千年同じように見える。昨日の波も今日の波もしかし、一つ一つの波そのものは全く同じものでない。人の世は海、人の姿は波に似ている。興亡、盛衰、生死、起伏。常なき流転の波は限りなく続く。変わりゆくこの世をはかなしと見る人、いじらしきと思う人、美しき

▼1 皇太子明仁（現在の今上天皇）、皇太子妃美智子の間に男児が生まれ、同月二九日に浩宮徳仁親王と命名された。

ものと考える人。それは人とりどりである。現実の波の姿は変わってゆく。波の音は移ってゆく。現実の姿は一瞬にして砕けてゆく。然し砕けて次の時代を生むのである。万波が起こる。それがために海の水が増えたのではない。海水の量は全体において同じである。波が静まる。万波の姿が消えてしまった。といって海の水が減ったのではない。人の世も又そうであろう。人が毎日この世に幾万人か生まれて来る。そして他の幾万人か死んで行く。一つ一つの変化は大きい。無情の世である。しかし全体からみれば同じような姿をつづけている事に気づく。人生は海に似ている。人は又波に似ている。波にも似た命である。一生である。はかなしと言えばはかなし。もろしと言えばもろし。然も今消えた波は次の波を作るのである。今姿を消すのは次の波と変わるためではないだろうか。今の波と次の波とは同じ水である。こう考えて来れば消えて行く波は大きい。暗示を人の死に結びつける。百年後の人々を作るために今の人は死なねばならぬ。腹が減ったから食べる。一如であり一体である。ただ変化の姿に過ぎない。波の姿や型は変わるが水は変わらない。水さえ美しいなら表われて来る波は美しい。水そのものの美しさだけが次に生まれて来る波を美しくする。我慾に囚われたら汚れる。身も心も投げ出した人によって世は清まる。常岡一郎「独り立つ」▼注1より。私はこの文を愛す。又生涯の道しるべ。励みの糧として口づさむ。satoshi

3月17日● 晴。市場に行く。店の方も忙しかった。市場では入札で人々の話を信用したばかりに、損をするような品物を落としてしまった。いくら商売とはいえあまりにもひどい「ウソ」の事を教えてくれたものだ。この機会に良い勉強になったものの、主人に対して片身が狭く感ずる。このような「ウソ」を、何もかも自分が良かったら他人はどうでも良いというような商売の世界を、なくさねばならない。工藤さんの親父さんから便り受く。

3月18日● 晴。朝早くから取引先の学校で教科書売りでほかの者は皆出張し、家に残ったのは主人と自分だけ。店も人手が足りないせいか忙しかった。明日は土曜でもありまた、市場や集金なども重なって一層忙しくなる事だろう。

3月20日● 晴。強風の一日だった。定休日で朝から出掛ける。市川まで行って、工藤君が東京外語大を受験に来たので受験場所の東大と外語大の場所まで案内する。二時半頃まで歩き通しだった。三時頃から横浜の斉藤美代子さんと会う。新宿へ出て喫茶店で種々話合う。

3月24日● 風強く、埃の舞い上がる寒さだった。市場に行く。相当仕入れがあり調子の良い日だった。今日も番頭の不正を見た。いつまでも放って置いたら皆が何のために働いているのか分からないようだ。よほど直接やめるよう言おうと思ったが、前にも何度か主人に告げたが主人は本当に見ていないので信用せず、自分の告げたのが逆効果になったようで、今日もそのようなら腹の中に我慢してしまって置いて、言わない方がましだと思ったから――南海堂のすべてがゆるんでいる。馬鹿正直者は損をするというのが南海堂の現在だ。

3月25日● 晴。今日も二ツの大口注文の配達やら集金で一日中忙しかった。売上げも相当なもの。西ドイツ首相アデナウアーが来日したとの事。佐藤尚也君に電話する。

3月26日● 雨。今日は土曜で、学期末の学校図書館の残予算使いで多く売上げがあるだろうと予想していたのだが、昨夜からの雨が不意にしてしまった。最近になく最低の売上げの日だった。早じまいする。姉より電話ある。長谷部君より電話ある。別に特別な用事でもなかった。夜、久々にゆっくり床に入る事ができた。日中の雨もよそに、夜空には星が輝いている。

3月28日● 晴。午後帝京（板橋）まで年度末最後の集金に行く。帰宅すぐ葛飾金町まで配達など、一日中オートバイを乗り回したようだ。さすがに疲れた。店の方も相当の売上げがあった。連日、調子が良い。夜、本間充君来る。

3月29日● 晴。暖かくなった。三月も終わりに近づいたこの頃の気候は、日毎にやわらかな日射しに変わった。店の方も気候の回復に順じて客足も繁くなって来た。市場に行く。品物は少なかった。三時頃終わる。

3月30日● 晴。暑いほどの気候だった。昨夜は暑さのためか、早や南京虫に悩まされ寝不足だった。夜、本間充君来る。田舎の町長宛、小学校火災見舞金が遅ればせながら明日送金するので打合せする。夜一時半まで手紙の原文書きで過ごす。

3月31日● 晴。午後一時までには六月並みの暖かさ。二十四度も示す。朝から本郷（七支部）の大市[注2]なので出掛ける。夜九時半帰宅。大きなものが買えたので相当の金額になる。疲れた。今朝、田舎の小学校災害見舞金送金す（有志二十八名で金六千六百円也）。

4月2日● 曇。初夏の暑さで上衣も脱いだのがつい昨日だったのに、今日は急に冷えた。全国的だそうだが、北国

▼1 常岡一郎の著書『独り立つ』（一九五二年六月、中心社）。

▼2 本郷、小石川地区の古書店による市場。戦後の東京古書籍商業協同組合では、同地区は第七支部となる。

は街が白一面におおわれ、富士山もふもとまで雪化粧と化したそうだが、これが最後だろう。だが、九段上など都内の桜は昨日頃が見頃との事。桜の花も散ればすぐ夏が控えているし、時の経つのが早いものだ。

4月3日◉　雨、雨。一日中降り続いた。夜になって一層ひどくなり冷え込む。強く、トタン屋根を打つ雨の音も昨秋以来で何だかものわびしさを感じさせる日だ。日曜で相当の人出を予想していたのだが、人出は行楽のみで郊外や、上野、新宿御苑などの花見に賑わっただけで店の方は忙しいというほどでもなかった。

4月6日◉　晴。ようやく晴上がり、清々しい春日和だった。大方の小、中学校の入学式で、街は父兄と一緒に真新しい洋服を着て歩く新入生の姿で埋められたようだ。新入生の姿を見ると自分の小さい時分の事が思い出される。丁度大東亜戦争の始まった年だったし、経済的にも貧しい時代だった。それに中学校入学の時にも終戦直後のドサクサ時代だった。自分達は惨めなものだった。裏の床屋の小松久子さんから寝巻買って来てもらう。

4月7日◉　晴。一日どこにも出ず、店番だ。工藤義治君の東京外語大の合格発表あったが、二十六倍もの競争率には勝てないらしく不合格だった。田舎の町長、小学校長、教育長より過日送金した松嶺小学校見舞金の礼状届く。

4月8日◉　晴。花まつり――（お釈迦様の生まれた日）良い天気だった。午前中、三崎堂の主人とのりで[注1]買物（仕入れ）に行ったのだが良い本はほとんどなく、無駄足で帰って来る。本間充君より電話ある。今日も番当の不正を目にした。あの手癖は治らないのだろう。いくら忙しく立ち回り、売上げを上げても無駄な事だ。主人も主人だ。主人のいない時の不正なので知らないからだろうが、夜は夜で忙しく出歩いているし――。

4月9日◉　晴。土曜――忙しかった。これからは日毎に今日のような忙しさだろう。今日は仕入れの事で主人と少し意見の違いがあり、気まずい思いのした日だった。しかし自分としては言い分を言ったし気持ちが落ち着いた。夜、真嶋、斉藤順一から電話ある。斉藤克三郎君来る。

4月10日◉　晴。風強し、今日こそはと張り切って店番をしていたのだが、昨日より人出も悪く四月の日曜にしては少なすぎる売上げだった。今日は番頭がコソコソ隠れ事をして、また不正をしようとしているのか、して終わったのか判別つかなかったが、思い切って言ってみた。過去の事も少しつけ加えて――だが、事実が相当あったせいか反発するほどの否定はしなかった。自分としては、うその事を言って君に傷をつけるような事をしたなら、あやまるどころか、店を辞めますとはっきり言ったら、否定もせず、丁度店も忙しかったので後でゆっくり話をつけよう——と言ってそのままだ。夜、栗田君と話する。

4月12日● 晴。連日売上げは伸びている。夜、田舎の町会議員他、佐藤芳明君など小学校復興問題で国会に代議士連に陳情に来た。ついでに在京松山出身者にも聞いてもらいたいとの事で、九段の衆議院議員会館に集まる。話合う。十一時過ぎ帰宅。

4月13日● 雨。一日中降り続ける。店番も嫌になるほどだ。最近の気持ちの混乱から、まして主人との気が合わないせいもあるが——当分、仕事の面もセーブして気持ちの静まるのを待つように、また、何事にもくじけないような腹の太さを作るよう、自分のペースで行こう。

4月14日● 晴。久し振りに市場へ行く。大市が近づいたせいか品は少なく、品物の質も悪かった。依然主人との間の気持ちの交流がない。とことんまで皮肉のようでもあるが馬鹿になってみよう。南海堂の組織というものを改めない事には自分の不満は同じだろう。

4月15日● 曇。月半ば集金などもあってか売上げは随分伸びた。また、日毎に店の客も多く、売上げは金曜といえど順調だ。斉藤昭三君来る。夜、長尾さんと食事を共にし最近の自分の行動（仕事に対して熱のなくなった事）についてや、番頭とのいざこざのあった事などについて種々話合う。

4月17日● 晴。第三日曜とても、組合では四月のみ定休日は自由というので店を開ける。昨日に引き続き最高売上げを示す。しかし昨年の第三日曜のような売上げは示さなかった。今朝、広島より奥さんが帰って来る。午前中、気持ちの混乱がひどく、番頭との折合いも悪かったので「カッ」となり主人に退社願い出す。しかし、心を落ち着けて考え直すようコンコンと悟される。夜は奥さんより二時間ばかり話をされる。

4月18日● 晴。夜、奥さんより番頭と二人呼ばれて種々な角度から意見され、悟され、自分も心落ち着いたし、今までの事は少しくらいはわだかまりもあるだろうが、奥さんに責任を取らせてきれいに水に流してくれと頼まれ、また、悟されたのでわだかまりは後ほどの話合いで直しても良いという事で、仲直りのような話合いになった。番頭の不正は許されない。

4月23日● 晴。やはり土曜だ。人出多く売上げも先週の

▼1　相乗りのことで、事前に仕入れ値を打ち合わせること。

土・日に比するほど良く売れた。明日も天候次第では一年中で一番売上げも多く、忙しい日になるだろう。小田久四郎君来る。住所変わったとの事。田舎に便りしなくてはならないのだが——明日にしよう。

4月25日◉ 曇。雨。交代休日。主人はあまり良い顔はしないが他の者が皆休んでおり、自分一人休まないでいるという事は、休んだものの体面が悪いから、強引に休日をとる。主人が悪い顔をするのも無理はない。例年なら四月は一度も休まないのだから——三時頃まで身の回りを片付けたり、一時間ほど寝て夕刻かけて横浜の姉の所に行く。九時半帰宅。

4月26日◉ 曇。雨。夜はしとしとと降り続き、三月には好天が続いたのでその変わりなのだろうか。店は相変わらず調子の波に乗った感じで相当の売上げだった。安保批准阻止第十五回全国統一行動で国会へのデモ行進ある。▼注1 不穏な社会情勢を表面にむき出しにしているようだ。

4月29日◉ 天皇誕生日。今日から飛石連休《ゴールデンウィーク》に入り行楽客が近郊を埋めつくしているとの事。我々商売をやる者にはそのような事はない。朝から市場に行く。店は相当の人出だったようだ。朝、本間充君来る。

4月30日◉ 雨。四月も早終わりだ。この一ヶ月間、自分にはパッとしない月だった。そのためかあらぬか、これが皆に影響してか仕事の面でもすべてパッとしなかった。活気のないパッとしない月の終わりの今日は、天気までパッとせずグズついた雨の一日だった。給料五百円上がったようだ。ようやく友人や同年輩の他の連中の給料の半分にこぎつけたようだ（七千円）。主人はこの事（安給料である事）を承知でいるのだ。今日も言ってた。独立して「店舗を構える時は必ず援助はするから——」と。そのために給料は安いのだと——。

5月1日◉ 晴。良い天気だった。メーデーの日曜というので、天気が良かったせいか神宮外苑の広場には相当の人出だったそうだ。主に家族連れが多く、平穏なメーデーとの事。午前中、洋書会▼注2の大市に行く。店は天気の良かったのとメーデーでの帰りの人出や、近くは九段会館、千代田公会堂、共立講堂での催しものがあった帰りの人出などで大入りで売上げも多かった。

5月2日◉ 曇。雨。街行く人々は何となく休みの気分が抜けきらないようで、人足は今日は閑散としていた。売上げも昨日と比べるとグッと落ちる。郵便貯金を十万円おろしてダイヤモンド定期買う。▼注3 自分の貯めた金を動かしてふやそうとするのはこれが初めてだ。

5月8日● 晴。午前中、目黒の長谷川宅へ買物（仕入れ）に行く。一品揃いの良い品物ばかりだった。また、種々話合ったのだが、ためになる良い話を聞かしてもらった。現在は種々な会社（大洋漁業など）の重役を兼ねているとの事だが戦前、戦時中ははなやかに活躍したそうだ（大蔵省や南方方面の軍部、経済関係では一流な人だったらしい）。店は良く売れた。夜、白幡君来る。

5月9日● 曇。市場に行く。五時頃まで。夜、田舎の中学が修学旅行で上京したので、宿の豊島園ホテル▼注4まで姉と行く。妹良子も大きくなったものだ。末っ子で育ったもののしっかりものだ。新宿まで出て、食事を共にする。

5月10日● 雨。店は最近になく最低の売上げだ。夜、上野駅まで持たせるものなどがあったので見送りかたがた行く。ゆっくり話すつもりで行ったのだが団体行動ゆえそれもできなかった。汽車が入ってから種々話す。本人は上級学校へ行く希望のようだが両親の意見はまだ決まっていないようだ。便りしてどうしても私の力で進学させてみせる。天才的横綱（栃錦）引退する。

5月13日● 晴。暑かった。上板橋向原中学校分、納本の件について一日集荷から納品まで忙しかった。四時過ぎまでかかる。五時過ぎ休みをもらい弟英雄と都内見物する。夜十時帰宅。

5月14日● 雨。雨の土曜のためか昼過ぎには自動車のラッシュで道路の混雑が夕方まで続いた。市場に行く。五時まで。弟英雄が夕方五時半頃店の方に来る。姉が七時頃来て一緒に上野駅まで連れて行ってもらう。七泊八日の旅行も今日で終わりだそうだ。

5月15日● 晴。初夏のような暑さだった。第三日曜日で定休日。朝のうちゆっくり休もうと思ったのだが、午前中横浜の網島まで、買物（仕入れ）に行かなければならず、九時半頃出掛ける。昼頃帰って来る。十二日から今日まで神田祭りだ。伝統の威勢の良い御神輿が出回る。

5月18日● 晴。一日立っていての店番も疲れる。明日は一年に一度の大掃除だ。朝早く起きなければならない。

5月19日● 午前中晴。午後雨。朝早く起き、大掃除する。一年に一度の大掃除。サッパリした。気持ち良い。◎雅樹

▼1 安保改定が大詰めを迎え、労働組合や市民団体らによる国民会議は、七万人規模の統一行動を行い、安保改定阻止を求める請願を行った。

▼2 既出（一九五八年十一月十一日）。

▼3 信託銀行による定期預金で、当時は契約者を対象とした景品、賞金の抽選を併用して各銀行が売り出していた。

▼4 一九五二年、東京練馬の豊島園に建設されたホテル。

ちゃん誘拐殺人事件起こる。▼注1 社会的影響は大きい。

5月23日● 晴。店は景気良く、大口が動いた日だった。体も休める事なく忙しく立ち回り動いた。夜、待望のベセラ（メキシコ）―米倉（日本）のボクシング、バンタム級世界選手権試合ある。だれが見ても米倉の勝利が、審判（メキシコ側）の意外な判定で敗れる。意外だった。

5月24日● 晴。市場に行く。整理品が数多くあった市だった。六時頃までかかる。去る二十一日から三日間にわたるチリの大地震で死者が三百人以上も数えるほどだと報じられている矢先、今朝未明、太平洋沿岸を大津波が襲い死者が七十名も出た。観測史上最大の規模との事。北は九州から南は九州まで大被害をこうむったとの事。▼注2

5月26日● 晴。安保阻止十五万人デモが今日国会周辺、首相官邸付近に押しよせた。なぜこのような事になったのだろう。政治の疲弊か――店の方は昨日と逆に忙しく、売れ行きも五月にしては珍しい売上げだった。

5月31日● 五月も終わりだ。今月は特に主人（家族共）側と私達店の者との気持ちのすっきりしない、毎日毎日話もしない連日だったせいか、それが売上げに相当響いている――このような事は考え直さねばならない問題だが――。

6月1日● 衣替えのする六月に入った。朝起きてみると街を歩く中学生の服装を見てつくづく思った。夏になったのだなあ、早いものだ――と。最近私は以前のようなファイトがなくなってしまった。主人と気持ち良く話した事がない。

6月3日● 晴。気温はグンと上り暑いほどだった。店はまあまあ。明日岸内閣打倒、安保反対で全国的なゼネストが行われる。前夜祭のようなものが。今日は朝から明日の交通機関ストップを目的に、都内では当局と労組等の争いが始められた。明日は六・四行動。どんな事になる事やら。

6月5日● 雨。定休日。六、七、八月の三ヶ月間は第一、第三日曜を休日とする。千葉の栗田君の所に行く。四時過ぎまで。

6月6日● 晴。暑いくらいの天気だった。日本の政局は今や、危機に迫っている。今日、社会党臨時大会が▼注3九段会館で開かれる。国会史上、かつてない議員総辞職を満場一致で決めたあたり、まさに我々国民としても黙って見守っていられない。岸首相も何をしているのか――反省もなく――。

6月8日● 晴。日中はまあまあの売上げ。日ごと、仕入れ、外売りなど考えなくてはならない問題が多く、このままの経営方針では人後に落ちるという事が目に見えている。

6月10日● 晴。アイゼンハワー大統領新聞係秘書ハガチー氏が来日、全学連[注4]などのデモンストレーションに会い、大混乱をまねく。直ちに反響は全世界に報ぜられた。

6月12日● 涼しいほどの気候だった。晴れてはいるが、最高気温が十八度というのだから。店の人出は多かった。順じて売上げも珍しいほどの売上げだった。三美電機の鈴木君来る。

6月14日● 晴。市場に行く。あまり景気の良い市とは言えない夏場のような市だった。今日も客少なく売上げも昨日と同じくらいの不景気な日だ。どうした事なのだろう。夜、北沢書店の番頭福原君と話合う。誰もいずれも同じような悩みがあるものだ。

6月15日● 晴。店は相変わらず売上げも少なくのんびりした日だった。夜、南海堂の反省会開く。十時半過ぎまで。その間、ラジオ、テレビは一斉に臨時ニュースを報じている。六・一五ストで学生（全学連）デモと右翼、警官との乱闘で死者二、重軽傷者六百人を出すという歴史上に汚点を残す惨事が起こったとの事。流血の六・一五デモ[注5]、零時を過ぎた今、私は零時からの臨時閣議のニュースを待ちつつこの筆を取る。

6月16日● 雨。一日中降った。朝刊、夕刊いずれも昨夜の国会デモ惨事を報じている。重軽傷者合わせて千人を越し、また東大の女子学生の死亡も悲しみとして昨今の社会の不安の犠牲者となった。今日も雨の中を再三、国会周辺にデモが通った。政局不安、社会不安もこれ以上になったらどうなるか。岸首相も人間であるはずだが。アイク（アイゼンハウアー米大統領）訪日中止を閣議で決定。

6月18日● 晴。土曜とて人出少なく連日のデモ、影響大だ[注6]。配達、買物（仕入れ）などで一日中飛び回る。今日は

▼1　当時六歳の尾関雅樹の誘拐、脅迫、殺害事件。加熱した誘拐報道が殺害に及んだ要因として問題となった。犯行は金銭目当てで、犯人の本山重久は後に逮捕、死刑となった。

▼2　二二日にチリ中部で発生したマグニチュード9.5の大地震で、環太平洋の広い範囲に津波の被害をもたらした。二四日には三陸海岸を中心に日本に津波が到達し、死者一〇〇名を越える被害となった。

▼3　社会党は東京九段会館で回臨時全国大会で、安保新条約阻止、岸内閣打倒を訴え、衆議院解散総選挙に向けて同党衆議院の議員総辞職を決定した。

▼4　「全日本学生自治会総連合」の略称で、全国の各大学の学生自治会の全国連合組織。一九四八年結成され、学生運動の中心となった。

▼5　日米安全保障条約の改訂に反対する政党、労働組合、学生らが、岸内閣の総辞職と国会解散を求めて行った大規模な統一行動。

▼6　一九日に自動成立する安保改定に反対する労働組合や学生が、翌一八日に国会周辺に集結し、大規模なデモを行った。

安保条約が参議院で自然成立する日なので、全国で大々的なデモが繰り広げられた。夜、閉店後、番頭を除く皆で国会まで行く。安保自然成立する午前零時には、首相官邸の正門前にいる。午前二時（十九日）帰宅。

6月19日● 晴。第三日の定休日。組合のレクリエーションで奥多摩湖まで行く。午前七時半から。夕七時帰宅。幸い天気も良く帰宅してから雨降る。府中~立川~鳩ノ巣渓谷~小河内ダム、深み橋まで。あまり良い所はなく一日中バスの中にいるだけだった。疲れた。

6月21日● 雨。雨の中、板橋まで配達、びしょぬれになる。夕、高橋宏君より電話受く。久し振りだ。夜、強雨のため少し早く閉めたので前評判のよい東映映画「親鸞」吉川英治原作、中村錦之助主演、見る。邦画では最近になく良い映画だった。内容にしても一つ一つの言葉が我々の現在にはためになる言葉であり感激した。

6月22日● 湿度高く、暑苦しい一日だった。一時晴れはしたが雨が降り通しだった。集金かたがた板橋まで行く。今日も六・四スト、六・一五スト、六・一八ストと全国的な統一ストが行われ、今までにない最大の規模のストライキが行われる。[▼注1] これまでに盛り上がったストの影響でようやく岸首相の退陣が二、三日後に迫ったとの事。首相自身、腹を決め、新しい安保条約の批准手続きが終わり、ようやく政局も軌道に乗りつつある。

6月23日● 晴。どうした風の吹き回しか知らぬが、今日は忙しく立ち回り、売上げも多い日だった。平日の二倍の売上げはあったろう。これから八月の夏休みに入るまでに少しずつ上向きに売上げが伸びると良いが。また各学校など予算が決まったから売上げが伸びる事だろう。政界は一変化をきたした。岸首相の引退発表ある。

6月26日● 晴。暑苦しかった。久し振りに客足多く、順じて売上げも多かった。夜、主人がこのかた何年振りかで映画を見てこいといって映画賃をくれ、早目に閉店をす。

6月27日● 晴。今年最高の二十九度を越す暑さだった。午後から渋谷の市場に行く。良書多数という前ぶれだったが、あまり大したものはなかった。夜九時頃帰宅。

6月30日● 晴。連日の暑さ厳しく、今日もうだるような暑さだった。今日は六月最後の日。晦日で集金などもあったせいか売上げも多く、また飛び回るほどの忙しさだった。我々商売をやっている者などは気持ちの変化転換がなくて、何もかもに取り残されてしまうような、そういう環境なのだ。もっともっと変化がほしい。小遣い銭もらう。他の店、他の会社員などに比べたらほんの涙金程度だ。丁稚奉公の時代は過ぎたし、これでよいものだろうか。主人は依然として何もかも進歩なしだ。

7月3日● 七月に入って最初の第一日曜。店は七、八月は第一、第三日曜休日なので朝早く横浜の姉の所に行く。話をしてから、その足で一人で鎌倉の海岸に海水浴に行く。七月の始めというのに大にぎわいの海辺だった。疲れた。七時過ぎ帰宅。田舎に便り書く。

7月6日● いくぶん涼しく、しのぎ易い一日だった。最近特に外売り、外回り仕入れなどに力を入れているせいもあってか、一日中車を乗り回して飛び回ったので疲れがひどい。仕事の地盤を固めるために着々信用なるものを植えつけるよう、努力せねばならない。

7月7日● 今日も涼しくしのぎ易い日だった。この二、三日は真夏の中休みといったような——今日は七夕。古代中国から伝わる伝説。それにまつわる祭りが七夕祭りなのだ。あいにく星空ではない。曇っている。弟奎治から便り受く。一度も便りをよこした事もないのに変だと思ったら、今秋結婚式を挙げるのだが、今月の末頃から一緒に暮らすのだそうだ。相手方の都合によって早目になったのだとの事。

7月9日● また暑さ、ぶり返した。もう本格的な暑さとなって続く事だろう。土曜で暑さの中でも人出は多い。外回りで外売りなどの入金などもあったせいか売上げはグンと増えた。

7月11日● 昨日と比べて、いくぶんさわやかな一日だった。暑かったが、風のある日でもあった。もうそろそろ各大学は夏休みに入りかけ、学生の姿も帰省で少なくなるだろう。店の売上げは、地方の学校からの注文や入金などがあるので平日よりは平均して良いようだ。

7月12日● 晴。夜に入ってから雨が降り涼しさ増す。連日、店の客足はまばらだが、地方からの注文が殺到して、いくぶん仕事の方は忙しい。名古屋で相撲の番付会議があり、我が郷土出身の新進若手力士柏戸関が相撲界始まって以来のスピード出世として大関昇進決定さる。

7月14日● 晴。暑くなった。市場に行く。三時頃まで。今日、自民党の総裁選挙が行われ予想通りの池田勇人氏が当選。次は国会での首班指名で首相が決まるわけだが、池田氏の首班は間違いない事だろう。前途多難な政界にあってどのような政治を行うか。注目しよう。今日岸首相が暴

▼1　安保条約の批准阻止、国会解散を求めた全国的なデモが22日に行われ、国鉄、私鉄の労働組合もこの統一行動に参加した。

漢に刺される。これはすべて今までの社会不安の表れだ。父より便り受く。

7月15日◉　晴。今年最高の暑さを示した。三十三・七度。高曇り、風もなく、客足も少ない。東京地方は盆だ。[注1]田舎の盆とは比較にならないほど祭り気分もない。田舎ならば盆と正月を楽しみにして働いているものなのだから。

7月16日◉　晴。土曜日で配達・集金などで飛び回ったせいか疲れた。おまけに夕刻まで仕事に飛び回ったので、クタクタだ。今日は両国の川開き花火大会、江戸情緒豊かな川開きも近代化し、大量化し、大仕掛になり年々豪華な行事になって行くようだ。幸い天気が良く相当の人出だそう。明日は第三日曜で定休日だ。夕刻姉より電話受く。

7月18日◉　晴。朝刊は一斉に社会面の大部分が雅樹ちゃん誘拐殺人犯の犯人本山逮捕を報じている。実に事件発生以来六十三日ぶりとの事。国中、本山という男のこれからの裁判での判決の結果、最高刑を課せられたとしても同情心を起こすものはないだろう。逆に喜ぶ事だろう。昨日の休日に相当の距離を歩いたので疲れた。

7月19日◉　晴。またまた暑くなった。これから一ヶ月あまりも、このような暑さの中で過ごさねばならないとは考えものだ。どうにかして涼風を求める方法はないものか。特に私の部屋は三階で、日中の暑さがトタン屋根を熱しているので夜十一時になっても風はなく暑さがさめない。市場に行く。良い品物が買えた。八木書店[注2]平池君に五万円也貸す。三ヶ月間契約で。

7月21日◉　晴。連日猛暑にうだされる。昨日に引き続き暑かった。店の客足はグンと減った。今日などはひどいものだ。午前中板橋まで集金に伺う。夜は何もやる気がしない。妹良子、弟奎治に便り書く。

7月22日◉　晴。昨夜、近くの須田町交差点際、喫茶店「東洋」火災に遭う。[注3]七人死亡十数人重軽傷という惨事との事。

7月23日◉　連日雨らしいものがなく、日照りで明日は断水との事。

7月27日◉　台風も小型だが近くまで来ているとの事だが、雨模様はなく暑い日だった。藤井藤雄君より暑中見舞いのハガキもらう。久々の便りだった。小生も便りしなくてはならないのだが。プロ野球日本選手権は、パシフィック・リーグが六対五で勝利をおさめる。

8月1日◉　夏も、あと一ヶ月という八月になった。今年最高の暑さを記録した三四・八度。昼過ぎにはうだるほどの暑さ。この二、三日続くとの事。ローマ・オリンピック出場のための日本選手団の第一陣出発。暑い八月と暇な八月のスタート第一日の今日、言葉通り第一日目は暑くて店は暇だった。

8月3日● 昨夜の雷雨で水飢饉も解消したような気持ちの良い日と思ったが、今日は久々暑さぶり返す。藤井藤雄君等に便りしなくてはならないのだが、今日は勘弁してもらう。夜、久々にビール飲む。気持ちが良いものだ。

8月6日● 晴。原爆記念日。十五周年だ。今日から数えて十五年前、十五年前の今日、一瞬にして焼土と化し日本の運命を決し、また戦争に終止符を打つ動機となった日だ。広島市民の思い出もこの八月六日午前八時十五分は忘れる事はできないだろう。あの時の感慨は私も幼い記憶ながら覚えている。小学校五年生の時だった。

8月7日● 第一日曜、暑い暑い日曜だった。休日だったので朝から江ノ島海岸に海水浴に行く。江ノ島だけで50万人の人出だそうだ。人出のためか水は汚れていた。体がヒリヒリするほど日に焼けた。帰り横浜に寄り、姉と食事を共にする。八時半上野着。上野で用を足し九時過ぎ帰宅。

8月8日● 一日海で日に焼けた体が今日痛み出し、弱い皮膚なので一層痛みを感じる。体の健康のためと思えば痛みも我慢できるもの。店の客少ない。売上げも少ない。

8月9日● 市場に行く。夏の市場の代表的な市のような一日だった。品物は悪く、少なく。まああまりあわてる事なく、暇で不景気ならそのように過ごそう。

8月11日● 台風が本土を横断したためか関東には局部的な大雨降る。日中一日降ったり止んだりの日だった。夜六時〜八時まで例年の千代田区の商店街協讃、区主催の店員学校▼注4の講義に行く。聞くという事は決して悪いものではない。多く、良く、ためになる事ばかりだった。聞くだけでなく、実行に移す事だ。

8月15日● 涼しい晴れの一日だった。八月十五日終戦記念日。忘れる事のできないあの日からもうすでに十五年、月日は流れても決して忘れない。私は小学校五年生だった。その日からの苦しい日の連続など、今にしてみれば良い経験かも知れないが、それがために種々なものに、今も困難に遭っている。田舎の父に便り書く。妹良子にも。王子の

▼1　祖先の霊をまつる盆は旧暦七月一五日頃に行われていた。明治以降、東京では新暦の七月一五日がお盆にあたるが、全国的には八月一五日に月遅れの盆を行う地方が多い。

▼2　一九三四年に八木敏夫が一誠堂書店から独立して開業。神田の古書店として現在まで続く。『日本古書通信』の発行でも知られている。

▼3　須田町交差点付近にあった喫茶店「東洋」が火災に見舞われ、死者七名を出す被害となった。

▼4　既出（一九五六年八月二十日）。

清水さんより電話受く。

8月16日● 昨日に引き続き涼しい一日だった。田舎の妹良子に勉強道具として五千円也送金する。今日は暇な一日だった。

8月17日● 今日も涼しくしのぎ易い日だった。割合人出多く、売上げも昨日に比したら三倍もの売上げだった。もう一度暑さがぶり返すだろうがそれも束の間、秋はもう間近に来ている。

8月19日● 台風の影響か朝から雨が降って一日中降り続いた。市場に行く。最近の不景気が禍してか市の品物も悪く、少なかった。買うものも少なく店も売上げは少なかった。妹良子より便り受く。勉強道具として送金した礼と、最近の勉強方法についての不満など、だった。佐藤尚也君より電話受く。

8月21日● 台風一過。朝からカラッと晴れた。暑い日曜だった。第三日曜、定休日。午前中は身の回りの整理などして過ごし、高橋宏君が来るのを待つ。昼頃来て、食事を共にし、甲子園の高校野球決勝戦をテレビで見る。夕方から横浜に行く。姉と話をし、姉の所にいる斉藤美代子さんと、もう一人と一緒に横浜港に行く。広々とした海と、大型の船を見ると自分のクヨクヨした気持ちがふっとんでしまう。十時帰宅。

8月23日● 晴。頭がボヤけるほど、店の中は暇だ。それにつけ、主人や奥の人は我々店員に指導するでもなく、理解してくれるという事は以前より無関心になったようだ。それゆえ、個々、各々、自分勝手な行動に出、それを押さえ導くという立場にある番頭も、やる気があるのかないのか無関心だ。このような状態の連続では、いずれは店の中に不和が起こり、統制がとれなくなっていく事だろう。何もかも全く、嫌になってしまった。

8月24日● 晴。深夜になって雨降り出す。市に行く。全く大したものはなく、二時過ぎに終わる。店はかなり人出があった順じて売上げも多かった。夜、北沢書店の福原君と鳥海君、玉英堂▼注1の岸君と四人で飲む。種々商売の事。人生問題の事など話合う。十時過ぎまで。

8月25日● 晴。月末が近づいて人々のふところもふくらんだと見えて店の売上げは日毎に上昇している。昨日に引き続き、店だけの売上げなのに平日並みの売上げを記録した。今日は訪ねて来る人が多かった。斉藤文夫君、小田久四郎君、その他。高橋宏君より電話受く。昨夜、寝不足だったせいか眠い。オリンピック始まる。イタリア(ローマで)。

8月26日● 晴。店は日ごと月末を迎えて上昇線をたどり、今日も昨日より多い売上げだった。オリンピック競技始まる。予選で早くも失格する選手が出る。今日は多く電話あったり、訪ねて来る人があった。特に久々なのは木口君（警視庁）だ。四年振りくらいだ。

8月28日● 朝から蒸しブロのような〝猛暑〟がぶり返した。八月初旬の暑さだそう。だが空はコバルトブリュー色に澄みきってすでに秋の気配。残暑の候、八月最後の日曜、家族連れの夏の行楽も最後の機会、海にはドッと繰り出したとの事。読売新聞の「サイクリングの歌」▼注2に応募、投稿する。

8月31日● 晴。風もなく、蒸し暑い。月末というのに売上げはさっぱり駄目だ。暑かった。だが暑い夏も今日で終わり、明日からは〝秋〟。日毎涼しくなっていく事だろう。今月は平均しても例年より売上げは少なかった。だんだん世の中が落ち着きその割に我々の商売がだんだん難しくなって来た証拠でもあるのだ。

9月3日● 晴。九月三日は私の誕生日。今日で満二十六歳を数える。ただ、今は何も考えはない。これから先の目的を追い成功するのみが望みなのだ。すみ子さんより便り受く。彼女はよく私の誕生日を覚えていて下さった。ずいぶん便りがなかったのに、感激だ。夜、旧松嶺の連中五人集まり今後の会の運営方針なるものを語り合う。

9月4日● 休日。午前中洗濯に費やす。午後鳥海君と二人で品川大田区の古本屋回りする。夜、横浜に行って姉と会い話する。十時頃帰宅。妹良子に便り書く。進学の問題などの件について。暑かった。

9月5日● 晴。夕方から降り出す。夜、映画「濹東綺譚」永井荷風原作見る。時代のずれというか、今は消えた「花街」の生態を取り上げたものだがそこに流れる人間の生き方は今も変わらない。感動した名作だった。

9月6日● 晴。各学校がようやく始まった。今日あたりから、いくぶん人出も多く、街を行く人々の数の中に学生の数がだんだん多く占めるようになった。順じて我々の仕事も日に日に忙しくなっていく、売上げも多くなっていく。勉強しなくてはならない。日一日と世の中に、また友に遅れていく。負けないように日々を着々歩んでいこう。

9月11日● 晴。夜小田君来る。喫茶店で話合う。夜食事

▼1 古典籍や文学関連書籍を扱う神田の古書店。一九〇二年（明治三五）、本郷湯島天神下での古書の貸本屋業からの歴史を持つ。

▼2 読売新聞社は健全なレクリエーションとしてサイクリングを推奨しており、サイクリングで口ずさむ事のできる明るい歌詞を一般から募集、入選作「サイクリングの仲間たち」は当時の人気歌手守屋浩によって歌われた。

後、女中に注意をつけたのがきっかけで口論となる。今日口論した中でしみじみ感じた事がある。それは南海堂のカラクリというもの。すべて表面だけは良いが、一度裏に回れば我々他人は目になく無に等しい待遇ぶりである事。また将来の保障などもほとんど望み薄の感じ。考えてしまう。

9月12日● 雨。強い雨だった。雨のため店の売上げは少なく暇だった。弟奎治より便り受く。今秋結婚式を挙げるとの事。だが、都合で八月一日から同棲しているとの事。祝品としてプレゼントをしなくては――。

9月14日● 晴。昼過ぎには暑いほどの気候だった。市場に行く。五時過ぎまである。店も景気が上向きになって来たし、仕入れの方にも力を入れ今までの夏枯れを挽回しなくては――挽回しよう。

9月16日● 晴。グンと涼しくなった。店の客足も学生が大部分を占めるようになり売上げも伸びて来た。

9月17日● 晴。土曜日で店売りもさることながら外売りなども活発化して来て忙しく立ち回った。久し振りだ。外売りと大物が動いたためか平日の三倍以上の売上げだった。夜松山会が新宿で会合する予定だったが人数不足で中止。夜、原書房の栗田君と二人で新宿で飲食する。

9月21日● 晴。明日の大市の準備で夕刻よりガタガタする。何もかも気にかける事なく、自分のペースで物事を処理し思う存分の仕事をしよう。今の南海堂は店のもの、主人、番頭とすべて気持ちが一緒になる事はなく、このままだとどんな事になるか。私がたまりかねて口出しすると番頭でもないのに余計な口出しする、などと言われ、仕事にしても思う存分の仕事をすればするで自分勝手にふるまっているとか、私にはどうすればよいのか分からない。すべて自分のペースで行こう。

9月23日● 昨日の大市の整理、その他で一日を費やす。昼、昨日来た広島南海堂主人と外で食事を共にし、種々話合う。最近の店の状態がひどく乱れているゆえの話だった。他人から見て一目で分かるような乱れ方なのだからどうしようもない。考えねばならない。妹良子より便り多く。

9月25日● 午後から降り出した雨は夕刻になって大雨に変わる。三時過ぎ成増駅近まで配達に行く。帰り大雨に遭う。大雨の中を四十分あまりもオートバイで突っ走る。寒さ、冷え、強雨で目をさえぎられ、やっと五時過ぎ帰宅。

9月26日● 午前中から一日中車を走らせ仕入れ、外売り、配達、集金等今日ほど忙しかった事はいまだない。夜八時閉店真際まで。疲れ切った。依然として番頭その他、ほかの連中は何をやろうとする気構えがない。ただ、何となく過ごしているようで、自分にしては目に余るようなものがある。
9月28日● 朝から一日中雨が降り続いた。雨のためか急に冷え込む。寒いほどだ。疲れと急な寒さのためか目まいがして昼頃一時間ばかり床に休む。体が弱いので何事をやるにも全力を注げない。もっともっと体を鍛えなくては──。
9月30日● 九月も終わった。今月は特に早かったように感じた。八月とは打って変わって動き回ったからだろうが、仕事には反して何か気持ちがクシャクシャする月だった。気持ちの面白くない日は仕事で打ち消すように務めたが、月末まで一度も朗らかになった事はない。今日は月末の集金まであったので相当の金額の売上げだった。夜、長谷部君と久々に会う。
10月3日● 晴。夕方から降り出す。まだまだ本調子の景気にならない。客足もまばらで、これといった一つの目標もない。あまり伸びもしない商売だ。弟奎治に結婚記念として現金書留便で五千円送金する。夕方鈴木君（三美電機）から電話受く。
10月6日● 店は暇だった。夜主人と話合う。あまり分からない事だらけで、旧態依然として話しても聞き入れてはくれない。すみ子さんに便り出す。
10月7日● 一日中降り続けた。強く。雨のためか寒さを感じるくらい。店の客は少なく、また売上げも少ない。夜、長谷部の妹が入院している東京医科歯科大付属病院に見舞いに行く。長谷部とゆっくり話合う。
10月10日● 雨。一日中降り続いた。店の客足は少なかったが、大口の売れ行きで集金などもあって金額は（売上げの）多かった。姉より電話受く。弟英雄が就職試験のため上京するとの事。
10月11日● 晴。番頭の要領の良いのには感心する。猿賢いのだ。帳簿のつけ方にしても、主人は信じきっているし、何をやっているかも主人は全然知らない。私としては、黙って見ていられない。かといって主人に言ったところで、前にも何度も言っているし。夜、古書会館での警察との古物商の懇談会にも自分が行くべき所を、仕事が多くあるからといって私が行く。九時過ぎに帰る。帰ってみたら外の店の者と映画かどこかに遊びに行っている始末。これなども主人はその過程、結果など知らない。
10月12日● 「社会党浅沼委員長刺殺さる」[▼注1]。今日の日本全

▼1　日本社会党委員長浅沼稲次郎が、日比谷公会堂で演説中に一七歳の右翼の少年、山口二矢に刺殺された事件。

国を覆った悲報だ。選挙前の三党首立会い演説会で、未成年である、日本愛国党員（大東文化大学生）山口二矢（十七）が、浅沼委員長を刺殺したのだ。このようなテロ行為が潜在している世の中、最近は特に横行頻繁であるようだ。世の中の腐敗がこのような表面に表れて来たのだろう。

10月13日◉　晴。今日の朝刊・夕刊は一面、二面、三面、四面共、昨日のテロに倒れた浅沼委員長の死を中心に種々、社会情勢の分析から〝暴力〟などの腐敗という所まで論議、批判、報道されている。国の内外の反響も相当なものだ。妹良子からハガキ受く。佐藤芳明君、訪ねて来る。

10月14日◉　晴。夜、主人とまた口論に近い話合いする。日中の仕入れなどの事などから、あまり腹が立って言わなければならなかったから。十一時半まで。主人はあまり分からなすぎる。また我々を信用していない。

10月18日◉　晴。寒いほどの一日だった。店はまあまあ。すみ子さんより便り受く。夜、主人が前痛んだ事のある〝胃痙攣〟が再発し相当苦しみ出したので、医師の勧告もあり東大付属病院へ入院する。

10月19日◉　晴。主人の容体は鎮まったとの事。だが一時的な養生ではなく根本的な治療をするために、当分入院しているとの事。市場に行く。行ったり帰ったりで主人の容体次第で——というので待機して一日を過ごした。店は割合売れた。妹良子より便り受く。この前送った小包便、まだ着かないとの事。

10月20日◉　台風の余波で一日雨を伴う風が吹きつけ気温もグンと下がった。店は近日になく暇で売上げも少なかった。三年くらい前買った事のある安達さん宅へ買物（仕入れ）に行く。渋沢栄一（実業家）の甥に当たる人だそうでまだまだ良書を多く持っていた。

10月22日◉　晴。土曜日で外売り、店売りとも景気上々の一日だった。双方合わせたら平日の四倍くらいの売上げ高だ。昨日からいくぶん風邪気味で、今日は苦しいほど頭痛を伴い、鼻水が出る。えらい一日だった。夜、早く寝るつもりだったが、他の連中がレコードを聞くために部屋を使っていたので一緒になって十一時まで話したりする。

10月24日◉　晴。秋晴れのスッキリした日だった。これからは、秋日和というより、晩秋の澄みきった日々が続くのだろう。市場に行く。四時過ぎ、帰る。夜、主人の病院見舞いに行く。九時半帰宅。

10月25日◉　晴。空深く澄みきった、本当に晩秋の気配の今日だった。店はまあまあのできだ。オートバイで飛び回る。近来になく面白く働く事ができた。風邪はどうにか治ったようだ。

10月28日◉　晴。すっかり晴上がった。秋日和。今日から神田古書店連合会主催、千代田区共催の古本祭り始まる。[注1]のれんの古い神田古書店街の変わった催し物とてマスコミである新聞紙、ニュース映画会社、放送局など来てゴッタ返した。人出も多く相当の宣伝になったようだ。その余波が店にもあり、今日は一日中忙しかった。十一月三日まで一週間続くのだそうだ。

10月29日◉　「古本祭り」は一層人気をあおり、昨日よりも多くの人出があった。列を作ってしまうほど。土曜という日もあってか、また、新聞、ラジオ、テレビなどの広告もきいて、インテリだけの集まりのような相当の人出だった。売上げも四月頃の忙さと売上げだった。市場に行く。夕方、四谷と王子方面と二つの買物（宅仕入れ）あり。車で飛び回る

10月31日◉　晦日。午前中強いドシャ降り。雨のため人出は少なかったが、午後になり晴れる。十月も今日を限りで晩秋の十一月に入るわけだが、何かすっきりしないものがある。特に十月は私にしては考える月だった。主人との間は未解決の話があるのだが――入院しているうちはどうにもならない。

11月1日◉　晴。催し物の多い十一月がスタートした。また気候がもっとも安定した十一月だ。気候は安定しているが、私の気持ちは安定するところどころか、今日など気が立つほど、気分のすぐれない日だ。これすべて仕事の政策の不満からなのだ。南海堂という機構の中を改造しなくては――。

11月3日◉　晴。雲一つないすっきり晴上がった「文化の日」だった。毎年の事ながら「文化の日」三日は晴れる。内外で様々な催し物がある。浅沼刺殺事件の犯人、山口二矢（十七）自殺したとの報がまたも世間を驚かす。[注2]長谷部君より電話受く。古本祭り。午前中、横浜まで買物（仕入れ）に行く。

11月4日◉　肌寒い晴の今日一日だった。市場に行く。あまり良い品はなかった。四時過ぎ終わる。松本孝君より何年振りかの便り受く。新潟の方に転勤になったとの事。店におった保立君が明日限りで辞めるとの事聞く。二年あま

▼1　千代田区と神田古書店連合会との共催で第一回古本まつり青空堀出し市が七日間にわたって行われた。入場者を制限するほどの大盛況で、その後も青空古書堀出し市として継続していく。

▼2　日本社会党委員長浅沼稲次郎を刺殺した山口二矢は、その場で現行犯逮捕となった。後に、東京少年鑑別所で自殺した。

りもおったが、今の南海堂の待遇、将来の事など考えれば本人のためにも良い事だろう。早めに辞めた方が――。

11月5日● 晴。午前中配達、集金などあり。午後買物（仕入れ）に「押上」まで行く。行く途中、スピードを出し過ぎトラックを除けようとしてスリップして、頭、腕、腰と打ち、怪我をする。帰宅後頭痛がし、体中、痛み出す。二年半もおった保立君が今日限りで退社するとの事。本人のためとしたら良いかも知れぬ。

11月6日● 晴。第一日曜で休む。午前中ゆっくり寝ていようと思ったが、早朝、近所で観光バスが銀行に飛び込み、全員負傷する事故が起きたため、寝ている事ができず。昼頃、保立君と最後なので皆で食事を共にする。一時頃荷と共に、タクシーで帰っていった。やはりなにか物足りない淋しさがわいて来るものだ。夕方、姉が南海堂に来て、主人、奥さんと種々話合ったらしい。それから一時間あまりも姉より説教受ける。夕食を共にする。八時に床につく。

11月7日● 一昨日、車で転び、打った悪さが、今日表面に出て来たようだ。昼頃から頭、クビなど痛み出し、夕方には寒気がし、震えが来たので、頭の内出血を心配して早速病院（神保院）にかけつける。注射をしてもらい、良く見てもらったが、打撲症で一週間くらいは痛むとの事。その間、悪化したら写真を撮ったりして調べるとの事。早く寝る。姉電話くれる。早く医者にみてもらうようにとの事

11月8日● 痛みは少し治ったようだが、夕方になってまた苦しい。医師は、別段、心配する事はないからとの事。店は大して忙しくはないのだが、一人欠員ができたせいか、常に動き回っていなければならない。もっともこの程度の方が働き易い。

11月9日● 晴。市場に行く。米国大統領選挙結果、弱冠四十三歳という若さのケネディ氏が当選確実の報がある。米大統領では史上最年少との事。これからは何もかも新鮮で若くなければならない。我々も業界は若返っている。夕方病院に行き注射してもらっている間、気持ち悪くなり倒れる。どうしてこうも弱いのだろう。

11月12日● 日中晴れる。土曜とても、人気絶頂にある早慶戦、優勝決定戦のため、球場もしくはテレビで観戦している人多く、客足は少なかった。双方死闘の末、三対一で早大の優勝決定する。外売りなどの集金があったため、相当の売上げになる。夜になって雨降り出す。だんだん寒くなっていく。平池君に二万五千円貸す（四ヶ月間の契約）。

11月14日● 晴。冷え込む。店は閑散としたものだ。どうした事だろう。昨夜は本間充君と話合う。彼も変わった。

変わったといっても随分苦心した結果か、人間的に成長したように見受けられた。

11月15日● 晴。今秋一番気温の低い朝だった。冬はかけ足でやって来そうだ。店の方は相変わらず暇だ。弟英雄より便り受く。来る十八日の夜行で就職試験のために上京するとの事。十九日の朝着いて、その足で試験するのだそうだ。迎えに出なくてはならない。斉藤文雄君来る。

11月16日● 晴。新本市の配本があった▼注1ので、午後から一杯整理で費す。衆議選挙も余すところ四日となった。ますます選挙戦が激しくなって来た。私はあまり関心がない日々だ。これから四日間種々政見発表を聞き、読みして、一票を使うつもりだ。

11月18日● 朝のうち雨。弟英雄、朝早く来る。一日早く来たのだそうだ。明日の試験にゆっくり落ち着くためだそうだ。夜は私の部屋に泊まる。

11月19日● 晴。市場に行く。相当仕入れる事ができた。弟英雄、試験終わって夜行で帰る。姉と一緒に上野まで行く。帰ってから高山書店伊沢進さん▼注2と飲んで話す。

11月24日● 市場に行く。早く終わる。この四日も日記をつける事を怠る。怠るという事より連日夜遅くまで仕事。話合いなど種々の事で帰ってすぐ床につく事が多かった。

弟、英雄より便り受く。就職試験合格したとの事。

11月26日● 晴。暖かな一日だった。土曜とて人出も割合多く、売上げも多かった。父より便り受く。弟英雄の上京時の礼だった。田舎やすみ子さんに便りしなくてはならないのだが、時間がなくて！

11月29日● 晴。冷たいが、カラリと晴れた日で、晩秋にふさわしい天候だった。市場に行く。五時過ぎまでかかる。市場に行く日は、それ一ツで一日を過ごしてしまう。何もできない。この頃ゆっくり寝る事ができるようになった。疲れもひどいし、何もかも考える事なく過ごせるように努めよう。

11月30日● 寒い月末だった。身中までしみ通るくらいの寒さで人出も少なかった。だが月末で集金などもあったせいか忙しかった。今日ですっかり秋ともお別れで十二月――冬に入る訳だが、十二月はすぐ過ぎてしまうだろうし、日一日と慎重に時を刻みたい。

▼1　この時には巌南堂が差配し、学術書の新本在庫を古書店で分配、販売にあたった。

▼2　高山書店は一八七五年（明治八）創業の古書店。現在も神田で高山本店として営業。伊沢進はそこから独立し、医学書を中心にいざわ書店をやはり神田で開業した。

12月4日◉　二日、三日と連日日記をつけるのを怠った。気分がすぐれないせいだ。すべて主人との対立のため。今日は月の第一日曜。休日なので一日床にもぐり込んで手紙書きなどして過ごす。グンと冷え込んだ。松本孝君、池田すみ子さんに便り出す。

12月6日◉　午前中雨降り、午後も降ったり止んだりの天候だった。客足はひどく悪い。どうしたのだろう、連日。夜、高橋宏君来る。最近の状況を語り合い反省し合う。十時半頃まで。連日夜遅いので睡眠不足だ。夜は努めて本を読む事にしよう。

12月8日◉　十二月八日、今時のハイティーン族は知らないだろう。また、聞かされ知っていてもやはりピンとこないだろう。大東亜戦争の始まった日なのだ。私は小学校一年生で足を折って休養していた事なども覚えている。子供ながらも、臨時ニュースを聞いて大人達が騒々しく立ち回っている姿も覚えている。あれから――日本の悲劇が始まったのだ。今日は最近になく売上げが少なく暇な日だった。夜、高山書店の女店員、別井良子さんと会う。

12月9日◉　晴。いくぶん暖かな一日だった。市場に行く。今日も夜八時まで。金額としてはあまり買わなかったが、良いものを安く手に入れる事ができた。主人には、仕入れると悪い気がする。どのようにして仕事の内容を理解してもらったら良いのか分からない。我々だって無茶に仕入れている訳ではないのに売上げとニラメッコをしながらなのに！分からない。

12月13日◉　晴。いくぶん暖かだった。朝から雑用など相まって忙しかった――一日中。売上げは大した事はなかったが。近々長尾書店が引っ越し、店を開けるのでその準備で引き続き品物を入れる事などで。十二月も半ばになった。いよいよ忙しくなり売上げを伸ばさなくては――夜、小田久四郎君来る。

12月16日◉　晴。今日からボツボツ帳簿つけなどを手始めに、全部の仕事の様子を見るべき立場にいずれはなるので、すべての事を知らねばならず、あれやこれやで忙しくなって来る。店売り、外売りとも年末の景気に乗じて順調に伸びて来た。

12月17日◉　晴。午前中市場に行く。午後配達集金など回る。店の客も多く売上げも多ったが、集金での入金が多かったので最近にない売上げだった。今日のように年末まで順調に景気を続けるよう努力しよう。年賀ハガキ書かなくてはならないのだが――夜、毎月定期の原書房の栗田君と飲食。共にし話合う。

12月18日● 晴。日中、暖かだったが夜になって急に冷え込む。第三日曜なので定休日。朝の内、寝ている。十時半頃から、別井良子さんと新宿ミラノ座[注1]に行き「家なき子」名作の映画化！見に行く。久々に感動した映画だった。食事を共にし、横浜に行く。栈橋に行く、ゆっくり話合う。姉の所に立ち寄る。八時半帰宅。

12月20日● 晴。昨日も今日も、暮れの近づいたこの頃なので店売りは順調に伸びている。気候も良い。夜、平池君と会う。今日から新道路交通法施行された。[注2]

12月22日● 曇。冷え込む。今日は冬至。一年中でこの頃がいちばん夜が長く日が短いのだ。これから寒さはだんだん厳しくなるが、日が長くなるのでなんだか春に向かうような気がする。市場に行く。昼頃集金で走り回る。夜、年賀状書きで十一時まで。

12月23日● 晴。いくぶん暖かだった。金曜日なのだが暖かなせいか人出は多く売上げも多かった。集金なども多かったので忙しかった。五番地の方の店も今日開店。[注3]店内均一の店としてなので客も多く売上げも上々の方だった。夜、長谷部君と会う。出張出張で忙しいとの事。以前貸金した一万円の返済だった。

12月26日● 晴。暮れも押し迫った今日、店は売れた。各学校は昨日あたりから一斉に休みになったので、高校生など学生も多く、大晦日の三十一日まで今日のような調子が続くだろう。夜、ボーナスとして八千円もらう。主人と遅くまで話合う。

12月27日● 晴。二、三日前からの風邪気味が今日になって頭痛がするなどで一日中苦しかった。早く床につく。明日は大掃除で早起きしなければならない。平池君より四、五日前貸金した二万円受取る。

12月31日● 大晦日。例年の如くだ。今年は別に感慨深い大晦日ではない。去る、過ぐる年を顧みてまた、来る年、新しい年を迎えようとしているのにも、例年なら、床の中で、あるいはラジオ、テレビを通じて、去る年と新しい年の境、瞬間というを味わったものだったが、今年は仕事など様々雑用で時間的観念を失ったのでそのような感慨深い事はなかった。

▼1　一九五六年に新宿にオープンした映画館であり、現在でも日本で最大級の映画館として知られる。

▼2　一九四七年の道路交通法にかわって、新道路交通法がこの日から施行された。交通事情の悪化、事故の増加を背景に歩行者優先や運転者への罰則強化が盛り込まれた。

▼3　神田二丁目五番地に独立開業した南海堂支店。

二人で靖国神社に、昭和 38 年

五十嵐日記［五十嵐智］

▶昭和 36［1961］年 1 月〜 12 月

27 歳

上京してから、南海堂での書店員勤務も 8 年目を迎える。偶然に飛び込んだ古書店での仕事だったが、長年の勤務に対して優秀書店員としてこの年に組合から表彰されることとなった。上京してから、簡単には帰省するまいとの思いであった五十嵐氏は、この年には家族のもとへゆっくり帰省する。この年にはまた母親が故郷から東京を訪れもする。すみ子さんとのつきあいも深まり、彼女の父親が上京、すみ子さんとの間に婚約の話も出てくる。

この年、人類初の宇宙飛行をソ連のボストーク 1 号が実現。深沢七郎の短編「風流夢譚」をきっかけとした右翼少年によるテロ事件、嶋中事件が起こる。

▼昭和36［1961］年

1月19日● 昨年暮れより今日まで二十日間近くも日記をつけるのを怠った。途中種々な出来事があったがそれはそれとして日記というのはその日その日の出来事などを記すのが本当なのであるからこの新しい帳を手にしたのを機会に、また再び毎日欠かさず記すよう心掛けよう。一月も半月過ぎてしまった。連日空気は乾いて気候は良いのだが寒く冷たい日々だ。風邪が流行ったそうだ。すみ子さんに便りを書かなくては——どんな便りを出したら良いのだか——。

1月22日● 晴。〝寒〟とは思えないほどの暖かな日曜だった。午前中刑事が店に張り込み、一週間前預っていた書籍（洋書九十万円ほど）が不正品だったので客が逮捕される。店で客を逮捕する様はあまり後味の良いものではない。以後は反動（仕返し）が気になる。市場に行く。四時頃まであったが、金高良い品物はなく最近特にひどい。夜閉店後も様々な雑用が片付かなくて十時過ぎまでの仕事は連日だ。大相撲千秋楽の一番で柏戸優勝す。柏戸は今一番の人気力士で我が郷土出身ゆえ特にひいきだ。

1月23日● 昨日のような暖かさはなく、強く吹く風で冷たく感ずる日だった。店は学生の客がほとんどで風の冷いせいかまあまあの売れ行きだ。様々の雑用が片付かなくて困った。今日も午前中の暇な時間を利用して整理したのだが、まだまだ片付かない。少しずつ正確に処理していこう。夜、本間充君来る。同窓会結成についての下打合せに来たのだった。

1月25日● 午前中は雲低く今にも降り出しそうな気候だったが、昼から急にカラリッと晴上がる暖かな日中だった。本間充君より電話受く。松中同窓会結成大会の草案作成のため田舎の中学校長、町長宛に出す原文に目を通してくれとの事。昼頃、本間恒夫君来る。一年振りだ。彼も相当苦労しているようだ。この四月から大学院に進みたい希望との事。店は昨日と同じくらい暇だった。

1月26日● 晴れてはいるが風強く、冷たい風の吹きまくった一日だった。今年になって初めて身にしみて寒く震え上がるほどの冷たい日だった。客足グンと落ちる。順じて売上げも落ちたが外売りのほうがいくぶん忙しかったため、息つぎができたようだ。日に日に新しい計画とファイトをもって仕事に変化をつけるよう考えなくては。夜高橋君より電話受く。斎藤文雄君来る。

1月28日● 土曜日はいつもながら人出が多く忙しい。月末で客の収入があったのだろう。売上げも新記録の日だった。日中注文の品集めや配達、集金などで走り回る。夜は帳簿の整理、支払い明細作成などで火の気のない寒い事務室で十二時まで仕事する。

1月29日● いくぶん暖かになり、春を告げるような日曜だった。これからは三寒四温というふうに日毎暖かくなる事だろう。店は昨日に引き続き客も多く忙しく売上げも多かった。姉が日中来る。田舎から帰ってきたので南海堂の方に挨拶に来たのだそうだ。夜は久し振りに仕事をせずゆっくり風呂を浴び床につく。

1月31日● 晦日で集金その他雑用が多かったので一日中忙しかった。東京古書組合の総会の席上多年勤務との事で表彰される[▼注1]（八年勤務）。表彰されるのは中学校卒業以来だ。たとえ小さな事、団体、名目であっても表彰というのは何か人間が良くなったような、明るい気分になるものだ。記念品賞状金一封もらう。今月から給料も上げてもらう。手取り九千円也だ。昨年の十一月までは六千円だったのに。計理士の言うには責任給というものなのだそうだ。

2月2日● 右翼テロによる中央公論社社長宅の家族殺人が朝、夕刊をにぎわしている。早く逮捕されたが浅沼事件の山口二矢（一七）に続く小森一孝（一七）という愛国党員の少年の犯行である。[▼注2] 右翼テロ行為は分別のない少年である。共通なものがあるが何故か。社会環境が今は腐敗しているためだろう。長岡に地震ある。[▼注3] 市場に行く。五時までで終わる。

2月5日● 昨夜（土）から上越の石打までスキー滑りに行く。良い天気に恵まれる。石打の丸山スキー場は広さ（長さ）では、近県で最大のものだそうだ。日曜日なのでスキー場も汽車も超満員だった。往復とも運良く座席指定券が入手でき、助かった。顔は霜焼で真っ赤になる。金はかかるが体のためには良い。体全体の運動になるので——第三日曜は支部のスキーがある。楽しみだ。

2月6日● 長く降らなかった雨。冷たくもない雨で音も静かで春雨のようだ。朝早くから一日中降り続いた。深夜

▼1　東京古書組合によって多年勤務者の表彰が行われている。現在も推薦制によって行われている。

▼2　一九六〇年十二月の『中央公論』に掲載された深沢七郎『風流夢譚』を不敬であるとして生じた右翼少年による殺人事件。通称「嶋中事件」。

▼3　一九六一年二月二日、長岡市西部にてマグニチュード5.2の地震が発生した。

になっても降り続いている。トタン屋根を打つ春雨が何とも言えない気持ちを落ち着ける寂しさを感じさせる。雨の月曜でも客は午後から割と多く、平日並だった。夜は残業十一時過ぎまで。斎藤文雄君来る。

2月8日● 午前中は昨日の市場の整理やその他雑仕事を仕上げて、昼過ぎから池袋の大市に行く。良書の多く出品した市だった。数多く仕入れる。夜八時半帰宅。多忙に多忙が重なる。少し疲れが出て来たようだ。夜一時過ぎ就寝。

2月9日● 昨日の市場の整理で一日を過ごす。午前中大市に行って、昨日に引き続き大量に仕入れ。店売りは全く大した事はないが、仕入れの方は順調に良書が多く集められるようになった。夜、残業終わってから主人とおしるこ屋で話合う。

2月10日● 晴れてはいるが寒い一日だった。風強く真冬に逆戻りしたような。もっとも立春も過ぎたがこの辺（東京）は立春過ぎてからが本格的な寒さになるのだから二月一杯はこのようなのだろう。金曜でもあり客が少ないのかと思ったら割合人出はあった。売上げも順調だった。小田君より電話受く。すみ子さんに手紙書かなくては――。

2月14日● 市場に行く。三時過ぎまで。品物は少なくなった。良い品物はグングン高くなる。相場というものはあるようでないものだ。上林君より電話あったそうだが、要領が得ないので明日電話してみる。夜、本間充君来る。会の件で――。

2月16日● いくぶん気候は和らいだ。風はまだ冷たいが春近し。夜最近問題の深沢七郎「風流夢譚」読む。実名を使ってあまりにもひどい表現だ。〝松川事件〟[注1]差し戻し判決ある（仙台高裁）。第二審通りの求刑との事。ようやく内外国とも落ち着いてきたと思う間もなく、国内外とも様々な問題が起こり動揺しかけている。

2月17日● 市場――四時過ぎまで割合良い物を調子よく数多く仕入れた。整理などで遅く上がる。金曜日なのに割と売上げが多かった。明日の夜からかけて明後日の定休日を利用して組合で日光へスキーに行く予定。

2月20日● 暖かくなった。十八日の夜からかけて支部のレクレーション（スキー）[注2]に行く。奥日光のゲレンデで滑ったのだがあまりスキー場としては良くなかった。前日から降った積雪は申し分なく、気持ち良い一日だった（時たま猛吹雪になったが）。夜十時帰宅。今日は種々な地方からの注文殺到で一日中整理で過ごす。

2月21日● 地方からの注文が殺到し、朝早くから夜遅くまでかかりっきりだが、追われてちっとも整理がつかない。今日も地方の図書館の先生が見え、また多くの仕事が増えた。仕事の多くなったのは喜ばしいのだが――一昨日スキーで捻挫した所が痛む。

2月24日● 金曜日というのはいつもなら店は暇なのだが、今日は天気の影響もあってかかなりの人出だった。人出の多い日に順じて売上げもまあまあの売上げ。仕入れは順調に伸びている。特に店（客）買が多くて助かる。夜十一時過ぎまで残業する。

2月27日● ようやく晴れた。九州地方に大地震ある。▼注3 市場に行く。三時過ぎまで注文の品を多数仕入れる事ができた。最近寝不足のせいか体がだるい。しかしいつも早く寝つく事ができず十二時過ぎてしまう。

3月1日● 三月の幕はあけた。気候もゆるやかになった。いよいよ活動し易くなった。店の方も順調な滑り出し、売上げも上々の一日だった。スタート良い。

3月5日● 朝のうち雨、昼頃から晴上がる。休日なので昼過ぎまで床に入り込む。午前久し振りに、ブラっと有楽町へ出てニュース映画を見、その後横浜へ行き吉田さんから種々の話を聞く。以前からの望みだった人生、商売としての話を聞く。吉田さんも私に話したい事を望んでいたらしい。人間の堅さも必要だがこれから商売していく上には種々な出来事に出会うからと――吉田さん自身の体験を元にした話だった。これからも機会あるごとに様々な人々から種々な話を聞き、実行しようと思う。

3月8日● グンと冷え込んだ。昨日までの暖かさは異常なのだそうだ。今日からまた春先の突風を交えた天気に戻るとの事。店は相変わらず暇だ。丁度年度末で大学生は帰郷してしまったし、大学受験で上京していた人も試験が終わってそれぞれ帰郷したしで、神田界隈は盛り場と違って閑散としたものだ。斎藤文雄君来る。風が出て来た。

3月9日● 晴だが風が強かった。埃をまじえた春風だが冷たく強い風だった。店は昨日と同様。夕方高橋宏君より電話受く。姉からも電話受く。弟英雄の上京が今月の十九日だから迎えに出る事。地方からの注文が数多くあるが、集荷が間に合わず。明日から再び探本に走り回ってみよう。

3月11日● 久し振りに何日振りだろう、土曜で店の売れ行きも多く集金などもあってこの二三日の暇な、また売れ

▼1 既出（一九五三年十二月二十二日）。

▼2 神田を中心とした第一支部によって、支部のレクリエーションの一環として奥日光への旅行が行われた。

▼3 この日、宮崎県を震源地としてマグニチュード7.0の地震が発生。日向灘地震とも呼ばれる。

行きの芳しくない日々の分を取戻したような日だった。弟英雄より便り受く。今月十九日に上京するとの事。返事を出さなくては――。

3月15日● 十二日~三日間日記をつけなかった。体がだるく苦しいほどだ。十二日の市場（大市）の時、ちょっと無理をした疲れだろうが少し休養すればどうにか治るのだろうか。店は日ごとに忙しく、休んでもいられない。夜主人を中心に十五日の話合いを十一時までする。

3月17日● 暖かかった。市場に行く。体が苦しい。風邪気味でもある。地方発送や教科書売りの準備で夜十一時まで仕事する。

3月18日● 暖かかった。風邪気味が昂じ、今日一日苦しかった。鼻汁は出るし頭痛はする。昨夜あまり無理をしなければ良かった。暖かかったから良いものを。明日は休日。

3月19日● 朝六時起きで上野駅まで弟英雄を迎えに行く。高校を卒業し就職のため上京したのだ。大学まで進めたかったが――家庭の都合のため自分ができなかった事が弟にもしてやれなかった。全くこれが都会、世の中なのだろうだ。だが弟英雄にしても当然の事として仕事にたずさわる事を望み、友人同僚に負けないよう頑張る意気込みでいるようですから。しっかりやってもらいたいものだ。夕方まで寝て休んでおったのだが、姉と二人で王子の清水さんの所に一泊させる。明日から出社するのだそうだ。

3月22日● 市場に午前中行く。午後からは学校の学期末なので配達、集金に回る。回収は上々というほど。店の方も景気良く相当の入金があった。どこも学期末で予算が余ったせいか、まとまった売上げがある。夕方は配達買物▼注1（宅買い）で世田谷まで。風邪と疲労とで頭痛がするし、体中痛み苦しいほどだ。

3月23日● 寒気がするほど風邪が悪く、一日店番しながらも頭痛と体の衰弱で目眩がするほどだった。だが店を休む事はできず、また夜は夜で明日運ぶ教科書の整理で十一時半まで忙しい。明後日（土）過ぎるまではどんなに体が弱っていても気で張り合わなくてはならない。忙しい連続だ。

3月26日● 雨、夕方より雪になる。朝から冷え込んだ雨は一日中降り続ける。夕方から曇に変わり、深夜まで止まない。店は雨の割には日曜のせいか、人出はありまあまあの売上げだった。鈴木君来る。夜早めに閉店したので久し振りで時間に余裕あり田舎宛便り書く。

3月28日● いくぶん暖かくなった。風が冷たくまだ春先特有の風が吹きまくっているが。今日、地方の学校から注文もあり、多く売行きがあった日だった。店の客もぼつぼつ多くなって来たようだ。忙しさも最高だ。この調子だと四月中頃からの忙しさが思いやられる。

3月29日● 体がダルく背中が痛んだり疲れが抜けきらなかったりで、朝少し遅くまで寝る。頭痛も加わって一日中カラッとしない日だった。朝杉並まで仕入れに行く。午後市場に行く。

4月4日● 暖かい気味悪いほどの風が吹きまくった。南の暖かい風が突風を伴い、埃を伴って一日中吹きつづけた。春先によくある現象だが、今日は特にひどかった。明日も続くだろう。店は日毎に売上げが多くなって行くようだ。そろそろ学校も始まる時期だから――。

4月9日● 晴。日毎に忙しくなって来た。昨日の土曜日といい、今日の日曜なども人出が多く。グンと売上げも増えた。市場に行く。三時過ぎに終わる。いつの間にか桜が満開になったとの事。この何年か桜の花を見た事がない。今日、日曜は幸い好天に恵まれ行楽客が花を求めて郊外はどこも満員との事。桜の花も、もう散りかけているとの事。弟英雄より電話受く。

4月10日● 朝のうち冷え、霜の下りるほどの気温だった。大量注文の納期なので午前中は忙しく立ち回り、午後ようやく納本できて一息ついた。客はだんだん多くなって来る。また次の大量注文が待っている。それが済んでも五月の中旬までには店の方が忙しくなって来る。体の方を気をつけて日々を過ごそう。妹節子より便り受く。何年振りかの便りだった。

4月13日● 晴。朝のうち雨降るが、昼頃からカラリッと晴上がる。店はだんだん忙しくなって来る。ソ連で人間初の宇宙旅行船で地球を回り、無事帰還した旨のニュースがどの紙面も賑わしている。宇宙旅行、月旅行の初めての訓練に成功したのだ。

4月14日● 降ったり止んだりの雨模様。変化の天候ゆえか客足少なく、売上げも四月としては芳しくない日だった。近頃ひどく体の調子が悪く、たまに鼻血が出たり、タンに血がまじったりして気持ちが悪いし、昨日病院に行って健康診断してもらう。別に故障はないとの事。レントゲン撮影も、血液検査なども行い、今日結果を伺う。現在の所、異常なしとの事。定期検査を行うよう。

4月16日● 晴。期待通り年を通じて一番忙しい日だった。もっとも、この次の日曜あたりなどは大学生の教科書など

▼1 既出（一九五九年四月二日）。

の決定もあり、今日より売行きは多くなるかも知れぬ。人出は今年最高だった。第三日曜なので普通の月は休日なのだが、四月に限り休日なし。忙しいという事が体のために良いという事が証明された日だった。何も考えず、動き回る事が――。

4月19日◉　晴。気候も本格的な春になり日々暖かくなっていく。店は日々忙しく売上げもグンと増した。大学生や高校生が本格的に授業が始まったのだろう。今のうち売れるだけ売って置かないと――夜は残業あり。十時過ぎまで。

4月23日◉　晴。朝のうち平年より五度も低い気温だったが、雨の心配はなく店の人出は多かった。先週の日曜と続いて、人出の多いのと売上げの多いのは最高だった。昨日の土曜と、今日の二日で八月頃の平日より十倍くらいの売上げを記録した。やはり新学期は忙しい。今月一杯は忙しく売上げの多いのは続くだろう。

4月25日◉　晴。晴れてはいるが寒い一日だった。四月も終わりに迫ったというのに肌寒いほどだった。店の客足はいくぶん下り坂になったようだ。売上げはあまり変わらないが、仕入れ不足で困っている。最近、食欲があまりない。

4月26日◉　晴。いくらか日中の客足が減ったようだ。学生が大部分教科書を揃えたためだろう。売上げはグンと落ちたわけではないが。夜になってから雨になる。

4月27日◉　朝のうち雨、昼前から晴上がる。年中行事の大掃除やる。何もかも規律が肝心だ。一年中を通じて大掃除などする切れ目があって初めて、気持ちにも張りが出来るというもの。昼過ぎから市場に行く。

4月28日◉　晴。明日から飛び石連休（ゴールデン・ウィーク）が始まる。が、我々には何の関係もない。ただ仕事が忙しくなるだけ、張り合いが出るだけ。月末支払いなどあり、いくらか忙しかった。昼過ぎから資料市[注1]の入札会に行く。これから先何十年もこの商売の上に生きて行くつもりなのだが、日々の勉強も怠る事なく勤勉に過ごさねばならない。

4月29日◉　晴。夕刻より雨になる。天皇誕生日。ゴールデン・ウィークのはしり、人出は各地行楽地へ繰り出したようだ。神田にも人出は学期時であるゆえ、今年一、二位の人出と売上げを示した。明日の日曜も天気が良かったら人出は多いだろう。

4月30日◉　晴。晦日の日曜。昨日より人出は少ないようだった。早いもので一年の三分の一が過ぎた。春も終わり明日からは晩春。足かけ三年間も働いていた部下の福沢が家庭の事情で退社するとの事。人手不足で困っている所へまた一人（それもようやく一人前に仕事ができるようになった矢先）辞められては、片腕がとられたようなわびしさを覚える。だんだん仕事もやりにくくなる事だろう。

5月1日◉ 晴。働くものの祭典（メーデー）が開かる。例年にないなごやかなメーデーだったとの事。これも世の中が落ち着いた表れだろう。暑いというほどの気温だった。人出はメーデー帰りの人出の流れがあったため店売りもまあまあだった。すみ子さんより機嫌伺いの便り受く。

5月5日◉ 晴。祭日（子供の日）子供の日にふさわしい天気の良い日だった。客足少なく。今日は人手がないのに二箇所もの宅買いがあり、その整理などでガタガタ忙しい日だった。夜、前店で働いていた保立君が来たので皆で久々に夜十二時頃まで話合う。

5月6日◉ 晴。アメリカの人間ロケット成功の報に接する。ソ連には遅ればせながら、ともかく宇宙開発の第一歩を踏み出したわけだ。競争でますます宇宙の開発が進む事だろう。土曜で店の方は午前中は暇だったが夕方にかけて忙しかった。やはり土曜日は売れる。夜、原書房の栗田君と飲んで話合う。

5月7日◉ 晴。閉店。休日。午前中ゆっくり寝て、午後、弟英雄と姉の二人が来たので二人で出掛ける。夕方、妹麗子にも電話して浅草の食堂で会食する。兄弟で久し振りの会食も楽しいもの。連休最後の日曜だ。

5月8日◉ 曇。連休明けの今日は土曜日と比較したら雲泥の差の売上げだった。グンと落ちる。学生はほとんど準備が整ったようだし——これからの仕入れを考えなくてはならない。客足もグンと減った。

5月11日◉ 晴。暑苦しいほどだった。店の客足は少ない。今日は洋書会[注2]の市で出品する。先日五千円で仕入れたものが十四・五倍の八万円もの値になった。

5月17日◉ 晴。今日もすみ子さんより便り受く。市場に行く。四時過ぎ終わる。夜、明日配達する大口の注文の整理で十一時過ぎまで仕事する。すみ子さんを心配させないように便り書かなくてはならないのだが、今日のように連日残業などで、ゆっくりする時間がないので——。

5月18日◉ 晴。大口の注文が整理終わったので、午後二度往復で配達する。やっと懸案の仕事が一ツ減った。まだまだ仕事が残っている。明日は大市なので、また夜遅くまでかかる事だろう。

5月21日◉ 晴。第三日曜日、休日。組合第一支部のレク

▼1　既出（一九五六年十二月十八日）。
▼2　既出（一九五八年十一月十一日）。

リエーションで、バスを連ねて東京〜久里浜〜船で勝山〜東京と旅行する。朝七時〜夜八時半帰宅。疲れた。すみ子さんに便り書く。

5月24日◉　晴。時々雨降る。この頃、日記をつけるのを怠った日が続く。雑用が多いためでもあり、夜床につくとすぐ眠くなり、どうしても疲れには勝てない。夜、二、三日前から来ている広島の中村さんと取引の事で遅くまで話合う。

5月26日◉　晴。昨日をしのぐ暑さで今年度最高の気温だったそうだ。真夏を思わせる暑さだった。二、三日続くとの事。梅雨は来月に入ってかららしい。妹節子より便り受く。田舎の製糸工場[注1]の旅行が、箱根、東京方面に決まったので、その通知だった。生まれて初めて大都会に行けるという事で随分楽しみにしているようだ。来月七日頃とか——。

5月28日◉　晴。暑い日曜だった。昼頃、鶴岡よりの長距離電話あり。姉勝子と妹節子が電話口へ出た。久し振りとの声を聞く。夜、映画「宮本武蔵」見に行く。良い映画だった。言葉一ツ一ツが人間成長の上に必要な、ためになる事ばかり。何度も何度も見たい。

6月1日◉　晴。衣替えの六月一日。学生が一斉に衣替えした。白色一色といった所。昼過ぎ急に曇り出し雷雨となる。本格的な夏に入ったわけだ。

6月4日◉　晴。近日にない人出の多さと売上げの多い日曜だった。第一日曜なので休日のはずだったが、都合で明日（月曜）と振替で今日は開店する。夜、六大学春のリーグ戦で完全優勝した明治大学（六年振り）が、祝いの提灯行列行う。一時間あまりもの行列が続く。深夜まで付近は賑わう。

6月6日◉　晴。今日も暑苦しい日だった。グンと客足落ちる。売上げも少なかった。姉より電話受く。明日旅行で上京する兄と妹の案内などの事で。折角楽しみにしている旅行なのに雨など降らなければ良いが。今頃汽車に乗っている時分だろう。

6月7日◉　晴。市場に行く。荷は多くあったが良いものはなく、ダラダラした夏場のような市だった。夜、旅行で来ている兄、妹に会うために豊島園ホテルまで行く。何年か振りに会う。夜十一時帰宅。もっと時間があったら——。

6月8日◉　晴。暑いほどの気候だった。夜、上野駅まで、兄と妹の旅行の帰郷を見送りに行く。もう少し日数があったら、ゆっくり案内できたらなあ——見送りには上京している姉と妹と弟と私の四人。合わせて六人もの兄弟が上野駅ホームで歓談する。他人が羨むほどだった。

6月9日● 雨。朝から一日中降り続ける。梅雨に入ったのだろう。これから毎日このような気候が続くのかと思うと憂うつだ。夜、寒いくらいだ。店は最近になく不景気な日だった。無事妹節子と兄が着いた事だろう。

6月12日● 晴。昨日に引き続き三十度を越える暑さでうだるようだった。市場に行く。夏場景気[注2]で品物も悪く、閑散とした市だった。店売りも昨日とは逆に閑散としたものだった。深夜まで、日中の暑さが抜けない。

6月13日● 雨。昼頃から雷が鳴り、本格的な入梅の知らせと同時に降り出した。止む事なく、一日中降り続いた。妙に体がだるい。睡眠不足かも知れぬ。

6月14日● 雨。昨日に引き続き一日中降り続いた。気温としては今日くらいが適当なのだが、雨のために客足はグンと落ちる。深夜十二時を過ぎた頃、この日記に記している時分、外は音もなくただ雨の落ちる音がトタン屋根を打ち、淋しげに響くだけだ。夜一時半頃まで主人と話合う。

6月19日● 晴。昨日〜今日にかけて小南友会の旅行で、群馬県神津牧場まで行って来る。心配された天気はすばらしく晴上がり、ハイキングとしては絶好の日和だった。日焼けし、歩き疲れる。景色としてはあまり良いとは言えなかったが、都会から離れて久々に新緑に囲まれた新鮮な空気に浸る事ができた事だけでも、明日からの仕事に新鮮味が加わるようだ。

6月20日● 晴。一昨日、昨日と二日の山歩きのため随分疲れた。朝起きるのが億劫なくらい、疲れ切った。二日間の休みのためか種々な仕事が増えた。すみ子さんからの便り、久々だった。八月の休日を利用して上京したいとの事。私も歓迎する。種々話があるし。妹節子からの便りは遅くなったが、過日会社の旅行で上京した時の礼状だった。

6月22日● 晴。夏至暑苦しいほどだった。一年中で一番日中が長い日だ。夕方、暗くなるのは七時過ぎだ。冬なら四時過ぎになれば暗くなったのだから——本格的な夏に入って暑さも日毎厳しくなって来ると思う。今日は一新会[注3]の大市。朝九時から夕八時まで。いつもより荷が少なく、また早く終わった。これからの整理も大変だ。すみ子さんや、青葉君に便り書かなければならないのだが——時間がない。

▼1　妹の節子の勤務先となっていた製糸工場の事。
▼2　夏場になると、古書店街への人出が減り、市場への出品も減るために売上げが減少していた。夏枯れ（一九五七年七月二九日）。
▼3　既出（一九五六年八月三十一日）。

6月24日● 晴雨。降ったり止んだり。梅雨時の典型的な気候だった。土曜なので売上げの多くと、人出の多くを期待しておったが、降ったり止んだりの天気で不意に終わった。夜、店員（神保町書店街）の会[注1]を作るために集まってくれというので会合に出席する。

6月26日● 雨。各地に局部的な豪雨あったとの事。梅雨の被害としては近年にない大被害のようだ。本格的な梅雨だ。もっとも夜のうちに相当降り、日中は時々晴間を出すので、仕事の面では大助かりだ。夜、久方振りの映画見に行く。時代劇ものだったが、面白かった。

6月27日● 雨。台風と局部的な集中豪雨。関東一円も昼頃から強く降り出し、夕方からは本格的に風雨を伴う状態となった。局地的な豪雨と台風が重なったせいかも知れぬが、近来にない梅雨の被害が各地に及んでいるようだ。深夜十一時頃の現在、特にひどい。市場に行く。あまり大したものはなかった。早く終わる。

6月28日● 大雨。全国各地に相当の被害を出したこの度の豪雨も、今日一日止む事なく降り続いた。店は全く閑散としたものだ。売上げも最近になく少ないものだった。

7月2日● 定休日。午前中、洗濯物など身の回りをかたづける。昼から横浜に向かう。高橋宏君と合わせて姉と弟（英雄）と夜まで市内見物や食事を共にする。

7月3日● 晴。暑い日だった。地方の学校やその他、方々からまとまった注文が入り、その検討、集荷など、また、打合せなどで一日中動き回った。深夜になっても日中の暑さが取れない。寝床の屋根が焼けついているのだ。

7月4日● 晴。暑苦しかった。蒸し風呂に入ったような――店は各大学が休暇に入ったようで暇になって来た。すみ子さんに便り書く。

7月8日● 晴。七月上旬では記録的な、正午には三十四度を越す暑い日だった。七月上旬がこんな暑さでは、これからが思いやられる。土曜ではあるが、暑いために、人出も少なく、売上げもぐんと落ちた。昨日よりも、深夜になっても暑さは一向下がらない。

7月10日● 晴。いくぶん風が出て、夕方から涼しくなった。梅雨あけを間近にしていったん天候がくずれるのだろう。一雨降ったら、次には真夏の一ヶ月間が控えている。うっとうしい日々だろう。店は久々に活気があった。集金なども多くあった――友人などに暑中見舞いのハガキを出さなくては――。

7月11日● 晴。夕方から雷雨ある。今日も暑かった。やはり三十度を越す暑さで、今日で連日三十度を越す暑さは一週間も続いた。久し振りに夕刻一瞬暗くなり雷雨ある。一時的であったが、雨のため、いくぶん涼しさが出た。夜も何日振りかでゆっくり寝られるだろう。

7月12日◉　晴。市場に行く。店の売行きの悪いのに比べて、市場値の景気の良いのは、品物が少なく、良いものがないためだろう。昼過ぎに終わる。佐藤一也君来る。久し振りだ。斉藤文雄君より電話受く。明日中、斉藤昭三君、高橋宏君、長谷部君などに電話しなくては——。

7月15日◉　晴。暑苦しかった。この頃日記には必ず暑いとか、暑苦しいとかを書き出しとしている。夏なのだから暑いのは当然なのだろうが、その当然も度を越した暑さにはつい毎日のようにグチのような言葉を並べなくてはならないのだ。風があれば、いくぶん楽なのだが、無風状態なのだからたまらない。十五日なので支払いや集金などでいくぶんゴタゴタした日だった。夜、栗田君とビールを飲む。明日は第三日曜の定休日だ。

7月16日◉　晴。第三日曜の定休日なので店の者皆で江ノ島に海水浴に行く。すっかり日焼けして、体のためには良かったのだろう。夕方早目に帰り、王子の叔母さんの所に盆なので、挨拶回りをする。十時頃帰宅。

7月18日◉　晴。朝から涼しい風が吹き、初秋九月中旬のような気温で、しのぎ易い日だった。店の方も仕事の方も忙しく、売上げも、売上金は今年最高だろう。平日の十倍もの入金があり忙しい日だった。今日のような涼しさなら働き易いのだが——。

7月19日◉　晴。店は暇だったが割に売上げが多かった。人出不足で飛び回る事もできない。もっと仕入れの方面で飛び回る事ができたら売行きも増すのに——甲州街道で、自動車事故起こす。ケガはなかったがオートバイが壊れる。すみ子さんからまだ何の便りもないがどうしたのだろう。

7月21日◉　晴。一日中店番する。店番も暇であれば暇であるほど、辛いものだ。まだすみ子さんより便りがない。どうしたんだろう。夜、妹麗子と友達という人が訪ねて来る。結婚話まで持ち上がっているとの事。私達兄弟の意見を聞きかたがた自分の気持ちを打ち明けに来たのだった。十一時過ぎまで話合う。

7月24日◉　晴。店はまあまあの夏場景気で暇だった。外売りの方の集金が多くあったせいか、平日の五倍くらいの入金だ。待っているすみ子さんよりの便りまだ来ない。

7月25日◉　晴、暑さ厳しく、このような暑さが毎日続く

▼1　神保町の古書店に勤務する同年代の店員達によって企画された会の事。北沢書店や鳥海書店の人達との会。

のだと思うと、やりきれない。店もグンと暇になった。すみ子さんより便り受く。上京は八月の第三日曜になるとの事。

7月26日●　晴。暑さ厳しく、湿度を多く伴った気温なので、立っているだけでも不快な今日一日だった。たまに吹きつける風がいくぶん活気を与えたようなものの暑かった。店も今年に入って最低の売上げを記録した。無理もない事だ。

8月2日●　すみ子さんより便り受く。晴、市場に行く。荷は多くあるのだが。昨年までは夏場相場といって、夏は相場が安かったのだが、今日などは依然と五、六月頃の値を維持しているようだ。それゆえか夏というのに良い品物が多く出る。小華和君より久々に電話受く。土曜日に連絡する事になっている。

8月3日●　晴。夕方より雨。久し振りの雨に会う。何日振りだろう。もう少しドシャ降りくらいの雨にならないものか。店は相変わらず暇だ。長谷部君より電話受く。藤井藤雄君に便り出す。すみ子さんに便り書く。

8月4日●　すみ子さんに便り出す。晴、昨夜は雨が降り、埃っぽい街はきれいに洗われたようだ。今日一日は、涼しい日だった。またまたぶり返すのかも知れない暑さの間にあって、一時的ではあるが一息ついたのだった。この二週間も前から毎朝六時半起床でラジオ体操しているので夜になると、十一時頃にはもう眠くなってしまう。体の調子は上々だ。

8月6日●　雨。原爆記念日。十六回忌。第一日曜で休日。早く、妹麗子の婚約の件で、向島の方の白ひげ[注1]という所まで行く。午後、その足で横浜の姉の所に行く。

8月7日●　晴。今月に入ってからは、暑さも手伝ってから、売上げグンと減る。不景気な毎日だったが、今日は、いくぶん涼しく、人出も多い。割合売れた日だった。市場に行く。四時過ぎまで。夕方久々に真嶋君来る。一時間くらい、仕事が終わってから話合う。今秋、結婚式を挙げるとの事。

8月10日●　晴。暦の上での立秋が過ぎたこの頃。日中は三十度を越えるが朝、晩はいくぶん涼しい日が続いています。まだまだ暑さは今月いっぱい続くだろうが——もう少しの辛抱だ。昨日九日（水）すみ子さんより便り受く。会える日までもう十日。待ち遠しい。

8月12日●　晴、蒸し暑い日だった。全く風はなく、市場は夏相場で、品も少なく活気のない市だった。昨日と同様、早く閉店する。もう一週間もしたら、すみ子さんに会える。

楽しみだ。

8月13日● 晴。月遅れ盆。今日は十三日で月遅れの盆。上京以来八年になるが、夏休み、盆などといって田舎に帰った事はない。田舎での夏を過ごすのも風味があって良いだろうなあ——日曜なのだが、暑さのためか人出は少なかった。この頃、平日より三十分早く閉店する事度々。

8月15日● 晴。終戦記念日戦後一六年。国土はもうすっかり復興した。荒廃した一六年前の終戦日から比べたら——人々も子供も皆成長した。生活も、見違えるほど楽になりレジャー時代などと相成った。今にして、昔をしのぶ。リバイバルなど苦しみの中にもいくらかは、生活にゆとりのできた証拠だろう。すみ子さんと、田舎に便り出す。

8月18日● 晴。蒸し暑く、全然といっていいほど風はなく、また店も暇だった。夕方、電報受く。すみ子さんより、急行「羽黒」で上京する旨の知らせだった。明日の朝、久し振りに会う事ができる。明後日は一日中ゆっくり二人で歩ける。上野駅に迎えに出なくてはならない。

8月19日● 晴。朝六時四〇分上野駅着で、すみ子さん上京する。久方振りの対面だったが、下車する多勢の中からすぐ分かった。娘盛りというか、美しくなっていた。背丈は私よりも少し高いくらい。すぐ私の近くに宿をとる。夜、二人で銀ブラ[注2]する。夕方から雷雨になり、銀座へ出た時は、土砂降りだった。美松喫茶店[注3]で種々話合う。日比谷公園でゆっくり体を寄り添ひながら話合う（この頃は雨は上がる）。十一時宿の方へ帰る。

8月20日● 晴。夕方から降り出す。今日は第三日曜。定休日。朝、早目に起きる。すみ子さんの宿に出向き、今日帰るというので、宿を出、スカラ座[注4]で映画「ローマオリンピック」見る。感動する映画だった。昼頃から横浜に行く。すみ子さんと二人で。姉もすみ子さんを賛成のようだ。横浜の波止場で写真を撮ったりして四時頃まで。上野駅に行き十時七分発の臨時列車（準急）に乗るまで六時～八時半まで、上野公園で種々話合う。二人で双方共、はっきりした目標を持ち、一緒（二年後）になる事誓い合う。一〇時七分発酒田行きで帰る。

8月21日● 曇。たまに雨が降り出し、風もなく、蒸し暑

▼1 向島にある白鬚神社の事。九五一年（天暦五）に慈恵大師が関東下向時に、白髭大明神の御分霊を当地に祀ったと言われる。隅田川七福神の寿老神としても有名。

▼2 既出（一九五七年十一月十一日）。

▼3 銀座にあったジャズ喫茶の有名店「ニュー美松」の事。

▼4 日比谷スカラ座の事。一九五五年七月一四日に開館。二〇〇九年からＴＯＨＯシネマズ・スカラ座に改名。

い一日だった。だが、やはり八月も末に近づくと朝夕は涼しくなって来た。すみ子さんは無事着いただろうか？淋しい限りだ。もっといてくれれば良かったが——また会えるまでは、何年か、何ヶ月か過ぎなければ実現できないし。

8月24日● 晴。市場に行く。あまり芳しくない市だった。昼過ぎで終わる。店は割合忙しかった。朝から涼しく、気持ちよく、しのぎ易い日々だった。客足も多く——すみ子さんから便りあっても良い時分だがどうしている事だろう。すみ子さんの両親に宛てる便りを出さなくてはならないのだが、すみ子さんの便りを待ってからにしよう。夜、栗田君と喫茶店で種々話合う。

8月25日● 晴。又、暑さぶり返した。昼過ぎなどは湿気を伴った暑さで未苦しいほどだった。金曜日なのだが人出は多く、売上げも近頃にない良好な売上げだった。すみ子さんより便り受く。

8月29日● 晴。午前中は涼しく、街にはちらほら背広姿の見える日だった。これからは今日のように涼しくなったり暑くなったりで、だんだん秋が近づくのだろう。市場に行く。だんだん景気が出て来たようで、値が上向きになって来た。麗子から電話あり、夜行って来る。

9月1日● 晴。日中、また暑かった。暑さの後の九月は、活動しやすい月でもあり、気持ちの引きしまる月だ。「秋ひらく」——すみ子さんより小包届く。明後日の私の誕生日の贈りものだった。女らしい気遣いで「ネクタイ」「カーテン」「靴下」まで、豊富な、うれしい贈り物だった。感激している。

9月2日● 晴。今日もすみ子さんより便り受く。私が出した便りとすみ子さんが昨日一昨日とくれた便りが行き違いになったので、私の便りに対しての返事だった。やはり離れると淋しいのだろう。近くにいればいつでも会えるという安心感もあるのだが——すみ子さん宛の便りとすみ子さん御両親宛の便りを書かなくてはならないのだが、気持ちが落ち着かないので、明日にでも。明日は定休日。私の誕生日でもある。

9月3日● 満二七歳の誕生日。定休日。重ねて私の誕生日。楽しい不安な、また年齢ばかり過ぎて、つまらないような複雑な気持ちで一日を過ごした。すみ子さんからの贈り物を前に、姉も赤飯を持って来てくれたので一緒に会食しながら語らう。千鳥ヶ淵で写真を撮ったり。落ち着いた夜は、すみ子さんの御両親宛に便りを書き終える。ゆっくりした定休日の日曜日だった。

9月6日● 晴。近来にない暇な一日だった。三時過ぎ、姉、訪ねて来る。アパートの契約金としての不足金を借りに来たのだ。二万円也貸す。すみ子さんに便り書く。夜、高山書店の伊沢進さんと様々な事話合う。

9月7日● 晴、市場に行く。四時過ぎに終わる。夜、第一支部で開催予定で読書週間中の青空大市の第一回打合せ[注1]あり。七時～夜一〇時過ぎまで。

9月9日● また暑くなる。最近店売りは少ないが借り売りが多くなって困る。集金を確実にやらなくては――毎日平々凡々な時を過ごしているようで、時間が惜しい。何か張り合いのある仕事、趣味があれば良いのだが――。

9月11日● 晴。朝のうち宮島さんと会う約束が、地方の方の先生との話で、仕事の都合で、会えなかった。近々また会わねばならない。妹、麗子に電話する。第三日曜必ず会って話合わねばならない。店は暇だ。

9月13日● 晴、朝は寒いほどだった。が、日中また暑さぶり返しで、夏もこれでおしまいというような暑さだった。すみ子さんから便り受く。便り受く気持ちの楽しさ、何とも言えない。父よりも久々の便りある。母が一〇月に上京する準備をしているとの事。夜、白幡君が九時まで。九時過ぎには榎本兵太君訪ねて来る。

9月17日● この三日間も日記をつけなかった。何も忙しい仕事もなかったのに。心の迷いがあったのだな?もっとも昨日は台風の影響で早じまいし、その後店内の天井のペンキ塗り変えで十二時まで。今日は台風一過の清々しい秋風の吹く第三日曜の定休日。朝遅くまで寝て、昼頃妹麗子に会う。午後、姉のいる横浜に行って話合う。すみ子さん宛便り書く。

9月20日● 一昨日から話のあった青林書院出版物取引の件[注2]、ようやく、午前中に話つき引取った。これから短期日の中に処分しなければ、安くなるだけだし元をとるだけでも大変だ。私にしてみれば初めての大きな取引で、失敗するか成功するか、今後の良い勉強になるだろう。夜、王子の叔母さんが是非話があるから来いというので、仕事終わって九時頃行く。十一時帰宅。

9月21日● 昨日、引取った大量の品、一度に売りさばき、きれいに入金して片づく。気持ちがさっぱりした。いろいろ心配したが、これでいくらか種々の取引する上の自信は

▼1 千代田区と共催で行われた「第二回古本祭り青空堀出し市」の事。一〇月二八日から十一月三日まで神保町交差点角で開催。参加店は四〇店。

▼2 青林書房は経営危機に陥っており、南海堂に一時図書が流れた。だが、その後の立て直しによって図書は青林書房に戻す事となった。

ついた。が、すべて慎重に物事を運ぶという事も――姉に電話する。昨夜は初めての大口取引の（また時間を争う仕事ゆえ）事で夜少し寝ても目がさえ、なかなか眠れなかった。今夜は眠れるだろう。

9月23日◉　秋分の日。晴、祭日なので人出多く、近来になく久々の忙しさだった。並行して売上げもグンと伸びた。昨日の整理も全部済ませる。夜、平池君と話合う。先日取引した大口の件で。いくらか文句があるとの事。事情は良く良く説明したら納得したようだったが、双方不愉快な思いをした。もっとも双方若いし、それぞれやる気があっての話のやりとりで、別に後にしこりを残すような事でもなかった。弟、英雄より電話受く。

9月24日◉　晴、昼頃には真夏のような三十度を越す暑さ。昨日と今日の連休で各地の行楽地は超満員との事。店は昨日に比べると客も少なく売上げも少なかった。姉より電話受く。すみ子さんより便り受く。

9月25日◉　朝のうち大井、鮫洲まで、自動車免許の書換えで早く行く。店は客足少なく売上げも少なかったが、地方からの注文で、集荷、整理、発送などで、忙しく立ち回る事ができた。古本業界もいろいろな面で、境目に来たのだろう。客筋からしてもまた、需要供給（demand and supply）からしても普通。他の商売と比べたら――曲り角に来たのだろう。

9月26日◉　晴。店は暇。だが連日外売りの方の仕事で忙しい。こうも店が暇な時は、外売りの方にある程度、力を入れなくてはならない。この頃、妙に頭痛を伴い、体がだるい。あまり暑くもないのに汗が出たり――一度診断してもらわなくては――疲れが出たのかも知れない。夜、田舎（松嶺）より電話受く。角喜の芳明君からだった。[注1]

10月1日◉　十月に入って空の澄んだ秋晴れの気持ちの良い日だった。第一日曜休日。母が上京するので前打合せとして妹と弟、姉と四人で横浜に出種々話合う。横浜の吉田さんに姉の退職につき挨拶に行く。

10月2日◉　台風近しの天気で一日中雨が降り続いた。夜こうしてペンを執りながら雨の音を聞くのも久し振りだ。涼しくてなんかしんみり落ち着かせる。秋の雨も悪くない。すっかり秋になったし、さまざまな本を読んで身につけるような時間があるのだから計画をたてて身のある勉強をしよう。

10月3日◉　一日中雨が続いた。台風は北上しないで停滞しているそうだ。グンと涼しくなった。店は連日暇だ。暇であるとは売上げが少ないという事を意味している。ほかに外注（外売り）が三、四点の大口があり、その集荷や整理でいくらか体を動かすのだが。

10月8日◉　晴。久し振りの日曜の晴だった。店は客足多く、その割にあまり売行きは芳しくなかった。夜　宮島さんと会う。妹麗子の件について、母も上京する事だしこの際はっきりしておきたいとの事で——上野の喫茶店で十一時過ぎまで母より電報受く。明朝、上野へ着くとの事。

10月9日◉　すみ子さんから便り受く。雨、台風近し。朝六時二十分起床。上野駅まで母を出迎えに出る。四年振りで会ったがすっかり老けてしまったのにはがっかりした。もっとも六十歳になったのだから老けるのも無理ないが。子供のために人一倍の心配をした事が老けてしまった原因だろう。ゆっくり一週間くらい滞在するつもりらしい。夜、荷物を持って行きかたがた母のいる姉の下宿まで行く。いろいろ話をし、十二時帰宅。

10月12日◉　晴。市場に行く。四時過ぎまで。夜、小田久四郎君が自家用車を持って来て、家の母を案内するからというので九時過ぎ王子まで迎えに出て、私と小田君と母と三人で銀座〜新橋方面をドライブし十一時まで。十一時半帰宅。

10月15日◉　晴。定休日。朝はゆっくり床の中にもぐり込む。散髪、洗濯など終わった所へ、姉と母と弟の三人来る。一緒に靖国神社、宮城、銀座など歩く。途中妹麗子も加わる。夕方王子の妹の下宿に行き夕食を共にし、母上京して初めてゆっくり種々な話をする。九時半過ぎ帰宅。

10月16日◉　晴。様々あまり面白くない事の多い日だった。主人といざこざがあり、夜の月一度の話合いの時まで持ち出し、口論し合う。

10月21日◉　雨。寒いほどの気候だった。暑くなったり寒くなったり不順な気温で、秋の姿の消え失せたこの頃だ。夜、上野駅まで母が帰郷するので見送りに出る。九時の急行「羽黒」で無事乗車した。上京して十二日ほどおったが、楽しく過ごしたものかどうか。兄弟四人と王子の叔母さんが出ておった。

10月22日◉　雨。今日も一日中降った。市場に行く。夕方五時まで。夜七時〜九時半まで、今月の二八日から始まる青空古本まつりの最終打合せ会ある。

10月23日◉　雨。夕方になり晴れる（曇）。今月になって最低の売上げだった。雨の日というのは我々の商売には大きくマイナスになる不景気な日だ。

▼1　既出（一九五八年一月十七日）。

10月24日● ソ連で五十メガトンの原子爆弾（核爆発）実験行われる。[注1] 晴、久方振りに晴上がる。店は暇だった。朝、夕刊とも、また各時間のニュースの時など一日中ニュースはソ連の核爆発実験の事で、世界中の怒りを伝えている。核爆発の影響は二、三日してから死の灰として全世界に影響を及ぼすのだから――。

10月26日● 晴れたり曇ったりはっきりしない天気だ。ぐずついた空模様で、客足は少なく店は暇だったが、余分な他の仕事が多くあり、また青空古本祭りの準備などで、夜遅くまで忙しい。田舎より便り受く。母が無事着いた便りだった。

10月27日● 雨。今日も一日中雨が降った。この雨が九州地方に集中豪雨となって見舞ったとの事。市場に行く。明日から古本祭りがあるので、その準備で夜遅くまで――。

10月28日● 雨。秋の長雨というのか。この連日降り続いて晴れ間を見た事がない。折角期待しておった今日からの青空古本祭りは雨で一日流れてしまった。いくらか気抜けしたようだ。

10月29日● 晴。久し振りに秋晴れのカラリッとした日だった。青空古本祭りが賑やかに幕を開けた。人出もグンと多く、街行く人々も皆神田に探本に来た人――店も売上げは近来にない売上げ。忙しかった。

10月31日● 晴。晦日。早いものでもう十月も終ろうとしている。古本祭りも今日で三日目、日増に客足多くなり売上げも順調だ。すみ子さんから便り受く。一ヶ月も便りしていないのでどうしたのか心配してよこした。可愛い所がある。

11月1日● 晴。十月が終わり十一月の晩秋に入った。天気は晴だが、澄みきった秋空は今年はみられなかった。これから秋晴れになるのだろうが――いろいろな行事の重なる十一月、今日は青空市も中だるみで人出がいくぶん落ちたようだ。街の人出は相変わらず多く、売上げも平均して良い。

11月3日● 晴。十一月三日は例年、必ずといっていいほど晴の日が続く。今日は秋晴れで文化の日にふさわしい日だった。青空古本祭りも多くの人出で賑わった。売上げも多かっただろう。店の方も活気づいた日だった。平池君と夜会う。貸金の返済受ける。引き続き三万円貸す。十二月十七日付約束。

11月4日● 雨。久し振りに続いた晴の日も、また今日になって降り出した。青空古本祭りも中途で止める。今日ひょっこり池田すみ子さんの父さんが訪ねて来た。夜、宿屋に行き種々話合う。

11月5日● 晴。第一日曜で休日。昨日の雨も今日はすっかり晴上がった。午前中~午後二時まで弟英雄とすみ子さんの父さんと卓君と四人で後楽園に産業別対抗野球見に行く。二時頃、すみ子さんの父さんが京都の方へ行くというので東京駅まで見送りに出る。夜、王子の姉の所に行く。

11月7日● 晴。すっきり晴上がった秋晴れの日だった。市場に行く。五時頃終わる。体の疲れが出、朝は時たま寝坊するくらいだ。店は暇になった。すみ子さんに便りしなければならないのだが時間が少なく――明日でも。吹く風はめっきり肌寒く、街行く人々はコート姿が目立って来た。

11月14日● すっかり冷え込んだ。朝は薄氷が張るほど。店は寒さのために客足が少なかった。店を構えている商売は天気に左右され、売上げは落ちる。最近になく暇な一日だった。市場に行く。

11月15日● 晴。七五三。今秋最低の気温。冷え込んだ。だが、カラッと晴上がった七五三の日で街は着飾った子供と親の晴着姿が目立った。店は暇だ。

11月16日● 晴。連日冷え込みの厳しい毎日だ。十一月も半ばを過ぎたのだから。「読売新聞」夕刊の出版時評に、これから我々が進もうとしている仕事に関して興味ある記事が載っている[注2]（本多顕彰氏記）。

11月19日● 曇。定休日なので午前中はゆっくり床の中で休めた。十一時過ぎまで。昼頃約束のお客さんの家に買物（宅買い）に行く。帰ってからまたゆっくり休むつもりだったが、王子にいる姉[注3]の所に月末だったので四時頃行く。大久保さんと会い、清水さんも交えていろいろ話合う。弟英雄も来ていた。九時頃帰宅。

11月22日● 雨。昨夜から大量の雨が降り、またグンと寒くなった。市場に行く。三時過ぎまで（第一支部）。四時頃から恵比寿の（第五支部）[注4]市に行く。七時頃帰宅。池田忠之助さんから便り受く。

11月24日● 晴。寒さが厳しく、日毎に冬に近づいていく。今日などはすっかり晴上がったのだが北風は冷たく――父より便り受く。姉の件などで便りしなくてはならないのだが。いよいよ外売りの方が忙しくなって来た。大口の学校注文が三つもあり、うれしいのだが品物を揃えるのに苦労する。

▼1　核実験予告に対する各国の反対声明に反して、一三日夜にソ連ノーバヤゼムリヤにて核実験が行われている。

▼2　「みじめな文化の反映　かたい本は売れぬか」と題する記事。

▼3　姉の栄子の事。

▼4　東京古書籍組合の第五支部の事。恵比寿を中心として活動。

11月27日● 晴。すみ子さん宛便り出す。すっきり晴上がった秋深い今日の一日だった。市場に行く。少し仕入れに力を入れて良いものを数多く仕入れなくては——だが数多く仕入れる事ができた。熱心になる事と熱心になれない事の違いというのは、仕事に直接表れるものである。

11月28日● 晴。大口の注文があり、てんてこ舞いの忙しさだ。一日中飛び回る。夜も残業があったのだが北沢書店の福原君、原書房の栗田君が誘ったので十時半まで飲みながら話合う。[注1] いくらか気にさわるような言動も双方にあったが——十一時過ぎから決算（出版物の）のため一時まで仕上げる。

11月29日● 晴。春先のような暖かさだった。大口注文の見積書作成と、その他の仕事が今日三時まで。学校に提出するのが昼頃でき上がり、やっと一段落。落ち着く事ができた。明日からますます忙しくなる。昨夜は睡眠不足なので疲れが出て来た。

12月1日● 雨。店は近来なく暇であった。人出も少なく。昨日と比べたら雨のせいかグンと寒くなった。初冬の感じはしないが、もう師走の十二月に入ったのだ。一九六一年最後の月（一ヶ月）だ。思う存分の事を成し遂げてみよう。夜、久し振りの小南友会の会合開く。

12月2日● 晴。いくぶん暖かだった。土曜なので人出も多く、夕方からはグンと売上げを増す。市場はだんだん品薄になり、良い品物はほとんど出なくなった。仕入れはよほど積極的に良いものを集めるように様々な所を飛び回らなければならない。夕方姉と、高橋君より電話受く。明日は定休日。

12月6日● 晴。宮島さんより電話受く。妹麗子の体の容態について医師の診断結果聞く。困った事になった。健康保険もなく、まして外傷などの外科の方なら治療の目安もつくのだが、内科の心臓肥大症兼脚気など、全治には相当の日数を必要とする事なので。明日もう一度聞く事になっている。鈴木義治君、小松君など来る。夜、明日までに提出する大口の明細書書きで十一時過ぎまで仕事する。

12月8日● 晴。乾燥した空気の寒い一日だった。店はどうした事か暇だった。昨日宅買いで仕入れてきた品の整理と納品などの整理で一日を終えた。長谷部君、宮島さんより各々電話ある。姉よりも電話ある。明日あたり相談のため帰郷するとの事。

12月10日● 寒い日だった。十二月も中旬近くなると目に見えて忙しくなって来る。今日は日曜で、各会社がボツボツ、ボーナスが出回ったせいか人出も多く、売上げも多かった。姉より電話受く。来週の金曜に帰郷するとの事。

12月12日● 晴。夕刊の一大事件としてクーデター計画が発覚し、一味が検挙された旨報道されている。▼注2 今の世の中がどうなのかさっぱり分からない。また今後どうなるのか。経済面から政治面からして全くとりつく何ものもない現状だ。私とてはっきりしたある一ツの思想を持って何か事を運ばなくては——。

12月18日● 晴。暖かで、冬の気候とは思えないほど。あまり寒くはなく働き安い気温だ。店は連日売上げ多く、反面仕入れ不足で、ピンチを招いている所だ。どうにか仕入れ方面を開拓しなくてはならない。

12月19日● 晴。市場に行く。市場は久し振りに荷が多く、夜六時過ぎまである。夜仕事終わってから鳥海君と種々話合う。独立の件、結婚問題等。

12月21日● 晴。夕方より寒くなって来る。不規則な天候で、寒くなったり暖かくなったりだったが、ようやく定まった気候になりだした。夜、上野駅まで姉の帰郷を見送りに出る。

12月22日● 晴。朝のうち今冬最低の気温を記録した。寒かった。各地には雪の便りが聞こえたが、スキーに行く都合があり、楽しみだ。市場に行く。久し振りに良い品が多くあり、夜七時頃まで。店のほうは集金などもあり売上げの多くあった一日だった。夜風呂帰り原さんの栗田君と飲み話合う。

12月23日● 晴。朝のうちグッと冷え込んだ。裏日本一帯大雪に見舞われたとの事。土曜とても人出はあまりパッとしなかった。夜。家の者だけで、クリスマスパーティ開く。十一時まで。

12月25日● すみ子さん宛速達便出す。晴。一年もまさに終わろうとしている。余す所一週間、その一週間のスタートの今日だ。気候は北風の強く吹く寒い日だった。店は、特別に忙しい事もなく閑散としたので、静かな年末だ。

12月31日● 大晦日、晴。一九六一年最後の日。大晦日、日曜なので、自動車等も少なく、晴れて、空気も清く澄んでいた一日だった。夕方から急に冷え込む。ほとんどの会

▼1　北沢書店は、一九〇二年（明治三五）に開業した洋古書専門書店。原書房は一九三二年に開業した古書店。現在は、易・運命学書籍及び浮世絵・版画を専門に扱う。北沢書店の店員と「栗田君」はその店員であり、五十嵐氏と共に将来の展望を語り合った。

▼2　旧陸軍出身者などによる政府関係者の暗殺、国会襲撃などのクーデーターが計画された事件。無戦、無税、無失業の三無主義を標榜していた事から三無事件と呼ばれる。

社官庁は休業し、商店だけが遅くまで賑わっている日である。今年は振り返ってみても、たいして、これといったような事はなかった。また調子はいくぶん悪い年だったが無事越年する事ができた。来春からはうんと頑張って、また体の方も鍛えなくては。ただ一つ、すみ子さんとの交際も深くなり、「恋―婚約」までも話が進むようになった事だけうれしく思う。来春は思う存分動き回る。一九六一年さようなら――。

昭和 39 年開店の南海堂支店・五十嵐書店

五十嵐日記［五十嵐智］

▶昭和 37［1962］年 1 月～ 12 月

28 歳

二八歳の誕生日を迎えた五十嵐氏は、南海堂の奥さんにすみ子さんとのことを打ち明ける。同じく上京していた友人たちも結婚したり、子供ができたりとそれぞれに生活に大きな変化があった。仕事では蓄えもでき、この年には土地購入を思案していた郷里の親に、資金を送るまでになる。ただ、書店の仕事では、親族を中心に経営が成り立っている南海堂の仕組みに不満や窮屈さも感じていた。

米ソの対立が激化、キューバにミサイル基地を設置しようとするソ連に対して米国が海上封鎖する、いわゆるキューバ危機が起こった。

▼昭和37［1962］年

1月1日● 新潟、石打、丸山スキー場で過ごす。元日の朝発ち、石打二泊でスキーに行って来る。思う存分冬気分を味わって来た。

1月3日● 夕方帰る。今日はすみ子さんの誕生日。何か祝物でもと思ったが間に合わず、後で送る事にする。姉の所に夜行く。

1月4日● 晴。今日から営業する。店は人出もまあまあの上出来。夜は早く閉店したのだが、売上げは多かった。一日〜四日までの間に年賀状二、三枚。返事三枚出す。

1月5日● 晴。正月も五日になった。街はもう本格的に忙しくなって来た。自動車の往来も激しく。店はまだ正月気分の客ゆえ、売上げは良い方だった。姉来る。年賀状五枚来る。

1月6日● 晴。寒の入りだが、去年よりいくぶん暖かい一日だった。松の内は店が早じまいで体を休めるには絶好だ。年賀状四枚来る。

1月7日● 晴。初市ある。初市にふさわしい景気の良い市だった。途中、時間の暇をもらって王子の叔母さんの所へタクシーで行って来る。姉の結婚の結納する段取り決めのために、相手方仲人の人達と話合う。帰ってから再び市場に行く。相当仕入れる事ができた。夜は第一支部▼注1の総会、並に新年会に出席する。九時半帰宅。

1月15日● 晴、成人の日。昨日、今日と連休だったためか人出は多かった。この三日間連続、一月にしては珍しいほどの売上げを示した。三日くらい前から腹痛を起こし、食事も三日間のうち三膳しか食べない。腹痛を訴えても奥（主人側）にしては何も面倒みるという事もない。食事をいくらか変えてくれるという事もなく、平気なものだ。他人からもいろいろ噂には聞いておったが南海堂という所はこのような所だそうだ。食べたくなければ食べなくても良い。それだけ得するといった主義なのだそうだ。今日も昼に少し食べただけ。夜、王子へ行って来る。

1月17日● 晴。姉の結納式、王子でやる。仕事の途中十一時頃、王子の清水さんの所に行く。正式に結納品を受取り、挙式は二月（来月）二一日と決める。すみ子さんより便り受く。

1月18日● 晴。昨年末から入荷していた大量の荷の整理が一段落ついたので、夜主人が皆と夕食に誘ってくれた。

高級料理を思う存分食べた。日中はまあまあの売行きだ。小松君来る。高橋宏君より電話受く。

1月23日● 晴。日中もグンと冷え込んでいる。大寒に入ったのだから当分この寒さは続く事だろう。連日集金やその他で店売りとも、上々の売行きだ。もっとも良い品物が多かった結果でもあろうが——すみ子さんから便り受く。姉より電話受く。明日夜王子まで行く予定。夜風呂へ行き、上がりがけに舎弟の三木がスベッて転び大けがする。

1月24日● 晴。夜、王子清水さんの所に行く。姉の結婚式の下準備の相談に行って来る。

1月31日● 晴。乾燥した空気と空気の冷たさが最近は風邪を流行らせているようだ。自分も少々風邪気味だが、気をつけなくてはならない。一月も今日で終わり、冬も本格的に明日から晩冬となる。いよいよ寒さは厳しくなるだろうがもう一ヶ月あまりの辛抱だ。二月はいくぶん暇なのだから——いろいろ外売りの方にでも力を入れてみよう。

2月1日● 晴。昨日からの風邪気味が昨夜は苦しかった。どうしてこうも体が弱いのか。暖かくなったらスポーツで体を鍛えなくてはならない。今日から二月、寒さはいくぶん和らいだようだが、風邪引きのため一日寒く苦しかった。夜、小南友会の会合あり、支店の主人をオブザーバーにしていろいろな話を聞く。夜十一時半まで木口君と会う。

2月2日● 晴。良書市[注2]（某家の一口物）があり、夜八時過ぎまである。久々の良書で値も高価なものばかり。夜はいろいろな雑仕事などで十一時過ぎまで。

2月6日● 晴。風邪は悪性で都内に次々感染しているようだ。来日中のケネディ大統領の弟ロバート・ケネディ米司法長官が民間との接触で大いなる信頼を増しているようだ。若さにものいわせて頭のきれる人だ。いろいろな演説の記事を見ても、またインタビーの録音を聞いても——。

2月7日● 晴。市場に行く。午前九時半〜夜八時まで。久し振りに多い品だった。昨夜は風邪のためか寒くなったり、その後、汗でビッショリになったり苦しい寝床での一晩だった。朝はいくぶん良くなったようだ。明日はまた池袋の大市注文が多数来ているので出向こうと思っている。

2月8日● 晴。朝早くから夜遅くまで池袋の大市へ出掛ける。

2月9日● 晴。昨日に引き続きいくらか暖かくなった。一日中、昨日、一昨日の仕入れの整理で過ごす。最近大量

▼1　既出（一九五九年五月十七日）。
▼2　古書市のなかでも良書とされる専門古書に特化した市の通称。古典会など。

注文が入ったのでその集荷が大変だ。

5月27日● 雨。慈雨というほどの朝から降り続いた雨が深夜まで続く。こうしてペンを執り、日記をつけるのも二月十一日から三ヶ月振りだ。今まで何年もかかした事のない日記を、どうしてこうも三ヶ月ほどのブランクを作ったのか自分自身も分からない。何となく記す気がそがれたのだ。いろいろな気持ちの動揺が自然ペンを執る事を拒んでしまったのだ。これからはまた、続ける事だろう。ブランクの三ヶ月間のうちにいろいろな出来事も多かった。すみ子さんの上京。妹の上京。姉の結婚両親の上京など、いろいろ、いろいろ。

5月28日● 昨日の雨も晴上がり、街路樹はすっかり洗い落とされ、久し振りに青々とした樹々を見る事ができた。夕方妹より電話あり。田舎の近所の高橋さんの子と前田さんの子が中学校の修学旅行で来ており、自由時間が可哀そうだから案内してくれとの事。仕事が終わってから銀座方面へ案内する。私が上京する時は、小学校に入学したかしないかの小さな子だったのが、今は私より背丈が大きくビックリした。

5月30日● 昨日に引き続き大量に売れた日だった。外売りもしかり。上林君訪ねて来る。初娘を抱いて来たが、パパになったらやはり貫禄が出て来たようだった。友達が次から次へと結婚をし、また子供を連れているのを見ると、自分の現在のミジメさをつくづく考えさせられる。もう少し張り切らなければ——。

5月31日● 五月も終わりの今日は暑苦しいほどの気候だ。忙しかった月も終わりで明日六月からは初夏。入梅も近づき、だんだん暑くなって来る。店の方もいくぶん暇になって来るから別の方面（外売り）にもう少し力を入れてみよう。もっとも主人は外売りは反対なのだが——自分の思うなりの思い切った仕事をしてみたいものだ。

6月1日● 朝、少し寝坊し、起きてみたらすっきり晴上がった六月の青空の下、通学の生徒達の昨日までとは変わった白い夏服姿が目に入り、六月になったのだなと気がついたくらい。連日の気温が高く、入梅前ではあるが暑いくらいの気候だ。姉より印鑑送ってもらう。

6月2日● 市場に一日中座っている。一つ一つの品が欲しいばかりに余計な時間を費し、座っていなければならない。現在の市場機構▼注1を変えなくては皆各々能率の上らない仕事で一日を過ごしてしまうだろう。今日は土曜でもあるせいか売上げがグンと伸びた。この連日といっていいくらい、売上げの方は好調だ。明日は第一日曜休日。

6月3日● 休日。雨。久し振りの休日。午前中グッスリ眠ってしまう。昼頃から日本橋の白木屋に古書展見に[注2]行く。同じ古書を扱う今の私達の商売と比べて、あまりにも豪華なのには驚いた。一巡しただけで三時間かかった。それから妹の下宿世田谷まで行く。

6月4日● 水不足の都内に恵みという雨か、梅雨の前ぶれの雨か、とにかく水不足に少しでも役立つ雨が昨日に引き続き降り続く。店の方は逆に人出が少なく暇だった。すみ子さんより便り受く。季節変わりの伺いの便りだった。八月帰省を楽しみに待ってますとの事。私も八月帰省を実現したいと思っているが、店の方はどんなになるか。すみ子さんより便り受く。

6月5日● 寝苦しいほどの気候だった。久々に車で板橋～池袋～新宿と配達で回ったので疲れた。夕方の一刻を除けば、午前中～日中は店の方がグンと暇になった。これからは外売りの方に少し熱を入れて暇をなくしよう。何となく体が疲れる。

6月10日● ドシャ降り。都民の水不足で悩んでいるのを助けて下さっているよう。雨は降っても客足は良く売上げも良かった。夜、早じまいしたので赤羽の鳥海書房[注3]まで行く。帰宅一時。

6月11日● 暦の上での梅雨は今日からなのだが、すでに本格的な梅雨に入った。降雨も多く。田舎の家の前の高橋公子さんより修学旅行の時の礼状受く。

6月13日● 雨、連日。夜、主婦の友の斉藤克三郎君来る。喫茶店で話合った後、ビールを飲みながら参議院選挙の件だの、現在の社会状況などについて話合う。十一時半頃まで。

6月16日● 晴。一日晴上がった。明日は小南友会の旅行。日光～鬼怒川を一泊旅行の予定。天気が良ければいいが——梅雨時で不順な気候が心配だ。土曜なので人出多く、売上げも多かった。明日は日記をつけない。

6月18日● 晴。昨日（十七日）発って日光～鬼怒川と旅行する。幸い良い天気に恵まれ、疲れはしたが思う存分な良い旅行ができた。帰宅八時半過ぎ。明日からまた張り切っ

▼1 当時は振り市が行われていた。オークション形式の市。場を仕切る振り手は、本を見せながら、本の書名・著者・発行所・保存の程度などを説明する。買手が示す値段のなかで、妥当と思われる最高値の時に振り手が落札を決定する。

▼2 一六六二年（寛文二）に大村彦太郎によって京都の呉服問屋として創業し、日本橋一丁目にて百貨店として営業。定期的に古書展を開催していた。この時は「弘文荘」の展覧会。

▼3 神田にある古書店。動植物を専門に扱い、江戸時代の和本から外国書まで揃う。

た仕事をやらねばならない――夜妹節子より電話受く。

6月19日● 曇りがちながらも風が梅雨を通り越して気持ちの良い涼しさを与えてくれる。昨日までの休日分溜まっていた仕事を片端から片付ける。店売りもいくぶん売上げは落ちたが、昨年の今頃よりは順調だ。佐藤尚也君より電話受く。

6月21日● 梅雨も中休みといったこの頃の天気だが、異常に乾いた空気に喉を痛めるほど。この頃は体の調子が良い。動き回るのに適当な体だ。高橋さんより電話受く。銀座のギャラリーに遊びに来いとの事。

6月22日● 午前から降り出す。深夜になり強く。市場は夜八時まで。久し振りに多くの荷があった。夏場に向かおうというのに一向に安くならない。それよりも最近の値上りの方が強く、ますます価格の変動があって分からなくなってきた。一日中座っての市なので疲れた。

6月24日● 海、山開きの今日、晴上がり午前には七月中旬の頃の暑さだった。夜には台風の時のような、入梅の最後にありそうな大雨に変わる。夜、早目に閉店する。原書房の栗田君と半年振りで一杯飲みながらの話合いする。十時半過ぎまで。

6月25日● 午前からまた本降りになる。細かい仕事は片っ端から着々片付けていく。今日のように雨で暇な時は雑仕事が片づいていく。

6月26日● 何年振りかで鶴岡にいる姉勝子より便り受く。兄弟妹の中で一番苦労して育ったのだろう。苦労性の中にも努力でようやく。女で三十過ぎになり幸福というものを見つけた感じのようだ。それなりに本人も苦労のかいがあったのだろう。結婚しての幸福の喜びの便りのように思う。早速返事を出さなくては――梅雨明けも近くになり今日などはドシャ降りだった。

6月27日● 市場に一日中座っている。品薄のためかあまり良いものもなく低調な市会だった。本間恒夫君久し振りに来た。十月に結婚するとの事。夜、お酒を飲みながら田舎の事からいろいろ話合う。

6月28日● 昼前、姉より電話受く。安定所に用があって上京したのだそうだ。明後日の日曜にまた来るとの事。弟の英雄にも連絡する。月末に近くなって店売りが順調に伸びた。連日大口の売上げがあり地方出荷も毎日のようだ。これからは夏場に向かうので今の中に稼ぎまくらなければならない。

6月29日● 参議院選挙も明後日に控え、いよいよ最後の追い込みに入った各候補者、後援者、街頭演説風景がみられる。店は月末の金曜というのは普通の金曜日より売上げが多い。今日なども客足繁く売上げも多かった。

7月1日● 朝のうち雨、昼頃からすっかり晴上がる。弟英雄と姉来る。久し振りなので多く話合う。三人で歌舞伎に行く。朝早く参議院選挙に行く。地方の野坂参三、全国の岩間正男両共産党に入れる。自分は党員ではない。が、人間に投票したのだ。すみ子さんに便り書く。

7月5日● 夜、小南友会会合がある。妹節子、麗子、より電話ある。上野まで来たからいろいろな話もあり、来たとの事で閉店後、すぐタクシーで上野駅に着く。田舎の高橋さんから送って来たという贈物の靴下もらう。三人でいろいろな事を話して十時まで——帰ってから小南友会の会合に出る。

7月6日● 雨。降ったり止んだりはっきりしない天気だった。各学校の夏休みを前にした図書の大量注文がぞくぞく入り、これから少しの間忙しくなる事だろう。品物が不足している。七月に入ってもう一週間も過ぎてしまった。楽しみにしているすみ子さんからの便り、まだ来ない。どうしたのだろう。

7月7日● 新宿の「七夕祭り」、本当は旧暦なのだそうだが——小さい子供の頃を思い出させる大人の思い出の日も、子供にとっては現実に楽しい日なのだろう。市場に行く。あまり大した品物はなかった。夏場に向かうせいか。忙しく売上げも多かった。

7月9日● 市場に行く。大した品物もなかった。各地に集中豪雨あり。多数の損害だったらしい。店は連日の雨のため暇だった。一ヶ月ぶりのすみ子さんから便りある。

7月10日● 台風が朝鮮方面へ外れたためだという。昼頃からチョッピリ青空が出る。梅雨明けも間もなくだろうが、今日などは中休みという所なのだろう。店はグンと暇になった。そろそろ大学も夏休みに入った所があるようだ。藤井藤男君より暑中見舞いの便り受く。藤井君は盆正月、必ず便りよこす。

7月13日● 昨日に続き、蒸し暑くグッタリする暑さだった。金曜と重なり客足はグンと悪く、今年最低の売上げだろう。夕方から雷雨になり梅雨明けを告げる雷雨。この雨がやめば本格的な夏日が待ち構えており、急に夏の到来になるのだろう。

7月16日● 休みの後の一日というのは遊び疲れのためかあまり活気が無い。店は昨日神田が休みだったせいか、今日はいくぶん賑わった。売上げも案外多かった——各大学、または市立の高校も夏休みに入ったようで学生の姿はグンと減った。田舎宛に便り書く。
7月22日◉　本格的夏型の天気に恵まれて、海、山もまた今年最高の人出だそうだ。最高気温三十三、四度と気温も最高。各学校も一斉の夏休みに入って最初の日曜とあってドッと繰り出したのだろう。
7月23日◉　昨日を上回る暑さで湿気も多く不快な一日だった。暑い盛りの二時〜三時頃、ある出版社の残本▼注1を引取るのに玉の汗が流れ苦しかった。集金などあり、売上げの多い日だった。
7月29日◉　台風が去った後の暑さというのか、ムンムンするほどの暑さだった。日曜なので相変わらず海、山は超満員との事。店は閑散としたものだった。夜、藤井君、父、勝子、姉さん、すみ子さん宛帰郷通知出す。
8月1日◉　晴。連日三十度を越す暑さ。今日から八月。八月といっても別に予定のある月でもなければただ暑くて暇である月なのだ。明後日は楽しみにしていた田舎行きだ。八月に入った第一日。この二、三日に比べて売上げが多い日だった。田舎に帰るための身支度をしなくては——。
8月2日◉　市場に行く。夏場の市を代表するようなダラダラした市だった。朝九時半より夜七時まで。明日はいよいよ帰省できる日だ。夕方かけて弟英雄と妹節子来る。夜九時過ぎ帰る。
8月3日◉　夜行で田舎に帰る。
8月8日◉　朝、上京する。
8月13日◉　田舎宛にすみ子さん、すみ子さんご両親宛の便り出す。日記をつけるのも十日振りだ。
8月14日◉　暑さの中にも秋近しの感じのする風が吹いている。田舎では旧盆で賑わっている事だろう。店は最近になく暇で売上げも少ない一日だった。
8月15日◉　朝晩は風が出て、グンと涼しくなった。八月十五日—終戦記念日。戦後となってから早くも十七年目。戦後、生をえた子供はもうすっかり大人の仲間入りするようになり、国土もすっかり生まれ変わり、戦争の痛手は消え失せたようだ。八月も半ばになり、店は相変わらず暇だ。夜平池君と会う。
8月19日◉　台風近しの予報で時々雨をもたらしたが、夕方近くは台風らしきものがなく平穏だった。久々に映画を見て夕方、妹の所に行く。同じ田舎の冨樫洋子チャンも一緒に——三軒茶屋まで出て喫茶店に入り種々話する。
8月23日◉　以前と違って近頃日記をつけるのを怠けて隔日くらいしか記していない。怠けているというより忘れてしまうのか、疲れてすぐ寝ついてしまうせいか——いずれにせよ記していない事は確かだ。精神状態のゆるみができてしまったせいだろうか？日中は暑さ厳しいが、八月も半ばを過ぎると朝夕は涼しい風が吹いて来る。日毎にしのぎ易くなって来るのだろう。

8月24日● 妹麗子より電話受く。休みだから夜でも来て田舎の話を聞かせてくれとの事だ。夜、仕事終わってからアパートまで行く。弟英雄からも電話あり。やはり田舎に帰った事の件だった。日曜日来る約束。小華和君も電話よこす。

8月25日● 日中はまた暑さがぶり返した。午後、世田谷まで買物（仕入れ）に行く。帰宅途中、車は故障するし雨に見舞われるし散々だった。榎本氏より電話あり。夜、話があるから来るからとの事だったが待っていても来なかった。

8月26日● またまた台風の余波で一日中雨が降っていた。夜、弟英雄来る。田舎で写した写真持って来てくれた。夜十時頃帰る。今も強くトタン屋根を打つ雨――。

8月30日● 父より便り受く。池田忠之助さんよりも同時に便り受く。私とすみ子さんと「結納」の件についてだった。小田久四郎君より電話受く。

9月2日● 定休日。午前中ゆっくり寝る。昼頃姉来る。いろいろ田舎の話合いし、四時頃帰る。五時、御茶ノ水駅に集合、小学校時代の友達集まる。上野へ出、飲みながら何年振りかの再会する。人によっては十五年も会っていない人がおった。楽しかった。

9月3日● 朝から静かで、清々しい一日だった。気持ちの持ちようなのだろうか？どうして？私の誕生日なのだから――気持ちの良い日は仕事もはかどる。すみ子さんから祝いの品と便り受取る。すてきなレース編みの贈り物だった。気持ちは若いが年齢はもう満二十八にもなったのだ。社会的にもある程度認められる年頃でもあり、また責任もますます重くかかってくる年齢でもあり、一層張りが出て来た。夜、南海堂の奥さんに今までの私とすみ子さんの関係を打ち明け話し、今後の事も話す。

9月8日● 晴。風が出て、いくぶんしのぎ易い一日だった。店は土曜ゆえに人出も多く久々忙しく、売上げも多かった。今日は私とすみ子さんの「結納」の式を田舎で挙げた日だ。本人の私は仕事の都合で出席できず。無事済まされた事でしょう。夜、窓越しに久々に半月の美しい月を見る事ができた。こんな美しい月も私とすみ子さんの門出

▼1 出版社が売れなくなった残本を安価で売ってもらい、新古書として店頭で販売していた。

を祝ってくれているように、めったに姿を見せないのが今日はクッキリと窓越しにのぞきかけてくれた。南海堂の奥さんは気をきかして赤飯を作ってくれた。

9月11日● 田舎の父より便り受く。去る八日の私とすみ子さんとの「結納」の式の模様を知らせてくれたのだった。夜、妹と宮島さん来る。妹は体が悪く東大病院に診察に行っているので、明日はっきりするが当分休養しなくてはならないとの事。

9月12日● 市場に行く。夜六時半まで。後で七時から、十月の末から行われる青空市の打合せ会あり。夜十時過ぎまで。宮島さんより電話あったとの事。妹の東大病院での写真結果。あまり心配するほどでもないとの事。

9月13日● この連日宅買い（仕入れ）があり、また比例して店の売上げも多くある。常に体動かしているという事は良いもので、ようやく仕事に活気が出て来たようだ。朝方になるとフトンが欲しくなるほど涼しい。今日は十五夜、名月なのだが、ここからは月は見えない。十五夜等はやはり田舎におって味わうものなのだろう。

9月15日● 田舎の父より便り受く。田舎の裏の畑土地を買うための相談だった。早速、少しの援助をするから買取った方が良い旨の便り出す。土曜で種々忙しく売上げも多かった。

9月16日● 第三日曜で定休日。妹節子が話があるから来いと言うので上野まで行く。一緒に妹の麗子の所に行き一日ゆっくりりする。偶然に姉が訪ねて来る。田舎の話やらで楽しく過ごす。

9月17日● 市場に行く。大市を控えているせいか荷は少なかった。でも夕方までである。安く多く買う事ができた。弟奎治より便り受く。子供が生まれた知らせだった。男子で目方も一貫目近くもある大きな子だそうだ。早速祝いの便り出す。

9月18日● すみ子さんより便り受く。便り一通もらう毎に私達の間は密接になって行く。結婚を目標に着々気持ちの面から整えて行こう。夜、赤羽まで行く。遅く十二時過ぎ帰宅。

9月19日● 残暑厳しく、今日も三十度を越す暑さで例年にない暑さ続きだそうだ。店はどうした事か暇だった。学生が試験期に入っているせいか――夕方目黒まで配達。すみ子さんの母さんから便り受く。先日の結納の礼状かたがた、これからの心配事などでよろしく頼む旨の便りだった（八日写したすみ子さんの写真に入っていた）。

9月21日● 客少なく売上げ少ない。近頃どうしたのだろう。もっとも金曜日のせいもあるが――明日は大市だ。朝早くから出掛けねばならない。

9月22日● 今日も三十度近くの暑さだった。大市なので朝九時～夜十一時まで。疲れた。普通の大市の時より仕入れは少なかった。荷は多かったが、勉強不足なのか、または消極的なのか。入札は全然落ちなかった。古本という商売は常々内容と相場を勉強しなくてはならないものである事に今更気づいた。

9月24日● 昨夜は風も出、少しの雨も降ったので涼しかった。ようやく暦通りの秋らしさになったようだ。今日はまた日中は暑いほどだったが、夜になりまた雨が降り出し、風がどこか近所の風鈴を鳴らしているのを聞くと一層秋らしく思う。

9月28日● しのぎ易い天気だ。今日くらいの気候なら一年中でも良い。九月も晦日近くになったが、依然として店は暇だ。どうした事なのだろう。

9月29日● 久々に人出が多く売上げの多かった土曜の一日だった。今日のような日が何日か続けば良いのだが――また久々に雨が降った。何日振りかの雨だった。夜、近頃では珍しく良い映画を見た。林芙美子原作「放浪記」。

10月1日● 晴。衣替えの今日一日。都民の日で各学校は休日。街行く人々は一斉に衣替えで夏衣装に別れを告げた。夜、小南友会の会合あり。一時頃までしゃべる。洋書会の大市に行く。

10月3日● 田舎宛の土地代三万円送る（書留）。すみ子さんより便り受く。一ヶ月振りだ。早速、返事しなくては――店は暇。

10月5日● 昨夜から引き続き降った雨は日中も一時の晴間をのぞかせただけで秋雨を満喫させる雨だった。体が疲れて読書するにもすぐ眠くなりどうにもならない。意志が弱いのだろうか？この頃読書もする気がめっきりなくなった。金曜日とていつもの金曜なら週で一番暇なのだが、今日はどうした事か客足も多く売上げも多かった。夜、堀七郎君来る。

10月7日● 休日。午前中ゆっくり寝る。出掛ける前、地方の学校の先生が来、四万円くらい買ってくれた。お得意様というのは有難いものだ。休日でも売上げになるのだから――午後、フランス料理の結婚式場で、同郷の友人本間恒夫君の結婚式に出席する。とても幸福そうだった。いずれは私もそのような時が来るのだろうと思うと感無量だった。

10月10日● この四、五日売上げは上向きで九月の低迷していた売上げがようやく息を吹き返したようだ。夜、ボクシング世界フライ級選手権大会をテレビで見る。日本人念願のチャンピオンがファイティング原田に決まる。ボクシングは好きで毎回見てるが、今日は良い試合だった。

10月13日● すみ子さんより久々の便りある。季節の便りだった。もう稲刈りも終わって農家の一番忙しい時期との事。

10月17日● 市場に行く。いつも通り夕方六時頃まで。あまり大したものはなかった。緑川（旧渡部）裕子さんより便り受く。十月七日結婚式挙げ、横浜の新居に落ち着いた旨の知らせだった。裕子さんとはいろいろな事で友人だった。また一人の恋人でもあったのだ。

10月18日● 夜。榎本兵太君来る。店の売上げは大きな波のあるこの頃の景気。以前（昨年あたり）より不景気風が古本屋にまでも押し迫った感じがする――。

10月20日● 雨降る。田舎から角喜の芳明君、新婚旅行をかねて上京して来る。明日友達連中を集めて飲む事にする。

10月21日● 定休日。午前中、姉と弟（英雄）、妹（節子）来る。いろいろな話があるので食事を共にしながら話合う。上野駅まで一緒に来て別れる。（五時頃）上野駅で昨日上京して来た芳明君夫妻を迎え小田君、上林君、榎本君で一杯飲みながら出発する直前まで話合う。九時の急行「羽黒」で帰郷する。美人な嫁さんだった。

10月23日● 近頃の株価は低迷している。自分はまだ株を持っておらず、ようやく知識を持ちはじめ、株でもやってみようかと思っている所だが、日毎に価格が下がると買う時期が不安だ。もう少し時期をみた方が良いものなのだろうか――。

10月27日● 晴。読書週間始まる。神田組合では例年の行事である（第三回）青空市開かる。大変な人出だった。売上げも、近来にない多くの売上げ。忙しかった。

10月28日● 冷雨の一日だった。折角盛り上がった青空市がふいになる。あてこんだ商店もだが、客も新聞やテレビで知った客が出て来たのに、もったいない日だ。

10月29日● 昨日に引き続き冷雨の降り続いた一日だった。南海堂の組織というものは、本当に親戚関係を主としたものゆえ、いろいろな仕事にもそれが及び、やりづらい。▼注1 各々、他店の主人やこの組織を知っている人達は、皆、私の現在の立場を「辛いだろう」と知って言ってくれますが――当の主人や奥さんなどは、依然と根強い親族意識を持っている。仕事をやるにも嫌気が出るばかり。

10月30日● ようやく晴上がる。二日間途絶えた青空市。

また活気を取り戻す。相当な人出だった。二時半過ぎ、配達に出掛け、初音町の先で工事中の道路にスピードを出したまま入り込み、十メートルも飛ばされ、前歯二本を強く打って手足にも傷を負う。車も破損する。頭を打った様子もないが、どうか分からない。

11月8日● 夕方から雨に変わる。日記をつけるのも久し振りだ。長太郎君から電話ある。今夜の夜行で発ち、田舎に帰り、明後日土曜（十日）結婚式を挙げるのだそうだ。祝電を打たなくては――すみ子さんからは、最近、便りがない。どうしたのだろう――。

11月9日● 晴。いくぶん暖かだった。すみ子さん宛便り書く。

11月10日● 雨になる。すみ子さん宛便り出した所へ、すみ子さんより便り受く。互いにこういう所に相通じる何かがあるのでしょう。夜、妹の所へ行く。田舎からいろいろ送って来たので、食べに来いとの事だったので、体もだいぶ良くなったようだった。夜十一時過ぎ帰る。

11月13日● この頃、仕事以外の、自分の時間に何か空白があるようで――自分で気付いていながら、何となく若さを十分活用できない毎日のようだ。物足りないし勉強不足でもある。自分がやりたい事などは、時間の制約でできず。不足だ。物足りない。どうしたものだろうか――。

11月14日● すみ子さんより便り受く。正月に上京できるらしいとの事。うれしい限り。夜、仕事終えてから赤羽まで仕入れに行く。

11月20日● 当分日記をつけなかった。その間、別に変わった事がないから。店は暇になった。もっとも毎年の事で十一月はいつも暇だったのだ。この月末から忙しくなるのだろうが――夜、宮島さん来る。過日貸した金の内金として返済に来たのだった。高橋宏、木口孝一君より電話受く。

11月22日● 市場に行く。肌寒い一日だった。夕方から「みぞれ」に変わる。久々に恒夫君より、婚礼写真送ってよこす。上林君、長太郎君、本田君、小田君よりそれぞれ電話受く。それぞれいろいろな用件だった。

11月23日● グンと冷え込んだ。一日中配達等で、単車で飛び回る。夕方、目白付近で車の故障で苦労した。姉より電話受く。

11月24日● 昨夜は寒かった。がたがた震えるほど。深夜、目を覚ましてからはなかなか温まらず。風邪気味でもあったのだが――今朝の冷え込みも、今冬の最低の気温で、都

▼1　南海堂は店主の市田武夫を中心とした親族経営で成立していた。当時は、同じ番頭に親戚の荒井守がいた。

内各地に霜を降らせる。日中、いくぶん気温が和らいだが——。

11月25日● 店の方、いくぶん人出多く、売上げも多かった。気温もいくぶん和らいだよう。小田君来る。約束の佐藤芳明君への結婚記念品を買いに三越へ行く。三越より送付のついでに、長太郎君へも配達で記念品送付する。

11月27日● 市場に行く。数多く買う事ができたが五時過ぎまで良いものは少なかった。十二月に入ればますます荷が少なくなり、仕入れに頭を悩ます。すみ子さんより便り受く。正月に上京できるとの事。うれしく、楽しみに過ごせる。

12月1日● 師走。晴。寒さも一段と加わり、日時も今年最後の十二月に入り、心持ち何となく、せわしさが加わる今日。土曜とて忙しかった。人出は近来になく多く、準じて売上げも多かった。明日は定休日でゆっくりできるので、夜、赤羽の古本屋二、三軒回り、鳥海書房でまとめて買う。仕入れは丹念にやらなくては。これから正月にかけて、市場も荷が少なく困るであろう。終電。一時過ぎ帰る。

12月2日● 十二月に入っての最初の日曜。街々はもう師走のあわただしさが満ち、各デパート等はクリスマス、歳暮売出しで賑わい始めている。定休日なので、午前中、床の中でゆっくりする。午後、妹の所に行き、テレビを見たり一日を過ごす。弟英雄も来る。

12月5日● また冷たい風が吹き、寒さ身にしむ一日だった。もう早や五日も過ぎて、いよいよ暮れも押し迫って来た。街もあわただしくなり、人々もセセコマしくなって来た。店は暇。夜、すみ子さん宛、便り書く。友人佐藤四郎君が田舎で結婚式を挙げた日だ。祝電打つ。

12月7日● 市場に行く。夕方六時半まで。だいぶ仕入れる事ができた。上林君来る。昼休みに妹節子より電話受く。平池君より約束の金受取らず。明日に延びたとの事。

12月8日● 十二月に入って連日サッパリの景気だったが、今日は外売りの入金などもあり、店売りも三、四日分くらいの売行きを示す。久々の忙しさだった。夜平池氏より明日来るとの事。

12月10日● 晴。近来になく、いくぶん暖かだった。今日から、例年の行事である店の棚掃除始まる。いつもなら午前六時半頃からやるのだが、寝坊して七時二十分頃からだが、要領をえているせいか短時間に相当でき上がった。夜、堀七郎君来る。すみ子さんから便り受ける。

12月15日● 初春のようなぽかぽかした暖かな日だった。平年より五度もの高温との事。夕刻より雨に変わる。今日は土曜とて相当の人出を予想していたのだが、案外、客の入りは悪かった。だが、十五日で、各学校の事務も終わりに近付いたせいか、近頃にない相当の集金があった。

12月16日◉　第三日曜。定休日午前中寝ている。昼頃、共栄図書の返品ものを買いに行く。[▼注1] 夕刻より王子まで行き田舎より一霞の叔母さんが来ておった。今年最後の休日。

12月17日◉　晴。市場に行く。荷が多くあり、夜七時近くまで。いつもこのくらいの荷があれば、仕入れはたいして不自由もないのだが――しかし良いものは少なかった。日中もそうだが、ひどい、スモッグで、[▼注2] 夜など五十メートル先がボンヤリするほどひどかった。

12月22日◉　晴。店も外売りも市場も、土曜日とかち合ったせいか忙しかった。夜、妹の所に行く。妹節子、麗子共弟英雄も来て二日早いクリスマスをやる。十時四十分帰る。

12月24日◉　晴。冷たい風が吹き出した。クリスマスイヴ盛り場は賑やかな事だろう。年賀状、三十枚出す。

12月26日◉　日々店は忙しい。確かに十五日以後今日まで、店売りは上昇をたどっている。仕入れに苦しむ。夜平池氏来る。一万五千円貸す。田舎の姉（岩下勝子）に二万円送る（貸金）。自分の貯金はほとんどない。みんな義理があっての貸金ゆえ、あまり人が良すぎるのかも知れないが、また、いつかは恩として返って来る事だろう。本間恒夫、すみ子さんに便り出す。

12月27日◉　一新会の市。[▼注3] 今年最後の事だ。納会というのに閑散とした市で昼までで終わる。今日も店売り多く、忙しかった。田舎の岩下さんより鶴岡から電話ある。弟英雄よりも電話受く。夜、木口君来る。ションボリしておった。失恋だったらしく、いろいろ話を聞く。一度小生より間に入って、相手に明日電話してくれとの事。引き受ける。

12月28日◉　晴。夜、栗田君、谷地君と三人で幸寿司で飲み食いする（開店だったので）。同年輩でこの道を歩こうというのだから、いろいろな面で今後、相助け合わねばならないだろう。夜遅くに帰る。

12月29日◉　晴。一般書市の納会。[▼注4] 一昨日の一新会よりは荷が多かった。三時過ぎに終わる。今日で今年の全部の市が終わった訳だ。今日は支払い日でもあり、また、集金な

▼1　当時は取り次ぎ店だった共栄図書に生じた返品ものを古書店が買い取っていた。

▼2　石炭を燃やした際にでる煙による大気汚染。日本では、一九五〇年代から一九六〇年代に深刻な状況となっていた。

▼3　既出（一九五六年八月三十一日）。

▼4　一般書市会（本部市）とは、組合が直接に関与している直営市会の事。現在は中央市会と呼ばれる。

どもあり忙しかった。店売りも土曜とかち合い、売行き多い。

12月30日● 久し振りの雨。午前中はドシャ振りだったのだが、夕方になってカラッと晴上がる。店の方も最後の追い込みで忙しく売上げも順調に多かった。岩下さんから便り受く。領収（借用書）も入っておった。すみ子さんから電報受取る。急行「羽黒」で発ったとの事。明朝は会えるのだ。うれしくてうれしくて。上野駅まで迎えに出なければ——。

昭和 40 年代の神田古書店街（『古書店地図帖』1968 年、図書新聞社）

日記補遺

●五十嵐日記刊行会

現存の日記では昭和二九（一九五四）年の三月から、翌年一月にかけての部分が遺っていない。この欠落部分の期間について、五十嵐智氏からの聞き取りを行った。また、五十嵐氏は神田で独立した後、現在もその店舗を構える早稲田へと店を移す。早稲田に移って来るまでの経緯についても聞き取りを行った。

昭和二九（一九五四）年の三月頃、五十嵐氏は、まだ大学で勉強したいという思いが強かった。仕事を続けながらでも大学で学びたいという思いから、南海堂の主人には黙って大学を受験する事にした。南海堂の主人は、仕事に専心すべきとの考え方だったためである。三月二〇日、法政大学の夜学コースを受験して、入学する事となった。しかし、大学に行きながらでは店の仕事がいつまで続けられるかも分からない。南海堂を退職した場合、住むところもなくなってしまう。このため、世田谷代田近くに住む叔父（阿部幸夫氏）をいくどか訪ねて相談し、そこで下宿させてくれるよう頼んでみた。叔父の側は下宿させる条件として、五十嵐氏が何か安定した職を見つけ、生活費を自身で稼ぐようになる事を求めた。

そのため、南海堂に勤めつつ、大学に行きながら勤める事のできる職を探す事となる。友人の紹介で築地で仕事を見つけ、その仕事をえるために五月一日、二日とそこにおもむいた。夜中の三時から午前七時仕事までの仕事で、賃金も高かったが、船から一輪車で荷下ろしをする重労働は二日しか続かなかった。

南海堂の方は、先輩である川島氏が体調を崩して休みがちとなり、二年後に退職する。この頃は新人が多く、店での五十嵐氏の負担は大きかった。一年後輩の志賀義之氏もこの年に入店、広島出身であった。彼も自分同様、大学に行きたいという希望を持っており、後に南海堂を退職、広島にもどって広島大学、大学院で学び、神戸大学に職をえる事となる。五十嵐氏の方は、南海堂を辞めて学校を続けるか、仕事を続けるかで悩んでいた。日中は仕事、夜は学校に行きながら、その合間で職探しをし、いろいろな方面を探ってみたがうまくいかなかった。

大学に行っている事は店には秘密にしていたが、主人がやがて気づく。五十嵐氏は南海堂主人から、一〇年たてば独立して店を持てるのだからと、仕事を続けるよう説得される。秋に大学が始まる頃には休学届けを出し、南海堂の仕事を落ち着いてするようになった。そして翌昭和三〇（一九五五）年三月には退学届けを出す事となる。この年の二月には、現在の南海堂店主である市田氏（当時は荒井守）が店員として入店している。

日記は、また昭和三七（一九六二）年の暮れまでしか残されていない。その後、五十嵐氏は南海堂から昭和三九年に独立、開業する。そして昭和四三年に早稲田に移転する事になるが、この経緯についてうかがった。

五十嵐氏は昭和三九（一九六四）年に南海堂から独立し、南海堂支店に移った。自分で店を構えるまでの一定期間、南海堂ではこの貸店舗を提供してくれる仕組みになっていた。昭和三八年十二月の大晦日、三一日までで南海堂での番頭の仕事を終え、その夜に九段上の住居へと移動、翌年元日から独立する事となった。同じ年の一月の二七日に九段会館で結婚式をあげた。すでに前の年には両方の親の間では結納も交わされていた。

開店の際の商品は、南海堂が提供してくれたが、棚の四分の一ほどしか埋まらなかった。提供してもらったこれらの本の代金は、売上げの中から一年ほどかけて返済する形をとった。店は二日から開店。それまでに独立、開店の事を知っていた顔なじみの客が数多く訪れてくれた。

そうした中には、その後も含めて大事な関係となった人達が含まれる。角川書店の貴志正造氏とは昭和三七（一九六二）年頃に知り合った。出版に必要な資料を探していた貴志氏の信用をえて、翌年には個人の資料収集でも協力した。独立して店を構えて間もない頃、貴志氏の奥さんが手弁当で一週間ほど通って店を手伝ってくれたという。貴志氏とは以降も長くつきあっていく事となった。

また同じく昭和三七年頃に知り合った客に、小林昌治氏がいる。現在の千秋文庫の創立者で、佐竹家の家令職を勤め、古書の収集家としても著名であった。週に一度、大量に本を購入してくれた時期があり、たびたび自宅にも招かれるほど親しい関係ともなった。翌三八年には紀田順一郎氏との出会いもあった。

この頃は、市場からの仕入れよりも、問屋や、郊外の古書店からのせどりによって在庫を確保する事が多かった。結婚して妻が店番をするようになると、もっぱら自分は仕入れに奔走した。店を出る前に棚がいっぱいでも、仕入れを終えて店にもどる頃には棚が隙間だらけになるほどに、本がよく売れた時期だった。

昭和四〇（一九六五）年には長男の力氏が生まれる。丁度、妻の妹が高校卒業と同時に上京してきており、育児を含めて大変な時期に店の手伝いをしてくれた。現在五十嵐書店を継いでいる次男の修氏はこの三年後に生まれる。

昭和四二（一九六七）年頃に、自分の店を新たに構える場所を探していたが、それまでにせどりで各地を回った経験が役に立った。早稲田はそうした経験から候補地としてはいたが、なかなか空き店舗が見つからなかった。そのうちに、不動産屋から経堂駅近くの農大通りに新築の空き店舗が見つかったとの連絡があった。通りは賑やかで、気にいったため、手付けを払ったが、隣が焼鳥屋になるとの事だったので断った。その後、早稲田に空き店舗が出ているとの知らせを受け、その場所に行ってみた。その土地は、持ち主と土地業者との間でトラブルになっていたが、その土地の持ち主がたまたま近くに別の所有地を持っており、その土地の借地権を販売してくれる事となった。それが、現在の店の土地となる。

五十嵐氏はその年に購入を決断した。その土地には古い建物が建っていたが、老朽化しており、新たに立て直す必要があった。そこで、大工をしていた世田谷の叔父に、店舗の工事について相談してみた。叔父に下宿を頼みに行ってから一〇年が経っていた。丁度叔父のところで修行していた五十嵐三郎氏（父方の親戚、従兄弟）が引き受けてくれる事となった。その土地の敷地は広く、もう一店舗入る余裕があった。このため、当時の東陽堂に住み込みで働いていた関恵二氏に声をかけ、共同で借地権を購入する事とした。そして翌昭和四三（一九六八）年、早稲田に五十嵐書店の店舗が開店する。

人名索引

人名（初出）	正式名	紹介	登場年月日（初出）
●あ行			
アインシュタイン	アルベルト・アインシュタイン	（一八七九～一九五五）物理学者。	一九五五・四・一九
青葉礼次	青葉礼次（あおばれいじ）	高校の同級生。	一九五五・四・一三
芥川龍之介	芥川龍之介（あくたがわりゅうのすけ）	（一八九二～一九二七）小説家。代表作に『羅生門』など。	一九五五・一二・二九
浅沼	浅沼稲次郎（あさぬまいねじろう）	（一八九八～一九六〇）政治家。	一九五五・二・二七
東海	東海（あずまうみ）	（一九二四～一九六三）伊勢ヶ濱部屋所属の力士。	一九五三・七・二八
阿蘇	阿蘇時也（あそときや）	高校の同級生。	一九五五・四・二五
アデナウアー	コンラート・アデナウアー	（一八七六～一九六七）西ドイツ初代連邦首相。	一九六〇・三・二五
阿部悦子	阿部悦子（あべえつこ）	小学校、中学校、高校の同級生。	一九五五・一二・八
阿部孝	阿部孝（あべたかし）	高校の先輩。バンドマン。	一九五九・一一・一〇
叔父	阿部幸夫（あべゆきお）	親戚。世田谷在住。早稲田移転時に店の改装を担当。	一九五六・八・二〇
荒井のばあさん	荒井こう（あらいこう）	市田武夫（南海堂主人）の母。	一九五九・一一・一一
荒井守	荒井守（あらいまもる）	現、南海堂主人。店員時代は二つ下。	一九五五・二・一八
安藤正純	安藤正純（あんどうまさずみ）	（一八七六～一九五五）政治家。	一九五五・三・一
猪谷千春	猪谷千春（いがやちはる）	（一九三一～）スキー選手。	一九五六・二・一
勲	五十嵐勲（いがらしいさお）	兄。	一九五四・二・一
姉さん	五十嵐栄子（いがらしえいこ）	長姉。横浜に勤務。	一九五三・六・二〇
奎治	五十嵐奎治（いがらしけいじ）	弟。	一九五五・一二・二二
三郎	五十嵐三郎（いがらしさぶろう）	従弟。大工。早稲田への五十嵐書店出店を担当。	一九五九・二・二二
母	五十嵐さよ（いがらしさよ）	母。	一九五四・一・一三
清四郎	五十嵐清四郎（いがらしせいしろう）	従兄弟。	一九五六・二・一八
節子	五十嵐節子（いがらしせつこ）	妹。	一九五五・一〇・八
父	五十嵐仁吉（いがらしにきち）	父。	一九五四・一・八
英雄	五十嵐英雄（いがらしひでお）	弟。	一九五五・四・一八
良子	五十嵐良子（いがらしよしこ）	末妹。	一九五三・六・一九
麗子	五十嵐麗子（いがらしれいこ）	妹。	一九五八・七・二〇
池田君	池田（いけだ）	高校の後輩。	一九五五・一二・二二
淳	池田淳（いけだきよし）	すみ子さんの弟。	一九五八・七・一五
池田すみ子	池田すみ子（いけだすみこ）	幼なじみ。現、五十嵐氏夫人。	一九五六・三・七

人名（初出）	正式名	紹介	登場年月日（初出）
尾高	尾高朝雄（おだかあさお）	（一八九九〜一九五六）法学者。東京帝国大学、京城帝国大学教授。『自由論』など。	一九五六・九・一六
小田久四郎	小田久四郎（おだきゅうしろう）	小学校、中学校、高校の同級生。	一九五五・八・二二
●か行			
柏倉英治	柏倉英治（かしわくらえいじ）	高校の同級生。	一九五五・一〇・三
柏戸関	柏戸関（かしわどぜき）	（一九三八〜一九九六）第四七代横綱。	一九六〇・七・一二
加藤君	加藤猛（かとうたけし）	高校の同級生。	一九五三・六・一四
門脇	門脇（かどわき）	松嶺の知人。波木井書店に紹介。	一九五八・三・二四
金子	金子繁治（かねこしげじ）	（一九三一〜）フェザー級プロボクサー	一九五五・七・八
上坂修	上坂修（かみさかおさむ）	南海堂書店勤務。後輩。	一九五七・一二・二〇
友愛	萱沼肇（かやぬまはじめ）	初代友愛書房店主。キリスト教専門書店。	一九五六・八・二五
唐橋	唐橋（からはし）	南海堂書店の常連客。原稿出版を五十嵐氏に依頼。	一九五七・二・二八
カルネラ	プリモ・カルネラ	（一九〇六〜一九六七）イタリア出身。ヘビー級プロボクサー。	一九五五・七・一七
ハンス・カロッサ	ハンス・カロッサ	（一八七八〜一九五六）小説家。医師。『ルーマニア日記』など。	一九五六・九・一九
川上絢子	川上絢子（かわかみあやこ）	小学校、中学校の同級生。	一九五九・七・二五
川島	川島（かわしま）	南海堂書店勤務。二番番頭。	一九五三・七・二
川谷	川谷宏（かわたにひろし）	上京後の友人。南海堂常連客。	一九五五・五・一五
がんどう	丸藤省三（がんどうしょうぞう）	高校の同級生。	一九五三・一一・三〇
上林君	上林茂（かんばやししげる）	高校の同級生。	一九五四・一一・二六
木口	木口幸一（きぐちこういち）	高校の同級生。	一九五五・一一・一六
岸	岸明治（きしあきはる）	神田にある玉英堂書店店員。後、早稲田に岸書店開業。	一九六〇・八・二四
岸恵子	岸恵子（きしけいこ）	（一九三二〜）女優。代表作に『君の名は』など。	一九五五・一〇・一九
岸	岸信介（きししんすけ）	（一八九六〜一九八七）第五六・五七代内閣総理大臣。	一九五七・五・二〇
岸田国士	岸田国士（きしだくにお）	（一八九〇〜一九五四）劇作家。	一九五六・一・二〇
岸本	岸本（きしもと）	南海堂書店の常連客。	一九五六・五・一
北原怜子	北原怜子（きたはらさとこ）	（一九二九〜一九五八）社会奉仕家。「蟻の町のマリア」と呼ばれた。	一九五八・七・二四
アレック・ギネス	アレック・ギネス	（一九一四〜二〇〇〇）俳優。イギリス。『アラビアのロレンス』など。	一九五八・四・六
木下恵介	木下恵介（きのしたけいすけ）	（一九十二〜一九九八）映画監督。代表作に『楢山節考』など。	一九五五・一二・五
草野心平	草野心平（くさのしんぺい）	（一九〇三〜一九八八）詩人。	一九五六・一一・一一
九條武子	九條武子（くじょうたけこ）	（一八八七〜一九二八）京都女子大学設立者。歌人。	一九五三・九・九

楠間さん	楠間（くすま）	文明社（出版社）社長。	一九五三・七・二二
ベニーグッドマン	ベニー・グッドマン	（一九〇九～一九八六）スウィング・ジャズの代表的存在。	一九五六・一・一一
工藤重次郎	工藤重次郎（くどうじゅうじろう）	地元酒田の知人。工藤和喜子の父。	一九六〇・一・二六
義治	工藤義治（くどうよしはる）	地元酒田の知人。工藤重次郎の息子。	一九六〇・一・二六
工藤さん	工藤和喜子（くどうわきこ）	地元酒田の幼なじみ。	一九五五・一二・一
栗田	栗田富三郎（くりたとみさぶろう）	神田にある原書房店員。独立後、千葉で栗田書店を営む。現在は廃業。	一九五九・一〇・二六
源氏太郎	源氏太郎（げんじたろう）	（一九二九～）ハーモニカ漫談家。	一九五六・一〇・二〇
小泉	小泉（こいずみ）	南海堂書店の常連客。法学博士。	一九五八・六・七
幸田文	幸田文（こうだあや）	（一九〇四～一九九〇）随筆家。『流れる』『おとうと』など。	一九五六・一一・二六
古今亭今輔	古今亭今輔（ここんていいますけ）	（一八九八～一九七六）五代目。落語家。	一九五六・一〇・二〇
ファン・ゴッホ	フィンセント・ファン・ゴッホ	（一八五三～一八九〇）オランダ。後期印象派の画家。代表作『ひまわり』など。	一九五八・一〇・一九
後藤弘一	後藤弘一（ごとうこういち）	小学校、中学校の先輩。	一九五九・七・二四
後藤茂雄	後藤茂雄（ごとうしげお）	中学の同級生。	一九五八・一〇・一二
後藤ふみ	後藤ふみ（ごとうふみ）	小学校、中学校の同級生。	一九五五・一一・二七
小華和	小華和純一（こばなわじゅんいち）	中学校の同級生。	一九五五・四・二九
小林多喜二	小林多喜二（こばやしたきじ）	（一九〇三～一九三三）小説家。代表作に『蟹工船』など。	一九五六・一・一九
小松久子	小松久子（こまつひさこ）	南海堂裏にあった床屋の店員。	一九六〇・四・六
小松	小松靖夫（こまつやすお）	高校の同級生。	一九五八・二・三
小森一孝	小森一孝（こもりかずたか）	（一九四三～）中央公論社風流夢譚事件の実行犯。	一九六一・二・二
近藤	近藤純夫（こんどうすみお）	高校の先輩。	一九五六・三・二七
●さ行			
斉藤栄三郎	斉藤栄三郎（さいとうえいさぶろう）	（一九一三～二〇〇〇）政治家。	一九五七・一一・四
角助	斉藤角助（さいとうかくすけ）	従兄。	一九五五・一二・一四
克三郎	斉藤克三郎（さいとうかつさぶろう）	中学の後輩。	一九五九・二・一五
斉藤敬	斉藤敬（さいとうけい）	高校の同級生。	一九五五・五・二六
斉藤順一	斉藤順一（さいとうじゅんいち）	中学校の同級生。	一九六〇・四・九
斉藤昭三	斉藤昭三（さいとうしょうぞう）	高校の同級生。	一九五三・六・一一
斉藤泰子	斉藤泰子（さいとうたいこ）	高校の同級生。	一九五八・八・一一
斉藤武	斉藤武（さいとうたけし）	小学校の後輩。	一九五九・一一・二六
とりえ	斉藤とり江（さいとうとりえ）	従姉妹。早稲田にて古書店主として独立後、店を手伝う。	一九五六・六・二三

人名（初出）	正式名	紹介	登場年月日（初出）
英明	斉藤英明（さいとうひであき）	中学校の同級生。	一九五五・一一・二六
斉藤文夫	斉藤文夫（さいとうふみお）	小学校、中学校の先輩。	一九六〇・八・二五
みよ子	斉藤美代子（さいとうみよこ）	栄子（姉）の職場の友人。	一九五九・三・一五
坂口安吾	坂口安吾（さかぐちあんご）	（一九〇六〜一九五五）小説家。代表作に『堕落論』など。	一九五五・二・一七
佐々木	佐々木（ささき）	高校の先輩	一九五五・五・一五
佐々木	佐々木茂吉（ささきしげよし）	小学校、中学校の先生。	一九五六・二・一
佐藤一也	佐藤一也（さとうかずや）	高校の同級生。	一九五五・九・一〇
佐藤幸吉	佐藤幸吉（さとうこうきち）	小学校、中学校、高校の同級生。	一九五三・一一・二五
佐藤俊治	佐藤俊治（さとうしゅんじ）	高校の同級生。	一九五三・一一・三〇
四郎	佐藤四郎（さとうしろう）	高校の同級生。	一九五五・四・二二
佐藤珠子	佐藤珠子（さとうたまこ）	高校の同級生。	一九五五・六・一七
佐藤富治	佐藤富治（さとうとみじ）	高校の同級生。	一九五九・八・二六
佐藤とも子	佐藤とも子（さとうともこ）	中学校の後輩。松嶺会。	一九五八・五・一二
佐藤尚也	佐藤尚也（さとうなおや）	高校の後輩。	一九五五・四・二二
芳明	佐藤芳明（さとうよしあき）	高校の同級生。屋号は角喜。	一九五八・一・一七
サドラー	サンディ・サドラー	（一九二六〜二〇〇一）アメリカ出身。フェザー級プロボクサー。	一九五五・七・八
R・サントス	リカルド・サントス	（一九二二〜一九九八）ドイツ。日本で「真珠採り」がヒット。	一九五七・五・二一
佐野学	佐野学（さのまなぶ）	南海堂の常連客。	一九五六・五・二四
志賀潔	志賀潔（しがきよし）	（一八七一〜一九五七）細菌学者。赤痢菌の発見。	一九五七・一・二五
志賀	志賀義之（しがよしゆき）	南海堂書店後輩。	一九五五・四・一八
渋沢栄一	渋沢栄一（しぶさわえいいち）	（一八四〇〜一九三一）実業家。	一九六〇・一〇・二〇
渋谷やす子	渋谷やす子（しぶややすこ）	中学校の後輩。松嶺会。	一九五八・五・一二
島木健作	島木健作（しまきけんさく）	（一九〇三〜一九四五）作家。代表作に、「生活の探求」など。	一九五六・六・二八
叔母	清水貞代（しみずさだよ）	叔母。王子在住。	一九五三・七・三
清水昭一	清水昭一（しみずしょういち）	中学校の後輩。	一九五七・二・一一
隆二	清水隆二（しみずりゅうじ）	清水貞代（叔母）さんの長男。	一九五八・八・三一
シャープ兄弟	シャープ兄弟（シャープきょうだい）	カナダ。ベンとマイク兄弟によるプロレスのタッグチーム。	一九五六・五・四
Jackson H. Bailey	Jackson H. Bailey	（一九二五〜一九九六）南海堂のお客。アメリカアーラル大学教授。著書に『地域社会の変貌―岩手県・田野畑村をめぐって』	一九五八・八・二九

Jeanette Won	Jeanette Won	南海堂の客。	一九五五・一二・二一
東海林さん	東海林花井（しょうじはない）	南海堂書店の常連客。	一九五五・六・一九
庄司	庄司尚（しょうじひさし）	高校の同級生。	一九五五・五・七
庄司光子	庄司光子（しょうじみつこ）	中学校の後輩。松嶺会。	一九五八・五・一二
正田美智子	正田美智子（しょうだみちこ）	（一九三四～）今上天皇の皇后。	一九五八・一一・二七
ケネディ	ジョン・F・ケネディ	（一九一七～一九六三）第三五代アメリカ合衆国大統領。	一九六〇・一一・九
ダレス	ジョン・フォスター・ダレス	（一八八八～一九五九）アメリカの政治家。国務長官。	一九五九・五・二四
白井喬二	白井喬二（しらいきょうじ）	（一八八九～一九八〇）小説家。『新撰組』など。	一九五七・一〇・二九
白井	白井義男（しらいよしお）	（一九二三～二〇〇三）フライ級プロボクサー。	一九五五・五・三〇
克也	白幡克也（しらはたかつや）	従兄弟。波木井書店に紹介。	一九五八・二・一八
新藤	進藤仁（しんどうひとし）	高校の同級生。	一九五八・二・一三
末川博	末川博（すえかわひろし）	（一八九二～一九七七）法学者。立命館大学名誉総長。編著に『岩波六法全書』『法学辞典』など。	一九五六・九・一六
鈴木氏（宮城県蔵書家）	鈴木（すずき）	南海堂のお客。	一九六〇・三・二
鈴木朱美	鈴木朱美（すずきあけみ）	神田にある篠村書店店員。	一九五八・一・一九
鈴木重胤	鈴木重胤（すずきしげたね）	（一八十二～一八六三）幕末の国学者。	一九五六・五・一一
鈴木	鈴木義治（すずきよしはる）	同級生の知人。南海堂書店取引先のミツミ電気に勤務。	一九六〇・六・一二
お花	砂押かほる（すなおしかほる）	南海堂下宿所の家政婦。	一九五三・一一・三〇
関水	関水斎（せきみずひとし）	上京後の友人。	一九五七・六・二三
園山	園山（そのやま）	南海堂書店の常連客。弁護士。	一九五八・四・二〇
●た行			
高橋さんの子	高橋公子（たかはしきみこ）	実家の近くにある医院の娘。	一九六二・五・二八
高橋宏	高橋宏（たかはしひろし）	高校の同級生。	一九五三・六・一一
高橋さん	高橋良徳（たかはしよしのり）	実家の近くにある医院の医師。高橋公子の父。	一九六二・五・二八
高峰秀子	高峰秀子（たかみねひでこ）	（一九二四～二〇一〇）女優。代表作に『二十四の瞳』『浮雲』など。	一九五五・一・二〇
高村光太郎	高村光太郎（たかむらこうたろう）	（一八八三～一九五六）彫刻家、詩人。『道程』『智恵子抄』など。	一九五七・七・一〇
高山富雄	高山富雄（たかやまとみお）	小学校、中学校の同級生。	一九五六・一二・二三
高山義弥	高山義弥（たかやまよしや）	小学校、中学校の同級生。	一九五七・一・三
太宰治	太宰治（だざいおさむ）	（一九〇九～一九四八）小説家。代表作に『人間失格』など。	一九五六・一・一四
谷田	谷田（たにだ）	高校の同級生。	一九五七・一〇・一二

人名（初出）	正式名	紹介	登場年月日（初出）
近松	近松門左衛門（ちかまつもんざえもん）	（一六五三～一七二五）人形浄瑠璃、歌舞伎の作者。『曽根崎心中』など。	一九五八・二・七
長太郎	長太郎（ちょうたろう）	友人。	一九五六・一〇・二六
先生	築田（つくだ）	渋谷で薬局経営。父・多吉はベストセラー家庭医学書「家庭における実際的看護の秘訣」の著者。	一九五五・一・三〇
常岡一郎	常岡一郎（つねおかいちろう）	（一八九九～一九八九）参議院議員、宗教家。宗教団体中心社設立。	一九六〇・三・一三
壺井栄	壺井栄（つぼいさかえ）	（一八九九～一九六七）小説家。代表作に『二十四の瞳』など。	一九五五・一一・一六
富樫孝子	富樫孝子（とがしたかこ）	中学校の後輩。松嶺会。	一九五八・五・一二
富樫光弥	富樫光弥（とがしみつや）	中学校、高校の先輩。	一九五五・一二・二二
冨樫洋子	冨樫洋子（とがしようこ）	実家の近くにある写真屋さんの娘。	一九六二・八・一九
栃錦	栃錦（とちにしき）	（一九二五～一九九〇）第四四代横綱として活躍。	一九六〇・五・一〇
トニー谷	トニー谷（とにーたに）	（一九一七～一九八七）芸人。	一九五五・七・二二
土門務	土門務（どもんつとむ）	高校の同級生。	一九五五・一二・一一
鳥海君	鳥海清（とりうみきよし）	上野の図書館職員養成所に通う。のちに赤羽にて鳥海書房開業。	一九六〇・八・二四
アイゼンハワー	ドワイト・D・アイゼンハワー	（一八九〇～一九六九）第三四代アメリカ大統領。	一九五六・一一・〇七
●な行			
荷風	永井荷風（ながいかふう）	（一八七九～一九五九）小説家。代表作に『濹東綺譚』など。	一九五五・一〇・三〇
長尾	長尾（ながお）	医師。市田ひさ子（南海堂主人夫人）の兄。	一九五九・一〇・一六
長尾	長尾八郎（ながおはちろう）	南海堂書店勤務。一番番頭。	一九五三・七・二
中川	中川史良（なかがわふみよし）	上京後の友人。	一九五五・九・一〇
長沢	長沢二郎（ながさわじろう）	（一九三三～二〇一〇）競泳選手。	一九五五・八・一三
中村錦之助	中村錦之助（なかむらきんのすけ）	（一九三二～一九九七）萬屋錦之介。歌舞伎、映画俳優。	一九六〇・六・二一
中村	中村稔（なかむらみのる）	広島南海堂書店。経営者として独立。	一九五六・二・二三
夏目漱石	夏目漱石（なつめそうせき）	（一八六七～一九一六）小説家。代表作に『こころ』など。	一九五五・九・一
西尾	西尾幸子（にしおさちこ）	小学校、中学校、高校の同級生。	一九五六・七・二二
野坂参三	野坂参三（のざかさんぞう）	（一八九二～一九九三）政治家。	一九五五・八・一一
野村専太郎	野村専太郎（のむらせんたろう）	（一九〇一～一九九一）実業家。	一九五五・二・二七
●は行			
ハガチー	ジェイムズ・キャンベル・ハガティ	（一九〇九～一九八一）アイゼンハウワー政権期のホワイトハウス報道官。	一九六〇・六・一〇
波木井主人	波木井吉正（はきいよしまさ）	古書店主人。白幡、門脇の紹介先。当時、一七名の店員を有していた。	一九六〇・三・一

長谷川	長谷川（はせがわ）	南海堂の常連客。	一九六〇・五・八
長谷部君	長谷部慶一（はせべけいいち）	高校の同級生。	一九五五・一・三一
長谷部さん	長谷部（はせべ）	高校の後輩。	一九五五・二・二二
鳩山	鳩山一郎（はとやまいちろう）	（一八八三〜一九五九）政治家。第五二・五三・五四代内閣総理大臣。	一九五五・二・二七
早川雪洲	早川雪洲（はやかわせっしゅう）	（一八八六〜一九七三）ハリウッドで活躍した映画俳優。『戦場へかける橋』などに出演。	一九五八・四・六
林英輔	林英輔（はやしえいすけ）	小学校、中学校の後輩。	一九五九・一一・一〇
林芙美子	林芙美子（はやしふみこ）	（一九〇三〜一九五一）小説家。代表作に『放浪記』など。	一九五五・一・二〇
原田	原田（はらだ）	中学校の同級生。	一九五五・一〇・六
原田	原田政彦（はらだまさひこ）	（一九四三〜）世界フライ級・バンタム級の二階級制覇	一九六二・一〇・一〇
原彪	原彪（はらひょう）	（一九八四〜一九七五）政治家。	一九五五・三・一
樋坂	樋坂安子（ひさかやすこ）	小学校、中学校の同級生。	一九五九・五・四
火野葦平	火野葦平（ひのあしへい）	（一九〇七〜一九六〇）小説家。『麦と兵隊』など。	一九六〇・三・六
平池	平池（ひらいけ）	八木書店店員。	一九六〇・七・一九
広瀬	広瀬靖子（ひろせやすこ）	南海堂書店の常連客。歴史書が中心。	一九五六・六・七
樋渡	樋渡（ひわたり）	松山中学校の先生。	一九五九・七・二九
深沢七郎	深沢七郎（ふかざわしちろう）	（一九一四〜一九八七）小説家。『楢山節考』など。	一九五七・九・一四
福沢	福沢紀夫（ふくざわのりお）	南海堂後輩店員。	一九六一・四・三〇
福原	福原豊（ふくはらゆたか）	北沢書店の番頭。当時は古書センターに店舗があった。のち、福原書店開業。	一九五九・六・二八
藤井藤男	藤井藤男（ふじいふじお）	高校の同級生。	一九五四・三・一
藤井義男	藤井義男（ふじいよしお）	小学校、中学校の同級生。	一九五八・三・二四
藤田	藤田豊八（ふじたとよはち）	（一八六九〜一九二九）東洋史学者。『東西交渉の研究』など。	一九五七・一・二一
フルシチョフ	ニキータ・フルシチョフ	（一八九四〜一九七一）政治家。ソビエト連邦第四代最高指導者。	一九五九・九・一五
プレスリー	エルヴィス・プレスリー	（一九三五〜一九七七）ミュージシャン。「ラブ・ミー・テンダー」など。	一九五六・一一・一四
ベセラ	ジョー・ベセラ	（一九三六〜）メキシコ。プロボクサー。	一九六〇・五・二三
別井良子	別井良子（べついりょうこ）	神田にある高山本店の店員。	一九六〇・一二・八
ペレス	パスカル・ペレス	（一九二六〜一九七七）アルゼンチン出身。フライ級プロボクサー。	一九五五・五・三〇
北條	北條祐勝（ほうじょうひろかつ）	上京後の友人。	一九五五・五・二六
保立	保立勝男（ほたてかつお）	南海堂後輩店員。	一九六〇・一一・四
堀七郎	堀七郎（ほりしちろう）	小学校、中学校の同級生。	一九六二・一〇・五

人名（初出）	正式名	紹介	登場年月日（初出）
堀孝	堀孝（ほりたかし）	荒井南海堂出身者。	一九五六・一二・一〇
正ちゃん	堀敏雄（ほりとしお）	南海堂書店勤務。三番番頭。	一九五三・六・一五
本多顕彰	本多顕彰（ほんだあきら）	（一八九八～一九七八）英文学者。評論家。法政大学教授。『歎異抄入門』など。	一九六一・一一・一六
本間茂安	本間茂安（ほんましげやす）	先輩。	一九五七・五・九
本間忠幸	本間忠幸（ほんまただゆき）	中学の後輩。	一九五五・六・二〇
本間恒夫	本間恒夫（ほんまつねお）	中学の先輩。	一九五七・七・三〇
本間君	本間充（ほんまみつる）	中学、高校の後輩。	一九五五・四・二三
●ま行			
一成	前田一成（まえだかずしげ）	酒田の実家の隣人。	一九五八・二・二四
まさる	まさる（まさる）	親戚。	一九五五・四・二五
真嶋	真嶋隆（ましまたかし）	中学の同級生。	一九五七・四・二一
松浦一	松浦一（まつうらはじめ）	（一八八一～一九六六）英文学者。	一九五五・九・八
松本	松本孝（まつもとたかし）	小学校、中学校、高校の同級生。	一九五五・六・一七
松山	松山（まつやま）	帝京高校の先生。南海堂の常連客。	一九六〇・一・二
丸山	丸山寛（まるやまひろし）	小学校、中学校、高校の同級生。	一九五五・一〇・一〇
三浦	三浦（みうら）	高校の先輩。	一九五六・四・二〇
三浦和子	三浦和子（みうらかずこ）	小学校の後輩。	一九五九・一一・二六
三木	三木敏靖（みきとしやす）	南海堂後輩店員。神田の古賀書店店員となる。その後に独立。	一九六二・一一・二三
三橋三智也	三橋三智也（みはちみちや）	（一九三〇～一九九六）演歌歌手。「おんな船頭唄」など。	一九五六・一一・二六
三益愛子	三益愛子（みますあいこ）	（一九一〇～一九八二）女優。母物映画に多く出演。	一九五八・三・一六
宮島	宮島（みやじま）	麗子（妹）の婚約者。	一九六一・九・一
村上君	村上栄一（むらかみえいいち）	中学校の同級生。	一九五三・九・一五
村田良治	村田良治（むらたりょうじ）	松山中学校の先生。	一九五九・一〇・三〇
村山の息子	村山栄一（むらやまえいいち）	当時の村山書店店主（功）の息子。のちに村山書店店主。	一九六〇・二・二三
村山繁雄	村山繁雄（むらやましげお）	高校の同級生。	一九五七・一二・五
森雅之	森雅之（もりまさゆき）	（一九十一～一九七三）俳優。有島武郎の息子。	一九五五・一・二〇
●や行			
八木重吉	八木重吉（やぎじゅうきち）	（一八九八～一九二七）詩人。詩集に『秋の瞳』、『貧しき信徒』。	一九五五・一・二〇
八木	八木敏夫（やぎとしお）	初代八木書店店主。	一九五六・一二・二一

安井誠一郎	安井誠一郎（やすいせいいちろう）	（一八九一～一九六二）政治家。	一九五五・四・二三
谷地君	谷地秀祐（やちひでひろ）	当時は神田にある東陽堂の店員。独立後、文泉堂として古書店、出版業を営む。現在、古書店業は廃業。	一九六二・一二・二八
山口二矢	山口二矢（やまぐちおとや）	（一九四三～一九六〇）浅沼稲次郎暗殺事件の実行犯。	一九六〇・一〇・一二
山下さん	山下秀治（やましたしゅうじ）	小学校の先生。長姉（栄子）の同級生。	一九五四・一・二〇
山中君	山中誠（やまなかまこと）	小学校、中学校、高校の同級生。	一九五五・二・一三
山本	山本（やまもと）	南海堂のお客。朝日新聞記者。	一九五六・一〇・一六
由起しげ子	由起しげ子（ゆきしげこ）	（一九〇〇～一九六九）作家。「本の話」で芥川賞受賞。	一九五六・三・二九
蕪村	与謝蕪村（よさぶそん）	（一七一六～一七八三）俳人。	一九五五・一〇・三〇
吉川英治	吉川英治（よしかわえいじ）	（一八九二～一九六二）小説家。代表作に『宮本武蔵』など。	一九五六・二・五
吉田	吉田卯三郎（よしだうさぶろう）	栄子（姉）の勤め先の縫製会社社長。	一九五七・一一・二三
吉田喜久	吉田喜久（よしだきく）	南海堂常連客。	一九五六・八・二三
米倉	米倉健司（よねくらけんじ）	（一九三四～）現、米倉ボクシングジム会長。リングネームは健志。	一九六〇・五・二三
●ら行			
力道山	力道山（りきどうざん）	（一九二四～一九六三）プロレスラー。	一九五五・七・一七
ルリ子	清水ルリ子（るりこ）	親戚。清水さんの長女。	一九五七・一・二
渡辺	渡辺（わたなべ）	友人。	一九五六・四・一三
渡辺英吉	渡辺英吉（わたなべえいきち）	小学校・中学校の同級生。	一九五九・二・二二
渡部裕子	渡部裕子（わたなべゆうこ）	酒田の実家近くの友人。	一九五九・六・一〇

関連資料

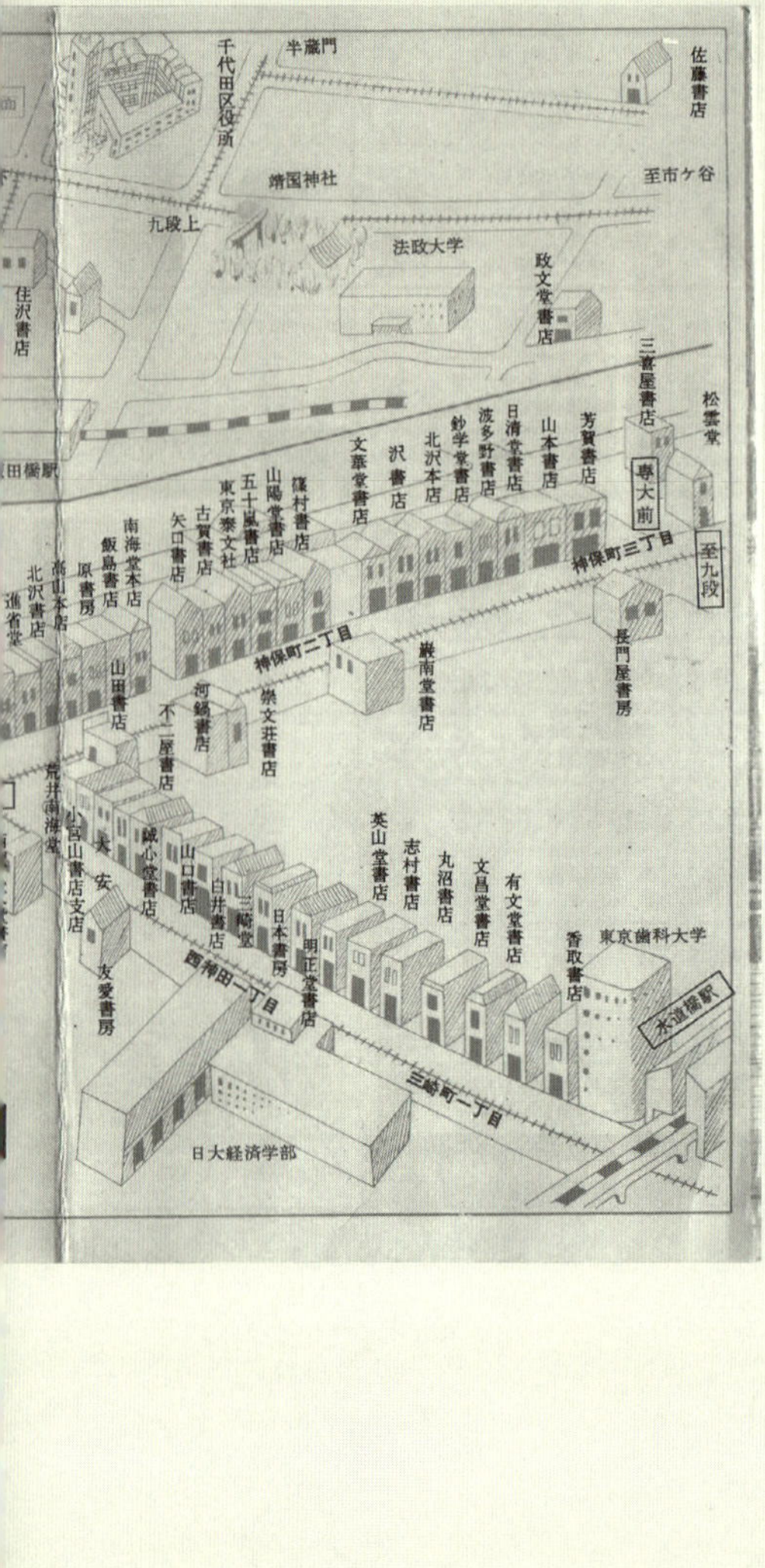

・古書店地図（神田）

昭和三十九年から四十年、五十嵐氏が南海堂から独立したころの神保町の地図。山陽堂書店と東京泰文社の間に五十嵐書店がある。

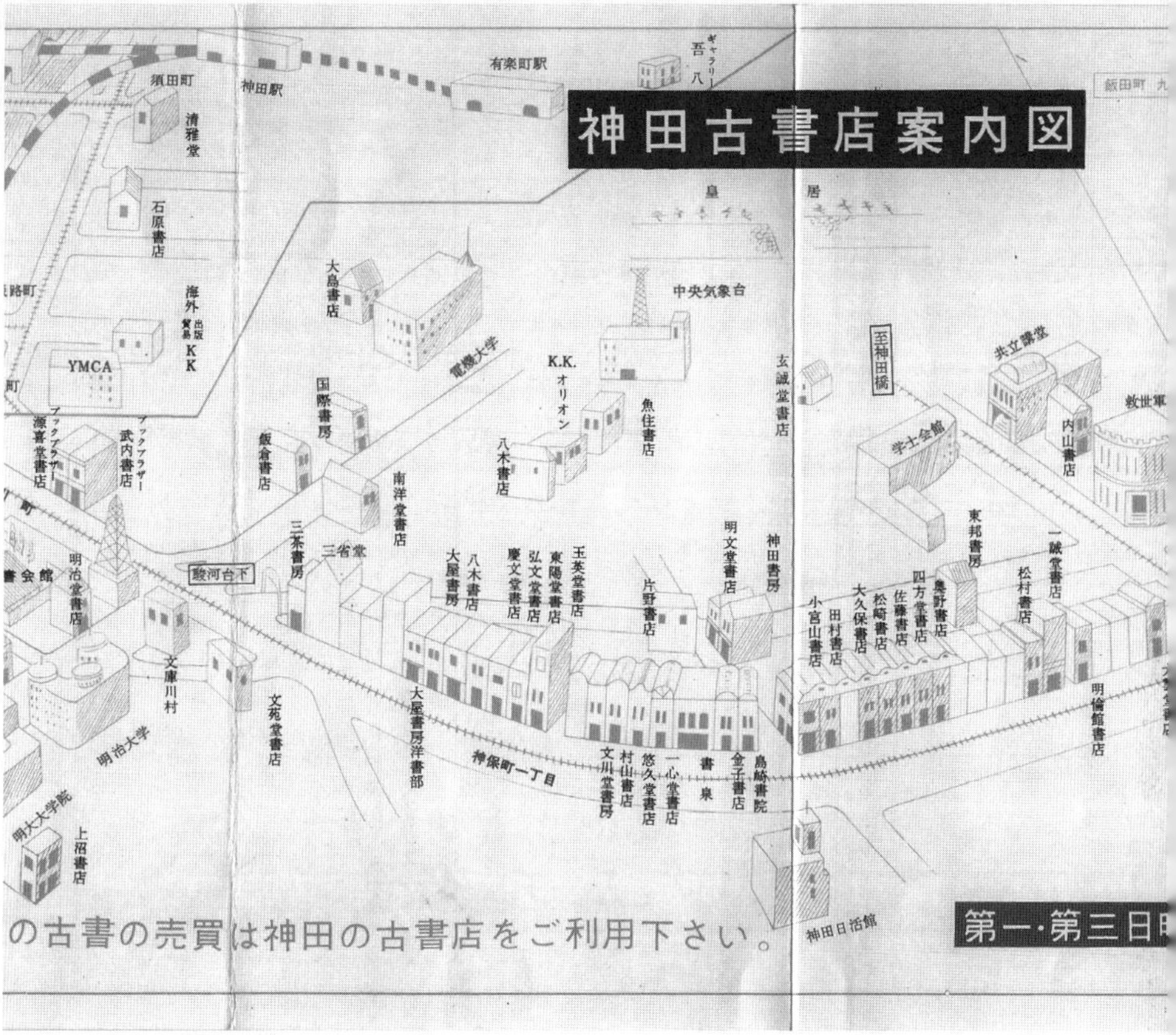

書店名	主要取扱書目	電話	書店名	主要取扱書目	電話	書店名	主要取扱書目	電話
五十嵐書店	受験・学習参考書専門	(261) 1539	山田書店	[illegible] 明治文学・限定版類	(261) 3225	文晶堂書店	基本図書 学生受験参考書豊富	(262) 5748
東京泰文社	洋雑誌・理工・法律・経済・一般書	(261) 1273	荒井東洋堂	新刊書籍・雑誌 各学校教科書供給	(261) 9516	有文堂書店	受験参考書・辞典・小説 其の他一般書	(262) 5748
山陽堂書店	社会科学書 自然科学書 と辞典	(261) 3584	小宮山書店支店	歴史・国文・民俗・考古学 全集・学術雑誌・地方研究	(262) 0536	香取書店	古書一般	(261) 0229
篠村書店	社会科学書専門 探求書有る事定評 目録発行	(261) 9554	大安	中国図書・中国美術	(261) 1612 5640	小川町 ブックプラザー 源喜堂書店	専門書 趣味・美術・画書 全般 全集・一般書	(291) 5082
文華堂書店	陸・海・空軍用書目録発行 バックナンバー・一般図書	(262) 0422	不二屋書店	古書籍・新古雑誌		ブックプラザー 武内書店	外国雑誌 商業デザイン 一般写真類豊富	(291) 0273
沢書店	[illegible]	(261) 3300	誠心堂書店	和漢古典書専門	(262) 5947	国際書房	法律・経済 理工学の新刊 洋書バックナンバー	(291) 4958 9109
北沢本店	新刊洋書専門 海外発注承ります	(261) 0071	山口書店	比較文学書(和・洋) 特に英米文学を中心に	(261) 5782	飯倉書店	政経・理工学・受験参考書外一般図書・雑誌	(291) 6916
静学堂書店	書籍一般	(262) 0908	神保町三丁目 松雲堂	和漢古書籍	(261) 6498	文庫川村	文庫専門	(291) 1935
波多野書店	一般学術書と文科系図書	(261) 7596	三茶書房	雑誌・バックナンバー 書籍一般	(261) 9375(代)	明治堂書店	社会・経済・法政・東亜・和洋歴史・伝記・地誌・民俗・明治	(291) 6786
日清堂書店	理工・法経・哲学・辞典	(261) 6246	西神田一丁目 白井書店	法律・経済(新古) 法律書の店	(261) 3152	東京古書会館	東京古書籍商業協同組合事務所 古書即売展覧会場	(291) 3291
山本書店	中国の新刊書と漢籍(和本・唐本)	(261) 0847 9337	三崎堂	各大学教科書 法・経・理・文 受験参考書取揃	(261) 3290	文苑堂書店	新本専門店 法律書と経済書	(291) 8771
芳賀書店	特価本専門	(261) 8728 4112	日本書房	国語国文の専門店	(261) 2744	駿河台 上沼書店	バックナンバー・一般書籍	(291) 2170 2251
長門屋書房	学術雑誌・新聞縮刷版 バックナンバー・年鑑	(261) 1514	明[illegible]堂書店	研究社出版品販売専門店		いずみ書房	中央大学教科書参考書の古書店(中大正門前)	
巌南堂書店	内外人文科学書専門店 古書目録発行	(261) 代0396	東山堂書店	古本専門店 基本図書	(261) 2275	三進堂書店	学生向基本図書・文庫 易学関係書専門の店	(291) 8242
崇文荘書店	洋書専門 法経歴史美文学	(261) 0976	三崎町一丁目 志村書店	一般書籍販売	(261) 9040	錦町 大島書店	理工学 書籍・雑誌 特に電気関係(新古和・洋)	(291) 9487
河島書店	理工学和洋書・学術雑誌 バックナンバー	(261) 4664	丸[illegible]書店	日本大学 教科書 参考書 辞典類 各大学基本図書	(261) 4540	玄誠堂書店	古書一般	

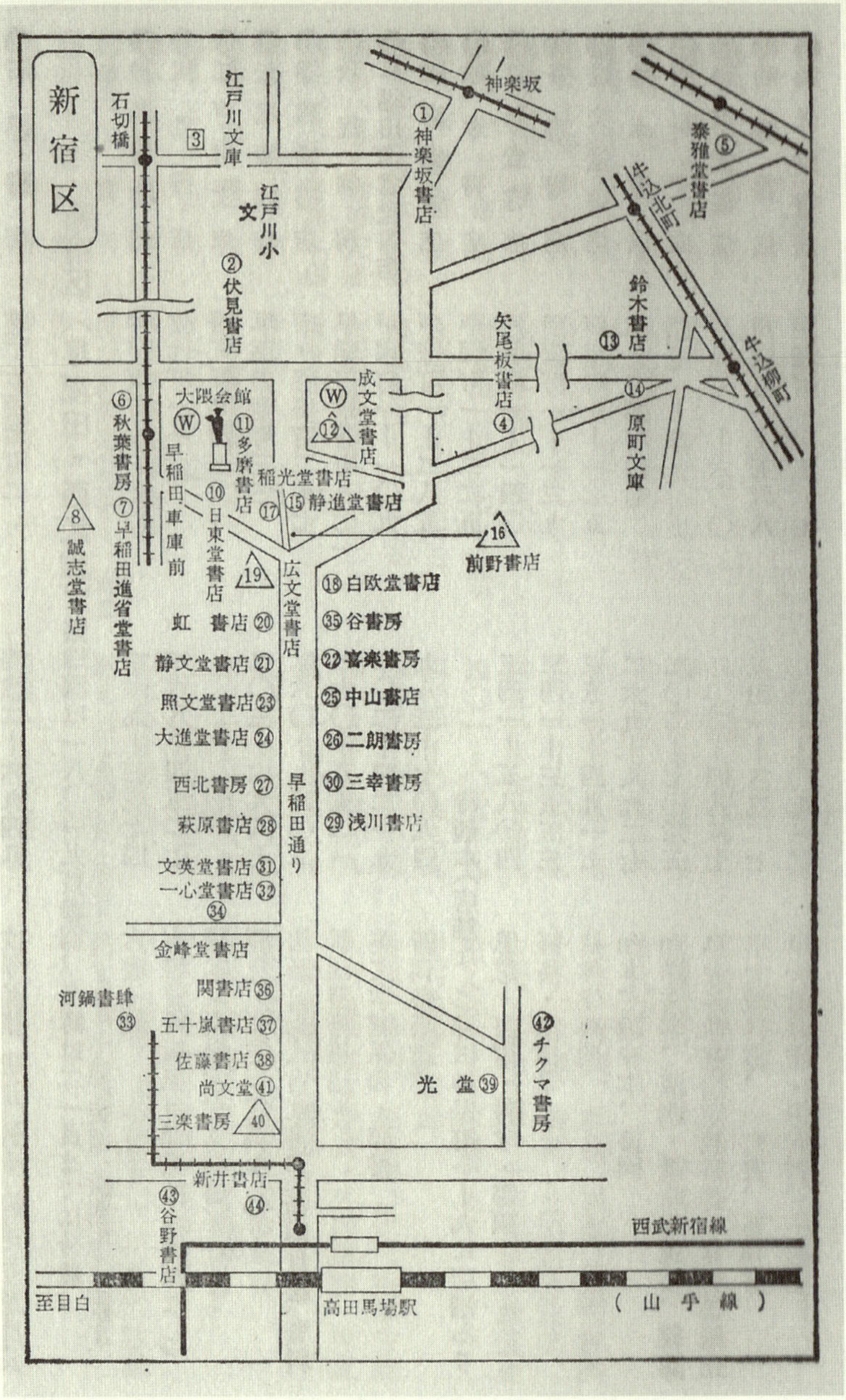

・古書店地図（早稲田）

昭和四十四年の地図。

・五十嵐智氏年表（一九三四～一九七〇年）

昭和九［一九三四］年	〇歳	九月三日、山形県鶴岡市（庄内藩城下町）に生まれる。父・仁吉、母・さよ。一〇人兄弟の五番目、三男。父親は、明治三〇年の生まれで、製糸工場で働いていた。
昭和十二［一九三七］年	三歳	父親の働いていた工場移転のため、松嶺町（現在の酒田市）に引っ越す。
昭和一五［一九四〇］年	六歳	満州で土木業をしていた叔父・正美を手伝うため、父は渡満。長姉・栄子もタイピストとして満州へ。
昭和一六［一九四一］年	七歳	松嶺国民学校に入学。第一期生であった。
昭和一八［一九四三］年	九歳	兄の茂が出征。
昭和一九［一九四四］年	一〇歳	父と姉・栄子が満州より帰国。父はもとの製糸工場で働く。
昭和二〇［一九四五］年	一一歳	終戦。国民学校の五年生だった。
昭和二二［一九四七］年	一三歳	松嶺中学校に入学。新制中学一年生となる。兄・茂が帰国後し、出征前に勤務していた千葉の会社ではなく、父親と同じ製糸工場で働く事に。
昭和二五［一九五〇］年	一六歳	酒田東高校（県内上位の進学校）に入学。県下一斉試験で高得点を取るなど、成績は優秀であった。
昭和二八［一九五三］年	一九歳	国立大学を受験するも不合格。姉・栄子の友人に仕事を紹介され東京に行く事になるが、予定より上京が遅れたため仕事につけず。母親の従姉妹・清水貞代の世話になりながら職探しをしていたところ、南海堂書店の従業員募集の貼り紙を目にし、申し入れると、「真面目そうである」という事で、店主・市田武夫に入店が認められる。古書店での初年の仕事は、掃除・店番など。仕事に興味を持てず、大学進学への思いが募る。
昭和二九［一九五四］年	二〇歳	店主には内緒で、法政大学の夜間部に通学を始める。書店を辞め、大学中心の生活を考える。店主に見込まれ、古書市場へ同行し、仕入れの業務に関わるようになる。年末ころに、衣食住を確保する事が困難と考え、大学通学を断念し、退学。古書店業務に専念する。勤務二～四年目までは、店主と市場に出入りし、客からの買い入れの手伝い。
昭和三二［一九五七］年	二三歳	勤務五年目で、市場での仕入れを任されるようになる。年功を越えて仕入れの業務を担当したため、先輩との間に確執が生じるなど、人間関係に悩む事も。仕入れは、週に三、四回。市場にリアカーを引いて行き、一回の競りで二台分の本を買い入れた。何万冊という本を市場で見る中で、徐々に本の価値を見定められるようになる。なお、当時南海堂で扱っていた本は、法律系・理工系・歴史系。

昭和三四［一九五九］年	二五歳	この頃、本番頭になる。 貴志正造との出会い。
昭和三五［一九六〇］年	二六歳	本来は店主が行う帳簿付けを任される。
昭和三六［一九六一］年	二七歳	神田の古書籍商業組合より、永年勤続優良従業員として表彰される。
昭和三九［一九六四］年	三〇歳	独立。一月一日に、南海堂の近くにある店舗（独立するための修行場）に、「南海堂分店・五十嵐書店」として開店。一九六一年に、優良従業員として表彰されていたために、独立の際に必要な組合への加入金が免除になった。学習参考書・受験参考書などを中心に扱ったが、売れ行きは好調であり、月三万円の家賃も一日の売上げで納められるほどであった。 一月二六日、結婚。
昭和四一［一九六六］年	三二歳	この頃、徐々に販売する本を国文系へと方向転換。その方が高く売れるという事と、買い付けの自信がついてきたため。貴志氏との関係の深化も一因。 貴志氏から、『日本史籍年表』の復刻版の出版を依頼され、着手。「筑波書院」の名で五〇〇部ほど出版、業者から多くの注文を受け、完売する。 持病のため、東京医科歯科大学病院に入院。このために、独立修行の期間が規定の三年から四年間に伸びる。
昭和四三［一九六八］年	三四歳	市田武夫が病気となり、甥の市田（旧姓・荒井）守が南海堂店主となる。 南海堂が修行用店舗を手放したために、早稲田に移店。（五月）学生運動が盛んな時期であった。当時から学術書・研究書などを扱い、他店とは異なる品揃えで、大学生の他、大学教員らも多く訪れる。
昭和四四［一九六九］年	三五歳	この頃より、徐々に早稲田に古書店が増え始める。
昭和四五［一九七〇］年	三六歳	「藝林舎」の名義で出版事業を始める。

・五十嵐家　家系図

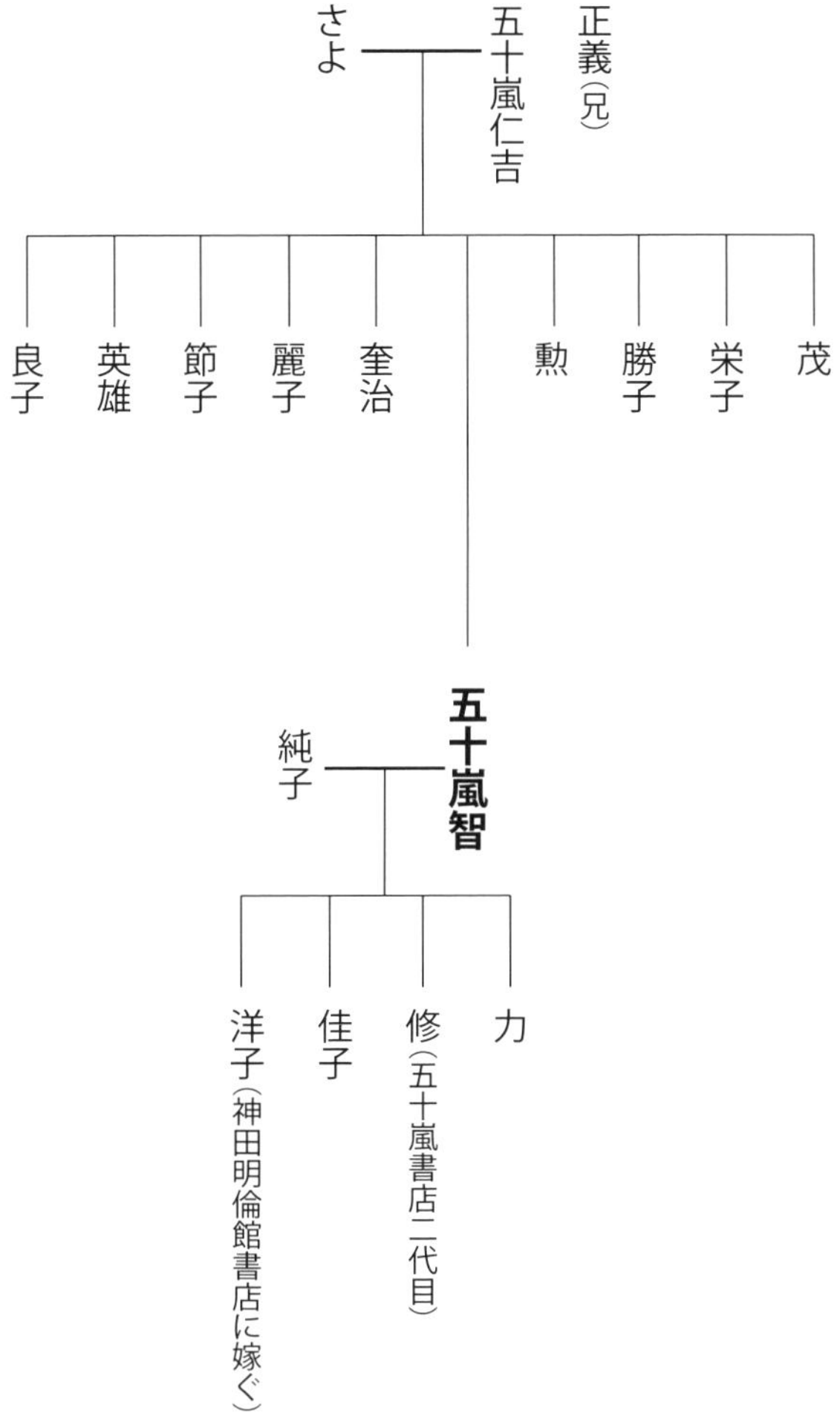
正義（兄）
五十嵐仁吉
さよ
良子
英雄
節子
麗子
奎治
勲
勝子
栄子
茂
五十嵐智
純子
洋子（神田明倫館書店に嫁ぐ）
佳子
修（五十嵐書店二代目）
力

・市田家　家系図

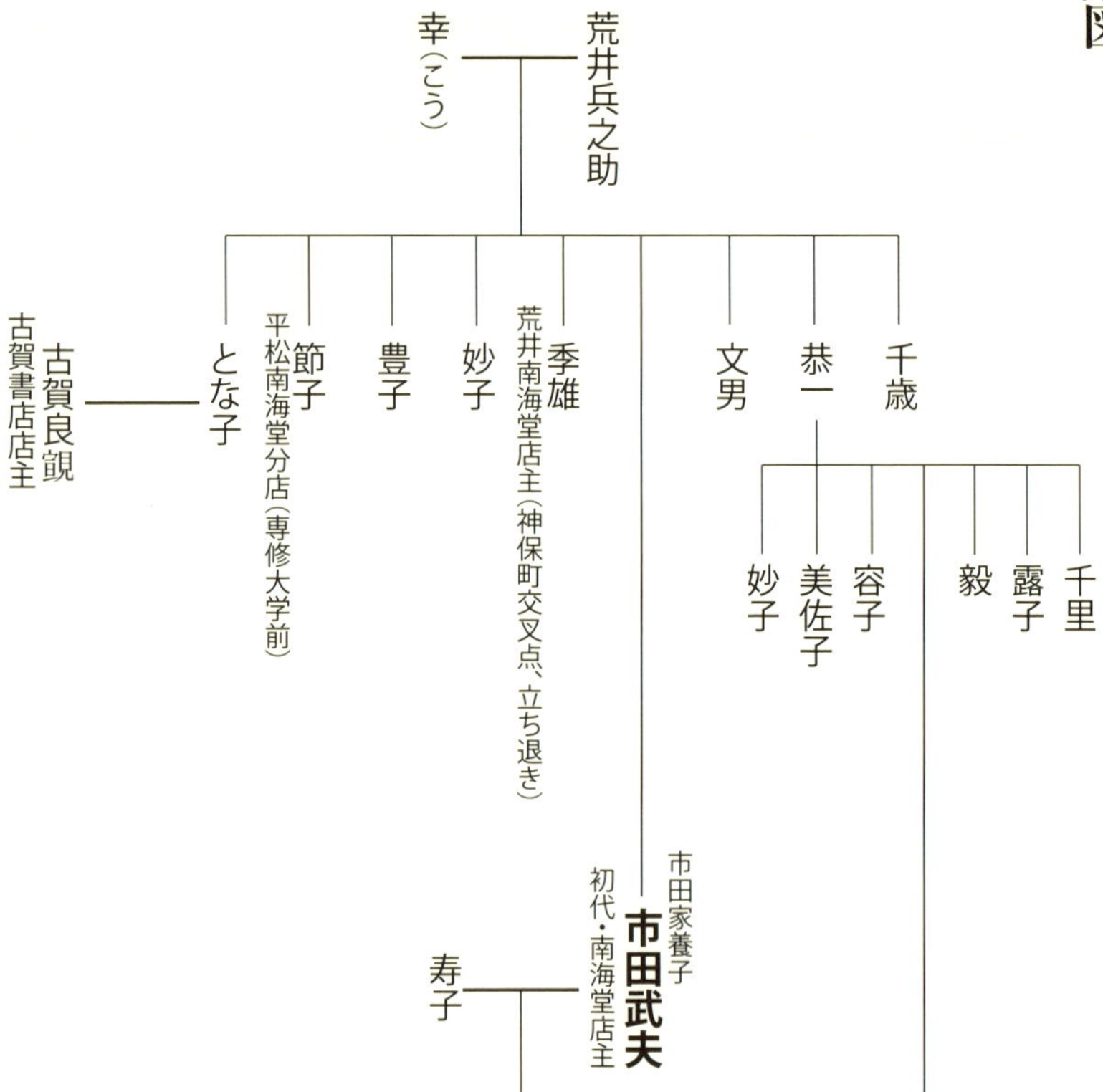

荒井兵之助
幸（こう）
千歳
恭一
文男
市田家養子
市田武夫
初代・南海堂店主
季雄
荒井南海堂店主（神保町交叉点、立ち退き）
妙子
豊子
節子
平松南海堂分店（専修大学前）
とな子
古賀良覷
古賀書店店主
千里
露子
毅
容子
美佐子
妙子
守
現・南海堂店主
寿子
寿美子
美代子
智寿子

・南海堂関係古書店

- **南海堂（二代・市田守）**
  - 東城書店（東城）
  - あき書房（石踊）
  - 北上書房（佐藤）
  - 太平書林（吉田）
  - カンパネラ書房（須賀）

- **南海堂（初代・市田武夫）**
  - 新進堂
  - 日清堂書店（清水）—赤木書店
  - 荒井南海堂（荒井）市田武夫弟
    - 名著刊行会（西沢）出版
    - 西沢道書舗（西沢）出版
    - 文省堂書店（西沢）
    - 森江書店（森江）
    - 姉川書店（姉川）新本
    - 下板書店（小沢）新本
  - 山陽堂書店（武）
    - 尚文堂書店（森田）
    - 梓書房（百瀬）
    - するが書房（関根）
    - 渥美書房（渥美）
    - 平松書店
  - 古賀書店（古賀）
    - 靖文堂書店（三木）
    - 耕文堂書店（中村）
    - 江戸川書店（佐々木）
  - 南海堂分店（平松）妻が市田武夫次女（節子）
  - 広島南海堂（中村）—愛媛堂書店（山根）愛媛
  - 忠誠堂書店（井上）
  - 丹羽書店（丹羽）
  - 長尾書店（長尾）市田武夫妻の弟広島・呉
  - 堀書店（堀）
  - **五十嵐書店**（五十嵐）
    - 古書現世（向井）
    - 天野書店（天野）
    - 河野書店（河野）

おわりに

残さなければならないもの、残したいもの

●五十嵐日記刊行会

早稲田の古書店、五十嵐書店の創業者、五十嵐智氏によれば、第二次世界大戦後の古書店街は「古書市がたてば人々が殺到し、袋やリュックに、これでもかとばかりに本を詰め込んで帰る」、「店での商いも、書棚に並べた先から売れてしまう」ような状態だったという。「娯楽」といえば「読書」だった時代、古書店は、人々にとってなくてはならない存在だったのである。

時は過ぎ、神田や早稲田の古書店街も節目の時期を迎えている。人々の「本離れ」による売り上げの減少や、インターネットなどによる販売形態の変化など、古書店を取り巻く状況が大きく変化する中、多くの書店が継続か廃業かという選択を迫られているからである。

「今、この時期を逃しては、古書店の歴史がわからなくなってしまう」と、二〇〇九年五月に始まった五十嵐書店の調査は、「戦後の古書店がどうであったかを伝え残しておきたい」という五十嵐氏の強い意向によるものでもあった。

五十嵐氏は、昭和九（一九三四）年、山形県鶴岡の生まれ。松嶺小・中学校、酒田東高校を卒業後、昭和二八年、神田神保町南海堂書店に入社。十一年間の修業時代を経て、昭和三九年、神保町で独立し、昭和四三年、早稲田に五十嵐書店を開業した。

調査は、五十嵐氏に対する聞き取り調査と、文字資料の収集を並行して行った。聞き取り調査は、五十嵐氏の半生記を作成することを目的に、親兄弟のことから、幼少期、学生時代、古書店修業時代、独立、結婚、早稲田での出店まで、かなりプライベートな面まで踏み込んでのものとなった。話題の中には、戦時中の松根油の採取や、戦後に配布された、折りたたんで使う教科書のこと、南京虫や映画のこと、出版業や保証人であったために背負わされた借金のことなど、驚くべき話も多く、息を呑んだり声をあげたりしながらの楽しい調査となった。

一方、文字資料の収集としては、聞き取り調査を補完するための資料や、古書店に関わる資料などの収集・整理を行った。これもまた驚くべきことに、五十嵐氏のもとには、古書組合報や目録、出版の計画書に止まらず、大学入学金の領収書や退学願の写し、借金の原因となった契約書までもが残されていた。▼注1

本書は、調査で提供された、五十嵐氏の南海堂書店時代の日記である。昭和二八（一九五三）年に入社してから、独立する直前の三七年までの約十年間の記録が、日記帳十冊にわたって事細かに記されている。これまでにも、古書籍商組合や個別の古書店の歴史、古書店主の日記などが出版され、古書店業の世界が明らかにされてきたが、[注2]本書は、それらの書物たちとは全く異なる魅力にあふれている。戦後、山形から上京し、偶然にも古書店に職を得た若者が、住み込みで働きながら古書店員として成長していく「青春日記」にしか「残せない」、戦後の古書店（街）について、聞き取り調査での成果も併せて見ていくことにしよう。

南海堂書店について

昭和二八年、十九歳の五十嵐青年は、郷里の松嶺町（現山形県酒田市）から上京し、神田の古書店、南海堂書店に入社する。上京当初は大学受験を考えており、東京理科大学で事務の仕事をすることになっていたが、行き違いがあって勤めることができず、ともかくも職に就かなければと、水道橋のとある会社の面接を受けた帰り、道に迷って神田の古書店街に行き着き、たまたま南海堂書店の「店員募集」の張り紙を目にしたことがきっかけだったという。[注3]

まさに「運命に導かれて」古書店員となった五十嵐青年であるが、当時の神田古書店街は、出版も手がける巌松堂書店（明治三四（一九〇一）年創業）と、江戸時代以前の和本から洋書まで幅広く取り扱う一誠堂書店（明治三六年創業）の二大古書店を、新興の南海堂書店が追うような状況だったという。巌松堂については『追憶』、一誠堂については『古書肆一〇〇年』などの書籍が出版され、それぞれの歴史を知ることができるが、[注4]南海堂書店について記した書籍はないので、簡単にまとめておくことにしよう。

南海堂書店（以後「南海堂」と記す）は、昭和一（一九二六）年に市田武夫（一九〇五～一九七六）によって創業された。市田は古書店での修業経験がなく、出身地である兵庫で本の問屋に勤めていたという。「古今東西」の書籍を取り扱う古書店業界にあっては異色の経歴であり、時には「南海堂は本をあまり知らない」などと揶揄されることもあったという。しかし、この経歴が逆に強みになったのか、南海堂は、学生を中心とする顧客のニーズに合わせて法律系・理工系・歴史系の書籍を取り揃え、年度の替わり目には、受験参考書や学習参考書を販売するなど（一九五四・二・二六）[注5]、優れた経営手腕によって大店との差別化に成功し、業績を積み上げていった。

さらに、市田にはもう一つの強みがあった。「人を見、使い、育てる」能力に秀でていたことである。市田の元で修業した多くの店員たちが、後に独立し古書店を開業する。[注6] 詳しくは本書の関連資料「南海堂関係古書店」を参照していただければと思うが、南海堂から独立・開業した古書店は、親族の経営する二店舗とは別に、広島南海堂・山陽堂・五十嵐など十店舗を数え、さらにそこから育った店員たちの店舗も併せれば、その数は三十二店舗にも及ぶ。また、南海堂の従業員及び出身者によって組織される南友会や小南友会（南友会の若手が中心）は、新年会や旅行、会報などを通して会員の結束を高める役割を担った。こうして、巌松堂グループ（巌南堂・雄松堂・泰雲堂など）、一誠堂グループ（八木・小宮山・東陽堂など）に対抗する、南海堂グループが形成されていったのである。[注7] 本書昭和三二年の章扉の写真は、南友会で伊東温泉に出かけた時のものである。壮観の一語に尽きる。市田は、その人望ゆえに、千代田区商店連合会の会長や組合の理事などを歴任することになる。[注8]

南海堂書店での修業

南海堂の店員たちは、どのようにして仕事を覚え、独立していったのか。入社する際に言われるのは「十年勤めたら店を出してやる」との言葉だったそうである。元々将来は事業を起こしたいと考えていた五十嵐青年にとっては、天啓ともいうべき言葉だったと想像されるが、それでは、その十年間（実際は十一年間）をどのように過ごしたのか、具体的に見ていくことにしよう。

南海堂での仕事は、大別して①掃除、②店番、③仕入れの三種類であり、③仕入れには、市場での仕入れとは別に、個人からの買い入れ、古書店での買い入れなどがあったという。当時の店員数は五、六人で、掃除・店番に二名、仕入れに三名があたっていたが、入社一年目は、当然のことながら、掃除と店番に終始している。言葉の問題もあり、店番（接客）がもっとも苦手だったという。市場に出かけてはいるが、仕入れた書籍の運搬と整理が主な仕事だったようである。

二年目になると、店主とともに市場に出かけ、仕入れに関わるようになる。市場での仕入れは古書店のもっとも重要な仕事であり、普通であれば店主もしくは番頭（年長の店員）が行うものであるから、これは、異例中の異例である。五十嵐青年は早くから店主に能力を見込まれていたのである。

さらに、三・四年目になると、店主も同席の上ではあったが、五十嵐青年自身の判断で仕入れることを許されたという。日記にも、仕入れが上手くいき「自分ながら自信がついた様に感ずる」（一九五六・一・一四）というような言葉が記されている。

五年目以降は、市場での仕入れを一人で任されることになる。実は、これはけっこう大変なことである。会場の最前列の「重鎮たち」が陣取っているなかに、まだ駆け出しの「若造」が「南海堂の名代」として座るのである。普通だったら、後ろの畳敷きのあたりが若造の定位置であり、そこから重鎮たちの肩越しに覗くのが精一杯というところだろう。「南海堂」の看板を背負って立つプレッシャーは計り知れないものがある。さらに問題なのは、当時の市場は、現在のように参加者が用紙に価格を記入して最高値を競る「入札市」ではなく、進行役の「振手《ふりて》」（中座とも）の発声にあわせて参加者が声を上げ競り落とす「振市《ふりいち》」（セリ市）だったことである。参加しようにも、書籍の相場を知らなくては声を上げることもできない。五十嵐青年も、声を上げたものの相場に程遠かったので振手に無視され、冷や汗をかいたことが何度もあったそうである。また、実際に相場よりはるかに高い値段で買ってしまったこともあった（一九五六・八・一九）。それでも、経験を積み重ねていくうちに書籍の知識も増え、市場の雰囲気にもなれて、名だたる神田の古書店主たちと渡り合う、自信に満ちた五十嵐青年の姿が見られるようになってくる。▼注9

荷が多く、調子よく買うことが出来た。自分ながら、大市とか種々な、市の雰囲気に馴れて、どんな先輩にも、ひけ

を取らない、充分な自信が出来たのには感心する位。（一九五八・二・二二）

回を重ねるごとに、誰にも負けない自信もつくし、調子よく買える。どんな先輩であっても、先に回して対等まで行かなくても、それ相当まで行ける自信はある。（一九五九・二・四）

市場での仕入れとともに、個人からの買い入れも、重要なものだった。店頭での買い入れもあったが、多くは個人宅に出張し、値段をつけて交渉した。交通手段はリヤカーをつけた自転車であり、夜道でひっくり返ったり（一九五六・七・二五）、炎天下の日照りで真っ赤に日焼けしたり（一九五七・七・三〇）と、大変な重労働だったようである。出張範囲も都内全域に及び、自動車（オートバイ）を用いるようになってからは（一九五八・一〇・四）、千葉や横浜まで仕入れに行ったこともあった（一九五八・一二・三〇、一九六〇・一一・三）。[注10] 出張に行って始めて書籍の内容を知ることになるので、相場がわからず失敗することもあったが（一九五六・六・二四）、様々な書籍に出会えることや交渉の楽しさを覚えたことは、とても大きな経験だったという。[注11]

七年目に本番頭となった五十嵐青年は、八年目からは店主が行う帳簿付けも任されるようになる。また、長年の勤務に対して、優秀書店員として東京古書組合から表彰される栄誉にも浴した。修業期間も終わりに近づき、独立の時もそう遠くはない。しかし、古書店員としての自覚や自負を持って南海堂の経営に臨むようになると、今までは気がつかなかった南海堂の問題がいやおうなく目に入ってくる。この頃から五十嵐青年は、古書店街の若手社員たちと頻繁に会うようになる。それぞれの店での問題や若手の会について（一九五九・一〇・二六）など話題は様々だったが、彼らの思いは「同年輩でこの道を歩こうというのだから、いろいろな面で今後、相助け合わねばならないだろう」（一九六二・一二・二八）というものだった。

十一年の修業を経て、昭和三九（一九六四）年一月一日、五十嵐青年は五十嵐書店（南海堂支店）を神保町に開業する。前年の大晦日、三一日の深夜まで、南海堂での番頭の仕事を勤め上げての出店だった。

当時の神田古書店街について

南海堂における五十嵐青年の仕事は、もっぱら「仕入れ」だった。市場がない日は、ほぼ毎日のように出張し書籍を仕入れている。仕入れが途絶えれば在庫が底をつき、商売ができなくなってしまうからである。ともかく「本が飛ぶように売れる」時代だったのである。

当時の神田古書店街の繁盛ぶりについて、五十嵐氏はいくつかの理由を挙げている。

まずは、学生数が増大し、教科書や勉強のための書籍が大量に必要となったことである。日記を見てみると、二月の終わりから五月の連休まで、書籍を求める学生たちが引きも切らず訪れ、休憩も取れないような日々を送っている。「一年を通じて一番忙しい日に当る今日の土曜。平日の何倍売れたか底知れぬ。明日の日曜も、どれだけの売行きがあるか楽しみだ」（一九五八・四・一九）[注12]といった具合である。

次に、新制大学の設立が相次ぎ、文部省の助成金がおりた私立大学が神田の古書店で書籍を購入したことも大きかったという。一誠堂・山の井書店・宣文堂・高山書店などが関わり、大きな利益を上げていた。南海堂も、帝京高校へ書籍を納入していた縁で、帝京大学創設（一九六六）に際して相談を受けたことがあり、以後、帝京高校・大学ともに南海堂の得意先となった。[注13]

さらに、大学だけではなく、一般の会社でも毎月相当量の書籍を購入していたという。会社には社員の娯楽や教養のための読書室が設けられていたからである。東芝電気や宝酒造などが得意先だったという。

ここまでは、すべて購入者の事情によるものだが、販売者である神田古書店街が、集客を企図して行ったこともある。「古本まつり青空掘出市」である。第一回は昭和三五（一九六〇）年一〇月二八日～一一月三日の一週間、三十七店が参加して行われたが、期間中は入場制限をするほどの大盛況だった。以後「古本まつり」は神田古書店街の恒例行事として、秋の読書週間に欠かせないものとなった。日記にも「「古書祭り」は一層人気をあおり、昨日よりも多くの人出があった。列を作ってしまう程。土曜という日もあってか、また、新聞、ラジオテレビなどの広告もきいて、インテリだけの集まりの様な相当の人出だった。売上げも四月頃の忙さと売上げだった」（一九六〇・一〇・二九）と、その賑わいぶりが興奮交じりに記されている。▼注14

休日のことなど

押し寄せる客への対応や連日の仕入れに奮闘する古書店員たち。彼らは一体いつ休んだのだろうか。実は、ほとんど休んでなかった（休めなかった）ようである。

五十嵐青年が入社した頃、南海堂の休日は不定期だった。初めて休んだのは、入社して二ヶ月経った七月三日である。その後も一ヶ月に一日程度の休みしか与えられていない。しかも二月の終わりから五月の連休までの繁忙期は休みなしである。また、休日とはいっても「定休日」ではなく、店員が交代で休む「交代休日」だった。南海堂は年中無休だったのである。閑散期には前もって休日が組まれたが、忙しいと取り消され、悪天候だと急に休まされることもあった。例えば、台風が近づいてきたので「九時半位になってから「休め」という命。自分は十三日の休日のつもりで友達に便りしたのだが不意になった。いくら文句を言っても主人の権力にはどうしようもない。皆に出した手紙の事、どんな風に処理したらいいだろうか」（一九五五・一〇・一二）というふうにである。

朝は七時前に起床、掃除をしてから開店し、客足が絶えてようやく閉店となっても、在庫の確認や整理の作業が待っている。番頭にもなればさらに伝票の整理もあり、仕事は深夜に及んでしまう。「一日で一番ゆっくり楽しいと思う一時は、就寝前の十一時頃。NHKのラジオを聞くこと。「明日の話題」「随筆朗読」「君が代」と自然に気持を落着せる番組」（一九五六・一・一二）というような日々を送っている上に、休日をとることもままならないのだから、まさに「古書店員残酷物語」の世界である。

神田古書組合で定休日が実施されたのは、昭和三二（一九五七）年六月のことである。毎月第三日曜の一日だけだったが画期的なことだった。日記にも「神田古書籍商一斉休日」（一九五七・七・二一）と記されている。▼注15 昭和三七年六月には第一日曜も定休日となり、古書店員たちは、ようやく安心して友人と会ったり、銀ブラをしたりと、思い思いの休日を過ごすことができるようになった。五十嵐青年も、映画や舞台を見たり、友人たちと銀座や浅草、新宿へと出かけたり、海水浴やハイキング、スキー、スケートといったスポーツを楽んだり、美術館や博物館で勉強したりと、つかの間の休日を存分に楽しみ英気を養っている。▼注16

昭和二十年代後半から十年間の神田古書店（街）の様子を、「青春日記」や聞き取り調査の成果によって見てきた。五十嵐氏がこの日記を提供してくださったのも、当時の古書店（街）のことを、次の世代に「残さなければならない」「残しておきたい」と思われたからだろう。

「はじめに」でも記したように、この日記には、地方から一人上京し、ひたむきに古書店で働く五十嵐青年の姿が映し出されている。しかし、ひたむきに向き合うのは仕事だけではない。故郷の家族や、青年のもとに集ってくる友人たちに対してもそうであるし、巷で起きる事件・事故、日本の政治・経済、世界情勢に対してもそうである。本書は、激動する時代に真正面から向き合い生きてきた人間の記録として、我々に多くのことを残してくれるのである。

注

▼1　調査は早稲田古書店街の歴史を中心に始めた。早稲田古書店街に関わる資料としては、東京古書組合新宿第二支部の『第二支部報』（一九六一年～）などの他、昭和六一（一九八六）年から始まった、早稲田青空古本祭の目録、『古本共和国』（1～16号）も残されていた。普通、古本市の目録といえば、出品する書物の名称と出版年、冊数、値段が並んでいるだけだが、『古本共和国』は、永島慎二（『漫画家残酷物語』の作者）制作の版画が表紙を飾り、各号ごとに「私と早稲田の古書街」（1号）、「はがきアンケート調査」（4号）、「古本屋さんからの挨拶状（開店の頃）」（7号）、「編集者という仕事」（14号）、「早稲田・古本屋の女房たち」（15号）などの特集記事や漫画が掲載されている。『古本共和国』には、当時の早稲田古書店街の状況や思惑が垣間見えており、支部報同様に重要な資料に位置づけられる。詳しい解題については、中野綾子「目録メディアと古書店空間」（『リテラシー史研究』3、二〇一〇・一）を参照のこと。

▼2　古書組合がまとめたものとしては、『東京古書組合五十年史』（東京都古書籍商業協同組合、一九七四・一二）、『神奈川古書組合三十五年史』（神奈川古書籍商業協同組合、一九九二・一〇）、『福岡古書組合七十五年史』（福岡市古書籍商組合、二〇〇三・一〇）、『古本屋人生』（大阪府古書籍商業協同組合、二〇〇四・四）、向井透史『早稲田古本屋街』（未来社、二〇〇六・一〇）など。古書店主による著書については、『古本屋の書いた本展目録』（東京都古書籍商業協同組合、二〇〇五・五）などが手がかりとなる。

▼3　張り紙で店員を募集することは珍しかった。神田の古書店では縁故を頼って店員を募集することが普通で、その多くは出身地である新潟だった。この伝統は、博文館・東京堂・一誠堂以来のもので、新潟の人々にとっても神田の古書店は職業選択の一つであるという特殊な関係が築き上げられていた。市田は兵庫、妻も広島の出身であり、新潟に地縁を持たないために「張り紙」で店員を募ったか。

▼4　『追憶』（巌松堂、一九七八・六）、『古書肆一〇〇年』（一誠堂書店、二〇〇四・七月）

▼5　本文中（　）内の年月日は、日記の該当年月日をさす。（一九五四・二・二六）は一九五四年二月二十六日条のこと。

▼6　市田は、南海堂で修業した店員たちに、本店の近くにあった店舗を三年間貸与し、独立資金を作らせるとともに、経営に必要なノウハウを習得させた。この方式は南海堂「独自の経営方法」として、躍進の原因と考えられていた（『東京古書組合五十年史』）。

▼7　南海堂が台頭した頃、巌松堂は書籍の取次業に失敗して倒産し（昭和二四年）、求心力を失っていく。

▼8　東京古書組合では、神田支部で昭和二一〜二四年副支部長、二五年支部長、東京本部で二六〜二九年まで監事を務めた（『東京古書組合五十年史』）。

▼9　振市は昭和三十年代まで行われていたという。

▼10　一誠堂書店でも、昭和三十年代に書籍の運搬のため自動車を購入したという（『古書肆一〇〇年』）。

▼11　その他、南海堂支店時代（店舗を貸与されていた時代）には、他の古書店に並ぶ書籍の中で、高く売れそうなものを抜き買いする「せどり」も行ったという。「せどり」は本の「背」を見て抜き「取る」ことからついた名称。

▼12　教科書に関しては、引用した記事の翌年（昭和三四年）、大学でも教科書の割引販売が行われ始めたために、急に売れ行きが落ちてしまう事態に陥ることになる。「例年なら各大学で使う教科書の売行きでグンとメーターが上がるのだが、各々セチガラクなって、一斉に学校内の購買部で割引販売する精か、大学の教科書、参考書は売れなくなった。ある程度の人出はあるが、素通りする程度で、対策を考え

なくては——」（一九五九・四・二一）。

▼13　一誠堂には多くの大学が競って書籍を購入しに来たという（『古書肆一〇〇年』）。帝京高校への本の納入は五十嵐氏が行っていた。本書「日誌補遺」で記される、貴志正造が探していた「出版に必要な資料」とは、『国歌大観』であり、相談を受けた五十嵐氏が帝京高校の図書室に複数部あることを伝え、便宜を図ったことが、後々まで続く深い交流のきっかけとなった。

▼14　早稲田の古書店街が初めて開催した「新宿古本まつり」（一九七一）では、「古本市」での経験を期待され、会場の交渉など重要な役割を任されることになる（『早稲田古本屋街』）。

▼15　南海堂では、最初の実施日である六月の第三日曜は南友会の旅行に出かけている。定休日に合わせて旅行が組まれたか。定休日の制定には店主たちの反対も根強くあった。定例総会でのアンケートでは、支部員百十四名のうち賛成は五十九名であり、過半数ぎりぎりで定休日の制定が可決された。ただし、繁忙期の四月第三日曜は特例として各店の判断となった（『東京古書組合五十年史』）。日記でも「いつもの月なら、第三日曜である今日は定休日なのだが、今月のみは、一年を通じて昨日と今日（土と日）が一番の売行きがある統計上なので特例として休日を返上する」（一九五八・四・二〇）と記され、南海堂では定休日としなかったことが確認できる。

▼16　五十嵐青年の一番の娯楽は映画鑑賞だった。休日はもちろん、平日でも仕事が早く終われば映画館に出かけ、洋の東西を問わず様々な作品を鑑賞している。中でも好きだったのは、三益愛子主演の「母物」と言われる作品群だったという（一九五八・三・一六）。「母物」は、戦争未亡人の母親が非行に走る子どもを必死に育てるといった筋立てで、青少年の非行化を問題視した文部省が国策として作らせた教育映画だったが、集団就職で上京し、家族と離れて暮らす地方出身の青少年たちにとっては、母親や故郷を思い起こさせる映画として人気だった。五十嵐氏も「母物」を見ては何度も涙したという。

五十嵐《いがらし》日記　古書店の原風景

古書店員の昭和へ

編者

五十嵐日記刊行会

［刊行会メンバー］

五十嵐智（いがらし・さとし）
1934年、山形県出身。
1953年上京、神保町にある古書店、南海堂書店で働き始め、
1964年に独立し、南海堂分店五十嵐書店を開店。1968年に早稲田に移店。
1970年には藝林舎の名義で出版事業を始めた。

河内聡子（かわち・さとこ）
1982年、宮城県出身。宮城学院女子大学非常勤講師。
主要論文に「雑誌『家の光』の普及過程に見るメディアの地域展開」（『日本文学』58(4)、2009年）など。

中野綾子（なかの・あやこ）
1986年、埼玉県出身。早稲田大学教育学研究科博士課程。
主要論文に「戦時下学生の読書行為」（『日本文学』61(11)、2012年）、
「堀辰雄ブームの検証」（『日本文学』62（11）、2013年）、
「戦時下学生の読書法」（『リテラシー史研究』（7）、2014年）など。

和田敦彦（わだ・あつひこ）
1965年、高知県出身。早稲田大学教育・総合科学学術院教授。
著書に『読むということ』（ひつじ書房、1997年）、『メディアの中の読者』（ひつじ書房、2002年）、
『書物の日米関係』（新曜社、2007年）、『越境する書物』（新曜社、2011年）、
『読書の歴史を問う』（笠間書院、2014年）など。

渡辺匡一（わたなべ・きょういち）
1962年、東京都出身。信州大学人文学部教授。
主要論文に「「関東元祖」俊海法印― 松橋流の東国展開と地蔵院流―」
（『中世文学と寺院資料・聖教』竹林舎、2010年）など。

2014（平成26）年11月20日　初版第一刷発行

発行者　池田圭子

装　丁　笠間書院装丁室

発行所

笠間書院

〒101-0064　東京都千代田区猿楽町2-2-3
電話　03-3295-1331　Fax 03-3294-0996
振替　00110-1-56002

ISBN978-4-305-70755-0 C0000

大日本印刷・製本

http://kasamashoin.jp/